일본의 전쟁과 평화

일본의 전쟁과 평화

전쟁과 평화 논의를 둘러싼
일본의 교훈 및 제언

김영근 · 조명철 엮음

발간사

인문한국(HK)지원사업을 수행하고 있는 고려대학교 일본연구센터 제3아젠다 〈동아시아의 전쟁과 평화, 그리고 '공동체(국경)' 연구: 지정학적 관점에서〉 팀에서는 지금까지 동아시아 공동체 방안을 모색하기 위한 심포지엄으로 2010년 제1차에서는 〈전쟁과 평화로 보는 사회 문화 지형도〉에 관해, 2013년 개최된 제2차에서는 역사 · 문학적 관점에서 〈전쟁과 평화로 보는 동아시아의 역사/사상 지형도〉에 대하여 살펴보았다. 제3차 심포지엄에서는 〈전쟁과 평화를 통해서 본 동아시아 지형도: 협력 모색을 위한 학제적 성찰〉이라는 주제로 논의의 지평을 넓히려는 노력을 경주해 왔다. 이러한 과정에서 〈동아시아의 전쟁과 평화, 그리고 '공동체(국경)' 연구팀〉은 '전쟁과 평화에 관한 학제적 · 융복합적 연구'라는 공동의 문제의식 하에, 지금까지 축적된 학지(學知)를 아우르는 도서를 출판하게 되었다. 이는 전쟁과 평화 연구에 관한 선행연구 고찰 및 정보의 축적을 위한 중요한 과정으로, 세계적 일본연구의 거점으로 발돋움하려는 본 아젠다 연구팀 구성원들의 연구노력을 재점검하는 중요한 계기라 할 수 있다.

본서 『일본의 전쟁과 평화』는 일본의 전쟁과 평화 논의가 일본 국내 문제만이 아니라 동아시아를 아우르는 초국가적 재해이며, 세계 여러 나라가 지속적으로 관심을 가지고 평화의 길로 이끌며 해결해 나가야 하는 사안이라는 점에 주목하여 엮어낸 첫 번째 결실이다. 아젠다수행제3연구팀 : 〈동아시아의 전쟁과 평화 그리고 공동체 연구회〉로 출발한 이래 HK 제2단계 사업을 자체적으로 평가하는 과정에서 학제적 연구의 필요성을 절감했고, 〈동아시아의 전쟁과 평화, 그리고 '공동체' 연구〉와 〈동아시아 지정학 연구〉를 통합하여 융합형 연구테마를 설정함으로써 "동아시아 전쟁과 평화 연구관련 담론의 재구성 및 지정학적 이론구축"이라는 성과 창출을 도모하고자 하였다. 〈동아시아의 전쟁과 평화, 그리고 '공동체(국경)' 연구팀: 지정학적 관점에서〉의 연구진들은 그 동안 워크샵 및 국내학술대회 개최 등을 통하여 연구역량의 축적에 주안점을 두어왔다고 한다면, 본서의 발간을 계기로 현재 진행형 이슈에 대해 신속한 대응 및 연구결과의 사회확산을 위한 출간, 나아가 전쟁과 평화라고 하는 아젠다에 관한 일본의 교훈을 발신하는 과정이야말로 일본 연구자들의 사명이라고 생각하기에 이르렀다. 본서는 이러한 뜻을 가진 여러 전문분야의 연구자들 중 13명이 전쟁과 평화에 관해 분석하고 논의하는 과정에서 가장 집약된 논제들을 담고 있어 향후 '전쟁'과 '평화'에 관한 토론의 단서를 제공해 줄 연구서 중 한 권이 되리라 자부한다.

일본연구센터 제3아젠다 연구팀에서는 동아시아 공동체 방안을 모색하기 위한 워크샵, 국내학술대회, 도서발간 등을 통해 동아시아의 전쟁과 평화, 그리고 '공동체' 이슈에 관해 학제적으로 논의해 왔다. 교과서, 미디어 등을 통해 늘 접해온 분쟁과 평화의 여러 모습들을 정치, 경제, 역사, 문화, 사회, 사상, 문학, 어학, 교육 등 광범위한 분야에 대한 관심으로 극대화 한 연구자가 모여 〈전쟁과 평화〉에 관해 논의를 거듭해 왔다. 특히, 전문가초청 강연회를 통해서 학제적 선행연구가 미흡한 전쟁과 평화 연구에 관한 지정학적 이론 구축 및 사례연구의 심화를 도모해 왔다. 이러한 과정에서 축적된 다양한 문제의식(목적)은 고스란히 이

책에 담겨있다. 부디 이 책이 널리 읽혀지기를 바라며, 〈전쟁과 평화〉 연구의 진화 과정을 고려대학교 일본연구센터의 일본학총서 〈전쟁과 평화〉 관련 시리즈물을 통해 지속적으로 확인해 나감으로써 학문적 발전과 사회적 소통의 계기가 되었으면 한다.

아울러 이 책 『일본의 전쟁과 평화』의 출판 작업과 동시에 〈전쟁과 평화를 통해서 본 동아시아 지형도: 협력 모색을 위한 학제적 성찰〉이라는 주제로 학술심포지엄[2014년 6월 23일 고려대학교 일본연구센터 주관/제3아젠다: 전쟁과 평화, 그리고 '국경(동아시아)' 연구팀 주최]도 개최 예정으로, 이를 통해 동아시아의 전쟁과 평화 문제를 재점검하는 계기가 되기를 기대한다. 특히 본서의 저자들이 지대한 관심을 쏟고 있는 일본의 전쟁과 평화 문제에 대해 일국에 국한되지 않고 동아시아적 시점에서 접근하며, 정치, 경제, 사회, 문화, 역사의 여러 분야를 다각적으로 검토함으로써 학문의 융합적, 학제적인 발전에도 기여할 것으로 기대된다.

마지막으로 전쟁과 평화 논의를 둘러싼 일본의 교훈 및 제언이라는 중요한 아젠더를 창조적으로 한국형으로 담아내고 책으로 소개할 필요성에 대해 공감하여 지속적인 연구회 개최 및 도서 출판에 공을 들인 고려대 일본연구센터의 김영근 교수께 이 자리를 빌려 진심으로 감사의 뜻을 전한다. 또한 고려대학교 일본연구센터의 〈전쟁과 평화〉 연구팀의 역량 축적과 간행사업을 물심양면으로 지원해준 한국연구재단(인문한국HK 사업단)과 유재진 일본연구센터 소장(일어일문학과 교수), 책의 편집·출판 요청에 힘써주신 학고방(출판부) 관계자 여러분께도 사의를 표하고 싶다. 그리고 원고 수합, 교정, 편집, 조정 업무에 힘써 준 노다영

대학원생(고려대학교 국제대학원 석사과정)의 도움을 빼놓을 수 없다. 한국에서의 일본이해를 기치로 삼고, 일본의 전쟁과 평화 논의를 총체적으로 이해하려는 이 책이 널리 읽혀지기를 거듭하여 기원하는 바이다.

전쟁(내전)으로 인한 물질적 피해와 심리적 고통으로부터의 조속한 회복과 평화로운 세계를 기원하며

2014년 6월

고려대학교박물관 관장/사학과 교수

조명철

목 차

〈총론〉「일본의 전쟁과 평화」 어떻게 이해할 것인가?

김영근(고려대학교)

1. 〈전쟁과 평화를 통해서 본 동아시아 지형도: 협력 모색을 위한 학제적 성찰〉

본서의 주된 목적은 동아시아 국제질서 속에서 일본이 개입된 전쟁과 평화 담론을 학제적으로 담아내는 데 있다. 흔히들 "전쟁이야말로 인류가 저지르는 가장 큰 죄악이며, 인류가 목표로 하는 가장 이상적인 상태가 '평화'라 할 수 있다."[1] 사실 우리가 접하는 전쟁과 평화에 관한 의미는 너무도 다양하게 받아들여지고 있다. "한 국가가 전쟁에 호소할 수 있는지 없는지, 있다면 언제 호소할 수 있는지, 그리고 어떻게 그 전쟁을 치러야 하는지를 결정하고 판단하는 데 필요한 일련의 지침을 제공해 준다[2]"고 하는 '정의의 전쟁(justice war, 正義戰爭)' 개념을 바탕으로 과연 어떤 전쟁이 정당한 것인가를 판단하는 것은 용이하지 않다.

이 책 『일본의 전쟁과 평화』담론을 제대로 이해하기 위해서 우선 전

1) 예를 들어, "전쟁이란 자신의 의지를 실현하기 위해 적에게 굴복을 강요하는 폭력행위이다." 칼 폰 클라우제비츠(Carl von Clausewitz)/김만수 옮김(1994) 『전쟁론(Vom Kriege)』갈무리, p.46.

2) 존 베일리스, 스티브 스미스, 퍼트리샤 오언스 편저/하영선 외 옮김(2012) 『세계정치론(*The Globalization of World Politics*)』(제5판), 을유문화사, p.267-268

쟁과 평화의 개념에 대해 정리하고, 일본이 관여한 전쟁과 평화 관련 연표를 살펴보기로 하자.

'전쟁'[3]이란 "국가와 같은 정치적 집단 간의 투쟁으로서 장기간 또는 대규모의 무력충돌을 수반하는 적대적 행위"를 의미한다. 일상에서는 "국가 상호간, 특히 주권국가 상호간에 행해지는 조직적인 무력투쟁"이라는 협의의 개념으로 한정되어 사용되고 이해된다. 넓은 개념으로, 전쟁이란 "인종 · 부족 · 민족 · 국가 · 정치단체 등과 같은 각종 집단 상호간에 발생하는 적대(대항, 敵對)적 행동"을 의미한다. 동아시아의 대기오염 문제에 대한 비정부적(NGO) · 비영리적(NPO) 대응이나 일본 시민사회의 〈재일 특권을 용납하지 않는 시민 모임(재특회)〉이 벌이는 반한 시위도 여기에 해당된다. 사회학자들은 사회과학적으로 전쟁 개념을 사용하기 위해 전쟁을 "사회적으로 용인된 일정한 형식으로 시작하여 계속되는 투쟁, 즉 관습 또는 법에 의해 인정된 형식을 갖춘 하나의 제도"로 파악한다. 그들은 전쟁을 파병 · 간섭 · 보복 · 반란 · 폭동과 구별하지만 실제 상황에서 그것을 구분하기는 매우 어려우며, 위와 같은 무력충돌이 대형화하여 전쟁으로 발전하기도 한다.

'평화'[4]의 사전적 정의는 "전쟁이나 갈등 혹은 적대적 행동이 없이 세상이 평온한 상태"를 가리킨다. 좁은 의미로의 평화란 '전쟁을 하지 않는 상태'를 의미한다. 이에 비해 본서에서 논하고자 하는 '평화'의 개념은 광범위하고 포괄적이다. 위에서 설명한 '전쟁'의 상대적 개념으로 쓰이는 '전쟁'의 목적 · 원인 · 방법 등의 변화와 더불어 평화의 개념 및 범

3) 브리태니커 백과사전
4) 브리태니커 백과사전

주(아젠다 · 이슈 등)도 달라져왔다. 최근 '5.29 북일합의'에서 '일본의 대북제재 완화'에 상응하는 조치로서 북한의 '일본인 납북자 재조사'라는 정치외교적 접근 역시 동북아 평화질서 구축의 한 단계로 이해할 수 있다. '5.29 북일합의'가 이뤄지기 이전 북한 문제를 둘러싼 일본의 대북 강경 외교 정책의 전개는 북일 간 적대적 역학관계로 이어져 한반도 평화체제 구축에 부정적 영향을 초래할 수 있으며, 북핵 문제 해결을 위한 6자회담(다자적 제도)의 진전에도 악영향을 미치고 있었다는 점을 감안하면, 평화로 가는 길목을 넓힌 셈이다. 6자회담 참가국 간 역학구도 변화 속에 일본의 대북정책 변화(가능성)가 전쟁과 평화 논의에 가져다 준 정책적 시사점은 매우 유용하다. 어쩌면 전쟁과 평화 논의의 긍정적인 영향력으로 평가할 수 있겠다.

〈일본의 전쟁과 평화 연표〉

시기(년/월)	내용
4~6세기	한반도 전쟁과 왜(일본)
663년 8월	백촌강 싸움과 왜(일본): 동아시아의 혼란과 격동의 시대
1223~1264년	가마쿠라 막부기(1185~) 왜구의 고려 출현과 왜구금지(禁寇) 외교
1231년~	몽골의 고려 침입
1268~1274년	몽골의 일본 침입과 동아시아 국제정세의 변화
1592~1598년	임진전쟁(왜란)
1847-1901년	나카에 쵸민(中江兆民)의 평화이념: 민주제·연방제·군비철폐론
1853년	쿠로부네(黑船) 사건: 미국(매튜 페리 제독)의 대일개항 요구
1854년	미일화친조약: 일본의 개항
1858년	미일수호통상조약: 완전 개항(최혜국 대우, 영사재판권 등 포함)
1868년	메이지유신(明治維新)
1871년	폐번치현: 일본식 봉건제 폐지, 중앙집권체제 확립
1874년	일본의 타이완 침공
	조선침략~일제강점(식민지)기

시기(년/월)	내용
1875년	운양호사건(강화도사건): 일본의 조선개항 요구
1876년2월24일	강화도조약
1894년5월	동학란(일본군 개입), 조선왕궁 점령(7.23), 명성황후 시해(10.8)
1895년	시모노세키 조약: 청으로부터 타이완과 요동 반도 할양
1904년8월22일	을사늑약-외교권 박탈
1905년1월23일	독도편입 결정
1906년2월	통감부설치 조선지배
1910년8월22일	한일병합 식민지화
1877년	세이난(서남西南) 전쟁: 일본 최후의 내전
1894년8월1일	청일 전쟁 - 조선을 둘러싼 주도권 다툼
1904년	러일 전쟁
1905년	포츠머스 조약
1914~1918년	제1차 세계대전
1931년9월18일	만주침략: 만주사변 이후 일본의 만주국 건립(1932년 3월 1일)
1937년7월7일	중일전쟁: 중국 침략, 남경 30만 학살
1941년12월8일	태평양전쟁: 하와이 진주만 공격, 말레이시아 점령, 괌점령, 홍콩점령, 필리핀점령, 호주영토인 라바우르 점령, 미얀마 랑군점령, 인도네시아 점령
1939~1945년	제2차 세계대전: 추축국(독일과 이탈리아, 일본) vs. 연합국(영국, 프랑스, 미국, 소련, 중국 등)
	아시아 · 태평양전쟁기 일본 역사화(歷史畵) 속의 국가주의
1945년~	패전: 전후(戰後) 부흥(復興)에 관한 한국과 일본의 대응 체제
1950-53년	한국전쟁: 기지국가로서의 일본
	[미 · 일 안보체제]
1951년9월8일	'미국과 일본의 안전보장조약'(구조약)
1960년6월20일	'미국과 일본의 상호협력 및 안전보장조약'(신조약) 미 · 일 안전보장협의위원회(SCC: Security Consultative Committee)
1997년9월23일	'미 · 일 방위협력지침'
2002년 12월~	주일미군 재조정계획에 대한 협의 개시

출처: 필자작성. 음영처리 부분은 책에서 다루고 있는 분석 사례

흔히들 '전쟁과 평화'라는 제목에서 나폴레옹의 러시아 침략기를 배경으로 한 톨스토이(Lev Nikolayevich, Graf Tolstoy)의 소설을 연상하곤 한다. 자세히 들여다보면 이 소설 내용이 전하려 하는 의도는 융복합적 관점에서 전쟁과 평화를 논할 수 있게 한다. 예를 들어, 나폴레옹 전쟁기에 관심을 기울이게 되면 역사(전쟁사) · 사상의 학문과 관련되어 있어 보인다. 톨스토이가 러시아를 대표하는 작가이자, 개혁가 · 도덕사상가였다는 점 또한 이를 뒷받침한다. 한편, 1812년 프랑스의 러시아 침공에 따른 수많은 행위자(인물)들의 삶과 경험(人生)을 다루며, 복잡한 등장인물들을 당시 격동하는 관련 국가들의 문화 · 역사 · 문학적 관점으로도 논하고 있다.

대서사시적인 역사학의 입장에서 '패전을 극복하는 모습'을 통해 전쟁에 국한되지 않은 〈전쟁과 평화〉를 다루고 있는 존 다우어의 책 『패배를 껴안고』[5]도 주목할 만하다. 1945년 8월 15일 일본의 항복 선언으로 종료된 제2차 세계대전 직후 미군의 점령 하에서 일본과 일본인이 재건하는 프로세스를 다양한 사료를 통해 상세히 그려내고 있다. 특히 '패배(敗戰)'를 자기 변혁의 발판으로 삼은 일본 사회의 재도약 과정에서 펼쳐진 살인적 인플레이션, 궁핍의 종착지 암시장, 매춘, 가스토리 문화, 데카당스 등은 말하자면 '적극적 평화(positive peace)' 실현을 위해 해결(억제)해야 할 '전쟁'의 요소라 할 수 있다. 이 책을 통해 '일본'이 아닌 개개의 일본인이 받아들여야 했던 패전이 무엇인지를 패자의 입장에서, 그들의 경험으로 역사를 다시 바라보는 계기를 마련한다는 점에서 〈전쟁사〉 혹은 〈전쟁사상사〉, 〈전쟁정치사회사〉 등을 이해할 수 있을 것이다.

---

5) 존 다우어 지음, 최은석 옮김(2009) 『패배를 껴안고: 제2차 세계대전 후의 일본과 일본인(Embracing Defeat: Japan in the Wake of World War II)』 민음사.

〈전쟁과 평화〉에 관한 이념적 · 사상적 논의는 쉽게 접해 왔다. 한편, 전쟁론 vs. 평화론, 혹은 전쟁학 vs. 평화학에서의 인식 패러다임 변화 분석도 중요한 과제로 생각된다. 얼핏 전쟁과 평화는 서로 연계되어 있는 것처럼 보이지만 실제 〈전쟁과 평화〉 관련 논의를 살펴보면 '전쟁'의 반대개념이 곧 '평화'로 연결되어 있지는 않다. 예를 들어, 한국학술정보(주)의 KISS(정보제공시스템)에서 '전쟁'이라는 키워드로 검색(학술발표대회 자료집 포함)한 결과를 학문주제(영역)별로 분류해 보면, 사회과학분야(1,282), 인문과학분야(847), 어문학분야(382), 공학분야(96), 예체능분야(72), 자연과학분야(11), 농학분야(7), 의약학분야(5)로 구성되어 총 2,702건이 검색된다. 여기에는 특허전쟁의 개념(자연과학 분야)도 포함된다. 이 중 '평화'라는 키워드를 포함하고 있는 논문은 174건이다. 반면 '평화'라는 키워드로 검색한 결과를 학문주제(영역)별로 분류해 보면, 사회과학분야(1,831), 인문과학분야(578), 자연과학분야(164), 공학분야(125), 어문학분야(50), 예체능분야(39), 의약학분야(18), 농학분야 11건으로 총 2,816건이 검색된다. 마찬가지로 이 중 '전쟁'이라는 키워드를 포함하고 있는 논문은 174건이다. 단순히 키워드 검색으로 전쟁과 평화에 관한 인식이 상보적이지 않다는 결론을 짓는 것은 이르지만, 명쾌하게 유형화하거나 정의를 단순화하기 쉽지 않다는 것으로 해석할 여지는 있다.

'전쟁과 평화'에 대한 논의는 역사(전쟁사) · 사상 · 문화 · 문학적 관점에 더하여 정치 · 경제 · 국제관계학적인 관점에서의 논의 역시 활발하다[6]. 우리 주변에서 자주 접하는 '한반도의 전쟁과 평화'에 대해서는 대

6) 예를 들어, 전쟁에 관한 국제정치 이론 중 대표적인 〈핵억지론〉이 이에 해당된다. 제2차 세계 대전 이후에 나온 시각(주장)으로 핵을 사용하지 않고 공포의 균형을

립과 마찰구조(戰爭)에서 벗어나 협력(平和)으로 전환시키려는 프로세스와 메커니즘에 주목하는 이론분석 등 정치학적 논의(접근)도 존재한다. 또한 이 과정에서 정치의 연장(수단)으로써의 전쟁을 다루는 정치적 논리와 구별하여 경제적 관점에서의 평화를 모색하는 경제협력에 주목하거나 전쟁을 종결짓는 조약이 전쟁 범죄 등을 논하는 국제법 관점(분석시각)도 존재하며 주목할 만하다. 한편, 평화로 가는 길(수단)로써 한류, 국제관계론(학) 공간에서 신한류를 보는 시각도 가능하다. 말하자면 한일 간 정치경제적 협력관계에 있어서 한류가 지대한 공헌을 해 온 것은 부정하기 어려운 명제이다. 한류 드라마 속에 비춰지는 한국의 인문학적(사회문화적) 요소에 국제관계론이 가미되어 '전쟁과 평화'를 엮어낼 수도 있을 것이다. 이러한 비정부 교류의 확대는 글로벌화, 상호의존의 심화와 더불어, 넓은 의미의 개념으로 보자면 우리가 흔히 접해온 '냉전'과 '탈냉전' 분류를 들여다보면 더욱 쉽게 이해할 수 있다.

전쟁과 평화에 관한 전후 한국사회의 지배적인 미국 중심 연구 패러다임에서 벗어난 비판적 논의로 이삼성 교수의 책 『동아시아의 전쟁과 평화』[7]이나, 『콤팩트 국제관계학(國際政治経済學の基礎知識)』[8] 등을 들 수 있다. 국제정치학적 관점에서 글로벌(동아시아) 국제관계사를 성찰하고 있다. 앞의 책은 동아시아 질서에 대한 전체적인 전망을 시도한 것이다. 2천년에 걸친 중국적 세계질서 속에서 아시아 대륙과 한반도

이루기 위한 이론이다. A국가가 핵을 투입할 경우 B국가도 보복 전쟁을 할 것이기 때문에 서로 전쟁을 일으키지 않는다고 가정한다. 이 때 〈핵억지론〉의 요건은 첫째, 보복 공격 능력이고 둘째, 선제공격 후 보복 공격을 할 것이라는 확신이다.

7) 이삼성 교수(2009) 『동아시아의 전쟁과 평화 1』『동아시아의 전쟁과 평화 2』한길사.

8) 다나카 아키히코, 나카니시 히로시 편저(2004), 김영근 외 5인 옮김(2010)『콤팩트 국제관계학(International Studies: Basic Facts and Concepts)』전략과문화.

사이의 전쟁과 평화의 역사상을 정리하고 있다. 국제관계론에서 '전쟁'의 위치(의미)를 확인하기 위해서는 『콤팩트 국제관계학』에서 다루고 있는 걸프전쟁, 중동평화회의, 유럽재래식무기감축조약(CFE), 유럽안보협력기구(OSCE), 천안문사건, 이라크 전쟁 등 여러 역사적 사건들을 국제관계론 시점에서 점검할 필요가 있다[9]. 비록 본서에서는 이러한 구체적 전쟁 관련 이슈를 다루고 있지는 않지만 관련된 이해의 토대를 제시하는 역할을 할 수 있을 것으로 자부한다[10]. 이상의 〈전쟁과 평화〉에 관한 다양한 논의를 바탕으로 전쟁과 평화를 둘러싼 다양한 아젠다, 행위자, 메커니즘에 주목할 경우 이 책에서 논하고 있는 다양한 주제를 총체적으로 파악하는 데 크게 도움이 될 것으로 기대된다.

2. 일본의 전쟁과 평화에 관한 트랜스 현상의 이해

이 책은 일본을 중심으로 동아시아에서 전개된 '전쟁'과 '평화' 담론 분석에 관해 단순히 동아시아 국가 사이에서 전개된 헤게모니 투쟁 뿐 아니라, 전쟁의 기원과 전개(발발) 프로세스를 재검토하려는 시도이다. 서구 열강이라는 외부적 요인과 맞물리면서, 국내(內政)의 대립구조(모순) 해결까지를 포함하는 총체적 '상황'의 문제였다는 시점을 도입하여 재해석하고 있다. 특히 국가의 내부와 국가의 외부 요인들에 대한 학제적 시각 제시는 국가 간의 내외적 요인들을 종합적으로 살펴보는 계기가 될 것이며, 동아시아에서 평화이론을 구축하는 데 공헌할 것으로 기

9) 다나카 아키히코, 나카니시 히로시 편저(2004), 앞의 책.

10) 예를 들어, 최근 내셔널리즘의 대립구조가 강화되고 있는 과정에서 일본의 보통국가론과 집단(적)자위권 문제 논의 또한 전쟁과 평화 논의의 관심거리이다. 김영근(2014) 「한일 외교의 현황과 관계개선을 위한 과제」『한일협력』2014년 여름호, pp.38-47

대한다. 이른바 〈포스트 동아시아 전쟁과 평화론〉을 모색하는 계기가 될 것이며, 동시에 이러한 통시적, 통섭적 방법은 인문과학과 사회과학이 어떻게 융합할 수 있는지에 관한 시각제시의 역할도 가능할 것으로 보인다. 나아가 동아시아의 전쟁과 평화 담론을 아우르는 새로운 성찰과, 동아시아에서 국경을 넘어 '평화 공동체' 구축에 관한 방안을 마련하고 향후 실현(실천)가능한 지침을 마련하는데 적지 않게 기여할 수 있는 시의적절한 논의의 토대가 되리라 확신하는 바이다. 제3부로 구성된 본서의 주된 내용을 소개하면 다음과 같다. 제1부에서는 전쟁과 평화로 보는 동아시아의 역사 및 사상의 지형도를 파악하고자 한다.

먼저 제1장(송완범 교수)에서는 동아시아세계의 원형 형성에 큰 역할을 한 것으로 평가되는 '백촌강싸움'을 둘러싼 역사적인 흐름을 파악하고, 그것이 결과적으로 일본에 어떠한 영향력을 끼쳤는지에 대해 분석하고 있다. 구체적으로는 백촌강에서의 백제부흥군과 왜의 구원군이 패전함으로써 다수의 백제유민을 낳았으며, 이 유민들이 왜에 거주하게 되는데 야마토왕권은 이들과 함께 언제 들이닥칠지 모르는 당과 신라연합군의 공격에 대비하는 태세를 갖추게 되었다는 점을 규명한다. 또한 백촌강 이후 동아시아의 여러 나라들은 지배체제의 재편을 맞이한다는 견해를 제시한다. 현재적 의미로 볼 때 당, 신라, 일본의 3국 체제는 지금의 한·중·일의 원형이 되었다고 해도 과언이 아니라는 저자의 주장은 매우 설득력이 있다. 왜(일본)의 입장에서 보면 백촌강싸움은 백촌강 이전보다 오히려 자신의 입장을 강화시켜주는 결과를 초래했으며, 결국 이는 신생 일본의 '대한반도 우위관'으로 나타나는 계기가 되었다고 한다.

제2장(홍성화 교수)은, "4~6세기 한반도 전쟁과 왜(倭)"에서는 『일본서기』에 기록되어 있는 왜의 한반도 파병기사와 백제에서 일본열도로 건너간 인적교류의 기사를 비교, 고찰하고 있다. 저자는 "왜는 한반도의 전쟁에 있어서 백제가 수행한 전쟁에 지원군 형태로 파병되었던 것을 알 수 있다. 같은 기간 내에 백제에서 일본열도로 간 인적 교류의 현황을 고찰하면 4세기말 이래 지속적으로 백제의 왕족과 귀족의 파견이 이루어졌으며 왜의 군원이 파견될 때마다 박사 및 승려 등 전문지식인의 파견이 있었다. 이는 기본적으로 백제와 야마토 왜가 양국의 왕족 간 혼인에 의해 화친 및 교류가 이루어졌으며 백제의 선진문물 전달과 일본의 군사력 제공이라는 용병관계가 성립되었음을 알 수 있다."고 주장한다. 저자가 선행연구 검토 및 사료분석을 바탕으로 제시하는 이러한 용병관계의 형태가 4세기말부터 지속된 백제와 왜(倭)의 교류방식이었다라고 하는 논의는 흥미롭고 주목할 만하다.

제3장(김보한 교수)에서는 몽골의 일본 침입과 동아시아 국제정세의 변화에 대해서 분석하고 있다. 13세기부터 고려에 '가마쿠라 시기의 왜구'가 나타났으며, 이후 창궐하는 왜구에 대해 고려의 왜구금지 외교는 어느 정도의 성과를 거두었다고 평가한다. 조선 개국 직후 '무로마치기 왜구'의 금지 외교는 대일본 외교의 최대 현안이었다. 조선은 다원적인 왜구금지 외교를 시도하는 한편, 투항하여 귀화한(投化) 왜인에게 삼포(三浦)를 열어 생활 피난처를 제공해 주는 유화정책을 실시한다. 이러한 프로세스를 일본의 역사적 관점뿐만 아니라 한국(고려)의 시각 또한 포함하여 동아시아 국제관계사적으로 풀어내는 것이 본고의 목적이다. 이때 조선이 감내해야 하는 막대한 재정적 부담은 평화유지비용이었고 국내안정에 필요한 '평화적 안정장치'로 기능하였다는 점도 지적한다.

역사상 '몽골의 침입'과 '전후(1945년) 미국(GHQ)의 점령(제2차세계대전 당시 미국의 일본침공을 포함)'이라는 단 두 번의 외침(外侵)을 경험한 일본의 대외외교 정책 중의 하나인 '몽골제국의 일본 침입' 분석을 통해 얻어진 학지를 일본의 현재적 외교(사)와 빗대어 널리 이해할 수 있기를 기대한다.

제4장(김경태 교수)에서는 임진전쟁기 도요토미 히데요시(豊臣秀吉)의 강화조건에 관한 연구를 다루고 있다. "임진전쟁의 강화교섭기, 도요토미 히데요시는 명군이 보낸 사절에게 강화조건을 제시하였는데, 이후 진행된 강화교섭을 통해 조선의 왕자를 인질로 보내라는 조건으로 축소되었다. 강화조건은 명예라는 요소로 선택·집중되고 있었다. 강화교섭이 진행되는 과정에서 명을 향한 문서에서는 적대감을 없애는 한편으로, 전쟁 발발의 원인을 조선에 전가하였다. 반면에 일본을 향한 문서에는 강화교섭에 대해 낙관하는 동시에 전쟁 태세 유지를 강요했다."고 규명하고 있다. 임진년(1592년) 일본의 침략으로 시작된 전쟁으로 그 후 1598년까지 7년 동안 계속된 (임진)전쟁의 기원, 경과, 결과 등에 관해서도 파악할 수 있을 뿐만 아니라 전쟁의 목적도 접할 수 있어 꼭 일독을 권한다. 주지하다시피, 임진왜란 당시 강화조약을 직접 맺은 나라는 명나라이다. 이 때, 전쟁 혹은 그 결과(일본의 조선 점령)로 인해 국경을 넘는 피해가 발생할 경우를 상정한다면, 당시 조선-일본-명나라 3국을 둘러싼 동아시아의 국제관계를 이해할 수 있다.

제5장(최석완 교수)에서는 청일전쟁기의 일본정부의 동아시아질서 재편정책을 통하여 '우발적 청일전쟁론'의 구조와 비판 논리를 날카롭게 분석하고 있다. 1980년대 중반 이후 일본 역사학계에서는 메이지유신에

서 청일전쟁에 이르는 기간에 전개된 일본정부의 대외정책을 비팽창주의로 규정하는 연구가 활발해졌다. 특히 저자가 주장하듯 일련의 논의 과정에서 '우발적 청일전쟁론'이 대두하여 종래의 통설적 견해였던 '준비된 청일전쟁론'의 논리 구조를 약화시켰다. 한편 근대일본의 대외 침략주의를 부정하는 보수주의 역사교과서가 등장하여 한일 양국의 외교 갈등을 초래하기도 했다. 그런데 무엇보다도 비팽창주의론에 대한 비판은 아직 충분한 단계에 도달하고 있지 못하고 있는데, 현실적 한계를 극복하고자 하는 노력과 설득이 본 논문을 통해 확인되어지길 바란다.

제6장(조명철 교수) "러일전쟁에 이르는 과정에 대한 고찰-개전론의 전개를 중심으로"에서는 정치지도층의 대러시아 인식, 여론의 추이와 개전론, 軍과 개전론의 전개, 전쟁의 논리와 개전론의 문제점 논의 등이 중층적으로 제시되고 있다. 이러한 저자의 주장을 통해 전쟁의 프로세스와 메커니즘이 이해되기를 기대한다. 특히 저자는 여론, 정부, 군에서 전개된 '개전론'의 특징을 날카롭게 분석하고 있으며, 일본이 인식하고 있는 한국에 대한 전략적 중요성이 '개전론'의 논리에 어떠한 영향을 주었는가도 아울러 제시하는 이 글은 매우 유용하다. 러일전쟁의 직접적인 발발 원인 규명을 통해, 전쟁의 전개 및 결과에 관해서도 시사점이 풍부한 논고이다. 이는 어쩌면 국내정치과정(史)과 전쟁과의 관련성뿐만 아니라, 동아시아 정세에서 영국이나 미국, 청나라(중국) 등 열강의 이해 충돌을 포함한 세력구도의 변용을 이해할 수 있는 단서의 제공이라는 점에서 의미가 있다 하겠다.

제2부에서는 동아시아의 전쟁과 이미지를 펼쳐서 확인해보자고 한다. 일본과 이국(異國) 사이에 전개된 '1874년 타이완 침공', '청일전쟁',

'1930~40년대 일본의 대외전쟁' 등 '전쟁'에 관한 문헌 및 담론의 전체상을 문화·역사적인 관점에서 파악하고자 하는 것이다. 제1부의 역사적 시각에서의 전쟁 분석과 아울러 읽어간다면 더더욱 선명한 전쟁 이미지를 갖게 될 것이다.

제7장(박삼헌 교수) "메이지 초년의 전쟁과 프로파간다" 분석은 1874년 타이완(台湾) 침공을 보도한 기시다의 특집기사에 실린 삽화, 그리고 그러한 기사들을 토대로 제작된 니시키에를 다루고 있다. 전쟁과 프로파간다의 시각적 장치에 관해 이해하고, 나아가 근대 일본인이 스스로를 일본 '국민'으로 인식하게 되는 프로세스와 메커니즘을 파악할 수 있을 것으로 기대되는 이 글의 분석내용을 정리하면 다음과 같다. 첫째, 「타이완신보」나 「타이완수고」 등과 같은 타이완 침공 관련 특집기사에 실린 삽화들은 기시다가 현지에서 취재한 기사의 내용을 보완하기 위한 시각적 장치였다. 하지만 타이완 침공 관련 기사와 함께 실린 삽화는 독자들로 하여금 자신이 타이완 '생번'과 구분되는 '일본국'의 '국민'임을 인식하는 계기가 되기도 했다. 둘째, 타이완 침공 관련 기사와 삽화로 만들어진 타이완 침공의 이미지는 니시키에판 『도쿄니치니치신문』을 통해서 보다 구체적으로 유포되었다. 그 결과 타이완 침공을 그린 니시키에는 독자들로 하여금 자신의 '행복'과 '일본국'의 '행복'이 일치될 수도 있음을 시각적으로 보여줌으로써, 스스로를 일본 '국민'으로 인식하게 만들었다고 한다. 이상의 주장은 삽화 설명과 어우러져 설득력을 더하는 내용이다. 문화·역사적 전쟁 논의에 관한 문외한에게도 일독을 권한다.

제8장(김경리 교수)은 '청일전쟁 니시키에(淸日戰爭錦繪)'를 중심으

로 '제국일본'의 이미지를 시각화하고 있다. 메이지20년대 천황제 중심의 강력한 '제국' 형성에 집중한 일본은 청일전쟁의 내셔널리즘을 가독성 높은 니시키에의 이미지를 통해 '제국일본'의 '이데올로기 의식화' 작업을 균일화하고 비판제적 방법으로 선전했다고 해부한다. 회화와 미디어라는 두 가지 기능을 가진 니시키에 분석을 통해 니시키에가 첫째, '일본국민'이 '보고 싶은' 내용으로 동아시아 3국의 '힘의 정치'에 대한 역사 읽어내기를 제대로 할 수 있도록 함과 동시에, 둘째, '제국일본'의 새로운 의식 창출에 능동적으로 참여하도록 제시된 이미지였다고 명쾌한 해석을 내놓고 있다. 나아가 니시키에 분석을 통해서 「메이지 20년대 '제국일본'의 이미지 고찰」, 「근대천황상과 조선 멸시관의 형성」, 「明治시대(1868~1912) 일본 삽화에 나타난 조선인 이미지」 등 분석대상을 다양화하여 여러 연구들이 쏟아져 나오고 있는 가운데 본 논문의 두드러진 시각화와 가독성은 눈길을 끌기에 충분하며, 향후의 독창적 '제국일본' 연구가 기대된다.

제9장(김용철 교수)은 "아시아 · 태평양전쟁기 일본 역사화(歷史畵) 속의 국가주의"라는 흥미로운 주제로 그림을 통해 사상(국가주의)을 빚어내는 과정과 변화되는 모습을 그려내고 있다. 아시아태평양전쟁기 일본의 역사화는 황국사관에 바탕을 둔 그림들로서 역사교육의 교재로 사용되었을 뿐만 아니라, 선전선동의 매체로 사용되었다. 저자는 "일본의 전통적인 기호와 상징, 그리고 은유로 가득 찬 아시아태평양전쟁기 일본의 역사화가 장르상으로는 대부분 일본화이고 전투장면을 그린 예가 거의 없는 점도 중요한 특징으로, 그것은 당시 일본화와 서양화의 차이이기도 하며, 일본화 화가들이 일본의 전쟁화는 서양의 그것과는 달라야 한다고 생각한 결과였다."고 주장한다. '역사화'라는 수단을 통해 국

가의 이익을 개인의 이익보다 절대적으로 우선시키는 정치 · 사상의 원리나 정책을 실현시키려는 일본의 의도를 들여다봄으로써, 현재 한일간 마찰의 핵심요소인 내셔널리즘의 원형도 이해할 수 있지 않을까 기대해 보며 일독을 권한다.

제10장(이세연 교수)은 1930~40년대 일본의 대외전쟁과 '원친평등공양(怨親平等供養)'에 대한 재고를 날카롭게 담아내고 있다. 검토결과를 요약하자면 원친평등이라는 불교용어를 매개로 거행된 근대일본의 피아전사자공양과 적군전사자공양은 일본사회에 예로부터 전해져 내려오는 불교적 자비심 · 휴머니즘 맥락에서 설명되어왔다. 그러나 이들 공양의 근저에는 지극히 정치적인 맥락이 도사리고 있었다. 특히 1930~40년대에 일본국내외에서 펼쳐진 '원친평등공양' 역시 예외는 아니었다. 저자는 이 시기의 '원친평등공양'은 '대동아공영권' 건설을 위한 프로파간다로 기능을 하였다고 주장한다. 근대일본에서 독자들에게 생소하게 들릴 수 있는 '원친평등공양'의 '정치성'은 동시대의 다른 '사상'이나 '정신(가치)'과 마찬가지로 각 시대상황을 반영하며 끊임없이 표출되었다고 할 수 있다. '문명', '세계', '평화', '일지(화)친선'이라고 하는 각 시대에 추구된 가치기준에 연동하는 역할을 하게 되었다고 결론짓는 저자의 분석은 향후 많은 반향이 있을 것으로 기대한다.

이어서, 제3부에서는 일본, 그리고 동아시아의 대립과 평화 담론을 고찰(전개)하고자 한다.

제11장(박홍규 교수)에서는 '민주제' · '연방제' · '군비철폐론'을 바탕으로 나카에 쵸민(中江兆民, 1847-1901)의 평화 '이념'을 분석하고 있다. 『삼취인경륜문답(三醉人經綸問答)』(1887)에 등장하는 주인공 중 한 사람인

양학신사(洋學紳士)라는 인물을 통해 개진되는 '적극적' 평화론을 중심으로 나카에 쵸민의 평화 '이념'을 고찰하는 것을 목적으로 하고 있다. 특히 저자는 연방제와 군비철폐론의 관계에 주목하여 그가 연방제를 통해서가 아니라, 민주도덕국가에 근거한 군비철폐론을 통해 평화이념을 구상했다는 것을 논증하고자 한다. 나카에 쵸민은 일국 내 자유·민권의 문제와 국가간 평화·외교의 문제를 '문명'이라는 총체적 시각에서 비판적으로 바라보고 있었다. 즉, 그는 일국 내에서 '문명'을 이룬 나라들이 오히려 그들 사이에는 침략이나 전쟁과 같은 '야만'적 행위를 서슴지 않는 모순된 상황에 빠져 있다고 보았다. 이러한 문명의 패러독스에서 벗어나 어떻게 '진정한 문명'을 이룰 수 있을 것인가를 쵸민은 자신의 사상적 과제로 설정하고 있었던 것이다. 일본이 입헌군주제를 거쳐 민주제로 가느냐, 아니면 제국주의로 가느냐의 기로에 서있던 시기에 나카에 쵸민은 『삼취인경륜문답』을 간행한다. 거기에서 나카에 쵸민은 아마도 가장 일찍이 서구의 평화 '사상'을 일본에 소개하면서, 자신의 평화 '이념'을 제시하고, 나아가 당시 일본이 취해야 할(취할 수 있는) 외교의 방향을 개진하였다는 저자의 주장은 설득력이 있다.

제12장(전성곤 교수)의 「일본 내부에서의 '트랜스 동아시아' 담론」는, '동아시아의 평화 담론'을 '아시아의 정신적 사유 양식'이 가진 인식의 객관성이 가능한가라는 문제의식에서 출발하고 있다. 아시아는 '아시아적인 것'에서 존재하는 것이 아니라, 아시아는 그 자체로 '주체적일 수 있다'는 의식 양식으로 정의되고 현실화 된 것임을 오카쿠라 덴신(岡倉天心)과 오오카와 슈메이(大川周明)의 아시아론을 통해 흥미로운 문제의식을 제시하고 있다. '아시아적 주체를' 사유한다는 것은 '아시아적 에토스를 구축하는 것'이 아니라 '아시아와 탈아시아'의 〈관계〉를 인식하

는 것임을 분석하고 있어 전쟁과 평화 담론에 관한 인식론의 폭을 넓혀 주고 있다.

제13장(김영근 교수)은 전후(戰後)부흥에 관한 한일 양국의 재해 거버넌스 및 경제정책을 비교 분석하고 있다. 일본과 한국의 전후(1945년 이후) 재해 거버넌스 및 경제정책, 부흥정책을 비교하여 재해 이후 세계경제의 구조 변화 속에서 전후(戰後) 한국과 일본이 계획하고 실행한 복구 및 부흥정책 및 경제정책에서 한일 간 차이가 뚜렷이 드러난다는 점을 제시하고 있다. 특히, 사례별 재해부흥 프로세스에서의 일본 시스템(거버넌스)의 변용에 관한 것으로 일본 시스템의 변용을 요약하면, 전쟁과 전쟁 사이를 의미하는 '전간(戰間) 체제'에서 벗어나 전후(1945)는 말 그대로 '전후(戰後) 체제'로 변화하고 있다는 분석은 매우 흥미롭다. 이에 더하여 한국은 기존(旣定) 정책의 비효율적 대응이 지속되어 체제변화 및 거버넌스가 제대로 작동되지 못하고 전간(戰間)체제가 지속되었다는 주장(분석결과)은 매우 독창적이며 설득적이다. 전후(1945) 한국의 시스템은 '전후 신탁통치 체제'로 작동의 주체가 일본에서 미국으로 변화되었으며, 정책실행에 필요한 재원을 조달하기 위한 수단(재정)으로 주로 '미국의 경제원조'에 의존했다는 전후(戰後)부흥의 상황을 '재해 거버넌스'라는 분석틀에 넣어 설명하고 있다는 점에서 유용하다. 한편, 재해 후 부흥정책을 추진한 주요 정책결정자의 역할 변화에 관한 분석 중 한국에 비해 일본은 취약성(vulnerability)이 훨씬 적어, 전후 경제부흥에 안정적인 프로세스로 운영된 경향을 보이고 있다는 한일 간 거버넌스의 차이점에 대한 지적은 향후 새로운 '인간부흥'과 연계시켜 갈 수 있다는 측면에서 기대가 된다.

본서 『일본의 전쟁과 평화』가 이상의 논의를 바탕으로 전쟁과 평화 담론을 제대로 이해하고, 나아가 평화로 가는 길목을 제안한다는 취지에서 출발하고 있다는 점을 독자들이 널리 이해해 주시기를 기원한다. 아울러 본서 간행(출판 작업)과 동시에 〈전쟁과 평화를 통해서 본 동아시아 지형도: 협력 모색을 위한 학제적 성찰〉이라는 주제로 열린 학술 심포지엄(2014년 6월 23일 고려대학교 일본연구센터 주관/제3아젠다: 전쟁과 평화, 그리고 '국경(동아시아)' 연구팀 주최)의 논의가 연구팀의 성과를 사회적으로 확산시키는데 일조했으면 하는 바람이다. 또한 다각도로 활용되기를 기대한다.

마지막으로 전쟁과 평화 개념이 지속되거나 대립되는 것도 고민해야 할 문제이다. 〈전쟁은 과연 피할 수 있는가?〉에 관한 문제의식을 가지고, 이 책에서 제시하는 다양한 결론(유용성)을 어떻게 '동아시아 나아가 세계평화'에 활용할 것인가의 방안에 관해 같이 고민해 나갔으면 한다. 어떠한 요소(요인)를 제거해야 '전쟁을 피할 수 있을까'라는 방법론에 관한 것이다. 앞에서 언급한 바와 같이 전쟁에 관한 억지력이 강화될수록 결과적으로 평화로 가는 길이 가까워진다는 점을 감안한다면, 무엇보다도 평화를 저해하는 요소를 최소화(減戰)하는 전략을 바탕으로 〈평화〉로의 길이 활짝 열려 있어야 할 것이다. 그렇다면 다양한 이익구조가 충돌하는 '전쟁의 특수성'보다는 사회경제 생활에서의 '평화(안전)를 추구하는 보편적 이념'을 어떻게 공유할 것인가가 관건이다. 전쟁이라는 단어가 관련 전문연구자들의 분석대상으로써 사라지는 것을 걱정하기보다는 우리 후손이 누려야 할 역사 속에서 빛바랜 용어가 되길 기원하며, 언젠가 그 자리를 '평화'라는 용어가 대신할 날을 고대하며……

제1부

戰爭과 平和로 보는
東아시아의 歷史/思想 地形圖

제1장 '백촌강싸움'과 東아시아의 재편, 그리고 '일본(倭)'

송완범*

1. 머리말

660년 7월의 백제멸망으로부터 663년 8월의 백촌강싸움에 걸친 기간은 동아시아세계의 재편을 초래한 중대한 전기가 된 시기였다. 이 시기를 거쳐 대륙의 당은 동방의 안정에 의해 여력을 서방에 집중할 수 있게 되고 대제국으로서의 면목을 유지할 수 있게 되었다. 한반도에서는 백제의 완전한 멸망에 따라 고구려는 더욱 고립하게 되고, 그에 비해 신라는 눈부신 발전을 이루었다. 한편 열도의 왜는 패전의 충격과 함께 많은 백제유민들을 받아들여 방위전쟁의 준비와 새로운 국가질서 만들기에 매달리게 된다.

백촌강싸움에 관한 기존의 연구는 石母田正씨의 「古代帝國主義論」에 입각하여, 당을 중심으로 하는 「大帝國主義」와 왜(일본)를 중심으로 하는 「小帝國主義」의 충돌이었다고 평가한다.[1] 그렇지만 이 시기의 동

* 고려대학교 일본연구센터 HK교수

※ 원래 이 논문은 2006년 12월 9일의 한국고대사학회 월례발표회(강동구암사동 선사유적관)에서 발표한 것을 저본으로 하여, 2007년 3월에 『한국고대사연구』45호에 실은 것이다. 이번에 고려대학교 일본연구센터 제3아젠다팀(전쟁과 평화, 동아시아 공동체-지정학적 관점에서-)의 총서 발간의 취지에 맞춰 약간의 수정과 보완을 시도하였다.

아시아세계를 그러한 시점에 서서 바라본다면, 당과 왜 만이 이 세계의 기축이 되어 버려 동아시아세계에서의 한반도세력, 즉 백제부흥군과 신라가 담당한 역할에 대해서 충분한 평가를 할 수 없게 된다고 하는 단점이 있다. 그래서 본고에서는 우선 7세기의 동아시아세계에서의 백촌강싸움에의 도정을 시간적으로 재검토하는 가운데 왜의 백제구원군과 함께 당·신라 연합군과 싸운 백제부흥군을 포함하는 백제유민의 존재에 주목하면서 백촌강싸움의 재평가를 시도해 보고자 한다.

이상의 작업을 통해 동아시아에서의 백촌강싸움의 의의가 명백하게 되고, 나아가 지금까지의 歸化人·渡來人 연구에서 놓쳐져 왔던 백제유민을 비롯한 백제왕씨[2]의 본래적 성격이 비로소 보다 명확히 보이기 시작하게 되는 것은 아닐까.

---

1) 石母田正, 1971『日本の古代國家』岩波書店 p.70 참조, 나중에 1989『著作集第三卷』岩波書店에 재록. 최근 大町健씨는 石母田正·石上英一 양씨의「小帝國主義論」·「擬似民族集団」을 각각의 분석대상으로 하고 일본고대국가에서의「帝國」과「民族」의 개념에 관한 정의를 새롭게 검토할 필요성이 있다고 하는 문제제기를 하고 있다. 大町健, 2004「東アジアのなかの日本律令國家」歷史學硏究會·本史硏究會編『日本史講座 第2卷 律令國家の展開』, 東京大學出版會 pp.223~248 참조.
그 외에 백촌강싸움에 관한 연구로는 鬼頭清明, 1976『日本古代國家の形成と東アジア』校倉書房. 同, 1981『白村江—東アジアの動亂と日本—』教育社. 同, 1994『大和朝廷と東アジア』, 吉川弘文館. 鈴木英夫, 1988「百濟の役」黛弘道編『戰亂の日本史 1　中央集權國家への道』第一法規出版. 遠山美都男, 1997『白村江—古代東アジア大戰の謎—』講談社. 森公章, 1998『白村江以後—國家危機と東アジア外交—』講談社. 同, 2002「白村江の戰をめぐる倭國の外交と戰略」,『東アジアの古代文化』110. 同, 2006『戰爭の日本史 1　東アジアの動亂と倭國』吉川弘文館 등이 있고, 한국에서의 전문연구서로는 노중국, 2003『백제부흥운동사』, 일조각과 변인석, 1994『백강구전쟁과 백제·왜관계』한울아카데미 등이 있다.
2) 송완범, 2006(a)「동아시아세계 속의 백제왕씨의 성립과 전개」『백제연구』44집, pp.246~250 참조.

2. 백촌강싸움에의 도정

(1) 7세기 전반기의 동아시아와 왜

589년에 隋(581~618년)의 문제가 중국을 통일하고 고구려원정(598~614년)을 시작하자 동아시아의 여러 나라는 혼란과 격동의 시대를 맞이한다. 그 후 수는 고구려원정에 실패하고 멸망하게 되고 唐(618~907년)이 대신하여 통일국가를 건설하게 된다. 倭는 5세기 「왜의 5왕」시대 이래 중국과 직접 교류를 행하지 않았는데 견수사의 파견은 약 1세기 만에 중국과의 직접 교류가 재개된 것을 의미한다. 계속하여 수에서 당으로의 교대와 함께 왜는 견당사를 파견한다. 그것과 함께 도래승과 왜의 귀족들의 관계도 깊어지고,[3] 왜로부터의 유학생과 유학승의 왕래도 증가하게 되었다.[4]

7세기의 왜에서는 국가형성이 진척되는 가운데 밖으로부터의 선진문물의 수요에 대한 욕구가 증가하기 시작했다. 그 때문에 6세기 이래의 백제와의 「傭兵關係」[5]만으로는 왜가 필요로 하는 선진문물의 수요를 채울 수가 없게 되고, 또 백제는 6세기 중엽의 신라의 발전에 의해 이전과 같은 선진문물의 도입처로서의 역할에 그림자가 드리워지기 시작했다. 그 현상을 해결하기 위해 야마토왕권은 백제 이외의 수·당, 고구려, 신라와도 외교관계를 맺는 등 대외관계를 다면화하려고 했다. 그러나 당시의 야마토왕권의 대외관계는 친백제계 씨족인 소가씨[6]가 담당하고

---

3) 『日本書紀』推古元年(593)四月己卯條, 同推古三年(595)五月丁卯條, 同敏達十三年(584)是歲條참조.

4) 『日本書紀』皇極三年(644)正月朔條, 『藤氏家伝』上卷鎌足伝 등을 참조. 『藤氏家伝』에 대해서는 沖森卓也·佐藤信·矢嶋泉, 1999 『藤氏家伝　鎌足·貞慧·武智麻呂伝 注釋と硏究』吉川弘文館 을 참조.

5) 金鉉球, 1985 『大和政權の對外關係關係』吉川弘文館, 第三編·第四編 참조.

있었기 때문에 다면화 외교라 해도 백제와의 관계를 완전하게 단절할 수는 없었다. 한편 당은 644년에 본격적인 고구려원정을 시작하게 되었는데, 이것에 의해 동아시아 여러 나라는 격동과 혼란의 시대를 맞이한다. 중국 동북부에서 한반도에 걸쳐 위치한 고구려·백제·신라는 물론 왜 등의 여러 나라에는 국제적 긴장이 높아지게 되었다. 그 중에는 당과 대결의 자세를 보이는 나라도 있고 혹은 종속되는 경우도 있었다.

이러한 국제적 긴장에 대응하기 위해 고구려에서는 642년의 연개소문의 쿠데타에 의한 권력의 장악이 일어나고 백제에서도 거의 동시기에 의자왕에 의한 정치적 집중이 꾀해진다.[7] 신라에서는 여왕(善德王·眞德王)의 통치 하에 왕족인 김춘추와 김유신에 의한 정치적 집중이 행해졌다.[8] 한편 왜에서는 645년에 '乙巳의 변'이라는 쿠데타가 일어나 소가노 에미시(蘇我蝦夷)·이루카(入鹿) 등의 소가씨 본종가가 멸망되고 孝德의 통치 하에 中大兄皇子 등에 의한 「改新」정권이 수립한다. 그 외에 耽羅도 나라로서의 독립을 모색하면서 대백제·대왜·대신라외교를 적극적으로 전개해 나갔다.[9]

---

6) 門脇禎二, 1977『蘇我蝦夷·入鹿』吉川弘文館, pp.94~95와 同, 1971「蘇我氏の出自について」『日本のなかの朝鮮文化』12. 金鉉球, 1985 앞의 책, pp.282~288 참조. 또한,『扶桑略記』推古元年條의 기사인「蘇我大臣馬子宿祢依合戰於飛鳥地建法興寺. 立刹柱日, 島大臣幷百余人. 皆著百濟服. 觀者悅. 以仏舍利蘢置刹柱礎中」의 내용에서는 소가씨(蘇我氏)가 친백제계 씨족이라는 것이 확인된다.
7)『日本書紀』皇極元年(642)春正月乙酉條、同年 二月戊子條 참조.
8)『三國史記』卷五 新羅本紀, 善德王 16年(647) 春正月條. 武田幸男, 1985「新羅毗曇の亂』の一視角」『三上次男博士喜壽記念論文集 歷史編』平凡社 참조.
9) 森公章, 1998「古代耽羅の歷史と日本—七世紀後半を中心として—」『古代日本の對外認識と通交』吉川弘文館 참조. 그 외에 640년대의 전반적인 상황에 관해서는 山尾幸久, 1989『古代の日朝關係』塙書房의 후편의 제2장, 혹은 同, 1992「7세기 중엽의 동아시아」『백제연구』23 참조.

(2) '改新'정권 이후의 신외교의 모색

왜의 「개신」정권의 대외정책에 대해서는 효덕조의 10년간을 두 시기로 나누어보고자 하는 이해가 있다.[10] 우선 대화연간(645~649)의 대외정책은 이전의 친백제정책에 대해 친신라정책, 즉 당·신라·왜의 3국 연합정책을 채택한 것을 특징으로 들 수 있다. 한편 효덕조의 후반기인 하쿠치 연간(白雉 연간, 650~654년)의 대외정책에 대해서는 당·신라·왜 3국 연합정책이 후퇴하고 백제와 신라에 대해서 등거리의 외교자세를 유지하고 있었다. 즉 왜국의 대신라외교가 당·신라·왜 3국 연합정책으로부터 이탈하고 친백제정책을 취하게 되는 것이다.

660년 7월 백제는 당과 신라와의 연합군에 의해 멸망한다. 백제의 의자왕과 태자 융 등의 왕족과 귀족들은 당의 낙양에서 수도인 장안에 연행되고, 백제의 옛 땅에는 웅진·마한·동명 등의 5도독부가 설치되었다. 도독부에는 각각 주·현이 두어져 그 지역의 유력자가 都督·刺史·縣令에 임명되었다.[11] 그러나 백제의 옛 땅에서는 부여성 함락과 의자왕 연행 후에도 鬼室福信·승려 道琛과 余自進 등의 백제의 옛 신하들에 의해 백제부흥운동이 격하게 전개되었다. 귀실복신 등은 왜에 구원을 요청하고 660년 10월 왜는 백제왕자 豊璋의 송환과 구원군의 파견을 결정한다.[12] 다음 해 7월에 제명이 아사쿠라궁(朝倉宮)에서 사거하자 상복을 입은 채로 중대형황자는 칭제하고 「水表之軍政」을 행하였다.[13]

그 때 왜에 주재하고 있던 풍장이 백제부흥을 위해 귀국하는데, 이는 631년(舒明 3년, 무왕 32년)에 來倭한 이래 30년 만의 귀국이었다. 풍장

---

10) 金鉉球, 1985 앞의 책 第四編 참조.
11) 『旧唐書』百濟本紀 참조.
12) 『日本書紀』齊明六年(660) 冬十月條 참조.
13) 『日本書紀』天智卽位前紀(661) 七月是月條 참조.

은 무왕의 왕자로서 의자왕과는 형제관계에 있고 과거의 「人質」의 예와 같이 당초는 「質」로서 백제의 위기적 상황을 타개하는 목적으로 내왜했다.[14] 이번 풍장의 「入質」[15]의 경우는 왜가 외교의 다면화를 꾀한 추고조의 견수사의 파견의 경우와 같이 630년의 제1차 견당사파견과 관계가 있을 것이다. 왜로부터의 견수사의 파견에 의해 백제에 당·신라·왜라고 하는 3국의 포위망이 구축되는 것을 두려워하여 백제는 왜의 견수사파견을 저지하기 위해 왕자 풍장을 장기간에 걸쳐 「入質」시킨 것이다. 이 백제왕자 풍장이 왜왕으로부터 織冠을 받고 왜의 군대와 함께 백제의 옛 땅에서 백제의 옛 신하인 복신 등에게 백제왕으로서 맞아들여졌다.[16] 여기에 와서 백제부흥군의 상징이 세워지고 왜로부터의 원군과 함께 연합작전에 들어서게 된다.

왜국의 백촌강싸움에의 참전이유에 대해서는 종래의 견해로서는 크게 나누어 두 가지가 있다. 첫째, 백제가 이전부터 왜를 '大國視'하고 있는 한편 왜는 백제를 조공국 즉 속국으로 간주하고 있는 입장에서 왜가 한반도의 백제에 출병하는 것으로 되었다고 하는 것이다. 두번째로, 당시의 야마토왕권의 지배층이 한반도계, 특히 백제계의 사람들이었다는 관계로 조국인 백제의 해방을 위한 출병이었다고 하는 것이다.

전자는 이른바 「古代帝國主義戰爭說」로 일본인학자들이 주장하고 있다.[17] 그것에 대해 후자는 이른바 「祖國解放戰爭說」로 한국의 학자들에 의해 옹호되고 있다.[18] 그러나 전자는 『日本書紀』편찬 때의 일본

14) 송완범, 2005 「7世紀の倭國と百濟」『日本歷史』686号 참조. 이 외에 西本昌弘, 2006 「豊璋再論」『日本歷史』695号도 참조.
15) 『日本書紀』舒明三年(631) 三月條 참조.
16) 『日本書紀』天智卽位前紀(661) 九月條, 同 天智元年(662) 五月條 참조.
17) 石母田正, 1971, 앞의 논문 참조.
18) 林宗相, 1974 「七世紀中葉における百濟·倭の關係」『古代日本と朝鮮の基本問題』學生社. 변인석, 1994 참조. 그 외에 鄭孝雲, 2000 「七世紀の東アジアの戰爭と古

율령국가의 한반도 여러 나라에 대한 「蕃國觀」으로부터 나온 이해이고, 후자는 막연한 추측으로 확실한 근거가 부족하다고 하는 점에서 양설은 각각 약점을 갖고 있다고 할 수 있다. 그래서 제3의 안으로서 645년 「改新」 전후의 야마토왕권의 대외관계에 관한 분석을 통하여 야마토왕권의 백촌강싸움에의 참전 이유를 구하는 견해가 있다.[19)]

즉 그것은 왜·신라·당의 3국연합정책, 즉 친신라정책을 견지해 온 효덕의 죽음 후 제명과 중대형황자는 친백제정책으로 전환하는데, 왜와 동맹관계에 있었던 백제가 당과 신라에 의해 멸망되자, 다음 표적이 왜 자신이라고 하는 위기의식을 느낀 야마토왕권이 한반도를 전장으로 삼아 백제의 부흥군과 고구려와 협력하면 당과 신라군을 억지할 수 있다고 판단했다고 하는 것이다. 다시 말하자면 야마토왕권은 일본열도에서 당과 신라의 연합군의 공격을 맞는 것이 아니고, 백제부흥군과 고구려가 건재하는 한반도에 출병하여 당과 신라군을 공격하는 일에 의해 침략의 저지를 꾀했다고 하는 것이다.[20)]

그러한 왜의 백촌강참전의 이유가 바르다고 한다면 이 싸움의 성격은 왜의 방위를 위한 전쟁이라는 것이 된다. 또한 이것은 왜의 백촌강 참전의 이유를 '외교미숙'으로 보는 森公章씨의 견해[21)]와는 상반하는 것이 되는데, 필자는 왜의 백촌강 참전의 결정에는 한반도와의 긴 교류를 통하여 체득한 왜 나름의 절박하고도 간절한 외교술이 총동원된 결

代の帝國主義」『東アジア日本語教育·日本文化研究』2, pp.245~251에서는 백촌강싸움을 「신라정복전쟁(新羅征服戰爭)」으로 이해하고 있다.

19) 金鉉球, 1985 앞의 책 第四編 참조. 同, 2003 「백강전쟁과 그 역사적 의의」 백강전쟁 1340주년 韓·中·日 국제학술심포지엄 자료집 『백제부흥운동과 백강전쟁』, 충남 공주대학교 백제문화연구소 참조.

20) 송완범, 2006(b) 「8세기 중엽 '신라정토' 계획으로 본 고대일본의 대외방침」, 『한일관계사연구』25집 참조.

21) 森公章, 1998 앞의 책의 終章을 참조.

과라고 생각한다.

이상을 포함해 다음 절에서는 왜의 백촌강에의 참전에서 패배까지의 전후사정에 대해 검토하기로 한다.

3. 백촌강싸움

(1) 동아시아의 대전

동아시아 여러 나라가 서로 뒤엉켜 얽힌 백촌강싸움의 기간에 관해서는 두 가지의 관점이 있다. 첫 번째는, 660년 7월의 백제 멸망으로부터 663년 8월까지의 3년간의 백제부흥 전쟁 기간이라고 하는 넓은 의미에서의 관점이다. 두 번째는, 663년 8월 27, 28일 양일의 전투 그 자체를 가리키는 관점이다. 필자는 전자의 3년간을 넓은 의미에서의 백촌강싸움이라고 이해하고 있는데, 어느 것을 취하더라도 백촌강싸움의 목적이 백제군원과 백제부흥에 있었다고 하는 것은 틀림없다. 그러나 백제부흥·구원론에는 비판적인 의견도 있다.

우선 왜군의 반도에의 본격적인 출병은 663년이 되어 이루어졌지만 왜의 출병의 본심은 한반도 남부의 이익을 얻기 위한 것이고, 백제부흥에 있었던 것은 아니라고 하는 견해이다.[22] 그러나 이 견해의 문제점은 당의 대동방정책 즉 대고구려문제를 중시한 나머지 백제의 멸망과 왜가 참전한 백촌강싸움은 당을 중심으로 하는 전쟁에서의 단순한 하나의 사건에 지나지 않는 것이라는 데에 있는 것은 아닐까.

그 외에도 풍장을 백제왕으로 책봉하기 위한 전쟁이라고 하는 견해

---

22) 韓昇, 2003「당과 백제의 전쟁 - 그 배경과 성격 -」『백제부흥운동과 백강전쟁』 앞의 자료집 참조.

가 있지만,[23] 이것은 백촌강싸움을 「古代帝國主義戰爭」으로 생각해버리는 관점에 선 입장이다. 그 보다는 『日本書紀』 제명 6년(660)겨울 10월조에 보이는 것처럼 백촌강싸움의 경위는 백제 고지에서의 「乞師請救、乞王子豊璋」라는 요청에 대해 야마토왕권이 답했던 것이기 때문에, 이 전쟁의 목적은 백제멸망 직후부터 백제부흥군의 요청인 군사원조를 통해서의 백제부흥에 있었다고 하는 사실은 명백하다.

660년 10월의 백제 고지의 구원요청에 대해, 같은 해 12월에는 재빨리 왜의 중추부인 제명과 중대형황자, 藤原鎌足 등이 모두 나니와(難波)로 옮기고 있다. 다음 해 정월에는 難波津에서 瀨戶內海를 통하여 吉備의 大伯海·伊勢의 熟田津를 거쳐, 3월에는 북구주의 那大津에 도착한다. 이러한 일로부터 백제구원에 걸었던 야마토왕권의 심상치 않은 자세를 엿볼 수 있다.

이리하여 한반도의 백제 고지에서는 왜로부터의 구원군과 복신이 이끄는 백제부흥군과의 연합군이 결성되었다. 그런데 이 연합군의 최고책임자는 누구였을까? 그것은 백제왕풍장을 제외하고는 상정하기 어렵다. Ⅱ에서 서술한 것처럼 복신과 풍장의 사이에는 「武王系」라는 공통점이 있었다.[24] 그러나 왜에서의 긴 「入質」생활을 통하여 백제군 보다는 왜군 쪽에 더 많은 친근함을 느끼고 있었을 풍장은 복신이 이끄는 백제군을 지휘하는 데는 한계가 있었다고 생각된다. 그러한 연합군에는 항상적인 불화의 가능성이 내포되어 있었다고 해도 좋다.

풍장과 복신과의 불화의 원인에 대해서는 이전부터 지적이 있다. 그 원인을 풍장의 성격의 문제, 즉 풍장의 긴 인질생활이 그를 「被害妄想症患者」로 만들었다는 의견이 있다.[25] 혹은 정책상에서의 차이를 지

---

23) 遠山美都男, 1997 앞의 책, p.189 참조.
24) 송완범, 2005, 앞의 논문 참조.

적하는 견해가 있다.[26] 즉, 왜군과 백제부흥군과의 주도권을 둘러싼 분쟁이 배경에 있고 그 구체적인 근거로써는 주류성에서 避城에의 천도 그리고 고구려와의 관계를 중시하는가에 대해서 의견의 차이가 있었다는 것이다.

이상의 견해에 관해서는 확실히 긴 「人質」생활이 한 개인에게 끼친 영향은 무시할 수가 없었을 것이지만, 역시 왜와 백제와의 연합군이라고 하는 이질적인 구성에 불화의 원인을 구하는 후자의 견해가 보다 타당하다고 할 수 있을 것이다.

(2) 백촌강싸움의 전개와 패배

여기서는 백촌강싸움의 전개와 패전 그리고 그 결과로서 발생한 백제유민에 대해서 서술하고자 한다.

우선 전투의 전개에 관한 사료를 A군으로, 전투의 결과에 관한 사료를 B군으로 한다.

A群　전투의 전개

[史料 1]『旧唐書』卷一九九上　百濟伝

於是仁師仁願及新羅王金法敏帥陸軍進, 劉仁軌及帥杜爽扶余隆率水軍及糧船, 自熊津江往白江以會陸軍. 同趨周留城.

[史料 2]『資治通鑑』卷二〇一　龍朔三年(六六三)九月條

於是仁師仁願及新羅王法敏將陸軍以進, 仁軌与別將杜爽扶余隆將水

---

25) 胡口靖夫, 1998「百濟豊璋王について―いわゆる「人質」生活を中心に―」『近江朝と渡來人―百濟鬼室氏を中心として―』雄山閣出版, pp.199~202 참조.

26) 鈴木英夫, 1997「百濟復興運動と倭王權―鬼室福信斬首の背景―」武田幸男 編『朝鮮社會の史的展開と東アジア』山川出版社, pp.192~195 참조.

軍及糧船, 自熊津江入白江, 以會陸軍. 同趣周留城.

[史料 3]『三國史記』卷二十八　龍朔二年(六六二)條

於是仁師仁願及羅王金法敏帥陸軍進, 劉仁軌別及帥杜爽扶余隆帥水軍及糧船, 自熊津江往白江口, 以會陸軍. 同趨周留城.

[史料 4]『三國史記』卷七　文武王十一年(六七一)條

至龍朔三年, 摠管孫仁師領兵來救府城, 新羅兵馬, 亦發同征, 行至周留城下.

[史料 5]『日本書紀』天智二年(六六三)秋八月甲午(十三日)條

新羅, 以百濟王斬己良將, 謀直入國先取州柔. 於是, 百濟知賊所計, 謂諸將曰, 今聞, 大日本國之救將廬原君臣, 率健兒萬餘, 正当越海而至. 願諸將軍等, 応預図之. 我欲自往待饗白村.

[史料 6]『日本書紀』天智二年(六六三)秋八月戊戌(十七日)條

賊將至於州柔, 繞其王城. 大唐軍將, 率戰船一百七十艘, 陣烈於白村江.

B群　전투의 결과

[史料 7]『旧唐書』卷一九九上　百濟伝

仁軌遇扶余之衆於白江之口, 四戰皆捷, 焚其舟四百艘, 賊衆大潰, 扶余豊脱身而走, 僞王子扶余忠勝忠志等率士女及倭衆並降, 百濟諸城復歸順, 孫仁師与劉仁願等振旅而還.

[史料 8]『旧唐書』卷八十四　列伝三三劉仁軌伝

仁軌遇倭兵於白江之口, 四戰捷, 焚其舟四百艘, 煙焰張天, 海水皆赤, 賊衆大潰, 余豊脱身而走, 獲其宝劍, 僞王子扶余忠勝忠志等率士女及倭衆並耽羅國使, 一時並降, 百濟諸城皆復歸順, 賊帥遲受信據任存城不降.

[史料 9]『資治通鑑』卷二〇一　龍朔三年(六六三)九月條

遇倭兵於白江口, 四戰皆捷, 焚其舟四百艘煙炎灼天, 海水爲赤, 百濟王豊脫身奔高麗, 王子忠勝忠志等帥衆降.

[史料 10]『三國史記』卷二十八　龍朔二年(六六二)條

遇倭人白江口, 四戰皆克, 焚其舟四百艘, 煙炎灼天, 海水爲丹, 王扶余豊脫身而走, 不知所在, 或云奔高句麗, 獲其宝劍, 王子扶余忠勝忠志等帥其衆与倭人並降.

[史料11]『三國史記』卷七　文武王十一年(六七一)條

此時, 倭國船兵, 來助百濟, 倭船千艘, 停在白沙, 百濟精騎岸上守船, 新羅驍騎爲漢前鋒, 先破岸陣, 周留失膽, 遂卽降下.

[史料12]『日本書紀』天智二年(六六三)秋八月戊申(二十七日)條

日本船師初至者, 与大唐船師合戰. 日本不利而退. 大唐堅陣而守.

[史料13]『日本書紀』天智二年(六六三)秋八月己酉(二十八日)條

日本諸將, 与百濟王, 不觀氣象, 而相謂之曰, 我等爭先, 彼応自退. 更率日本亂伍, 中軍之卒, 進打大唐堅陣之軍. 大唐便自左右夾船繞戰. 須臾之際, 官軍敗續. 赴水溺死者衆. 艫舳不得廻旋. 朴市田來津, 仰天而誓, 切齒而嗔, 殺數十人. 於焉戰死. 是時, 百濟王豊璋, 与數人乘船, 逃去高麗.

이상의 A群과 B群의 사료로부터 네 가지를 지적하고자 한다. 우선 첫 번째로, 전장의 지명이 혼란하고 있는 일이다.[27] 「白江口」([史料3] [史料7~10]), 「白江」([史料1] [史料2]), 「白沙」([史料11]), 「白村江」([史料5][史料6]) 등 이다. 이 중 「白江口」와 「白江」은 같은 장소를 가리키고 있는 듯하다. 한편 백촌강은 『日本書紀』에 밖에 보이지 않지만 보다 구

27) 沈正輔, 2003 「백강에 관한 연구현황과 문제점」 『백제부흥운동과 백강전쟁』 앞의 자료집 참조.

체적인 장소를 특정하고 있는 지명이라고 생각한다.

두 번째로, 당과 신라의 사료내용이 거의 일치하고 있는 것에 비해, 『日本書紀』는 전장의 묘사가 특히[史料13]처럼 상세한 것으로 보아 다른 계통의 사료를 사용하고 있다고 생각된다.[28)]

세 번째로, 싸움의 주체인 육군과 수군과의 전투가 별개로 다루어지고 있는데, 육군의 전투는 신라와 백제의 군대가, 수군은 당과 왜국의 군대가 각각 담당하고 있다.[史料11]에 의하면 언덕 위에서 백제육군과 신라군이 싸우고 있다. 요컨대, 양군의 육군의 임무는 각각의 수군의 선단을 호위하면서 육군끼리의 전투를 전개하는 전술을 구사하고 있는 것을 알 수 있다.

네 번째로, 왜의 수군의 패전 이유에 대해서이다. 패전의 이유로서 기상조건의 악화·군선의 성능차이·전략의 부재 등이 들어진다.[29)] 당과 왜의 선단 규모는 당이 170척([史料13]), 왜가 400척([史料7~10]), 혹은 1000척([史料11])이었다. 왜의 군선의 척수는 400에서 1000까지의 차는 있지만, 1000척은 『三國史記』한 군데만의 기록이기에 훗날의 과장이라고 생각되지만, 400척 이상의 군세이었던 것만은 확실할 것이다. 왜나하면[史料7~10]의 기사 「焚其舟四百艘」로부터 적어도 400척은 파괴된 배의 척수를 나타내고 있기 때문이다.

다음으로 백촌강싸움의 결과 생긴 백제유민의 발생과 그 존재에 대해서 보고자 한다. 우선 백제유민의 발생에 대해서는 다음의[史料14~17]이 참고가 된다. 663년 8월말에 왜와 백제연합군은 당과 신라연합군

---

28) 新川登龜男, 2003「백촌강싸움과 고대 동아시아」『백제부흥운동과 백강전쟁』 앞의 자료집 참조.

29) 金鉉球,『백제부흥운동과 백강전쟁』 앞의 자료집의 논문에서는 풍장과 복신의 대립을 패전의 주요한 이유로 들고 있다. 그에 비해 遠山美都男, 1997 앞의 책은 패전사관(敗戰史觀)의 극복을 주장하고 있다.

에 의해 대패를 맛본다. 그 후 9월 초부터 퇴각의 준비를 하고 왜와 백제의 인민들이 9월말 경에 드디어 구백제의 남해안으로부터 왜국으로 향하게 된다.

[史料14] 『日本書紀』天智二(六六三)年九月丁巳(七日)條
百濟州柔城, 始降於唐. 是時, 國人相謂之曰, 州柔降矣. 事无奈何. 百濟之名, 絶于今日. 丘墓之所, 豈能復往. 但可往於弖禮城, 會日本軍將等, 相謀事機所要. 遂教本在枕服岐城之妻子等, 令知去國之心.
[史料15] 『日本書紀』天智二(六六三)年九月辛酉(十一日)條
發途於牟弖.
[史料16] 『日本書紀』天智二(六六三)年九月癸亥(十三日)條
至弖禮.
[史料17] 『日本書紀』天智二(六六三) 年九月甲戌(二十四日) 條
日本船師, 及佐平余自信·達率木素貴子·谷那晋首·憶禮福留, 幷國民等, 至於弖禮城. 明日, 發船始向日本.

위 사료들에 따르면 9월 7일; 주류성이 당에 항복했다. 백제인들이 말하기를 백제라는 이름은 이제 이것으로 끝나고 말았다. 조상의 무덤에 어찌 다시 가볼 수 있을 것인가. 弖禮城에 가서 왜군과 상담해보자. 드디어 처자에게 망국 백제를 떠날 것을 알렸다. 11일; 牟弖를 출발하여 13일에는 弖禮城에 이르렀다. 24일; 왜의 수군과 백제의 관인 그리고 일반 백성과 함께 弖禮城에 도착했다. 다음 날 배에 승선하고 드디어 왜로 향하는 길에 올랐다라고 하고, 주류성이 백촌강싸움 후 불과 10여일 남짓해서 함락하고 백제유민들이 최후의 희망을 왜에 맡긴 사정이 그려져 있다.

왜에서의 백제유민의 존재와 그들의 정착에 대해, 당시의 백제유민이 대규모로 존재하고 있었던 것을 나타내는 이하의 사료를 살펴보자.

[史料 18] 『日本書紀』天智四(六六五)年二月是月條

勘校百濟國官位階級. 仍以佐平福信之功, 授鬼室集斯小錦下 〈其本位達率〉. 復以百濟百姓男女四百余人, 居于近江國神前郡.

[史料 19] 『日本書紀』天智五(六六六)年冬十月是冬條

以百濟男女二千余人, 居于東國. 凡不擇緇素, 起癸亥年, 至于三歲, 並賜官食.

[史料 20] 『日本書紀』天智八(六六九)年是歲條

又以佐平余自信·佐平鬼室集斯等, 男女七百余人, 遷居近江國蒲生郡.

[史料 18]과 [史料 20]은 천 단위의 백제유민들이 오우미(近江)에 집거하고 있는 것을 전하고 있다. 또 [史料 19]는 백제유민의 남녀 2000인이 東國에 집단거주하고 있는 실태와 癸亥年(663) 이후의 3년간은 관식(官食)을 지급할 것, 이라는 대우 방법에 대해 기술하고 있다.

이러한 백제유민의 유입은 오우미와 동국에 집중적으로 행하여졌는데, 왜에 있어서의 백제유민의 유효성에 대해서는 대외적으로는 당의 침공의 위협에 대비하는 조치로서[30], 또 국내적으로는 近江을 비롯한 동국의 개발을 위함이라고 설명할 수 있다.[31] 특히 오우미지방은 천도

---

30) 森公章, 1998 앞의 책, pp.163~166 참조. 그 사이, 唐使의 내왜(來倭)가 664년 4월, 665년 9월, 666년 11월 등 빈번하게 행해졌다. 또, 당 주도하의 중요한 사건으로써는 665년 9월의 웅진회맹(熊津會盟)이 있고, 666년 정월에는 당의 고종에 의한 봉선(封禪)이 있었다. 이처럼 당을 중심으로 하는 국제질서에 크게 위협을 느낀 왜국으로써는, 백제유민 세력에 의지하지 않을 수 없었다.

31) 大津透, 1993 「近江と古代國家—近江との開發をめぐって—」『律令國家支配構造の研究』岩波書店. 水野正好編, 1992 『古代を考える　近江』吉川弘文館.

에 반대하는 세력의 존재가 있었음에도 불구하고,[32] 오우미에로의 천도가 이루어진 배경으로서 백제유민의 존재가 상정되는 것이다.[33]

백제유민세력의 움직임과 관련하여 다음으로 '朝鮮式山城'의 문제에 대해서 주목하고자 한다. 조선식산성 건설의 배경에는 말할 것도 없이 백촌강싸움의 영향이 있다. 백촌강싸움의 패전 후 당과 신라연합군의 침공을 두려워한 왜는 구주와 瀨戶內海 그리고 나니와에 걸쳐 대대적인 방위시설의 건설을 진척한다.[34] 그리고 그 사업에 크게 공헌했던 것이 다름 아닌 백제유신들이었다. 『日本書紀』에 의하면 천지3년(664)에 쓰시마(對馬)·이키(壹岐)의 두 섬과 쓰쿠시(筑紫)국 등에 防人과 烽을 설치하고 쓰쿠시에 미즈키(水城)를 축조했다.[35] 나아가 그 다음 해에는 達率答炑春初를 長門國에 또 達率憶礼福留와 達率四比福夫를 쓰쿠시국에 파견하여 각각 축성을 담당하게 했다. 장문국의 성곽의 이름은 기재되어 있지 않지만 쓰쿠시국에 대해서는 오노(大野)와 기(椽)의 두 성의 명칭이 남아 있다.

이처럼 백촌강에서의 패전을 계기로 하는 성곽의 축조를 비롯하여 방위시설의 설치에 관한 일련의 기사는 백제에 구원군을 보내고 또 백제로부터의 망명자를 적지 않게 받아들인 왜가 가상적국시하고 있던 신라와 당의 연합군의 내습에 준비한 것을 나타내는 것이다.[36]

森公章, 1998 앞의 책, pp.171~173 참조.

32) 『日本書紀』天智六年(667) 三月己戊條에 오우미에의 천도 기사가 보이지만, 同年是時條에는 오우미로의 천도에 반대하는 움직임을 동요(童謠)에서 엿볼 수 있다.

33) 胡口靖夫, 1998 「近江遷都の構想」 앞의 책. 林博通, 1984 『大津京』 ニューサイエンス社 참조. 그 외, 오우미에의 천도가 고구려와의 연대를 구상한 사건이라도 하는 의견에 대해서는 山尾幸久, 1989 앞의 책을 참조.

34) 佐藤信·五味文彦編, 1994 『城と館を掘る、讀む』 山川出版社, p.6 참조. 石松好雄·桑原滋郎, 1985 『大宰府と多賀城』 岩波書店, p.4~5의 그림 1, 2와 p.19의 그림9도 참조. 森公章, 1989 앞의 책, pp.164~165와 pp.167~168을 참조.

35) 田村円澄 編, 1987 『古代を考える　大宰府』 吉川弘文館, p.133의 그림 33 참조.

그 이외에도 백촌강싸움 이후 백제망명귀족·옛 신하 등은 왜의 조정에 중용되고 있었다. 구체적으로는 법(法)에서는 余自信·沙宅紹明가 학문(學問)에서는 鬼室集斯·許率母가, 병법(兵法)에서는 谷那晋首·木素貴子·憶禮福留·答炑春初가, 약(藥)에서는 炑日比子贊波羅金羅金須·鬼室集信·德頂上·吉大尙가, 음명(陰明)은 角福牟가, 각각 전문가로서 등용되고 있다. 특히 천지의 후계자로서 오우미(近江)조정을 장악한 大友皇子는 백제로부터의 망명귀족들을 자신의 브레인으로 삼았다.[37)]

이에 대하여 왜의 민중들은 동요를 빌려 백제인 등용에 대한 불만의 소리를 내고 있다.[38)] 동요의 내용은 "橘의 열매는 각각 다른 가지에 생기고 있지만 그것을 구슬로서 꿸 때는 같은 가지에 통한다" 즉, "출생이나 신분·재능이 다른 자들에게 똑같이 서작(敍爵)하고 신하의 열에 나란히 하는 정치를 은밀히 비꼰 것으로 곧이어 일어날 전란을 풍자한 것이다"고 한다.[39)] 나아가 이 노래는 백제인들을 우대하고 있는 천지조의 시책에 불만을 가진 세력의 움직임이 있었던 것을 나타낸다.

한편 왜는 對신라·對당 외교에 있어 관계 개선을 추진하고, 동아시아세계의 고립으로부터 빠져나가려 하고 있었다.[40)] 그러나 신라와의

---

36) 『日本書紀』天智三年(664) 是歲條, 同 天智四年(665) 八月條 참조. 西谷正, 1994「朝鮮式山城」『岩波講座日本通史 古代2』岩波書店, p.286 참조. 그 외에도 조선식산성(朝鮮式山城)에 대해서는 西川宏 外, 1997「西日本古代山城をめぐる諸問題—東アジア史の視点から—」『靑丘學術論集』10. 龜田修一, 1995「日韓古代山城比較試論」『考古學硏究』42~3, pp.48~66 참조.

37) 『懷風藻』大友皇子伝에 "널리 學士沙宅紹明·答＊春初·吉大尙·許率母·木素貴子 등을 賓客으로 삼았다"라고 되어 있다. 『日本書紀』天智十年(671) 正月是月條와 森公章, 1998 앞의 책을 참조.

38) 『日本書紀』天智十年(671) 正月是月條 참조.

39) 日本文學大系『日本書紀』下. 1989 岩波書店, 補注27의 19참조.

40) 『日本書紀』天智七年(668) 九月癸巳(12일)條, 丁未(26일)條, 庚戌(27일)條의 新羅使에 대한 왜국의 외교형태에 대해서는 佐藤信, 1997「古代の『大臣外交』についての一考察」村井章介·佐藤信·吉田伸之編『境界の日本史』山川出版社 참

관계가 완전하게 회복된 것은 아니었다. 즉 천무 말년의『三國遺事』의 기사는 신라가 왜를 어느 정도로 경계하고 있었던가를 보여준다.[41]

[史料 21]『三國遺事』卷二 萬波息笛條

神文大王.(略)爲聖考文武大王. 創感恩寺於東海辺.(寺中記云. 文武王欲鎭倭兵. 故始創此寺. 未畢而崩. 爲海龍. 其子神文立. 開耀二年畢. 排金堂砌下. 東向開一穴. 乃龍之入寺施繞之備. 蓋遺詔之葬骨處. 名大王巖. 寺名感恩寺. 後見龍現形處. 名利見代臺.)

이 기사의「文武王欲鎭倭兵, 故始創此寺, 未畢而崩」에 의하면 신라의 통일전쟁[42]을 완성한 문무왕이 왜로부터의 침략을 얼마나 경계하고 있었던가를 알 수 있다. 그리고 문무왕이 경계하고 있던 것은 왜만이 아니라 왜에 몸을 맡기고 있던 구백제세력에 대해서도 경계의 마음을 안고 있었던 것도 상상하기 어렵지 않다.[43] 그렇다고 한다면 신라와의

조.『日本書紀』天智八年(669)是歲條에 보이는 제6차 견당사는,『新唐書』東夷伝에「咸亨元年(670) 遣使賀平高麗」라고 되어 있는 것처럼, 왜국이 당과의 관계 정상화를 목적으로 했다는 것을 알 수 있다.

41) 그 외의 사료로서는,『三國史記』卷七, 文武王 21年(681)에 "秋七月一日, 王薨, 諡曰文武, 羣臣以遺言葬東海口大石上, 俗伝王化爲龍, 仍指其石爲大王石" 와『三國遺事』卷二, 文虎(武)王 法敏條에 "大王御國二十一年, 以永隆二年辛巳崩. 遺詔葬於東海中大巖上. 王平時常謂智義法師曰, 朕身後願爲護國大龍. 崇奉佛法. 守護邦家" 등이 있다. 한편, 이상의 기사에 대해서 회의적인 입장인 연구로서는 辛鐘遠, 2001「文武王과 大王岩—高麗時代의 民俗信仰과 관련해서—」金潤坤教授定年紀念論叢『韓國中世社會の諸問題』韓國中世史學會, pp.635~652 참조.

42) 한국고대사의 관점에서는, 보통 이야기되고 있는 신라의 삼국통일의 순수성에 대해서 의심하는 입장이 있다. 즉, 신라가 의도한 통일은, 백제를 멸망시키는 데 머물렀던 것은 아닌가 하는 관점이다. 그 근거로서, 고구려가 멸망한 후, 670년대는 당이 서방의 반란에 의해 동방에 관심을 집중시킬 입장이 아니었기 때문에, 만약 신라가 고구려의 故地를 원했다면, 반드시 성과가 있었을 것이라고 하는 점을 들 수 있다. 金瑛河, 1988「신라의 삼국통일을 보는 시좌」『한길역사강좌 12 한국고대사론』한길사, pp.205~223 참조.

43)『旧唐書』卷八十四, 劉仁軌伝에 의하면, 당은 백촌강싸움 후, 고구려로 탈출한 扶余豊과 왜에 있는 扶余勇이 결합하는 것을 가장 경계하고 있었다는 것을 알

국교가 회복된다고 해도 왜로서는 신라를 의식하지 않으면 안 되고 백제유민세력을 끊임없이 왜의 질서 속에 편입시키지 않으면 안 되었다.[44] 그러한 왜의 목표를 채워주었던 것이 다름 아닌 백제왕 선광의 존재였다고 생각한다.[45]

4. 백촌강 이후의 '동아시아신체제'와 왜

(1) 동아시아의 신체제

백촌강 이전의 동아시아세계가 중국(수, 당), 한반도 3국(고구려, 백제, 신라), 일본열도의 왜였던 것에 비하여, 백촌강 이후의 동아시아는 당·신라·일본으로 재편되었다.[46] 이렇게 7세기 후반기에 새롭게 재편된 동아시아세계는 「율령제」가 공통의 국가체제로 되었다. 율령은 중국의 춘추전국시대의 혼란을 빠져나온 진·한 시대 이래의 긴 역사가 만들어 낸 통치법이고, 그 통치법인 율령을 받아들여 자국의 국가운영을 위한 근간체제로 삼는 것을 「律令國家」라고 부를 수 있다면, 당·신라·일본은 틀림없는 율령국가群이었던 셈이다.

그러한 공통점이 있었기 때문에야 말로 현재의 동아시아의 원형을 7세기 후반기에 구할 수 있을지도 모른다.[47] 즉 백촌강싸움의 의의는 현재의

수 있는데, 이러한 관점은 신라도 예외는 아니었을 것이다.

44) 『日本書紀』天智十年(671) 正月是月條 참조.

45) 송완범, 2006(a), 앞의 논문 참조.

46) 한반도의 북부와 중국의 동북에 걸쳐서 존재한 발해(渤海)는, 지배층은 고구려계, 피지배층은 중국의 여러 변방민족으로 구성되어 있기에 여기에서는 예외로 한다. 최근 발해연구의 사정에 관해서는 佐藤信編, 2003 『日本と渤海の古代史』 山川出版社, 石井正敏, 2003 『日本古代國家と渤海』 山川出版社 가 참고가 된다. 그리고 최근까지의 발해 연구사 정리는 浜田久美子, 2003 「渤海史研究の步み」 『歷史評論』643 이 유익하다.

동아시아세계의 원형을 7세기의 후반기에 구하는 바에 있는 것이다.

그러나 필자가 생각하는 동아시아세계란 니시지마 사다오(西嶋定生)씨 같은 중국을 중심으로 하는 지배와 피지배의 구조가 선험적으로 존재하는 동아시아세계는 아니고, 현재의 중국·한반도·일본열도가 포함되는 지역적인 공간의 집합체로서의 동아시아세계를 말하는 것이다.

(2) 일본율령국가의 수립

백촌강싸움은 야마토왕권의 중앙귀족만이 아니고 지방호족들에도 큰 영향을 끼쳤다.[48] 전쟁에 참가한 일로 당에 포로가 되고 곤란을 넘어 귀국한 사람들도 많이 존재했다.[49] 9세기 초에 성립한 불교설화집인 『日本靈異記』의 설화에는 포로에서 귀환한 지방호족 계층의 사람들의 예가 있다.[50] 그것들에 의하면 세토(瀨戶)내해 주변의 지방호족들이 일찍부터 불교의 수용에 노력하고 있던 일이 주목된다. 그들은 불상 만들기와 불사의 건립[51]은 물론 불교의 「知識」적인 결합을 통하여 정신적인 결합력이 있는 「國造軍」의 운용에까지 불교를 활용하고 있는 것을 알 수 있다.[52] 663년 8월의 백촌강싸움에서 참패한 왜군의 실태는 각각의 지방호족이 동원한 군세에 의한 「國造軍」의 연합체였다.[53] 그것에

---

47) 李成市編, 2000 西嶋定生저『古代東アジア世界と日本』岩波書店 参조.
48) 鬼頭清明, 1981 앞의 책. 森公章, 1998 앞의 책 제3장 참조. 佐藤信, 2003「白村江の戰いと倭」『백제부흥운동과 백강전쟁』, 앞의 발표집 참조.
49)『日本書紀』天武十三年(684) 十二月癸未條「筑紫國」, 同 持統四年(670) 九月丁酉條·十月乙丑條「筑紫國」, 同 持統十年 (696) 四月戊戌條「伊予·肥後國」,『續日本紀』慶雲四年(707) 五月癸亥條「讚岐·陸奥·筑後國」참조.
50)『日本靈異記』上卷 第七「備後國三谷郡大領」, 同 上卷 第十七「伊予國越智郡大領」참조.
51)『日本靈異記』上卷 第七「備後國三谷郡大領」참조.
52)『日本靈異記』上卷 第十七「伊予國越智郡大領」참조.
53)『日本書紀』天武十三年(684) 十二月癸未條「筑紫國」, 同 持統四年(690) 九月丁

비해 당의 군대는 율령군정에 의해 지휘명령 계통이 정연하게 통솔되어 있고 그것을 눈앞에서 본 왜의 지배층은 당의 제도를 모방하는 것으로 국가발전을 이루어내려고 한 것이다.[54]

그 외에도 7세기 전반기의 지방호족은 독자적으로 한자와 유교를 도입하고 있었다. 그 실례로서 8세기의 아와(阿波)국의 國府의 중심지에 해당하는 觀音寺遺跡 출토의 『論語』(學而篇)의 연습용 목간인 習書木簡이 있다.[55] 이 습서목간으로부터는 7세기 전반부터 아와의 지방호족이 독자적으로 한자와 유교를 도입하고 있었던 사실을 엿볼 수 있다. 이러한 7세기 전반기부터의 왜의 대왕권력을 매개로 하지 않은 지방호족의 활약은 7세기 후반의 율령국가 형성과정에 지방호족의 기여가 컸던 원인이 되고, 또 선진문물의 도입에 적극적이었던 지방호족의 자세가 일본율령국가 확립에 일조가 되었던 것을 의미한다.

그러한 지방호족의 문자와 관련하는 움직임은 고대동국에서도 확인되지만 그 대표적인 소재는 多胡碑를 둘러싼 石文이다.[56] 특히 那須國

岐酉條·十月乙丑條「筑紫國」, 同 持統十年(696) 四月戊戌條「伊予國」,『續日本紀』慶雲四年(707) 五月癸亥條「讚岐國·陸奧國·筑後國」 참조. 笹山晴生, 1975『古代國家と軍隊』中央公論社. 鬼頭淸明, 1981 앞의 책 참조.

54) 그 같은 백촌강싸움에 대한 사고방식에 대해서, 그것을 패전사관으로 비판하고, 왜에 있어서 백촌강싸움은 패한 전쟁은 아니라는 견해가 있다 遠山美都男, 1997 앞의 책을 참조.

55) 德島縣 敎育委員會 外, 2001『觀音寺遺跡Ⅰ』. 藤川智之·和田萃, 1998「觀音寺遺跡」『木簡硏究』20. 佐藤信, 2002「古代における漢字受容」『出土史料の古代史』, 東京大學出版會을 참조. 그 외의 『論語』목간의 존재는, 나가노현(長野縣)의 야시로(屋代)유적군의 출토목간에서 엿볼 수 있다.(傳田伊史, 1998「七世紀の屋代木簡」,『木簡硏究』20. 平川南, 2003「郡符木簡」『古代地方木簡の硏究』吉川弘文館 참조.

56) 고대 동국에는 몇 개의 石文이 존재하는데, 일본 3고비(日本三古碑: 那須國 造碑·多胡碑·多賀城碑)와 우에노3비(上野三碑: 山上碑·多胡碑·金井澤碑) 등이 대표적이다.

造碑의 비문의 시작인 「永昌元年己丑四月飛鳥淨御原大宮那須國造」에서는 7세기 후반기의 도래인과의 관계를 엿볼 수 있다. 「永昌元年」(689)은 당의 則天武后 시대의 10개월 간 밖에 사용하고 있지 않은 연호이지만 매우 한정적인 당의 연호가 동국의 비에 게재된 배경에는 견당사가 파견되지 않았던 시기의 신라와의 관계를 상정하지 않고는 안 될 것이다. 7세기 후반의 동국에는 많은 한반도계유민의 존재가 확인되는데[57] 그들과의 관계를 상정하지 않은 고대국가의 비문 연구는 불가능하다. 또 吉井町에 있는 多胡碑의 건군 기사인 '上野國片岡郡緣野郡甘良郡幷三郡內三百戶郡成'으로부터도 한반도유민과의 관계를 살펴볼 수 있다.[58] 이처럼 동국의 석문과 한반도유민과의 관계는 7세기 후반의 동아시아세계의 혼란 상태를 재빨리 극복하고 그들의 지배권을 구축하려고 하는 지방호족들의 노력이 배경에 있었던 것을 잊어서는 안 될 것이다.[59]

나아가 백촌강싸움은 왜에 많은 과제를 주었는데 그 과제 중 하나는 당의 율령체제에 입각한 중앙집권 국가의 확립이었다. 그 과제의 달성

---

57) 신라인과 新羅郡에 관해서는, 이하의 사료가 있다.
『日本書紀』持統元年(687) 三月丙辰條의 "以投下新羅十四人, 居于下毛野國", 同 三年(689) 四月庚寅條의 "以投下新羅人, 居于下毛野國", 同 四年(690) 八月乙卯條의 "以歸化新羅人等, 居于下毛野國", 『續日本紀』天平宝字二年(758) 八月癸亥條의 "歸化新羅僧卅二人, 尼二人, 男十九人, 女廿一人, 移武藏國閑地. 於是始置新羅郡焉" 를 참조. 고구려인과 高麗郡에 관해서는, 『續日本紀』靈龜二年(716) 五月辛卯條의 "以駿河·甲斐·相模·上總·下總·常陸·下野七國高麗人千七百九十九人, 遷于武藏國, 置高麗郡焉" 이 있다.

58) 『續日本紀』和銅四年(711) 三月辛亥條 "割上野國甘郡織裳·韓級·矢田·大家、緣野郡武美, 片岡郡山等六鄕, 別置多胡郡", 同 天平神護二年(766) 五月壬戌條 "在上野國, 新羅人子午足等一百九十三人, 賜姓吉井連" 참조.

59) 佐藤信, 1999「古代東國の石文とその背景」平野邦雄 監修·あたらしい古代史の會編『東國石文の古代史』吉川弘文館. 同, 2004「多胡碑と古代東國の歴史」公開シンポジウム資料集『多胡碑と東アジア』全國町村會館, pp.27~28 참조.

은 672년의 임신의 난을 거쳐 천무·지통천황의 시대에 본격적으로 추진되었다.[60] 임신의 난의 의의는 왕통이 천지에서 천무로 옮겨 간 것만이 아니고 재래의 중앙유력호족들이 大友皇子가 지휘하는 오우미정권의 몰락과 함께 그 힘을 잃은 것이다. 689년에는 飛鳥淨御原令이 성립하고 또 중국으로부터 배운 본격적인 宮都의 조영과 함께 條坊制의 方格 플랜을 가진 광대한 조영을 가진 藤原京이 조영되고 유력한 황족과 귀족들이 경내에 집주되어졌다. 나아가 「飛鳥池遺跡出土木簡」[61]으로부터는 천무시대의 목간 중에 「天皇」이라고 적힌 목간이 발견되어, 천황이라는 호칭의 성립도 이 시대인 것을 알 수 있다. 그 외에도 국사 편찬이 진척되고 국가적인 사원(官大寺)의 조영과 독자의 錢貨인 「富本錢」[62]이 발행되는 등 중앙집권적인 국가조직이 실현하고 독립성을 유지하고 있었던 지방호족(國造層)을 지방관료인 국사로 재편하는 과정을 통하여 국가체제가 본격적으로 일본율령국가로서 정비되어졌다.[63]

한편 당과 신라는 한반도의 영유권을 둘러싸고 전쟁상태에 들어갔다. 양국은 배후의 안정을 위해서 왜와의 국교정상화를 노리고 다투어 통교를 구하게 된다. 그 때문에 왜는 실제의 전쟁에서는 졌지만 동아시아세

---

60) 최근, 율령국가의 성립에 있어서 天智朝의중요성을 강조하는 논의가 보인다. 吉川眞司, 2004「律令体制の形成」歷史學硏究會·日本史硏究會 編『日本史講座第1卷　律令國家の法と社會』東京大學出版會. 北康宏, 2004「日本律令國家法意識の形成過程―君臣意識と習俗統制から―」『日本史硏究』501, pp.18~27 참조.

61) 奈良國立文化財硏究所 飛鳥資料館, 2000『飛鳥池遺跡』. 山尾幸久, 1998「飛鳥池遺跡出土木簡の考察―「天皇」創出期の政治と思想―」『東アジアの古代文化』97 참조. 아스카지(飛鳥池) 유적 전체의 목간에 대해서는, 寺崎保廣, 1999「飛鳥池遺跡」『木簡硏究』21, pp.14~28. 吉川眞司, 2001「飛鳥池木簡の再檢討」『木簡硏究』23, pp.205~228 참조.

62) 三上喜孝, 2005『日本古代の貨幣と社會』吉川弘文館의 제1부 제1장「富本錢の再檢討」을 참조.

63) 佐藤信, 2003 앞의 자료집 참조.

계의 위상에서 보면 전쟁 이전보다 오히려 입장이 강화된 느낌마저 든다. 이러한 왜의 입장은 후의 일본율령국가의 대외관 형성에 있어서 큰 영향을 주었다고 할 수 있다.

(3) 일본율령국가의 대외관 형성

이러한 일본율령국가의 성립의 배경에는 7세기의 대외적인 위기감을 기회로 한 많은 지방호족층의 선진문물에 대한 강한 욕구와 부단의 노력이 있었던 것을 지적할 수 있다. 그 위에 백촌강싸움과 임신의 난이라는 미증유의 대혼란이 열도의 구성원들을 자극하고 일본율령국가 확립의 궤도를 깔게 하였던 것이다.

이러한 상황 속에서 일본율령국가의 대외관[64] 은 중국으로부터의 중화의식을 흉내 낸 「小中華帝國」을 목표로 하는 것이었다. 평성경에서는 당의 도읍 장안을 모방한 궁도를 대규모로 장엄하게 하고, 거기에 국내의 호족, 민중은 물론 外國使節·蝦夷·隼人도 대상으로 하여 의례(儀礼)를 전개하였다. 또 백제유민의 중심적 존재인 百濟王善光을 「百濟王氏」의 선조로 하고, 신라에 대하여 「朝貢國新羅」라고 하는 위치를 두려고 꾀하였다.[65]

이러한 「對半島優位觀」의 형성은 8세기 이후의 일본율령국가의 부동의 언설로서 자리 잡아 9세기 중반 이후에는 「半島蔑視觀」으로 변모하게 된다. 그런데 일본율령국가의 「對半島優位觀」은 실태에서는 신라라고 하는 蕃國을 동반하는 데에는 실패한 관념상의 「中華帝國」이었다. 그래서 일본율령국가가 집착했던 것이 망국 백제의 왕인 「百濟王」

64) 송완범, 2006(b), 앞의 논문 참조.
65) 송완범, 2005『日本律令國家と百濟王氏』, 일본 동경대학교 박사학위논문 참조.

을 「항상적(恒常的)인 번국(蕃國)」의 역할을 하는 「百濟王氏」로 만드는 것이었다. 그것에 의해 비로소 「東夷의 小帝國」의 체면이 유지되었던 것이다.

그럼 고대일본은 언제부터 「東夷의 小帝國」이었던가. 필자는 7세기 후반의 백촌강참전과 패배에 동반하여 많은 민중과 왕족이 백제유민으로서 왜(倭)에 흘러들어온 일이 하나의 계기가 되었던 것이라고 생각한다. 따라서 7세기 말의 율령국가 성립기에 만들어진 관념상의 「東夷의 小帝國」을 백촌강싸움 이전의 동아시아세계에까지 확장하는 이시모다(石母田)설에는 찬성할 수 없는 것이다.

5. 맺음말

본고에서는 몇 가지 정리된 견해를 얻을 수 있었는데 그것들을 간단히 정리하면 다음과 같다. 첫 번째로, 백제멸망으로부터 白村江싸움에 이르는 도정을 야마토왕권의 대외정책과의 관련으로부터 검토했다. 그것에 의하면 「改新」정권의 대외정책은, 왜·신라·당의 3국 연합정책에서 친백제 정책으로 회귀하지만, 그 과정에서 백제가 멸망하자 왜는 당과 신라의 다음 목표가 왜 자신일 것이라는 극도의 위기감을 안게 되고 반도에 출병하는 것에 의해 백제부흥군과 고구려와 힘을 합쳐 신라를 치는 길을 선택하게 된다.

두 번째로, 당과 신라와의 전쟁에 임한 왜는 풍장을 백제왕으로 하여 왜의 구원군과 복신이 이끄는 백제부흥군의 연합군에 나라의 명운을 걸었다. 그러나 그 연합군의 내부에서는 풍장과 복신과의 불화가 명백하게 되고 결국 왜는 백촌강의 싸움에서 참패한다. 그 결과, 백제는 완전히 멸망하고, 한반도로부터 많은 백제유민이 왜에 도래한다. 왜는 그 유민들과 함께 열도에 닥쳐올지 모르는 적에 대비하여 준비를 진척한다. 전쟁이 왜에 준 영향은 컸다. 왜는 밖으로부터의 위협을 계기로 해서 일본율령국가의 정비에 힘쓰는 것이다.

세 번째로, 백촌강싸움 이후의 동아시아세계는 질서의 재편을 맞이한다. 당· 신라· 일본의 신체제는 현재의 동아시아세계의 원형이 되었다고도 할 수 있는데, 이후 왜는 「小中華帝國」 개념을 갖게 되었다. 그 배경에는 백촌강 이후 당시의 국제정세가 당과 신라가 한반도의 영유를 둘러싸고 대립하고 양국은 다투어 왜와 결합할 방책을 모색한 것에 의해[66], 동아시아세계에서의 왜의 위치는 백촌강 이후 오히려 높아졌다고 볼 수 있다. 그 결과, 일본은 「對韓半島優位觀」을 율령국가의 대외관으로서 가지게 되는 것이다. 그러나 일본의 그러한 대외관은 실태와는 떨어진 관념상의 「帝國」에 지나지 않았다. 이러한 이념과 실태의 갭을 극복하기 위해 율령국가 일본은 백제왕 선광을 「百濟王氏」의 조상으로 하고, 이후 백제왕씨를 「恒常的인 蕃國」의 왕의 후예로서 여기게 되었다.

그 외에도 남겨진 과제는 적지 않지만 추후에 검토하기로 하고 여기서 일단 각필한다.

---

66) 당과의 교류는 백제멸망 직전인 659년 제4차 견당사 이래, 천지조(天智朝)에 『日本書紀』天智三年(664) 五月甲子條 「郭務悰」, 同 天智四年(665) 九月壬辰條 「唐國、劉德高 · 郭務悰」, 665년 12월 제5차 견당사, 同 天智六年(667) 十一月乙丑條 「司馬法聰」, 669년 제6차 견당사, 同 天智十年(671) 正月條 「李守眞」, 同年十一月條 「郭務悰」 등의 빈번한 왕래가 있다. 그러나 당과의 교통은, 이후 8세기 大宝年間을 기다려야 한다. 한편 신라와의 교류는, 『日本書紀』天智七年(668) 九月癸巳條· 丁未條· 庚戌條를 시작으로 해서, 왜와 당과의 교통이 중단된 약 30년간의 시기에, 가장 빈번하게 행해지고 있다. 왜국과 신라와의 관계 그리고 통일신라와 일본과의 관계에 대해서는, 濱田耕策, 2002 「新羅人の來日動向—七世紀の事例—」 『新羅國史の研究—東アジア史の視点から—』 吉川弘文館과 李成市, 2005 「統一新羅と日本」 武田幸男編 『日本と朝鮮』 吉川弘文館이 각각 유익하다.

참고문헌

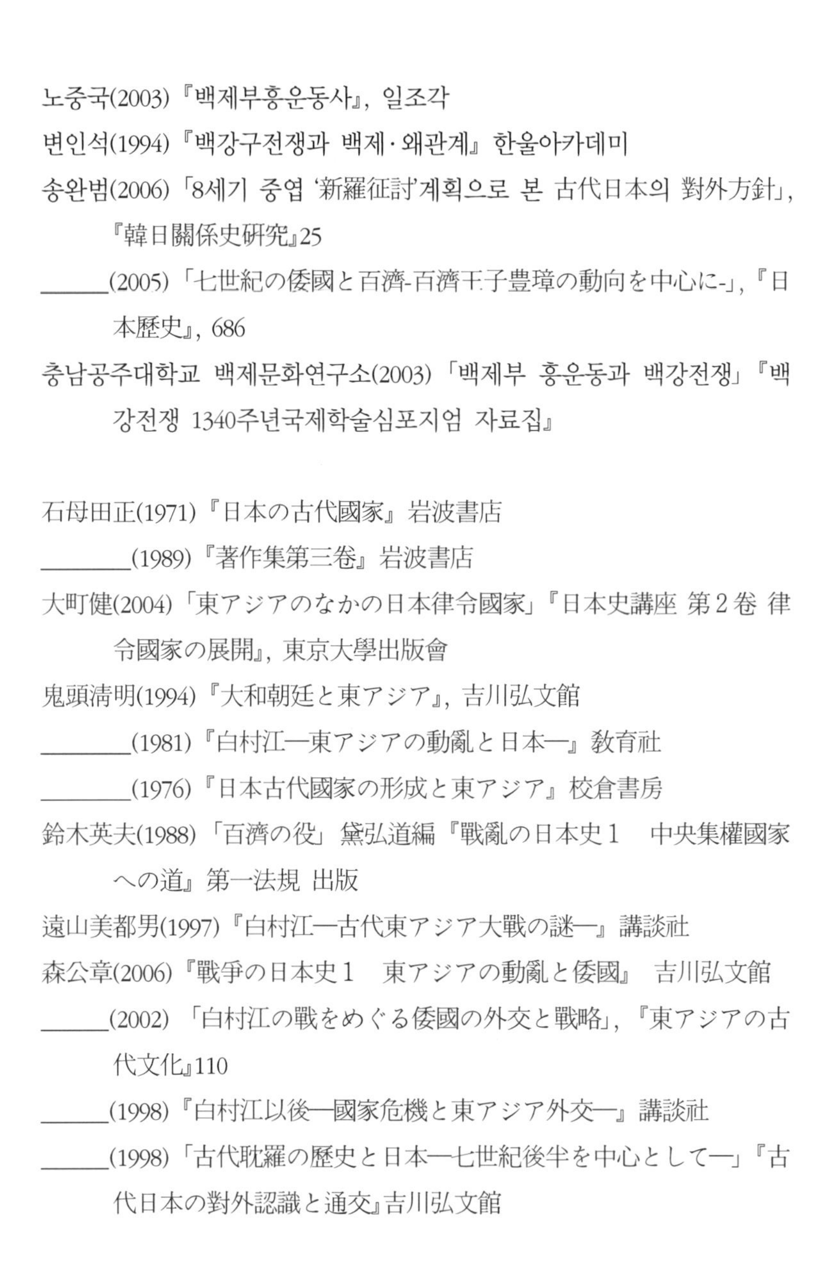

노중국(2003)『백제부흥운동사』, 일조각

변인석(1994)『백강구전쟁과 백제·왜관계』한울아카데미

송완범(2006)「8세기 중엽 '新羅征討'계획으로 본 古代日本의 對外方針」, 『韓日關係史硏究』25

______(2005)「七世紀の倭國と百濟-百濟王子豊璋の動向を中心に-」, 『日本歷史』, 686

충남공주대학교 백제문화연구소(2003)「백제부 흥운동과 백강전쟁」『백강전쟁 1340주년국제학술심포지엄 자료집』

石母田正(1971)『日本の古代國家』岩波書店

________(1989)『著作集第三卷』岩波書店

大町健(2004)「東アジアのなかの日本律令國家」『日本史講座 第2卷 律令國家の展開』, 東京大學出版會

鬼頭淸明(1994)『大和朝廷と東アジア』, 吉川弘文館

________(1981)『白村江—東アジアの動亂と日本—』敎育社

________(1976)『日本古代國家の形成と東アジア』校倉書房

鈴木英夫(1988)「百濟の役」黛弘道編『戰亂の日本史 1　中央集權國家への道』第一法規 出版

遠山美都男(1997)『白村江—古代東アジア大戰の謎—』講談社

森公章(2006)『戰爭の日本史 1　東アジアの動亂と倭國』 吉川弘文館

______(2002)「白村江の戰をめぐる倭國の外交と戰略」, 『東アジアの古代文化』110

______(1998)『白村江以後—國家危機と東アジア外交—』講談社

______(1998)「古代耽羅の歷史と日本—七世紀後半を中心として—」『古代日本の對外認識と通交』吉川弘文館

山尾幸久(1989)『古代の日朝關係』塙書房
金鉉球(1985)『大和政權の對外關係關係』吉川弘文館
胡口靖夫(1998)「百濟豊璋王について―いわゆる「人質」生活を中心に―」『近江朝と渡來人―百濟鬼室氏を中心として―』雄山閣出版
鈴木英夫(1997)「百濟復興運動と倭王權―鬼室福信斬首の背景―」武田幸男 編『朝鮮社會の史的展開と東アジア』山川出版社
佐藤信·五味文彦編(1994)『城と館を掘る、讀む』山川出版社
佐藤信(2002)「古代における漢字受容」『出土史料の古代史』, 東京大學出版會
______(1997)「古代の『大臣外交』についての一考察」村井章介·佐藤信·吉田伸之編『境界の日本史』山川出版社
石松好雄·桑原滋郎(1985)『大宰府と多賀城』岩波書店
西川宏　外(1997)「西日本古代山城をめぐる諸問題―東アジア史の視点から―」『青丘學術論集』10
德島縣 教育委員會 外(2001)『觀音寺遺跡Ⅰ』
平川南(2003)「郡符木簡」『古代地方木簡の研究』吉川弘文館

제2장 4~6세기 한반도 전쟁과 倭

홍성화*

1. 서론

『日本書紀』에는 고대 한반도와 일본열도 간의 정황을 알 수 있는 기록들이 다수 남아있지만, 4~6세기에 이르는 200여 년 동안 倭가 한반도 남부를 지배한 것을 전제로 하여 서술하고 있다. 즉, 神功에 의한 삼한 정벌과 한반도 출병 기사를 중심으로 한 對韓半島 관련 기사가 소위 任那日本府說의 토대를 이루며 기술되고 있다.

하지만, 4~6세기에 이르는 야마토 정권의 한반도 남부 경영론에 대해서는 원래 백제가 주체였던 것이 야마토 정권이 주체였던 것처럼 윤색되었다는 설이 제기되어 있다.[1)]

한반도는 4~6세기 각국의 대립이 치열한 가운데 일련의 전쟁이 벌어지는 상황이었다. 4세기 중반부터 고구려와 백제가 대립하였으며 5세기 중반 백제와 신라가 연합하여 고구려에 대항하였지만 6세기 중반 백제가 되찾은 한강하류를 신라가 점령함으로써 백제와 신라가 대결하는 양상으로 바뀌었고 결국 신라에 의해 가야가 패망하는 사건이 있었다.

---

* 건국대학교 글로컬캠퍼스 교양교육원 조교수, 고대한일관계사 전공. 이 글은 「4~6세기 百濟와 倭의 관계 -『日本書紀』 내 倭의 韓半島 파병과 百濟와 倭의 인적교류 기사를 중심으로」(2010,『한일관계사연구』36)을 수정 · 보완한 글이다.

1) 千寬宇(1991)「復元加耶史」『加耶史硏究』, 一潮閣 ; 金鉉球(1993),『任那日本府硏究』, 一潮閣

따라서 이 시기『日本書紀』에서 왜가 한반도에 출병하였다는 기록이 무엇을 의미하는 것인지를 살펴볼 필요가 있다. 이를 파악하기 위해서는 일본열도에서 한반도로 왔던 倭人의 실상, 즉『日本書紀』내에서 야마토 정권이 한반도에 직접 출병하였다는 기록을 전체적으로 점검해볼 필요가 있다.

한편,『日本書紀』에는 4~6세기에 이르는 동안 백제와 왜의 교류 현황이 적잖이 기록되어 있어 이를 통해 당시 倭왕권의 對外관계 중심이 백제였음을 알 수 있다. 하지만,『日本書紀』내에서는 백제와의 관계에 대해 朝貢외교와 質외교 등으로 기술하면서 야마토 정권의 韓半島 南部 經營을 전제로 하고 있다. 때문에 실제 당시 百濟와 倭의 관계가 어떠하였는지 그 실상을 살펴보는 것은 중요한 작업이라 할 수 있다.

일반적으로 6세기 百濟와 倭의 관계에 대해서는 百濟가 倭에 대해 전문 지식인이나 진기한 물건을 비롯한 선진문물을 보내고 이에 대한 반대급부로서 군사를 파견하고 있는 것으로 분석하고 있다.[2] 하지만,『日本書紀』에 百濟와 倭의 교류는 6세기만이 아니라 4세기말부터 지속적으로 나타나고 있다. 이에 百濟와 倭의 관계를 고찰하기 위해서는 4세기말~5세기의 한일관계를 분석하고 소위 야마토 정권의 임나지배가 종료되었다는 가야 패망 전까지 4~6세기 전체에 대한 교류의 실상과 변화의 양태를 살펴볼 필요가 있다고 생각한다.

따라서 본고에서는 4~6세기 한반도 전쟁 중에『日本書紀』에 나타난 야마토 정권의 한반도 출병 기사의 실상을 파악하고 백제에서 야마토

---

2) 金鉉球(1985),『大和政權の對外關係硏究』, 吉川弘文館 : (2005),「6세기 한일관계-교류의 시스템을 중심으로」,『한일역사공동연구보고서』1 ; 박현숙(2006),「6세기 백제와 일본의 문물 교류와 그 배경」『민족문화연구』45 ; 이재석(2005),「6세기 야마토정권의 대한정책」『임나문제와 한일관계』(한일관계사연구논집3), 경인문화사

정권으로 갔던 인적 교류의 기사를 고찰하여 한반도 전쟁에서 왜의 역할과 출병의 의미에 대해 살펴보기로 하겠다. 이는 야마토 정권의 한반도 남부 경영설의 실상을 파악하고 백제와 왜의 관계를 살펴보는데 유효한 분석이 되리라고 판단된다.

2. 倭의 韓半島 파병 기사 분석

6세기 중엽 가야 패망 전까지 『日本書紀』 내에 서술되어 있는 倭의 한반도 군사 파견 기록을 정리하면 다음 [표 1]과 같다.

[표 1] 가야패망 전 『日本書紀』 내 倭의 한반도 군사 파견 기록

	日本書紀 기년	내용	연도
(a)	神功섭정전기 冬10월 및 12월 分註	삼한정벌 및 微叱己知波珍干岐를 볼모	
(b)	神功섭정전기 12월 分註	삼한정벌 및 宇流助富利智干의 고사	
(c)	神功 49년 春3월	木羅斤資에 의한 加羅7국 및 南蠻忱彌多禮, 4邑의 평정	
(d)	神功 62년	沙至比跪의 가라 침략 및 木羅斤資의 사직 복구	
(e)	應神 14년	弓月의 인부를 가야에서 데리고 오도록 葛城襲津彦 파견	403년
(f)	應神 16년 8월	平群木菟宿禰, 的戶田宿禰 등을 가라에 보내 襲津彦과 함께 돌아옴.	405년
(g)	仁德 53년 夏5월	上毛野田道 등이 신라를 공격	
(h)	雄略 7년	吉備上道臣弟君 백제에 도착하여 신라를 치려함.	
(i)	雄略 9년 3월	紀小弓宿禰 등 신라 공격	
(j)	雄略 23년 夏4월	筑紫國 군사 500인이 동성왕 호위.	479년
(k)	繼體 9년 春2월	伴跛에 대해 백제를 지원하기 위해 物部至	515년

	日本書紀 기년	내용	연도
		至連 등 500명 파견	
(l)	宣化 2년 冬10월	가야를 평정하고 백제를 구원하기 위해 大伴金村大連의 아들인 狭手彦을 파견	
(m)	欽明 9년 冬10월	백제에 370인을 보내 得爾辛에 성 쌓는 것을 도와 줌	548년
(n)	欽明 15년 夏5월	內臣이 수군을 거느리고 백제를 지원	554년
(o)	欽明 17년 春正월	筑紫國의 수군이 왕자 혜 호송. 筑紫火軍이 이끄는 용사 1,000명을 보냄	556년

『日本書紀』 내에서 倭의 한반도 파병과 관련된 최초의 기사는 (a)의 神功 攝政 前紀 冬10月의 기사이다.[3)] 이 기사는 神功의 신라 정벌에 이어 고구려와 백제까지 복속하였다는 소위 삼한정벌의 고사이다. 그러나 神功의 침공으로 신라왕이 항복하고 이를 듣고 고구려와 백제가 西蕃이 되어 조공할 것을 맹세했다는 기사 전반에 대해서는 그 허구성이 지

3) 『日本書紀』 卷 第9 神功 攝政 前紀 冬10月 己亥朔辛丑
從和珥津發之. 時飛廉起風 陽侯擧浪 海中大魚悉浮扶船. 則大風順吹 帆舶隨波. 不勞櫓楫 便到新羅. 時隨船潮浪達逮國中. 卽知 天神地祇悉助歟. 新羅王 於是戰戰栗栗厝身無所. 則集諸人曰 新羅之建國以來 未嘗聞海水凌國. 若天運盡之國爲海乎. 是言未訖間 船師滿海 旌旗耀日. 鼓吹起聲 山川悉振 新羅王遙望以爲非常之兵 將滅己國 讋焉失志 乃今醒之曰 吾聞 東有神國 謂日本 亦有聖王 謂天皇 必其國之神兵也 豈可擧兵以距乎 卽素旆而自服 素組以面縛 封圖籍 降於王船之前 因以叩頭之曰 從今以後 長與乾坤 伏爲飼部 其不乾船柁 而春秋獻馬梳及馬鞭 復不煩海遠 以每年貢男女之調 則重誓之曰 非東日更出西 且除阿利那禮河返以之逆流及河石昇爲星辰 而殊闕春秋之朝 怠廢梳鞭之貢 天神地祇共討焉 時或曰 欲誅新羅王 於是皇后曰 初承神敎 將授金銀之國 又號令三軍曰 勿殺自服 今旣獲財國 亦人自降服 殺之不祥 乃解其縛爲飼部 遂入其國中 封重寶府庫 收圖籍文書 卽以皇后所杖矛 樹於新羅王門 爲後葉之印 故其矛今猶樹于新羅王之門也 爰新羅王波沙寐錦 卽以微叱己知波珍干岐爲質 仍齎金銀彩色及綾羅縑絹 載于八十艘船 令從官軍 是以 新羅王常以八十船之調 貢于日本國 其是之緣也 於是高麗 百濟二國王 聞新羅收圖籍降於日本國 密令伺其軍勢 則知不可勝 自來于營外 叩頭而款曰 從今以後 永稱西蕃 不絶朝貢 故因以定內官家 是所謂之三韓也 皇后從新羅還之

적되어 당시의 역사적 사실로 인식하지 않고 있다.[4)]

다만, 微叱己知波珍干岐와 毛麻利叱智가 등장하고 있어 이들을『三國史記』에 나오는 미사흔과 박제상으로 볼 수 있기 때문에 이 기사는 대체적으로 400년을 전후로 한 시기의 역사적 사실을 모태로 하여 만들어진 기사인 것으로 추정된다.[5)]

즉, 神功 5年[6)]에 나오는 微叱己知波珍干岐와 毛麻利叱智의 기사와 동일한 소전을 전하고 있으며,『三國史記』朴堤上 열전의 '倭遂遣兵邏戍新羅境外 會高句麗來侵 幷擒殺倭邏人'의 기사에서 朴堤上이 왜국으로 건너갔던 당시의 상황이 廣開土王碑文에 나타난 역사상과 일치하고 있음을 알 수 있다.

廣開土王碑文에 나오는 한반도 내 倭의 전투기록은 倭가 독자적으로 행동한 것이 아니라 百濟의 요청에 의해 출병한 지원군이었던 것을 알 수 있기 때문에[7)] 神功의 삼한정벌 고사는 백제를 지원하기 위해 왜가 파병했던 사실이 윤색된 것이다.

---

4) 津田左右吉(1924),『古事記及日本書紀の研究』, 岩波書店 ; 三品彰英(1972),『日鮮神話傳說の研究』, 平凡社 ; 金鉉球(1993), 앞의 책, pp.17-21 ; 연민수(1998),『고대한일관계사』, 혜안, pp.35-39

5) 未斯欣의 경우『三國史記』에 의하면 402년,『三國遺事』에서는 391년에 왜국에 인질로 파견된 것으로 되어 있기 때문에 毛麻利叱智가 등장하는 사건은 대체적으로 400년을 전후로 한 시기의 기사로 추정된다.

6)『日本書紀』卷 第9 神功 5年 春3月 癸卯朔己酉
新羅王遣汗禮斯伐 毛麻利叱智 富羅母智等朝貢 仍有返先質微叱許智伐旱之情 是以誂許智伐旱而紿之曰 使者汗禮斯伐 毛麻利叱智等告臣曰 我王以坐臣久不還而悉沒妻子爲孥 冀蹔還本土 知虛實而請焉 皇太后則聽之 因以副葛城襲津彦而遣之 共到對馬宿于鉏海水門 時新羅使者毛麻利叱智等 竊分船及水手 載微叱旱岐令逃於新羅 乃造蒭靈置微叱許智之床 詳爲病者 告襲津彦曰 微叱許智忽病之將死 襲津彦使人 令看病者 旣知欺而捉新羅使者三人 納檻中以火焚而殺 乃詣新羅 次于蹈鞴津 拔草羅城還之 是時俘人等 今桑原 佐糜 高宮 忍海 凡四邑漢人等之始祖也.

7) 김현구(2009),「5세기 한반도 남부에서 활약한 倭의 實體」『日本歷史研究』29

(b)의 기사[8]는 『三國史記』 신라본기에 倭의 신라 내습 기사가 기록되어 있는 것처럼, 과거 倭가 신라를 공격했던 기사 중에 몇 가지 사실만을 꿰맞추어 서술한 것으로 판단된다. 즉, 이 기사는 應神 탄생 기록의 分註에 등장하는 일설로서 『三國史記』에서 253년경에 등장하는 昔于老의 전승을 포함하고 있어 神功과는 직접적으로 관련이 없는 사실을 기록하고 있다. 이처럼 神功의 삼한정벌이라는 기사 속에는 과거 왜가 신라를 내습했던 경험이 윤색되어 나타나고 있는 것을 알 수 있다.

『日本書紀』 神功紀에서 야마토 정권의 韓半島 南部 經營을 기술하고 있는 일련 기사의 중심은 (c)의 神功 49년 春3월 기사에 있다.[9] 神功

---

8) 『日本書紀』 卷 第9 神功 攝政 前紀 12月 分註

時神稱其名曰 表筒雄 中筒雄 底筒雄 如是稱三神名 且重曰 吾名向匱男聞襲大歷五御魂速狹騰尊也 時天皇謂皇后曰 聞惡事之言坐婦人乎 何言速狹騰也 於是神謂天皇曰 汝王如是不信 必不得其國 唯今皇后懷姙之子 蓋有獲歟 是夜天皇忽病發以崩之 然後皇后隨神教而祭 則皇后爲男束裝 征新羅 時神導之 由是隨船浪之遠及于新羅國中 於是新羅王宇流助富利智干 參迎跪之 取王船旣叩頭曰 臣自今以後 於日本國所居神御子 爲內官家 無絶朝貢 一云 禽獲新羅王詣于海邊 拔王臏筋令匍匐石上 俄而斬之埋沙中 則留一人 爲新羅宰而還之 然後新羅王妻不知埋夫屍之地 獨有誘宰之情 乃誂宰曰 汝當令識埋王屍之處 必篤報之 且吾爲汝妻 於是宰信誘言 密告埋屍之處 則王妻與國人 共議之殺宰 更出王屍葬於他處 時取宰屍 埋于王墓土底 以擧王櫬窆其上曰 尊卑次第固當如此 於是天皇聞之 重發震忿 大起軍衆 欲頓滅新羅 是以軍船滿海而詣之 是時 新羅國人悉懼不知所如 則相集共議之 殺王妻以謝罪

9) 『日本書紀』卷 第9神功49年

春三月 以荒田別鹿我別爲將軍 則與久氐等 共勒兵而度之 至卓淳國 將襲新羅 時或曰 兵衆少之 不可破新羅 更復 奉上沙白蓋盧 請增軍士 卽命木羅斤資 沙沙奴跪 [是二人 不知其姓人也 但木羅斤資者 百濟將也] 領精兵 與沙白蓋盧共遣之 俱集于卓淳 擊新羅而破之 因以 平定比自炑 南加羅 喙國 安羅 多羅 卓淳 加羅 七國 仍移兵 西回至古奚津 屠南蠻忱彌多禮 以賜百濟 於是 其王肖古及王子貴須 亦領軍來會 時比利辟中布彌支半古四邑 自然降服 是以 百濟王父子及荒田別, 木羅斤資等 公會意流村 [今云州流須祇] 相見欣感 厚禮送遣之 唯千熊長彦與百濟王 至于百濟國 登辟支山盟之 復登古沙山 共居磐石上 時百濟王盟之曰 若敷草爲坐 恐見火燒 且取木爲坐 恐爲水流 故居磐石而盟者 示長遠之不朽者也 是以 自今以後 千秋萬歲 無絶無窮 常稱西蕃 春秋朝貢 則將千

49년조의 기사는 倭가 한반도 남부에 출병해서 신라를 격파하고 加羅 7國을 평정한 후 백제를 복속시켰다고 하면서 한반도에서 倭의 활약상을 강조하고 있다.

그러나 전체의 기사는 백제장군인 木羅斤資에 의해 이루어지고 있어서 이들 기사는 야마토 정권의 군사가 아니라 백제에서 파견된 것임을 알 수 있다.[10] 즉, 백제장군 木羅斤資에 의한 행적이 神功 49년조 전반에 걸쳐 일관되게 등장하고 있는 것을 보면, 일본 측에 전승되던 한반도 남부에 대한 木羅斤資의 활동이 기술되었던 것으로 보인다.

이를 토대로 하면, 神功 49년조의 기사는 백제에 의해 加羅 7국이 점령되고 南蠻忱彌多禮 및 4邑이 평정되었던 사실, 즉 百濟의 한반도 남부 진출로 해석해야 하는 것이 타당하다.

(d)의 神功 62년 기사,[11] (e)의 應神 14년 기사,[12] (f)의 應神 16년 8월 기사[13]의 경우는 廣開土王碑文 永樂 9년 및 10년에 나오는 사건이 『日

熊長彦 至都下厚加禮遇 亦副久氐等而送之

10) 千寬宇(1991), 앞의 책 ; 金鉉球(1993), 앞의 책

11) 『日本書紀』卷 第9 神功 62年
新羅不朝. 卽年 遣襲津彦擊新羅.[百濟記云 壬午年 新羅不奉貴國. 貴國遣沙至比跪令討之. 新羅人莊飾美女二人 迎誘於津. 沙至比跪 受其美女 反伐加羅國 加羅國王己本旱岐 及兒百久至·阿首至·國沙利·伊羅麻酒·爾汶至等 將其人民 來奔百濟. 百濟厚遇之. 加羅國王妹旣殿至 向大倭啓云 天皇遣沙至比跪 以討新羅. 而納新羅美女 捨而不討. 反滅我國. 兄弟人民 皆爲流沈. 不任憂思. 故以來啓. 天皇大怒 卽遣木羅斤資 領兵衆來集加羅 復其社稷.]

12) 『日本書紀』卷 第10 應神 14年 (403)
是歲 弓月君自百濟來歸. 因以奏之曰 臣領己國之人夫百廿縣而歸化. 然因新羅人之拒 皆留加羅國. 爰遣葛城襲津彦 而召弓月之人夫於加羅. 然經三年 而襲津彦不來焉.

13) 『日本書紀』卷 第10 應神 16年 (405) 8月
遣平群木菟宿禰·的戶田宿禰於加羅. 仍授精兵詔之曰 襲津彦久之不還. 必由新羅之拒而滯之. 汝等急往之擊新羅 披其道路. 於是 木菟宿禰等進精兵 莅于新羅境. 新羅王愕之服其罪. 乃率弓月之人夫 與襲津彦共來焉.

本書紀』 나름의 표현으로 기록된 것으로 판단된다. 『日本書紀』에는 廣開土王碑文에 나오는 사건과 같이 倭가 패퇴하는 사실을 제대로 적시하지 않고 있다. 하지만, 윤색되어 있는 應神紀 한반도 관계 기사의 재해석을 통하면 당시의 역사적 사실을 도출할 수 있게 된다.[14)]

이처럼 廣開土王碑文과 『日本書紀』를 비교 분석하여 보면, 永樂 9년(399년) 百濟와 倭가 和通했다는 기사 이후 곧바로 신라에 왜군이 가득하여[15)] 이듬해 신라를 지원하고 있던 고구려가 그 倭를 추적하여 任那加羅의 從拔城에까지 이르게 되는 내용이[16)] 『日本書紀』 (e)와 (f)의 기사와 시기적으로나 내용적으로 유사성을 보이고 있다. 즉, 『日本書紀』에는 신라 사람의 방해로 弓月君이 이끌던 120현의 사람들이 오지 못하자 그 문제를 해결하기 위해 襲津彦이 파견되었고, 3년이 지난 뒤 정병을 보냄으로써 弓月君의 사람들과 襲津彦이 돌아올 수 있게 되었다는 내용이 廣開土王碑文에서 고구려가 임나가라를 공격하고 왜군이 패퇴

---

14) 대표적인 것이 東韓之地 등에 관한 기사이다. 『日本書紀』 分註의 百濟記에서는 應神 8年 枕彌多禮, 峴南, 支侵, 谷那 및 東韓之地가 왜국에 의해 침탈당했고 應神 16年 腆支를 돌려보내면서 東韓之地를 돌려준 것으로 되어있지만, 이 기사는 백제가 고구려의 공격으로 인해 東韓之地 등을 침탈당했고 이 때문에 倭에 군원을 요청하기 위해서 腆支를 파견하고 왜의 지원군과 함께 東韓之地를 회복했던 사실을 윤색하여 기록하고 있는 것이다. (洪性和(2009), 「『日本書紀』 應神紀 東韓之地에 대한 고찰」 『日本歷史研究』30)

15) 廣開土王碑 永樂 9年 己亥 (399년)
百殘違誓 與倭和通, 王巡下平穰. 而新羅遣使白王云. 倭人滿其國境, 潰破城池, 以奴客爲民, 歸王請命. 太王恩慈, 稱其忠誠, 特遣使還, 告以密計.

16) 廣開土王碑 永樂 10年 庚子 (400년)
敎遣步騎五萬往救新羅. 從男居城至新羅城 倭滿其中 官軍方至 倭賊退. 自倭背急追至任那加羅從拔城 城卽歸服 安羅人戍兵. 拔新羅城[鹽]城 倭寇大潰. 城內十九 盡拒隨倭 安羅人戍兵. 新羅城□□[其]□□□□□□□[言]□□[且]□□□□□□□□□□□□□□□□□□□□□□□辭□□□出□□□□□□□殘倭遣逃. 拔□城 安羅人戍兵. 昔新羅寐錦 未有身來論事 □□□□[廣]開土境好太王□□□□寐錦□家僕勾請□□□朝貢.

를 하고 있는 정황을 이야기하고 있는 것으로 판단된다.[17)]

또한 神功 62년조는 襲津彦을 보내 신라를 치려했지만, 오히려 가라를 쳐서 가라의 왕이 그 인민을 데리고 백제로 도망했고 그래서 木羅斤資를 보내 가라의 사직을 되돌렸다는 것이 대강의 줄거리이다. 그런데 이 기사를 보면 (e) 應神 14년의 是歲조와 (f) 應神 16년의 8월조에서 '가라에 묶긴 弓月君의 인민을 데리고 오기 위해 파견된 襲津彦이 신라의 방해로 돌아오지 못하다가 木菟宿禰 등을 신라의 경계까지 파견하여 襲津彦이 궁월군의 인민과 같이 돌아올 수 있었다'는 기사와 동일한 모티브를 가지고 있음을 알 수 있다.[18)]

따라서 (d) 기사의 실상은 廣開土王碑文에 나타나 있는 바와 같이 고구려와 전쟁을 치루고 있는 백제에 대해 왜가 군사원조를 한 것을 나타내고 있는 것이며 『日本書紀』 應神紀의 (e), (f) 기사 역시 廣開土王碑文에 나오는 사건을 기술하고 있는 것이다.

이상과 같이 고찰한 바, 『日本書紀』 神功, 應神紀에 기록된 倭의 한반도 출병의 기사는 神功紀와 직접 관련이 없는 (b) 昔于老의 전승과 백제의 기사로 볼 수 있는 (c)의 기사를 제외하면 廣開土王碑文에 나타나는 것과 같이 서기 400년을 전후로 한 시기에 있었던 고구려와 백제의 전투에 倭가 백제의 지원병으로 참여했던 실상을 이야기하고 있는 것을 알 수 있다.

---

17) 洪性和(2010), 「廣開土王碑文을 통한 『日本書紀』 神功, 應神紀의 분석」 『日本研究』13, pp.500-502

18) 이들 기사의 경우 i) 신라의 침략에 시달리는 가라에 파견되었다는 것, ii) 襲津彦이 독자적으로 문제를 해결할 수 없었다는 것, iii) 별도의 장군을 보내서 목적을 달성했다는 것 등 沙至比跪의 행동이 應神紀 襲津彦의 행동과 일치하는 점이 있음을 알 수 있다. (井上光貞(1965), 「帝紀からまた葛城氏」 『日本古代國家の研究』, 岩波書店, p.58-59) 자세한 사항은 洪性和(2010), 위의 논문 참조.

(g)의 仁德 53년 夏5월 기사의 경우는 上毛野田道 등이 신라를 공격했다는 기사인데,[19] 지리적 기재도 없고, 百衝이라는 日本名이 新羅人으로 나오는 등 실제 역사적 사실이 아닌 것으로 판단된다.[20] 즉, 이 기사는 上毛野田道의 전승을 통해 기술된 것으로 보이며『日本書紀』仁德紀 기사의 신빙성 등에 비추어 보아 당시의 국제관계와 하등 관련이 없는 기사이다.

(h)의 기사는[21] 吉備氏의 가계전승이 윤색되어 나타난 것으로 任那國司 吉備上道臣田狹과 그의 아들 吉備臣 弟君이 任那를 지배했다는 것은 후대 야마토 정권의 任那 경영 사관에 의해 만들어진 설화적인 내

---

19)『日本書紀』卷 第11 仁德 53年
新羅不朝貢 夏五月 遣上毛野君祖竹葉瀨 令問其闕貢 是道路之間獲白鹿 乃還之獻于天皇 更改日而行 俄且重遣竹葉瀨之弟田道 則詔之曰 若新羅距者擧兵擊之 仍授精兵 新羅起兵而距之 爰新羅人日日挑戰 田道固塞而不出 時新羅軍卒一人有放于營外 則掠俘之 因問消息 對曰 有强力者 曰百衝 輕捷猛幹 每爲軍右前鋒 故伺之擊左則敗也 時新羅空左備右 於是 田道連精騎擊其左 新羅軍潰之因縱兵乘之 殺數百人 卽虜四邑之人民以歸焉

20)『日本古典文學大系 日本書紀』上(1993), 岩波書店, p.410

21)『日本書紀』卷 第14 雄略 7年 是歲朝
天皇詔田狹臣子弟君與吉備海部直赤尾 曰 汝宜往罰新羅. 於是 西漢才伎歡因知利在側. 乃進而奏曰 巧於奴者 多在韓國. 可召而使. 天皇詔群臣曰 然則宜以歡因知利 副弟君等 取道於百濟 並下敕書 令獻巧者. 於是 弟君銜命 率衆 行到百濟 而入其國. 國神化爲老女 忽然逢路. 弟君就訪國之遠近. 老女報言 復行一日而後可到. 弟君自思路遠 不伐而還. 集聚百濟所貢今來才伎於大島中 託稱候風淹留數月. 任那國司田狹臣 乃嘉弟君不伐而還 密使人於百濟 戒弟君曰 汝之領項 有何牢錮而伐人乎. 傳聞 天皇幸吾婦 遂有兒息.[兒息已見上文]今恐 禍及於身 可蹻足待. 吾兒汝者 跨據百濟 勿使通於日本. 吾者據有任那 亦勿通日本. 弟君之婦樟媛 國家情深 君臣義切. 忠踰白日 節冠青松. 惡斯謀叛 盜殺其夫隱埋室內 乃與海部値赤尾將百濟所獻手末才伎 在於大島. 天皇聞弟君不在 遣日鷹吉士堅磐固安錢 [堅磐 此云柯陀之波]使共復命. 遂卽安置於倭國吾礪廣津[廣津 此云比慮岐頭]邑. 而病死者衆. 由是 天皇詔大伴大連室屋 命東漢直掬 以新漢陶部高貴 鞍部堅貴 畫部因斯羅我 錦部定安那錦 譯語卯安那等 遷居于上桃原 下桃原 眞神原三所.[或本云 吉備臣弟君 還自百濟 獻漢手人部 衣縫部 宍人部]

용이기 때문에 역사적 사실이 아니다. 다만, 吉備氏의 인물들의 성격이 서로 任那에 있어서 親신라파로 나타나며 또한 야마토 정권의 말을 듣지 않는 점 등 사건의 개요로 보아 6세기 聖王에 의해 임명되었던 吉備臣과 관련된 기사 중 일부가 윤색된 채 雄略朝에 삽입된 것으로 보인다.[22] 따라서 이 기사는 백제에서 파견된 倭人의 실상이 일본 측 소전에 의해 윤색되어 나타난 것으로 판단된다.

(i)의 紀小弓宿禰 등이 신라를 공격했다는 기사는[23] 同年 5월과 顯宗 3년 是歲朝와 연결되는 기사로서 즉, 紀小弓宿禰의 사후 그의 아들인 紀大(生)磐宿禰가 부친의 뒤를 이어 任那에 주둔하면서 신라와 대치하고 있다는 것을 보여주기 위해 설정한 기사이다. 결국 이 기사는 倭의 군대가 紀生磐宿禰의 지휘를 받아 任那에 주둔하다가 그가 삼한의 왕이 되려고 백제와 충돌하여 난을 일으킨다는 내용과 연결된다. 하지만, 紀生磐宿禰는 倭에서 파견된 것이 아니라 加耶 지역과 관련해서 활약한 백제계 木氏 세력으로 상정할 수 있기 때문에[24] 紀生磐宿禰의 반란은

22) 三品彰英(1975),「上代における吉備氏の朝鮮經營」『朝鮮學報3』6, pp.2-4
23)『日本書紀』卷 第14 雄略 9年 3月
天皇欲親伐新羅 神戒天皇曰 無往也 天皇由是不果行 乃勅紀小弓宿禰 蘇我韓子宿禰 大伴談連談 此云箇陀利小鹿火宿禰等曰 新羅自居西土 累葉稱臣 朝聘無違 貢職允濟 逮乎朕之王天下 投身對馬之外 竄跡匝羅之表 阻高麗之貢 呑百濟之城 況復朝聘闕 貢職莫脩 狼子野心 飽飛飢附 以汝四卿 拜爲大將 宜以王師薄伐天罰襲行 於是 紀小弓宿禰使大伴室屋大連 憂陳於天皇曰 臣雖拙弱敬奉勅矣 但今臣婦命過之際 莫能視養臣者 公冀將此事具陳天皇 於是 大伴室屋大連具爲陳之 天皇聞悲頽歎 以吉備上道采女大海 賜於紀小弓宿禰 爲隨身視養 遂推轂以遣焉 紀小弓宿禰等卽入新羅 行屠傍郡行屠 並行並擊 新羅王夜聞官軍四面鼓聲 知盡得喙地 與數百騎馬軍亂走 是以大敗 小弓宿禰追斬敵將陣中 喙地悉定 遺衆不下 紀小弓宿禰亦收兵 與大伴談連等會 兵復大振 與遺衆戰 是夕大伴談連及紀崗前來目連皆力而死 談連從人同姓津麻呂 後入軍中尋覓其主 從軍覓出問曰 吾主大伴公何處在也 人告之曰 汝主等果爲敵手所殺 指示屍處 津麻呂聞之踏叱曰 主既已陷 何用獨全 因復赴敵 同時殞命 有頃遺衆自退 官軍亦隨而却 大將軍紀小弓宿禰値病而薨

加耶의 在地 수장층 들과 합세한 일탈행위였던 것을 알 수 있다.

따라서 이 기사는 당시 백제와 가야와의 관계를 보여주는 기사로서, 『日本書紀』의 撰者가 야마토 정권의 任那 지배를 전제로 하고 加耶 지역에서 倭의 역할을 부각시키려는 의도에서 나온 것으로 사실로 보기 어렵다.[25]

(j)의 기사는[26] 倭에 체류하고 있던 동성왕이 筑紫國 군사 500인의 호위로 백제에 온 사실을 기술하고 있다. 이는 당시 백제와 왜가 왕실 외교 차원에서 긴밀한 외교 관계를 유지하고 있었던 것을 보여주고 있다.

이때 같이 온 倭人의 경우 규모나 내용 상 동성왕을 호송하는 임무만 띠고 있었던 것으로 보이기 때문에 이를 출병 내지는 대규모의 병력 파견으로 보기는 어렵다. 『日本書紀』에는 이어지는 기사에서 筑紫의 安致臣, 馬飼臣 등이 고려를 쳤다는 기록이 있는데, 이들이 筑紫 출신으로 기록된 것으로 보아 동성왕을 호위했던 군대로 볼 수 있을 것이다.[27] 하지만 기사의 내용도 高麗를 쳤다고 간단하게 언급되어 있는 것으로 보아 대규모 전투가 있었던 것은 아닌 것으로 판단된다.

(k)의 경우는[28] 백제가 伴跛를 침공을 하던 상황에서 백제를 지원하

---

24) 이와 같은 改變은 『日本書紀』 편찬 당시 실무에 참가한 紀氏인 紀朝臣淸人과 무관하지 않을 것이라고 한다. (金鉉球(1993), 앞의 책, pp.75-77)

25) 김현구, 박현숙, 우재병, 이재석(2003), 『일본서기 한국관계기사 연구』Ⅰ, 일지사

26) 『日本書紀』 卷 第14 雄略 23年 夏4月
百濟文斤王薨 天皇以昆支王五子中 第二末多王幼年聰明 勅喚內裹 親撫頭面誡勅慇懃 使王其國 仍賜兵器 幷遣筑紫國軍士五百人 衛送於國 是爲東城王 是歲百濟調賦益於常例 筑紫安致臣 馬飼臣等 率船師以擊高麗

27) 三品彰英(1962), 『日本書紀朝鮮關係記事考證』上, 吉川弘文館

28) 『日本書紀』卷 第17 繼體 9년(515) 春2月 甲戌朔丁丑
百濟使者文貴將軍等請罷. 仍勅 副物部連 [闕名.]遣罷歸之.[百濟本記云 物部至至連.]是月 到于沙都嶋 傳聞伴跛人 懷恨銜毒 恃强縱虐. 故物部連 率舟師五百直詣帶沙江. 文貴將軍 自新羅去.

기 위해 야마토 정권이 군원을 보내 物部至至連 등 500명이 파견된 사실을 이야기하고 있다.

이 기사는 繼體 7년(513년) 6월에서부터 繼體 10년(516년) 9月에 이르는 일련의 기사와 함께 고찰되어야 할 것으로, 백제가 倭에게 己汶을 되돌려 달라고 했다거나 倭가 백제에게 己汶과 帶沙를 주었다는 일련의 기사는 『日本書紀』 찬자의 임나 지배 사관에 따라 기술된 것이다, 따라서 실상은 백제가 伴跛의 문제로 군사의 파병을 요청하여 백제와 함께 己汶, 帶沙를 되찾았던 백제와 왜의 관계를 보여주는 것이다.[29]

즉, 이 기사는 513년 6월 百濟의 姐彌文貴 將軍 등이 五經博士 段楊爾를 倭에 보내 선진문물을 전수를 하고 반대급부로 병력을 청한 이후 북쪽으로부터는 백제가 己汶을 공격하고 남쪽으로부터는 倭가 帶沙江을 거슬러 올라가 伴跛와 대적했던 것을 보여주고 있다. 결국 이 전투는 백제 장군 木劦不麻甲背의 공격으로 己汶과 帶沙 일원이 함락되고 伴跛의 섬멸로 마무리된다.

(1)의 기사는[30] 金官加耶가 멸망한 후(532년) 야마토 정권이 신라에 의해 멸망한 가야를 구원하기 위해 大伴金村大連의 아들인 狹手彦을 파견한 것으로 되어 있다. 그런데, 이 기사는 敏達 12년(583년) 達率 日羅의 기사 내에서 宣化 때 狹手彦의 한반도 출병에 대한 언급과 관련이 있다.[31] 즉, 敏達 12년의 기사는 日羅가 죽었다가 소생하는 등 설화

29) 今西龍(1970), 「加羅疆域考」 『朝鮮古史の硏究』, 國書刊行會 ; 末松保和(1956), 『任那興亡史』, 吉川弘文館 ; 田中俊明(1992), 『大加耶連盟の興亡と'任那'』, 吉川弘文館, p.125 ; 金泰植(1993), 『加耶聯盟史』, 一潮閣, p.125 ; 延敏洙(1998), 앞의 책, p.183 ; 金鉉球(2000), 「百濟의 加耶進出에 관한 一考察」 『東洋史學硏究』 70

30) 『日本書紀』 卷 第18 宣化 2年(537년) 冬十月壬辰朔
天皇以新羅寇於任那. 詔大伴金村大連. 遣其子磐與狹手彦以助任那. 是時 磐留筑紫執其國政以備三韓. 狹手彦往鎭任那. 加救百濟.

적인 내용이 없지는 않지만, 일단 12년조 이하의 기사를 통해 日羅가 백제의 達率의 지위를 갖고 있던 倭系百濟官僚였음을 알 수 있다. 따라서 (1)의 출병은 倭가 백제를 구원하기 위해 실제 군을 백제에 파견했던 백제와 왜의 관계를 나타내고 있는 것으로 생각된다.[32]

다만, 이 기사에 등장하는 狹手彦이 欽明 23년 기사에서 고구려를 공격하는 장수로 등장하고 있는 것이 주목된다.[33] 欽明 23년의 8月條에는 狹手彦이 백제의 계략을 써서 고구려왕의 치소에까지 이른 것으로 기록되어 있고, 分註에는 一本에 欽明 11년의 사실로 기록되어 있다. 이러한 정황은 狹手彦이 등장하는 기사가 551년 백제가 신라, 왜와 함께 고구려를 공략했던 때의 사실을 보여주고 있는 것이라고 판단된다.[34]

---

31) 『日本書紀』卷 第20 敏達 12년
是歲 復遣吉備海部直羽嶋召日羅於百濟 羽嶋旣之百濟 欲先私見日羅 獨自向家門底 俄而有家裏來韓婦 用韓語言 以汝之根入我根內 卽入家去 羽嶋便覺其意隨後而入 於是日羅迎來 把手使坐於座 密告之曰 僕竊聞之 百濟國主奉疑天朝奉遣臣後留而弗還 所以奉惜不肯奉進 宜宣勅時 現嚴猛色催急召焉 羽嶋乃依其計而召日羅 於是百濟國主怖畏天朝不敢違勅 奉遣以日羅 恩率德爾 余怒 哥奴知 參官 柁師德率次干德 水手等若千人 日羅等行到吉備兒嶋屯倉 朝庭遣大伴糠手子連而慰勞焉 復遣大夫等於難波舘使訪日羅 是時日羅被甲乘馬到門底下乃進廳前進退跪拜歎恨而曰 於檜隈宮御寓天皇之世 我君大伴金村大連奉爲國家使於海表火葦北國造刑部靭部阿利斯登之子 臣達率日羅 聞天皇召恐畏來朝乃解其甲奉於天皇 乃營舘於阿斗桑市使住日羅 供給隨欲

32) 金鉉球(1993), 앞의 책

33) 『日本書紀』卷 第19 欽明 23년 8月
天皇遣大將軍大伴連狹手彦 領兵數萬伐于高麗 狹手彦乃用百濟計 打破高麗 其王踰墻而逃 狹手彦遂乘勝以入宮 盡得珍寶貨賂 七織帳 鐵屋還來[舊本云 鐵屋在高麗西高樓上 織帳張於高麗王內寢]以七織帳奉獻於天皇 以甲二領 金飾刀二口 銅鏤鍾三口 五色幡二竿 美女媛媛名也 幷其從女吾田子 送於蘇我稻目宿禰大臣 於是 大臣遂納二女以爲妻居輕曲殿[鐵屋在長安寺 是寺不知在何國 一本云 十一年大伴狹手彦連共百濟國駈却高麗王陽香於比津留都]

34) 『日本書紀』에는 이 전쟁이 大伴狹手彦 등 일본이 주체가 되어 수행한 것처럼 기록되어 있지만, 백제와 함께 백제의 계략을 썼다는 표현 등으로 보아 백제가 주체가 된 것으로 보는 것이 타당하다.

후술하겠지만, 백제와 왜의 관계는 용병관계로서 왜가 군원을 보낼 때마다 백제에서 五經博士의 파견이 이루어졌던 것을 알 수 있다.[35] 그런데, 五經博士가 파견된『日本書紀』의 기사 중에 五經博士 馬丁安의 경우는 파견된 시점이 확실히 나오지 않는다. 또한 551년 왜가 백제에 군원을 파견하여 고구려를 공격하고 있는데, 이즈음에 五經博士의 파견이 보이지 않는다. 때문에 五經博士 馬丁安은 狹手彦 등의 출병과 이어지는 (m)의 기사에서 보듯이[36] 370명의 인부들이 한반도로 왔을 때에 일본으로 파견된 것으로 짐작된다. 따라서 (l)의 기사는 537년 狹手彦이 임나를 진압했던 것을 의미하는 것이 아니며, 백제를 구원하였다는 것은 실제 551년 고구려를 공격하여 백제의 고토를 회복했던 때의 사실을 기록하고 있는 것으로 판단된다.

『日本書紀』에서는 繼體 25年(531년) 일본에 천황, 태자, 황자가 죽음으로 이어지는 정치적 혼란이 발생하였다는 기록 이후, (l)의 기사를 제외하고 欽明 2年(541년) 夏4月의 기사가[37] 등장하기 전까지 10년간 한반도 관계 기사가 나오지 않는다. 이러한 정황도 (l)의 기사가 537년의 사실이 아니라 백제와 왜가 연합하여 고구려를 공격하던 551년의 기록을 보여주고 있는 것이라 생각되며, 따라서 일본 열도에서는 왕권이 안정되기 전까

---

35) 金鉉球(1985), 앞의 책, pp.42-44

36)『日本書紀』卷 第19 欽明 9年 冬10月
遣三百七十人於百濟助築城於得爾辛

37)『日本書紀』卷 第19 欽明 2年(541) 夏4月
安羅次旱岐夷呑奚·大不孫·久取柔利 加羅上首位古殿奚 卒麻旱岐 散半奚旱岐兒 多羅下旱岐夷他 斯二岐旱岐兒 子他旱岐等 與任那日本府吉備臣[闕名字] 往赴百濟 俱聽詔書. 百濟聖明王謂任那旱岐等言 日本天皇所詔者 全以復建任那. 今用何策 起建任那. 盍各盡忠 奉展聖懷. 任那旱岐等對曰 前再三迴 與新羅議. 而無答報. 所圖之旨 更告新羅 尙無所報. 今宜俱遣使 往奏天皇. 夫建任那者 爰在大王之意. 祇承教旨. 誰敢間言. 然任那境接新羅. 恐致卓淳等禍.[等謂㖨己呑·加羅 言卓淳等國 有敗亡之禍]

지 10여 년 간 왕권의 공백상태가 지속되었던 것으로 추측된다.

(m)의 倭가 백제에 370인을 보내 得爾辛에 성 쌓는 것을 도와주었다는 기사를 통해 백제의 경우 왜로부터 군사 및 인부를 지원받으면서 고구려를 공격하기 위한 준비를 진행하고 있었던 것으로 보인다. 결국 545년과 546년 양원왕의 즉위를 둘러싼 고구려의 대란으로 인하여 백제가 한강유역으로 진출할 수 있는 발판을 마련하였고 급기야 평양까지 진군한 것으로 보인다.[38] 따라서 백제, 고구려의 전투와 관련하여 백제와 왜는 왜가 백제에 군사를 지원하는 관계에 있었음을 알 수 있다.

(n)의 內臣이 수군을 거느리고 백제를 지원했다는 기사는[39] 신라가 한강 유역을 점유함으로써 백제와 신라의 전쟁을 염두에 두고 파견된 것이다. 이때 지원된 규모는 同年 1월 군대 1,000명, 말 100필, 배 40척을 보내겠다는 기록을 통해 알 수 있다. 倭의 원군이 도착한 직후인 554년 7월 백제는 가야, 왜의 군사와 함께 신라의 관산성을 공격하게 된다.

(o)의 경우 백제의 왕자 惠가 왜국에서 백제로 돌아갈 때 筑紫國의 수군이 호송했던 기사이다.[40] 이때도 이들 수군으로 뱃길의 요충지를 지키게 했다는 것을 볼 때 대규모 출병으로 보기 어려우며 당시 백제가 낙동강 유역을 신라에게 상실한 이후 거제에서 남해 방면을 통해 백제로 들어오는 루트를 왜인이 호위했던 것으로 판단된다.

---

38) 『三國史記』 거칠부 열전에서도 백제가 고구려를 침공하여 평양을 격파하였다는 기록이 있고 『日本書紀』에도 欽明 12년 한성의 땅을 차지하고 진군하여 평양을 토벌하였다는 기사가 보이며, 또한 欽明 23년의 기사를 참고하면 백제가 평양까지 진군하였던 것으로 판단된다.

39) 『日本書紀』 卷 第19 欽明 15年
夏五月丙戌朔戊子 內臣率舟師詣于百濟

40) 『日本書紀』 卷 第19 欽明 17年 春正月
百濟王子惠請罷 仍賜兵仗 良馬甚多 亦頻賞祿 衆所欽歎 於是遣阿倍臣 佐伯連 播磨直 率筑紫國舟師 衛送達國 別遣筑紫火君[百濟本記云 筑紫君兒 火中君弟] 率勇士一千衛送彌弖[彌弖津名]因令守津路要害之地焉

이상과 같은 분석으로 볼 때 4~6세기 왜가 한반도에 출병했던 사실은 4세기말~5세기초 廣開土王碑文에 고구려와 백제의 전투 중에 백제를 지원하기 위해 군사를 파병했던 기록과 (k)에서 보는 바와 같이 백제가 伴跛를 직접 지배하기 위해 벌인 전쟁, 그리고 백제, 신라, 왜가 합동으로 고구려를 공격하기 위해 공동전선을 폈던 (l)와 (m)의 기사 및 신라의 배반으로 백제가 신라와 전쟁을 하기 위해 파견되었던 (n)의 기사로 국한될 수 있다. 이들 모두 倭가 한반도에 출병하게 된 것은 백제가 수행하는 전쟁에 따르는 지원군의 형태를 보임으로써 백제와의 관련 속에서 파악할 수 있음을 알 수 있다.

따라서 한반도에서 활동하는 倭人들의 경우 야마토 정권이 주체가 되어 활동했던 것으로 보기 어려우며, 백제를 주체로 하여 파악하는 것이 타당하다. 倭가 한반도에서 주도권을 갖고 활동한 것이 아니라 백제의 의도와 변화에 따라 종속되어 있음을 알 수 있다.

3. 百濟에서 倭로의 인적교류 기사 분석

지금까지 『日本書紀』에 나타나는 倭의 한반도 출병 기록을 살펴보면, 모두 百濟와 倭의 관계 속에서 百濟의 지원군으로 왔던 군사파견인 것을 알 수 있다. 따라서 百濟와 倭의 관계를 자세히 살펴보려면 이와 동시기인 4~6세기 기간에 반대로 백제에서 일본열도로 간 인적 교류의 현황을 고찰해야 할 것이다.

(1) 王族 및 貴族

우선 『日本書紀』 내에서 백제에서 일본으로 갔던 왕족 및 귀족의 인적 교류 현황을 살펴보면 다음 [표 2]와 같다.

[표 2] 4~6세기 백제에서 일본으로 왕족, 귀족 등의 인적교류 현황

	日本書紀 기년	내용	연도
(a)	應神8년 春3월	왕자 直支를 天朝에 보냄	397년
(b)	應神25년	木滿致를 소환	
(c)	應神39년 春2월	直支王의 누이 新齊都媛 등 7명 귀화	
(d)	仁德41년 春3월	酒君을 소환	
(e)	雄略2년 秋7월	己巳年 개로왕 즉위 시 慕尼夫人의 딸 適稽女郎을 바침	
(f)	雄略5년 秋7월	개로왕의 아우 昆支 渡日	461년
(g)	雄略23년 夏4월	昆支의 아들 末多王 일본에 머물다 백제로 감	479년
(h)	武烈3년 11월	백제 意多郎 高田 언덕에 장사지냄	501년
(i)	武烈6년 冬10월	백제 麻那君을 보냄	504년
(j)	武烈7년 夏4월	백제 斯我君을 보냄. 아들 法師君은 倭君의 선조을 둠	505년
(k)	繼體7년 秋8월	백제 태자 淳陀가 죽음	513년
(l)	欽明8년 夏4월	東城子言이 와서 汶休麻那에 대신함	547년
(m)	欽明15년 2월	東城子莫古를 東城子言에 대신함	554년
(n)	欽明16년 2월	백제가 왕자 惠를 보냄	555년

[표 2]를 보면, 4세기말 이래 백제의 왕족 및 귀족의 파견이 지속적으로 이루어지고 있는 것을 알 수 있다.

특히 (a)의 기사[41]는 『三國史記』, 廣開土王碑文의 기사를 통해 백제가 倭와 和通을 해서 왜국에 腆支(直支)를 파견했던 사실인 것을 알 수 있다. 단, 『日本書紀』에서는 백제가 일본에 예의를 잃어서 일본이 백제의 땅을 빼앗아 直支를 파견한 것으로 되어 있지만, 이는 『三國史記』와

41) 『日本書紀』 卷 第10 應神 8年 (397년) 春3月
百濟人來朝[百濟記云 阿花王立无禮於貴國 故奪我枕彌多禮 及峴南,支侵,谷那,東韓之地 是以 遣王子直支于天朝 以脩先王之好.]

廣開土王碑文에 의하면 백제가 고구려의 공세에 견디지 못하고 倭에게 구원군을 요청할 목적으로 腆支를 파견한 것임을 알 수 있다.[42]

이처럼 廣開土王碑文에서 백제가 왜와 和通했다는 기록을 통해 腆支가 파견된 이후 백제는 왕족이나 귀족을 파견하여 왜에 체류하게 하는 방식으로 양국 관계의 기본 틀을 형성하기 시작했던 것으로 보인다.[43]

특히 腆支의 경우는 石上神宮에 있는 七支刀 銘文의 고찰을 통해 왜국에 체류하면서 倭王의 혈족과 혼인을 하였던 정황을 짐작할 수 있다. 즉, 七支刀의 X-레이 촬영을 통해 나타난 11월16일을 근거로 하여 日干支가 丙午인 연도를 찾으면 腆支王 4년 408년에 제작된 것을 알 수 있어 七支刀가 久爾辛이 태어난 것을 倭國에 알리기 위해 만들어졌던 것으로 볼 수 있게 되었기 때문이다. 즉, 銘文에 나오는 '百濟王世子奇生聖音故爲倭王旨造傳示後世'의 문구를 '百濟王世子 久爾辛이 부처님의 가호로 진귀하게 태어났기 때문에 倭王을 위하여 만들 것을 지시하니 후세에 전하여 보인다'로 해석할 수 있게 되어 이로 인해腆支王의 부인이며 久爾辛王의 모친인 八須夫人이 倭系로서 腆支王이 倭왕실에 있을 때 왜왕의 혈족과 혼인했을 것으로 판단된다.[44]

이는 腆支가 누이 新齊都媛 등을 왜국에 보냈다는 (c)의 기사와 대응된다.[45] 이 기사의 경우 應神 39년조에 위치하고 있지만, 이는『日本書

---

42)『日本書紀』應神紀에서는 倭가 東韓之地 등을 빼앗아 백제가 직지를 보냈고 이후 다시 東韓之地를 돌려주었다는 기록으로 되어 있다. 하지만, 廣開土王碑文을 통해 고찰하면 고구려와 전투를 하던 백제가 고구려에게 東韓之地 등을 침탈당하고 東韓之地를 회복했던 사실이 倭가 이들 지역을 빼앗았던 것으로 윤색되었음을 알 수 있다. (洪性和(2009), 앞의 논문,『日本歷史研究』30)

43) 김현구(2002),「백제와 일본간의 왕실외교-5세기를 중심으로」『백제문화』31

44) 洪性和(2009),「石上神宮 七支刀에 대한 [illegible]考察」『韓日關係史研究』34

45)『日本書紀』卷 第10 應神 39年 春2月

紀』 찬자의 오류로 인하여 기사의 배치가 잘못된 것으로 생각되며 腆支王이 귀국 후 누이를 보내 倭王과 혼인관계가 성립되고 있는 정황인 것으로 판단된다.

『日本書紀』 天智 즉위조에 일본에 체제하고 있던 풍장이 多臣蔣敷의 妹를 처로 삼고 귀국하는 등 당시 백제의 왕족과 왜가 혼인관계에 의해 화친을 했던 정황을 파악할 수 있다.[46] 이는 장기적으로 백제와 일본과의 우호관계를 강화하기 위한 것으로 판단된다.

(b) 木滿致의 경우는 왕비와 간음을 하여 無禮했기 때문에 이를 이유로 해서 일본으로 소환당한 것으로 기록하고 있다. 『百濟記』에는 木滿致가 백제의 정사를 집행하여 권세가 성하여 포악한 것 때문에 渡日했던 것으로 되어 있다.

『日本書紀』에서는 無禮를 이유로 해서 渡日했던 몇 개의 사례가 보이는데, (a) 應神 8년 3월조에 阿花王이 無禮하여 枕彌多禮 및 東韓之地 등을 빼고 腆支(直支)를 천조에 보낸 기사, (d) 仁德 41년 3월조에 酒君이 無禮하여 소환한 기사,[47] 그리고 (f) 雄略 5년 4월조 池津媛이 無禮해서 昆支가 度日한 기사[48] 등이 있다.

百濟直支王　遣其妹新齊都媛以令任　爰新齊都媛　率七婦女　而來歸焉

46) 이러한 점을 근거로 동성왕과 무령왕도 일본의 황녀를 부인으로 얻었을 가능성이 제기되기도 한다. (김현구(2002), 앞의 논문, p.38)

47) 『日本書紀』 卷 第11 仁德 41年 春3月
遣紀角宿禰於百濟　始分國郡場　具錄鄕土所出　是時　百濟王之族酒君无禮由是　紀角宿禰訶責百濟王　時百濟王悚之　以鐵鎖縛酒君　附襲津彦而進上

48) 『日本書紀』 卷 第14 雄略 5年 夏4月
百濟加須利君[蓋鹵王也]飛聞池津媛之所燔殺[適稽女郎也]而籌議曰 昔貢女人爲采女 而旣無禮 失我國名 自今以後 不合貢女 乃告其弟軍君[崑支也]曰 汝宜往日本以事天皇 軍君對曰 上君之命不可奉違 願賜君婦 而後奉遣 加須利君則以孕婦 嫁與軍君曰 我之孕婦 旣當産月 若於路産 冀載一船 隨至何處速令送國遂與辭訣 奉遣於朝

그런데, 應神 8년 腆支(直支)가 일본으로 갔던 것은 고구려와의 전투에서 왜국과 和通을 하기 위해 백제가 보낸 것이고 이것이 無禮의 이유가 될 수 없음은 앞서 고찰한 바 있다. 또한 酒君의 경우도 無禮의 구체적인 사유가 나와 있지 않은 상태에서 왜국으로 소환되고 있으며 池津媛이 無禮해서 昆支를 파견했다는 것도 실상은 백제의 개로왕이 고구려와의 전투를 염두에 두고 昆支를 파견했던 것이기 때문에 渡日의 이유가 無禮 때문인 것으로 볼 수 없다.

그런 정황을 보면, 木滿致가 백제의 王母와 간음을 하는 등 왜국에 無禮해서 왜국으로 소환되었다는 것도 소환의 이유로는 타당하지 않으며 야마토 정권이 백제를 복속하였을 경우에만 성립할 수 있는 내용이다. 하지만, 木滿致가 '專於任那' 할 수 있었던 것은 야마토 정권이 아닌 백제에 의한 것이었기 때문에 백제 중심으로 행했던 당시의 역사적 사실이 야마토 정권 중심으로 윤색되어 나타난 것으로 판단된다. 따라서 無禮해서 소환했다는 표현은 백제의 왕족이나 귀족이 渡日했을 때 『日本書紀』의 찬자가 사용한 상투적인 표현인 것으로 보인다.[49]

따라서 應神 8년 腆支의 파견 이후 (c) 應神 39년 백제 腆支王의 妹 新齊都媛, (d) 仁德 41년 酒君, (e) 雄略 2년조 慕尼夫人의 딸 適稽女郎,[50] (f) 雄略 5년 개로왕의 弟 곤지 등 백제왕족이 渡日했던 『日本書紀』의 기록은 이들이 왕족외교의 차원에서 왜국에 갔던 것으로 판단된다. 이는 백제의 대외전략에 입각하여 야마토 정권 내에서 친백제의 세력을 형성하기 위한 對外修好의 목적도 있었을 것이고 경우에 따라서

---

49) 池內宏(1972), 『日本上代史の一硏究』, 中央公論美術出版, p.78 ; 徐甫京(2004), 「『日本書紀』 한반도 관계 기사 검토」, 고려대학교 박사학위논문, p.96

50) 『日本書紀』 卷 第14 雄略 2年 秋7月
[百濟新撰云 己巳年 蓋鹵王立 天皇遣阿禮奴跪 來索女郎 百濟莊飾慕尼夫人女 曰適稽女郎 貢進於天皇]

는 군사를 청하기 위한 請兵의 목적도 있었을 것이다.[51] 따라서 木滿致가 倭國에 갔던 것도 백제와 왜국 간 외교차원에서 갔던 일련의 행동으로 볼 수 있을 것이다.[52]

(f)의 昆支의 경우 461년에 渡日한 후 『三國史記』 文周王 3년(477년) 4월조에 '拜王弟昆支爲內臣佐平'이라는 내용이 보여 477년 이전 귀국했던 것을 알 수 있다. 때문에 昆支는 일본에서 16년 가까이 장기간 체류하고 있었던 것을 알 수 있다.

(g)의 기사에서 昆支의 아들인 동성왕의 경우는 파견 시점이 명확하지는 않지만 일본에 체류하다가 백제로 돌아가 왕으로 등극했던 것을 알 수 있으며, 이후 (h)와 (i)의 기사에서 나타나는 것처럼 意多郎, 麻那君이 파견되고 있다.

그런데, 麻那君의 경우 骨族이 아니라서 斯我君을 파견한 것으로 되어 있고, 麻那君은 斯我君이 파견되었지만 귀국했다는 기사는 보이지 않고 있다.[53]

다만, (l) 欽明 8년 夏4월 東城子言이 와서 汶休麻那를 대신했다는 기록으로 이때에 麻那君이 백제로 귀국했던 것을 알 수 있다. 汶休麻那에 대해서는 통상적으로 五經博士와는 구별되는 학자로 보는 경향이 강했다. 하지만, 『新撰姓氏錄』을 보면 汶休奚가 백제 速古王의 후손이라는 기록이 보여[54] 汶休氏가 왕족이었던 것을 알 수 있다. 때문에 汶

---

51) 연민수(1998), 「백제의 대왜외교와 왕족」 『고대한일관계사』, pp.432-454 ; 羅幸柱(1996), 「古代朝日關係における質の意味」 『史觀』134

52) 『日本書紀』의 용례에 따르면 백제에서 백제의 왕족과 임나에 참여한 木氏에게만 君이라는 표현을 썼던 것으로 추정해보면, (金鉉球(1993), 앞의 책, p.75) 木氏의 경우 과거 왕족이었을 가능성도 있다.

53) 『日本書紀』 卷 第16 武烈 7年 夏四月
百濟王遣斯我君進調 別表曰 前進調使麻那者 非百濟國主之骨族也 故謹遣斯我奉事於朝 遂有子 曰法師君 是倭君之先也

休麻那와 麻那君은 동일인물인 것을 알 수 있다. 이는 麻那君이 왕족이기는 하지만, 직계혈통이 아니었다는 『日本書紀』의 기사를 통해서도 확인할 수 있다.

이러한 사실로 보아 『日本書紀』에서 汶休麻那, 東城子言, 東城子莫古 등의 파견이 교대제로 이루어졌다고 하는 표현은 『日本書紀』 찬자에 의한 윤색일 가능성이 높아졌다. 앞서 (f)의 기사에서도 采女에 대신하여 곤지가 파견된 것처럼 교대제로 표현되고 있으며, 麻那君을 대신하여 斯我君을 보냈다는 기술과 같이 왕족, 귀족의 파견이 교대제로 이루어졌던 것으로 기술되어 있으나 이는 『日本書紀』의 후대사관에 의해 倭 왕권을 중심으로 하여 표현한 구절인 것으로 판단된다.

이는 앞서 腆支와 腆支의 누이 新齊都媛에서 보았던 것처럼 교대제라기보다는 혼인에 의한 화친을 나타낸 것이라 생각한다. 斯我君이 일본에서 얻은 法師君의 아들이 倭君의 조상으로 되어 있고 『新撰姓氏錄』에 곤지의 후손이 일본에 남아있던 것으로 기록하고 있기 때문에[55] 자손의 일부가 일본에 정주하고 있었던 정황이 보이고 있다. 특히 昆支의 경우 渡日하고 난 후에 5명의 자식이 있었다는 기사가 보이고 있으며[56] 斯我君 또한 渡日한 후 일본에서 얻은 法師君이 倭君의 조상이 되었다는 기록이 있기 때문에 이들이 倭系와 혼인했을 가능성은 높다.

이처럼 397년 전지의 파견 이래로 4~6세기 동안 백제와 야마토 정권 사이에서 지속적으로 왕족과 귀족간의 교류가 이어지고 있음을 알 수

54) 『新撰姓氏錄』 右京諸蕃下 百濟
己汶氏 春野連同祖 速古王孫 汶休奚之後也
55) 『新撰姓氏錄』 河內國諸蕃
飛鳥部造 同國比有王男昆支王之後也
56) 『日本書紀』 卷 第14 雄略 5年 秋7月
軍君入京 旣而有五子[百濟新撰云 辛丑年 蓋鹵王遣王遣弟昆支君 向大倭 侍天皇 以脩兄王之好也]

있다.[57]

(2) 博士, 僧侶

『日本書紀』 내에서 백제에서 일본으로 갔던 博士와 僧侶 등 인적 교류 현황을 살펴보면 다음 [표 3]과 같다.

[표 3] 4~6세기 백제에서 일본으로 박사, 승려 등의 인적교류 현황

	日本書紀 기년	내용	연도
(a)	應神15년 秋8월	阿直伎 옴	404년
(b)	應神16년 春2월	博士 王仁 옴	405년
(c)	繼體7년 夏6월	五經博士 段楊爾 옴	513년
(d)	繼體10년 秋9월	五經博士 高安茂 옴	516년
(e)	欽明13년 冬10월	達率 怒唎斯致契를 보내 釋迦佛金銅像, 幡蓋, 經論 등 갖고 옴	552년
(f)	欽明15년 2월	五經博士 王柳貴를 馬丁安과 교대. 승려 曇慧 등 9人을 道深 등 7人과 교대. 易博士 施德 王道良, 曆博士 固德 王保孫, 醫博士 奈率 王有㥄陀, 採藥師 施德 潘量豊, 固德 丁有陀, 樂人 施德 三斤, 季德 已麻次, 季德 進奴, 對德 進陀	554년

博士의 경우는 『日本書紀』 應神紀 (a)와 (b)에서 보는 것처럼 阿直伎와 王仁의 기사에 처음으로 등장하고 있다. 백제에서 倭 왕권에 제공된 博士로서 사료상에 최초로 나타나는 인물은 王仁이지만, 阿直伎 또한

57) 腆支 이후 毗有王의 치세만을 제외하고 지속적인 교류가 있었음이 특징적이다. 『三國史記』에서 毗有王 2년 (428년) 왜의 사신의 방문 기록 이후 한동안 백제와 왜의 교류 현황이 나타나지 않고 있으며 『宋書』에서 438년 遣使貢獻하면서 한반도에 대한 제군사권이 주장되고 있는 것으로 보아 毗有王의 치세에는 백제와 왜간에 알력이 있었던 것으로 보인다.

경전을 잘 읽었다는 기술로 보아 유교 유학에 능통한 전문학자로 보는 것이 타당하다고 판단된다.[58]

또한 이들은 태자의 스승이 되어 유교경전 등을 교육했을 뿐만 아니라 良馬의 사육 등도 전수하였던 것으로 보인다. 인적교류는 반드시 문화와 기능을 수반하게 되므로 이는 야마토 정권이 전문 지식인을 통해 백제의 선진문물을 수입하고 있는 정황인 것을 알 수 있다.[59] 어쨌든 阿直伎와 王仁의 경우 전문인 인적 교류의 시원으로 볼 수 있을 것이다.

이후 5세기에 나타나는 전문인의 인적교류로는 雄略 7년조에 등장하는 각종 才伎를 들 수 있을 것이다. 그러나 이 기사는 任那國司 吉備上道臣田狹의 가계전승에 기반한 고사에 불과할 뿐만 아니라 앞서 언급했듯이 雄略朝 당대의 것으로 보기에도 어려움이 많다. 따라서 5세기에 나타난 전문인의 인적교류는 『日本書紀』 應神紀에 보이는 기사와 같이 5세기초로 국한시키는 것이 타당하다고 본다.

백제로부터 왜로 전수되는 전문인의 인적교류는 6세기 들어 五經博士와 僧侶의 경우에서 본격적으로 진행되고 있다.

繼體朝에는 (c)와 (d) 기사에서 보는 바와 같이 백제가 伴跛와의 전쟁 때 일본으로 五經博士 段楊爾에 이어 高安茂가 파견되고 있다.

(e) 欽明13년 冬10월(552년) 達率 怒唎斯致契를 보내 釋迦佛金銅像,

58) 金善民(2000), 「古代의 博士」 『日本歷史硏究』 12, pp.8-10

59) 『日本書紀』에서 백제로부터 왜로 전파되었다는 각종 선진문물 및 기술, 사상은 다음과 같다.

應神	縫衣, 養馬術, 儒學
仁德	매사냥
雄略	토기(新漢陶部), 마구류(鞍部), 회화(畵部), 비단(錦部), 통역(譯語), 衣縫部, 고기 조리(宍人部)
繼體	儒學
欽明	儒學, 佛教, 易學, 醫藥, 曆學, 音樂

幡蓋, 經論 등 갖고 왔다는 불교 전래 기사는 『日本書紀』에서 이 해에 백제가 한성과 평양을 버렸으며 이로 말미암아 신라가 한성에 들어가 살았다는 기사를 통해[60] 이러한 사항이 원인이 되어 백제가 일본에 불교를 전래했던 것으로 보인다.

(f) 欽明 15년 2월(554년)에는 五經博士와 승려뿐만 아니라 易博士, 曆博士, 醫博士, 採藥師 등 전문인의 파견이 이루어지고 있다. 이는 將軍 三貴와 物部烏 등을 보내 구원병을 청하였던 사실을 통해서도 알 수 있듯이 신라의 배신으로 인해 백제가 신라와 결전을 벌이기 위해 전쟁 준비를 하던 상황에서 일어났던 것을 알 수 있다.

그런데, (f)의 기사를 보면, 五經博士 馬丁安의 경우 王柳貴와 교대한다는 기술만 있을 뿐, 파견된 시점이 확실히 등장하지 않고 있으며 승려 道深 등 7인의 파견 시점 또한 나타나 있지 않다.

僧 道深 등 7인의 파견은 통상 불교의 전래가 佛, 法, 僧 삼보가 동시에 공전되는 일반적인 관례를 따른다면 552년 불교의 전래와 함께 파견된 것으로 보는 것이 타당할 것이다.[61]

한편 五經博士 馬丁安의 경우 백제와 왜의 관계는 용병관계로서 五經博士의 파견과 왜군의 출병이 연관 관계가 있는 것을 고려해볼 때[62] 551년 왜가 백제에 군원을 파견하여 고구려를 공격하던 즈음에 五經博士의 파견이 보이지 않는 것이 주목된다. 따라서 五經博士 馬丁安의 파견은 백제가 고구려를 공격하기 위한 시점에서 파견되었던 것으로 짐작된다.

---

60) 『三國史記』에는 신라가 백제의 동북부 지역을 차지하여 新州를 설치한 것을 진흥왕 14년(553년)이라고 기술하고 있는 것으로 보아 한성 유역을 점유한 후 이듬해에 新州를 설치했던 것으로 보인다.

61) 羅幸柱(2006), 「왜왕권과 백제,신라의 質」, 『日本歷史硏究』24, p.54

62) 金鉉球(1985), 앞의 책, pp.42-44

이처럼 6세기의 기간에 백제는 왜의 군사요청에 대해 학자나 진기한 물건 등의 선진문물을 보내고 있다. 이를 통해 왜는 선진문물의 수입에 대한 반대급부로서 군사를 파견한 것을 알 수 있다. 이는 백제가 선진문물을 전해주고 일본의 군사력 제공이라는 용병관계가 정립되었기 때문에 가능한 일이었다.

하지만, 아직기와 왕인을 통한 博士의 파견으로부터 그 시원이 이루어졌던 것을 고려하면 이는 단순히 6세기만의 문제가 아니라 4세기말부터 지속된 百濟와 倭의 교류 방식이라는 것을 알 수 있다.[63]

4. 百濟와 야마토 왕권의 관계

기본적으로 백제 왕실와 야마토 왕실은 지속적인 인적교류를 통해 정치적 혹은 군사적 화친관계를 맺어온 것으로 보인다. 특히 전지왕대에 있었던 혼인을 통한 왕실교류를 기본으로 한 인적교류가 원인이 되어 百濟와 倭의 관계가 유지되었던 것으로 판단된다. 그럼으로써 왜에 친백제 세력을 확립하고 역으로 백제에 친왜국 세력을 도모하여 양국 화친의 기반을 이루었다.

和親이라는 것을 중국왕조에서 살펴보면, i) 주변의 강성한 諸國에게 人身提供的 성격의 和蕃공주를 보냈던 경우, ii) 諸蕃의 무력을 그치게 할 목적으로 맺은 대등한 화친관계의 경우, iii) 중국왕조의 중앙집

63) 4~6세기 백제와 왜의 관계를 양국의 왕권 간에 質의 파견과 質의 수용을 통한 賂의 대상으로서 선진문물 및 인적자원의 안정적인 제공과 도입이라는 質시스템으로 이해하는 견해가 있는데, (羅幸柱(2006), 앞의 논문) 이는 기본적으로 타당한 관점이라고 생각된다. 다만, 이들 質과 賂가 항상 일대일 대응관계로 나타나지 않고 있으며 [illegible] 않기 때문에 시스템화 되었는지에 대해서는 의문의 여지가 있다.

권제가 확립되고 諸蕃을 약화시킬 목적으로 화친관계를 맺은 경우 등이 있어 단순히 어느 쪽에서 파견하느냐를 중심으로 해서 국제적인 우열을 가늠하는 것은 어렵다. 즉, 和親이란 것은 정치적인 것으로서 당시 국가 간 사회의 질서체제를 나타내는 것이기는 하지만, 국제관계가 항상 일률적이지는 않다.[64]

그런 관점에서 혼인과 관련된 화친은 당시 백제와 왜의 세력 관계 속에서 파악해야 할 것이다. 이러한 화친을 기반으로 해서 백제에서 왜로 선진문물이 전해지고 한반도의 전쟁에 있어서 백제의 요청 시 倭의 구원병이 파병되었던 것이다.

앞서 4~6세기 동안 倭가 실제 한반도 전투에 참여 기록을 분석해보면, 실제 倭가 출병했던 것은 총 4회이며 모두 백제에 대한 지원군의 형태였다.

『日本書紀』를 통해 神功의 삼한정벌로 인한 출병의 경우는 4세기 말~5세기초 廣開土王碑文에 나오는 상황과 같이 고구려와 백제의 전투 중에 백제를 지원하기 위해 파병했던 것을 알 수 있다.

또한 6세기 들어서는 백제가 伴跛를 직접 지배하기 위해 벌인 전쟁에 왜군이 파병되었으며, 그리고 고구려를 공격하기 위해 백제, 왜, 신라가 공동전선을 폈던 때에, 그리고 백제가 신라와 전쟁을 벌였던 시기에 왜의 파병이 이루어진 것을 알 수 있다. 즉, 倭가 한반도에 출병하게 된 것은 왜의 능동적인 파견이라기보다는 백제의 전쟁에 따르는 지원군의 형태로 이루어졌던 것이다.

그런데 [표 3]을 참고하면, 倭가 군원을 보낼 때마다 백제에서 五經博士의 파견이 이루어졌던 것이 특징적으로 보인다.

---

64) 坂元義種(1978), 『古代東アジアの日本と朝鮮』, 吉川弘文館, pp.2-15

4세기말~5세기초 출병에 즈음해서는 아직기와 博士 王仁이 파견되었던 것을 알 수 있다. 6세기에 들어 백제가 伴跛와의 전쟁 때는 五經博士 段楊爾와 高安茂가 파견되고 있으며, 신라와의 전투에서는 五經博士 王柳貴가 파견되고 있다. 五經博士 馬丁安의 경우는 『日本書紀』에 교대된 시기만 나오고 파견된 시점이 확실히 나오지는 않는다. 하지만, 五經博士의 파견과 왜군의 출병이 연관 관계가 있는 것을 고려해볼 때 551년 백제와 왜가 고구려를 공격하려던 즈음 기록에 나타나지 않는 五經博士의 파견은 五經博士 馬丁安의 것으로 짐작된다.

이는 五經博士를 통한 용병관계가 6세기에서만 전형적으로 나타나는 것이 아닌 4~6세기를 통틀어서 성립되고 있는 것을 알 수 있다.

이러한 것을 보면 『日本書紀』 欽明 14년에 표현된 대로 '순번에 따라 교대를 시킨다든지, 교대할 때가 되었으니 돌아오는 사신에 딸려 보내 교대 시키도록 하라(宜依番上下 今上件色人 正當相代年月 宜付還使相代)'는 기록의 신빙성이 의심된다. 실제 五經博士 王柳貴 이후로는 五經博士의 파견이 보이지 않는 것도 이들이 교대제로 운영되었는지 의문이다. 이는 오히려 繼體 10년 9월조와 欽明 15년 2월조에 나온 기록대로 백제의 사정에 의해, 백제의 청에 의해 교체되었을 가능성이 높다.[65] 이들의 파견은 백제에 대한 군사지원과 밀접한 관련 속에서 파악

---

65) 『日本書紀』卷 第17 繼體 10년 秋九月
百濟遣州利卽次將軍 副物部連來 謝賜己汶之地 別貢五經博士漢高安茂 請代博士段楊爾 依請代之
『日本書紀』卷 第19 欽明 15年 2月
百濟遣下部杆率將軍三貴 上部奈率物部烏等 乞救兵 仍貢,德率東城子莫古 代前番奈率東城子言 五經博士王柳貴 代固德馬丁安 僧曇慧等九人 代僧道深等七人 別奉敕 貢易博士施德王道良 曆博士固德王保孫 醫博士奈率王有㥄陀 採藥師施德潘量豐 固德丁有陀 樂人施德三斤 季德己麻次 季德進奴 對德進陀 皆依請代之

되어야 할 것이다.

백제의 경우 近肖古王 때부터 博士 高興이 있었다는 기록을 통해[66] 일찍부터 博士制가 성립되었던 것을 알 수 있다. 또한, 聖王 19년 사신을 梁에 보내 毛詩博士, 涅槃等 經義, 工匠 畵師 등을 청하였다는 기록[67]을 통해서도 당시 南朝로부터 선진문물을 받아 국가제도를 정립하는데 심혈을 기울였던 흔적을 확인할 수 있다.

이처럼 야마토 정권의 경우도 일본열도 내의 통합과 질서를 확립하기 위해서는 당대에 풍미했던 선진 사상을 받아 들여 국가 기강을 확립하는 것이 긴요했을 것이다. 유교적 통치이념을 설파했던 博士의 경우는 帝王學을 통해 왕실과 밀착했을 가능성이 있으며[68] 이후 승려의 경우는 왕권강화에 역점을 두었을 가능성이 엿보인다. 따라서 이들은 단순히 선진문화 전달 이상의 의미를 함축하는 동북아 국정전반에 대한 정책자문사의 역할을 했을 것으로 추측된다. 이러한 역할이 백제로의 군원파견과 관련된 원인으로 작용했을 것으로 판단된다. 따라서 이들의 파견은 백제와 야마토 정권이 단순한 문물 전파가 아니라 동아시아 중국과 백제, 왜 여러 나라 사이에서 이루어진 국가 이념의 확산이라는 정치적 함의를 지니고 있었을 것으로 생각된다.

다만, 6세기의 경우 五經博士의 파견에 상응해서 이루어진 지원군의 규모가 欽明 15년 5월조에 보이는 수군 1,000명을 초과하지 못하고 있다는 점이다. 이 원인에 대해서 군원의 제공은 야마토 정권 자체가 중

---

66) 『三國史記』 卷 第24 百濟本紀 近肖古王
古記云 百濟開國已來 未有以文字記事 至是 得博士高興 始有書記

67) 『三國史記』 卷 第26 百濟本紀 聖王 19年
王遣使入梁朝貢 兼表請毛詩博士 涅槃等經義 幷工匠畵師等 從之

68) 『日本書紀』 應神紀에는 阿直伎와 王仁이 太子 菟道稚郎子의 스승으로 등장하고 있으며, 推古紀에서는 聖德太子에게 外典을 가르친 博士 覺哿가 보인다.

심이 되었던 것이 아니라 호족이 중심이 되었던 개별 호족단위의 군사 지원 시스템이었기 때문이라는 지적이 있으며,[69] 또한 백제의 의도가 군사 지원 규모와는 상관없이 가야제국이나 신라, 고구려에게 야마토 정권이 친백제적 입장으로 움직이고 있다는 점을 인지시키려고 했던 정치적 효과를 노렸다는 지적[70]이 있다.

왜의 파병과 관련하여 6세기의 경우 군사지원이 대규모로 이루어지지 못했던 것은 기본적으로 야마토 정권의 정세변화와 관련이 있는 것으로 보인다.

야마토 정권의 변화와 관련하여 6세기 초,중엽의 기간은 일본열도에 있어서 변혁기로 묘사될 수 있다. 특히 6세기 초 繼體는 王權交替의 중심에서 오랫동안 주목받아왔던 '繼體新王朝說'[71]과 연결될 수 있으며 繼體 이후의 혼란을 거쳐 欽明에 이르러 비로소 새로운 왕조가 성립되었음을 보여주는 기록도 보이고 있기 때문이다.[72]

이처럼 繼體, 欽明 교체기에 따른 일본열도의 혼란은 백제에 대한 군

---

69) 金鉉球(1985), 앞의 책, pp.52-53

70) 이재석, 앞의 논문, pp154-155

71) 林屋辰三郎의 大內亂期 문제제기(林屋辰三郎(1952),「継体・欽明朝內亂の史的分析」,『立命館文學』88)이래 崇神, 應神, 繼體의 왕조교체를 주장하는 설(水野祐(1952),『日本古代王朝史論序說』, 小宮書店)이 주장되고 이후 繼體보다 欽明 왕권을 중시하는 주장 등(山尾幸久(1977),『日本國家の形成』,岩波書店) 다양한 견해가 있으나 이들 모두 繼體王朝를 정치적인 격변기로 보고 있는 것에서는 동일하다.

72) 繼體의 사망년도에 대해서『古事記』에서는 527년에 43세로 죽었다고 전하고『日本書紀』에서는『百濟本記』에 따라 본문에 繼體 25년 辛亥(531년)에 82세로 죽었다고 하며 分註에서는 28년에 죽었다는 異說을 전하고 있다. 뿐만 아니라『日本書紀』본문은 安閑의 즉위를 甲寅(534년)으로 하고 있는데, 이는『日本書紀』繼體紀 혹본에 나오는 崩年을 甲寅(534년)이라고 하는 설에 입각한 것이어서 3년의 空位를 나타내고 있다. 또한 辛亥崩御年說을 기록한 본문에는 일본의 천황 및 태자, 황자 모두 죽었다고 기록되어 있어 欽明을 제외한 繼體, 安閑, 宣化가 죽어 정변이 예상되는 대목이 보인다.

사지원에 있어서 소극적일 수밖에 없었을 것이다. 따라서 6세기에 있어서 백제와 왜의 관계는 형식적으로는 4세기말~5세기말의 체제를 유지하고 있었지만, 실질적으로 일본열도의 상황으로 인해 대규모의 군원 파견이 이루어지지 못했던 것으로 추정된다.

5. 결론

지금까지 4~6세기 한반도 전쟁 중에 나타난 왜의 활동과 군사 파견의 의미를 파악하기 위해 『日本書紀』에 나타난 倭의 한반도 출병 기사와 백제에서 일본열도로 갔던 인적교류 기사를 살펴보았다.

그 결과 神功에 의한 삼한정벌을 포함하여 4~6세기에 이르는 200여 년 동안 이루어진 倭의 한반도 출병은 모두 백제가 수행하는 전쟁에 따르는 지원군의 형태였던 것을 알 수 있었다. 따라서 한반도에서 활동하는 倭人들의 경우 백제의 의도와 변화에 따라 종속되어 있을 가능성이 높아졌다.

이처럼 가야 패망 전까지 倭가 백제에 지원군으로 실제 한반도 전투에 출병했던 것은 총 4회이며, 반대로 백제에서는 倭가 군원을 보낼 때마다 五經博士의 파견이 이루어졌던 것을 알 수 있다.

당시 百濟로부터 五經博士의 파견을 통한 통치이념의 확산 및 국정 전반에 대한 정책자문의 강화는 단순히 百濟가 야마토 정권에 貴物 등의 선진문물이 전했던 것 이상으로 큰 정치적 의미를 함축하고 있다고 생각한다. 일본열도 내의 통합과 질서를 확립하기 위해 선진사상이 도입과 국가기강의 확립이 무엇보다 긴요했을 것이다.

이를 통해보면 4~6세기 동안 한일관계는 한반도 남부에서 영향력을 행사했던 百濟와 일본열도의 야마토 정권의 교류에 의해 실행되었던 것이다. 백제는 가야를 점유하여 낙동강 유역을 확보함으로써 일본열도와 교류하는 최단 거리의 나들목을 보유하고 있었으며 또 한편으로는 서해안을 통해서 중국 대륙의 南朝와 교류를 할 수 있는 지리적 이점을 갖고 있었다. 이로 인하여 4~6세기 당시 백제와 야마토 정권간 긴밀한 외교가 가능했던 것이고 이러한 상황 조건이 한반도 남부에서 백제가 주도권을 갖고 성장할 수 있는 배경이 되었던 것이다.

참고문헌

今西龍(1970),「加羅疆域考」『朝鮮古史の研究』, 國書刊行會

金善民(2000),「古代의 博士」『日本歷史研究』12

金泰植(1993),『加耶聯盟史』, 一潮閣

金鉉球(1985),『大和政權の對外關係研究』, 吉川弘文館

金鉉球(1993),『任那日本府研究』, 一潮閣

金鉉球(2000),「百濟의 加耶進出에 관한 一考察」『東洋史學研究』70

김현구(2002),「백제와 일본간의 왕실외교-5세기를 중심으로」『백제문화』31

金鉉球(2005),「6세기 한일관계-교류의 시스템을 중심으로」,『한일역사공동연구보고서』1

김현구(2009),「5세기 한반도 남부에서 활약한 倭의 實體」『日本歷史研究』 29

김현구, 박현숙, 우재병, 이재석(2003),『일본서기 한국관계기사 연구』Ⅰ, 일지사

羅幸柱(1996),「古代朝日關係における質の意味」『史觀』134

羅幸柱(2006),「왜왕권과 백제,신라의 質」,『日本歷史研究』24

末松保和(1956),『任那興亡史』, 吉川弘文館

박현숙(2006),「6세기 백제와 일본의 문물 교류와 그 배경」『민족문화연구』45

山尾幸久(1977),『日本國家の形成』,岩波書店

三品彰英(1962),『日本書紀朝鮮關係記事考證』上, 吉川弘文館

三品彰英(1972),『日鮮神話傳說の研究』, 平凡社

三品彰英(1975),「上代における吉備氏の朝鮮經營」『朝鮮學報3』6

徐甫京(2004),「『日本書紀』한반도 관계 기사 검토」, 고려대학교 박사학

위논문
水野祐(1952), 『日本古代王朝史論序說』, 小宮書店
연민수(1998), 「백제의 대왜외교와 왕족」 『고대한일관계사』
이재석(2005), 「6세기 야마토정권의 대한정책」 『임나문제와 한일관계』(한일관계사연구논집3), 경인문화사
林屋辰三郎(1952), 「継体·欽明朝內亂の史的分析」, 『立命館文學』88
田中俊明(1992), 『大加耶連盟の興亡と'任那'』, 吉川弘文館
井上光貞(1965), 「帝紀からまた葛城氏」 『日本古代國家の研究』, 岩波書店
池內宏(1972), 『日本上代史の一研究』, 中央公論美術出版
津田左右吉(1924), 『古事記及日本書紀の研究』, 岩波書店
千寬宇(1991) 「復元加耶史」 『加耶史研究』, 一潮閣
坂元義種(1978), 『古代東アジアの日本と朝鮮』, 吉川弘文館
洪性和(2009), 「石上神宮 七支刀에 대한 一考察」 『韓日關係史研究』34
洪性和(2009), 「『日本書紀』 應神紀 東韓之地에 대한 고찰」 『日本歷史研究』30
洪性和(2010), 「廣開土王碑文을 통한 『日本書紀』 神功, 應神紀의 분석」 『日本研究』13

제3장 왜구와 왜구금지(禁寇) 외교, 고려·조선의 평화를 위한 노력

김보한*

1. 서론

세계 역사의 긴 여정에서 국가 간에는 전쟁보다 평화의 시기가 훨씬 더 길었다. 그러나 우리의 뇌리에는 전쟁, 침략, 약탈 등의 사건이 더 강하게 남아 있다. 19세기 독일인 클라우제비츠(C. V. Clausewitz)가 역작 『전쟁론(Vom Kriege)』에서 자신의 의지를 실현하기 위해 적에게 굴복을 강요하는 폭력행위가 전쟁이라고 정의한 바 있다.[1)]

한편 동아시아 세계의 동단에 위치한 일본열도는 바다의 삶과 밀접하게 연관되어 있었다. 특히 바다에서 해적, 왜구, 침입, 약탈, 내란 등의 격한 용어들은 일본열도 왜인들의 삶 속에서는 결코 생소하지 않다. 물론 해적과 왜구에 의한 약탈은 폭력행위임에 분명하지만 적을 굴복시키기 위한 전쟁 행위와는 거리가 멀다. 따라서 해적과 왜구의 약탈 행위는 전쟁과 구분할 필요가 있다.[2)] 그렇지만 장기간에 걸쳐 해적과 왜

---

* 단국대학교 교양기초교육원 교수, 일본중세 / 중세한일관계 전공
이 글은 「고려·조선의 대(對)일본 외교와 왜구」 『한일관계사연구』47, 2014.04를 수정 · 보완한 글이다.

1) 김만수 역(1994), 칼 폰 클라우제비츠(Carl von Clausewitz), 『전쟁론』, 도서출판갈무리, p.46 참조.
2) 이영은 저서 『잊혀진 전쟁, 왜구』에서 왜구를 전쟁으로 규정하고 있지만, 왜구의

구에게 당해야 했던 약탈의 피해는 한 국가와 그 사회를 전쟁 이상의 충격과 혼란에 빠뜨릴 수도 있었다.

13세기 이후 동아시아 세계는 왜구에 의한 대규모 침략과 약탈을 기억하고 있다. 약탈의 기억은 고려에서 시작되었다고 할 수 있다. 그리고 고려 조정은 왜구의 침탈을 막기 위해 일본에 수십 차례에 걸쳐 왜구금지(禁寇) 사신을 파견하였다. 본래 외교란 평화적으로 자국의 안전을 도모하고 타국에 대한 영향력을 제고시키는 범국가적 행위를 말한다. 그러나 13세기 왜구금지를 위한 고려의 외교는 기대만큼의 뚜렷한 성과를 거두지 못하였고, 이후 약 2세기에 걸쳐 왜구금지 외교가 지루하게 이어졌다.

한편, 기존 연구에서 고려와 조선에서 전개한 대일본 왜구금지 외교 연구는 1950년대 이후 왜구 침략사 연구의 일환으로 진행되었다.[3] 다시 말해 기존의 연구는 한국사 혹은 한일관계사의 위치에서 왜구 중심

침탈에 대한 고려와 조선의 대응을 근현대적 의미의 전쟁으로 규정하는 것은 무리가 있다고 생각한다(이영(2007), 『잊혀진 전쟁, 왜구』, 한국방송통신대학교 출판부).

3) 신기석(1957), 「高麗末期의 對日關係-麗末倭寇에 關한 硏究」 『社會科學』1 ; 신석호(1959), 「여말선초의 왜구와 그 대책」 『國史上의 諸問題』3 ; 이은규(1974), 「15世紀初 韓日交涉史 硏究-對馬島征伐을 中心으로」 『湖西史學』3 ; 손홍렬(1975), 「高麗末期의 倭寇」 『사학지』9 ; 이현종(1977), 「高麗와 日本과의 關係」 『동양학』7 ; 한용근(1980) 「高麗 末 倭寇에 관한 小考」 『慶熙史學』6 · 7 · 8 ; 나종우(1980), 「高麗 末期의 麗 · 日 關係-倭寇를 中心으로」 『전북사학』4 ; 나종우(1996), 『韓國中世對日交涉史硏究』, 원광대학교 출판국 ; 나종우(1994), 「朝鮮前期 韓 · 日關係의 性格硏究」 『동양학』24 ; 이현종(1984), 「朝鮮前期의 日本關係」 『동양학』4 ; 한문종(1997), 「朝鮮初期의 倭寇對策과 對馬島征伐」 『전북사학』19 · 20 ; 한문종(2005), 「조선전기 倭人統制策과 통교 위반자의 처리」 『왜구 · 위사문제와 한일 관계』(한일관계사연구논집4), 경인문화사 ; 한문종(2000), 「조선전기 對馬 早田氏의 對朝鮮通交」 『한일관계사연구』12 ; 이영(1996), 「高麗末期 倭寇構成員에 관한 考察」 『한일관계사연구』5 ; 졸고(1999), 「一揆와 倭寇-」 『일본역사연구』10 ; 졸고(2001, 「少貳冬資와 倭寇의 일고찰」 『일본역사연구』13.

으로 연구가 진행되었기 때문에, 순수하게 외교 논지만을 다룬 연구가 아니었다. 따라서 본 연구는 고려 말과 조선 초 두 시대를 하나로 엮어 외교사 중심으로 연구했다는 점과 왜구금지 외교라는 한 가지 테마로 두 시기를 비교 분석했다는 점에서 기존 연구와는 차별성을 갖는다. 그러나 본 연구가 자료의 한계 때문에 선행연구의 연구 범위에서 크게 벗어나지 못한다는 점을 부인할 수는 없다.

다만 본 연구에서는 지금까지 미비했던 점은 왜구금지 사신에 관한 고려와 조선의 통시적 연구로 보완한다는 점에서 그 성과를 기대하고 싶다. 아울러 고려와 조선이라는 각기 다른 두 국가체제의 대일본 외교를 비교 연구했다는 측면에서도 새로운 시도가 될 것으로 생각한다.

2. '가마쿠라기 왜구'의 고려 출현과 왜구금지(禁寇) 외교의 시작

(1) 일본 해적의 '가마쿠라기 왜구' 전환의 시대적 상황

헤이안 시대 일본 해적이 세토내해에서 항해하는 선박을 약탈하며 활동했다는 기록이 『今昔物語集』에 등장한다.[4] 이 시기 일본해적들의 약탈 행위는 9세기부터 10세기에 걸쳐서 중앙의 지배력이 이완되고 유력자들의 세력 싸움의 일환으로서 해적 행위가 발생하거나, 또는 지방의 고쿠시(國司)와 군지(郡司)의 대립에서 군사력이 해적행위로 이용되는 일이 발생하였다.[5] 따라서 일본해적은 고대 말기의 정치적·사회적 불안 상황에서 주로 자신들의 해상 근거지를 중심으로 활동하는 것이

4) 일본사에서 처음 해적의 약탈이 보이는 문헌은 헤이안 시대에 편찬한 『今昔物語集』이다(『今昔物語集』 第24 第19, 「播磨國陰陽師智徳法師語」).

5) 金谷匡人(1998), 『海賊たちの中世』, 吉川弘文館, p.33.

일반적이었다.

1185년(文治 원년) 가마쿠라 막부가 성립한 이후에도 일본 내에서의 해적 행위가 사라지지 않았다. 가마쿠라 시대에 상업유통의 발달과 헤이안 이래 지속되는 열악한 생활환경, 그리고 자력구제의 사회적 현상이 가속화되면서 약탈은 더욱 활성화되어 갔다. 따라서 가마쿠라 시대에도 과거에 유행했던 선박 탈취, 선박에 실린 공물 약탈, 선원 살해 등과 같은 해적의 만행이 사라지지 않았다.[6] 오히려 이들의 활동 근거지가 세토내해뿐만 아니라 규슈 주변 해역으로 확대되어 한층 활발해지는 경향이었다. 그리고 해적들의 활동성과 역동성은 안정기에 접어든 가마쿠라 무가정권에게 정치적·사회적 골칫거리로 등장하였다. 따라서 막부는 해적들을 제어하기 위해서 새로운 법제적 장치를 만들어야만 했다.[7]

가마쿠라 막부는 정치적 기틀을 다지고 사회적 안정을 도모하기 위해 무가법을 제정하기에 이른다. 1232년(貞永 원년) 무가의 제법도를 성문화한 「어성패식목(御成敗式目)」의 제정이 그것이다. 먼저, 법령에서 해적금지와 관련된 두 개의 조항이 주목된다. 「어성패식목」의 세 번째 조항에는 국에 임명된 슈고(守護) 임무에 대해서 해적 행위를 대번최촉(大番催促)·모반·살해 등의 대범삼개조(大犯三箇條)와 같이 처벌하도록 하고 있다.[8] 또 열한 번째 조항에서는 해적 행위에 가담한 자는 모반자·살인자와 함께 소령 몰수라는 중죄로 처벌하도록 규정하고 있다.[9]

---

6) 졸고(2009), 「해적과 약탈경제」『동북아문화연구』20, p.539.
7) 졸고(2004), 「東아시아 經濟 圈域에 있어서 약탈의 주역, 海賊과 倭寇」『中國史硏究』29, p.156 참조.
8) 『中世法制史料集』「御成敗式目」3조, 貞永 원년(1232) 8월, 「諸國守護人奉行事」, "右右大將家御時所被定置者大番催促·謀叛·殺害人　付夜討·强盜·山賊·海賊等事也而…".
9) 『中世法制史料集』「御成敗式目」11조, 貞永 원년(1232) 8월, 「依夫罪過妻女所領

이렇게 해적행위가 모반·살인처럼 엄하게 규제되었음에도 해적행위가 세토 내해에서 좀처럼 사라지지 않았다. 막부는 「어성패식목」을 제정한 이후에도 무가의 전국 지배를 강화할 목적으로 「추가법」을 공포하는데, 이 「추가법」에서도 해적금지를 강조한 흔적이 있다. 예를 들어, 1244년(寬元 2) 공포한 「추가법」에서는 해적에 대해 그 지역의 지토(地頭)가 선박을 동원해서 직접 체포하도록 명령하고 있다.[10] 그리고 이후에도 가마쿠라 막부는 여러 차례 해적금지의 「추가법」이 공포하였고,[11] 심지어는 무로마치 막부의 성립 이후에도 해적금지에 관한 「추가법」의 제정은 계속되었다.[12] 이렇게 가마쿠라·무로마치 시대 해적금지 법령의 공포는 헤이안 시대 이후 일본열도에서 해적들의 약탈 활동이 심화되고 있었음을 방증하는 근거가 될 것이다.

한편, 일본열도에서 해적 활동이 일상적으로 전개되는 상황에서 1199년 가마쿠라 막부를 세운 미나모토노 요리토모(源頼朝)가 낙마 사고로 숨을 거두었다. 혼란한 정국 속에서 무가정권에 대항해서 권력 회복을 꿈꾸던 공가(公家)권력의 수장 고토바상황(後鳥羽上皇)이 전국의 무사에게 막부 토벌 명령을 내렸다. 이것이 일본열도를 정치혼란의 소용돌이로 빠트리는 조큐(承久)의 난(1221)이다.

被沒收否事」, "右於謀叛殺害并山賊海賊夜討强盜等重科者可懸夫咎也…".

10) 『中世法制史料集』「追加法」227조, 寬元 2년(1244) 10월 20일, 「可搦山賊海賊事」, "…被下關東御教書畢, 就中海賊事, 仰國中地頭等, 令用意船, 可召取也…".

11) 『中世法制史料集』「追加法」252조, 寬元 4년(1246) 12월 7일, 「可仰諸國守護地頭等, 令禁斷海陸盜賊, 山賊, 海賊夜討, 强盜類事」; 「追加法」282조, 建長 5년(1253) 10월 1일, 「重犯山賊海賊夜討强盜輩事」; 「追加法」320조, 正嘉 2년(1258) 9월 21일; 「追加法」368조, 弘長 원년(1261) 12월 30일, 「可仰諸國守護地頭等, 令禁斷海賊次山賊等事」; 「追加法」531조, 弘安 7년(1284) 5월 27일, 「夜討奸盜山賊海賊殺害罪科事」; 「追加法」705조, 乾元 2년(1303) 6월 12일, 「夜討强盜山賊海賊等事」.

12) 「追加法」19조, 貞和 2년(1346), 「山賊海賊事」, 「追加法」30조, 貞和 2년(1346) 12월 13일, 「山賊海賊事」.

이 난은 불과 한 달 만에 미나모토 장군가를 계승해서 무가권력을 장악하고 있던 호죠씨(北條氏)의 승리로 막을 내렸다. 전란이 단기간에 끝났음에도 공가를 지지했던 서국의 무사들은 자신의 소령을 몰수당하고 정치적·경제적 기득권을 포기해야 하는 상황으로 내몰렸다. 중앙 지배권력의 정쟁 속에서 큰 혼란을 맞닥뜨린 무사들은 새로운 생존 방법을 찾아 내해에서 '해상 무사단'을 이끌고 해적 행위를 계속하였기 때문에, 이를 저지하기 위해 막부는 추가법령에서 지속적으로 해적금지 조항을 포함시킬 수밖에 없었다.[13]

이렇게 일본열도에서 무가정권과 공가정권의 대결은 정치적 혼란과 해적세력의 약탈을 조장하는 결과를 낳았다. 그리고 일본열도를 벗어나 바다건너 전개되는 일본해적의 침탈 때문에 고려는 새로운 시련을 경험하게 되었다. 일본해적에 의한 고려 연안 침탈 사건이 그것이다. 일본열도의 모든 해적세력이 고려 침탈에 가담한 것은 아니었다 하더라도 적어도 일부 일본해적이 고려 약탈을 주도했다고 보는 것은 무리가 없다. 이들이 고려를 대상으로 약탈을 전개하는 '가마쿠라기 왜구'인 것이다. 물론 아직 왜구가 규모와 빈도 면에서 고려 존립에 크게 위협이 되는 정도가 아니었지만, 적어도 고려에서 적지 않은 정치적 ·사회적 파랑을 일으켰던 것만은 분명하였다.

(2) '가마쿠라기 왜구'와 고려의 왜구금지(禁寇) 외교

13세기 일본 해적이 열도를 벗어나 동아시아 바다로 뻗어나가는 것을 입증해 주는 일본자료가 등장한다. 〈표 1〉에서와 같이, 처음 나타나는

13) 졸고(2004), 「東아시아 經濟 圈域에 있어서 약탈의 주역, 海賊과 倭寇」, p.158 참조.

기록이 『명월기(明月記)』인데 1226년(嘉祿 2) 친제이(鎭西의) 흉당(松浦黨이라 부름)이 수십 척의 병선으로 (고려) 별도(別島)의 민가를 습격하고 재물을 약탈하였다고 되어 있다.[14] 또 1227년(安貞 원년) 『오처경(吾妻鏡)』에도 그 전년에 발생한 대마도인의 약탈을 기록하고 있다.[15]

이울러 일본에 파견된 왜구금지 고려 사신에 관한 첫 기록도 일본 측 자료에서 찾을 수 있다. 1227년(安貞 원년) 『백련초(百錬抄)』의 기록에 따르면, 다자이쇼니(大宰少貳)가 고려 사신 앞에서 고려 약탈에 참여한 대마도의 '악당' 90인을 엄벌로 참수하고 있다.[16] 따라서 이 『백련초』 기록을 통해 1227년 '가마쿠라기 왜구' 금지를 목적으로 고려 사신이 처음 파견되었음을 알 수 있다. 또한 다자이쇼니가 고려 사신 앞에서 악당 90인의 참수라는 단호한 행동을 보였다는 점에서, 어느 정도는 고려의 왜구금지 외교가 목표를 달성했다고 보아도 무리가 없다.

그렇다고 첫 왜구금지 고려사신의 파견으로 왜구가 즉시 사라진 것은 아니었다. 이 시기에 왜구의 구성원은 대마도 지역의 악당 세력만이 아니었기 때문이다. 『오처경』에는 1232년(貞永 원년) 히카시마쓰우라군(東松浦郡)의 가라쓰(唐津)에 있는 가카미샤(鏡社)의 주인(住人)들이 고려에 건너가 다수의 진보(珍寶)를 약탈하였다고 기록하고 있다.[17] 이 사건은 1226년 『명월기』의 왜구는 '친제이(鎭西의) 흉당(松浦黨이라 부

---

14) 『明月記』 嘉祿 2년(1226) 10월 17일조, "高麗合戰一定云々 鎭西凶黨等(號松浦黨) 構數十艘兵船 行彼國之別嶋合戰 滅亡民家 掠取資財…".

15) 『吾妻鏡』 安貞 원년(1227) 5월 14일조, "彼告金海府 對馬人等舊所住依之處 奈何於丙戌六月 乘其夜寐 入自城竊奪掠正屋訖 比之已甚"

16) 『百錬抄』 安貞 원년(1227) 7월 21일조. "去年大馬國惡徒等向高麗國全羅州 侵取入物. 侵陵住民事. 可報由緒之由牒送. 大宰少貳資頼不經上奏. 於高麗國使前浦惡徒九十人斬首. 偸送返牒云々. 我朝之恥也. 牒狀無禮云々".

17) 『吾妻鏡』 貞永 원년(1232) 윤9월 17일조, "十七日 甲子 鏡社住人渡高麗 企夜討盜取數多珍寶 歸朝之間…"

름)'과 같은 마쓰우라 지역 해적세력에 의한 침탈이었다. 이것들을 종합해 보면, 13세기 왜구는 대마도의 악당과 마쓰우라 지역의 해적세력에 의한 침탈로부터 시작되었다고 볼 수 있다.

〈표 1〉 일본 사료의 왜구 출전 자료와 빈도수, 사신 파견

서기(연호)	출전, 침입 회수	사신 파견
1226(嘉祿 2)	『明月記』, 1건	
1227(安貞 1)	『吾妻鏡』, 1건 『百錬抄』, 1건	고려의 사신 파견
1232(貞永 1)	『吾妻鏡』, 1건	
연도 미상, 1264(弘長 4) 추정	『青方文書』, 1건[18]	

한편 일본 악당과 해적세력에 의한 고려 침탈을 기록한 일본사료 보다 앞선 시기에 『고려사』에서도 왜구 관련 기사가 등장한다. 『고려사』의 기록에 따르면, 〈표 2〉에서와 같이 1223년(고종 10) 왜구는 금주(金州) 침탈로부터 시작되었다.[19] 이후 1225년(고종 12)에는 왜선 두 척이 경상도 연해의 주현에 침입하였고,[20] 다음 해에도 경상도 연해의 주군을 침입하고 있다.[21] 또 1227년(고종 14)에는 금주와 웅신현에 두 차례에 걸쳐 거듭 출현하였다.[22] 이처럼 『고려사』에서 설명하는 가마쿠라기 왜구의 침탈 기록은 일본 사료인 『명월기』, 『백련초』, 『오처경』의 기록과 거의 시기가 일치한다. 따라서 일본 사료와 『고려사』의 공통점은

18) 『青方文書』 1-78(연도 불명, 1264년 문서로 추정), "高麗國牒使帶牒狀 去年九月之比令到着之間 披見彼狀之處 去年二月廿三日日本國船壹艘 無故 襲渡彼國年貢米百二十三石·細布四十三反令搜取之 賊徒可被…".
19) 『고려사』 세가 권22, 고종 10년(1223) 5월조.
20) 『고려사』 세가 권22, 고종 12년(1225) 4월조.
21) 『고려사』 세가 권22, 고종 13년(1226) 정월조.
22) 『고려사』 세가 권22, 고종 14년(1227) 4·5월조.

일본 정국의 혼란을 일으킨 '조큐(承久)의 난' 직후의 사건을 기록하고 있다는 점이다.

〈표 2〉 한국 사료의 왜구 출전 자료와 빈도수, 사신 파견

서기(연호)	출전, 침입 회수	사신 파견
1223(고종 10)	『고려사』, 1건	
1225(고종 12)	『고려사』, 1건	
1226(고종 13)	『고려사』, 2건	
1227(고종 14)	『고려사』, 2건	
1263(원종 4)	『고려사』, 1건	고려의 사신 파견
1265(원종 6)	『고려사』, 1건	
1280(충렬왕 6)	『고려사』, 1건	
1290(충렬왕 16)	『고려사』, 1건	
1323(충숙왕 10)	『고려사』, 2건	

이후 가마쿠라기 왜구가 완전히 사라진 것이 아니었으므로, 이에 대응한 고려의 왜구금지 외교는 계속되었다. 1227년(安貞 원년) 다자이쇼니에 의해 대마도 악당 90명이 참수 당한 이후, 『고려사』에서는 마치 왜구가 사라진 것처럼 40여 년 동안 왜구의 침탈 기록이 전혀 없다. 그러나 긴 소강상태를 깨고 1263년(원종 4) 가마쿠라기 왜구의 침탈이 다시 시작되었으므로, 이에 고려 조정이 다자이후에 다시 왜구금지 사신을 파견하기에 이른다. 『고려사』에 따르면 1263년(원종 4년) 2월 왜구가 금주 관내의 웅신현 물도(勿島)에 침입하여 공선(貢船)을 약탈하고 있다.[23] 같은 해 4월 고려에서 홍저(洪泞)와 곽왕부(郭王府)를 왜구금지 사신으로 파견하여 "금년에 들어 2월 22일 귀국의 배 1척이 이유 없

23) 『고려사』 세가 권25, 원종 4년(1263) 2월조, "癸酉, 倭, 寇金州管內熊神縣勿島, 掠諸州縣貢船".

이 우리 국경 내 웅신현 물도에 침입하여 이 섬에 정박 중인 우리나라(고려) 공선(貢船)에 실려 있는 쌀 120석과 주포(紬布) 43필을 약탈하여 갔다"고 항의하였다.[24] 그리고 같은 해 8월 고려 사신은 다자이후(大宰府)의 무토 스케요리(武藤資頼)로부터 왜구금지에 적극 협조하겠다는 말을 듣고 돌아와 "해적을 끝까지 추궁해 보니 대마도의 왜인이고, 이들에게서 쌀 20석·마맥(馬麥) 30석·우피(牛皮) 70장을 징발해 왔다"고 고려 원종에게 보고하였다.[25]

그런데 『청방문서(靑方文書)』에는 1263년 일본에 보낸 고려 첩장과 그 내용이 일치하는 문서가 있다. 그 문서는 "고려국 첩사(牒使)가 첩장을 가지고 작년 9월경에 도착하였기 때문에 이 첩장을 살펴본 바, 작년 2월 23일 일본국의 배 한 척이 까닭 없이 고려에 건너가 습격하였다. 연공미(年貢米) 123석·세포(細布) 43필을 되찾고, 적도(賊徒)들을…(이하 절손)"이라고 기록하고 있다.[26] 그런데 40여 년 만에 다시 등장한 단 한

---

24) 『고려사』 세가 권25, 원종 4년(1263) 4월조, "遣大官署丞洪泞·詹事府錄事郭王府等, 如日本國, 請禁賊, 牒曰, …(중략)… 越今年二月二十二日, 貴國船一艘, 無故來入我境內熊神縣界勿島, 略其島所泊, 我國貢船所載, 多般穀米幷一百二十石·紬布幷四十三匹,…".
1264년(弘長 4)의 기록으로 추정되는 일본 측 기록에는 연공미(年貢米) 123석·세포(細布) 43필로 기록하고 있다. 일본 측 기록에서 '세포(細布)'는 '주포(紬布)'의 오류이다(『靑方文書』 1-78, "高麗國牒使帶牒狀 去年九月之比令到着之間 披見彼狀之處 去年二月卄三日日本國船壹艘 無故 襲渡彼國 年貢米百二十三石·細布四十三反令捜取之 賊徒可被 …(以下缺)" : 졸고, 「一揆와 倭寇」, 54-55쪽 참조).

25) 『고려사』 세가 권25, 원종 4년(1263) 8월조, "戊申朔, 洪泞·郭王府等, 自日本還, 奏曰, 窮推海賊, 乃對馬島倭也, 徵米二十石·馬麥三十石·牛皮七十領而來".

26) 『靑方文書』 1-78, "高麗國牒使帶牒狀 去年九月之比令到着之間 披見彼狀之處 去年二月卄三日日本國船壹艘 無故 襲渡彼國 年貢米百二十三石·細布四十三反令捜取之 賊徒可被 …(以下缺)" (이 문서는 끝 부분이 절손되어 작성연도를 알 수 없는 문서이다). 『고려사』에서는 '주포(紬布)'로 되어 있으나, 『청방문서』에서는 '세포(細布)'로 되어 있다. 이 '세포(細布)'는 문서를 활자화하는 과정에서

차례의 왜구 약탈에 대해 왜 고려가 첩장을 보내 거세게 항의하였을까. 이것은 고려 공선에 실려있던 쌀 120석과 주포 43필의 실제 가치가 상당히 컸다는 점에 그 이유를 찾을 수 있다. 1263년에 약탈한 쌀 120석과 주포 43필의 가치는 쌀 120석과 쌀 1,290여 석으로 모두 쌀 1,410여석으로 환산된다. 그리고 실제로는 훨씬 더 높은 가치였을 것으로 짐작할 수 있다.[27] 그러나 무토 스케요리로부터 징발해 받아온 쌀 20석·마맥 30석·우피 70장은 약탈당한 품목과는 비교조차 할 수 없는 형식적인 답례품에 지나지 않았다. 이처럼 고려와 가마쿠라 막부는 왜구의 약탈에 대해 왜구금지 외교를 통해 순리대로 해결하려고 노력하였다고 할 수 있다. 이후 1280년(충렬왕 6), 1290년(충렬왕 16), 1323년(충숙왕 10)에도 왜구의 침탈이 있었지만, 고려가 사신을 파견했다는 기록은 찾을 수가 없다. 가마쿠라 막부의 멸망 때까지 몽골에 의한 일본 초유의 사신만이 파견되었을 뿐이고, 고려가 가마쿠라 막부를 대상으로 실시한 왜구금지 외교를 더 이상 시도하지 않는다.

이처럼 고려가 일본에 파견한 왜구금지 사신은 두 차례에 불과하였다. 그러나 고려의 왜구금지 외교는 일본의 다자이후로부터 매우 우호적인 접대를 받았으며 또한 어느 정도의 성과를 이끌어 냈다고 평가할 수 있다. 이후 무로마치 막부 시기에 더욱 잦은 왜구의 등장으로 인해 고려의 왜구금지 외교는 더욱 활발히 전개되었다. 다음 장에서 고려의 왜구금지 외교가 무로마치 막부를 상대로 어떻게 전개되었는지 살펴보도록 하겠다.

생긴 오류인 듯하다.

27) 졸고(2004), 「해적과 약탈경제」, p.543 참조(당시 주포의 가치를 정확히 알 수가 없다. 다만, 주포 1필 = 백승포 1필의 가치로 놓고, 쌀 약 30여석으로 환산해 계산했을 때, 1263년 공선의 쌀 120석과 주포 43필의 가치는 쌀 120석과 쌀 1,290여 석이므로, 총 쌀 1,410여석으로 환산된다).

3. 고려 말 '무로마치기 왜구'의 창궐과 왜구금지 외교

가마쿠라 막부를 무너뜨리는데 공을 세운 아시카가 다카우지(足利尊氏)는 고다이고천황(後醍醐天皇)의 겐무정권(建武政權)에 반기를 들고 거병하였다. 1336년(建武 3) 일시적으로 규슈에 피신했던 다카우지는 세력을 재정비하여 교토로 다시 진입한 다음 겐무정권을 무너뜨리고 고묘(光明)천황을 세웠다. 곧바로 다카우지는 겐무 식목(建武式目)을 제정하여 교토에서 새로운 무가정권인 무로마치 막부를 세웠다. 이 때 고다이고천황은 남쪽의 요시노(吉野)로 피신하여 달아났고, 약 60여 년간 요시노의 남조와 교토의 북조가 대결하는 남북조 내란기가 시작되었다.

남북조내란은 재지무사 세력으로부터 폭넓은 지지를 받는 북조(막부)에 의해 쉽게 종식될 것 같았지만 막부의 내홍으로 장기간 계속되었다. 특히 다카우지와 동생 다다요시(直義)의 대립이 표면화되면서 복잡한 삼파전(남조, 다카우지, 다다요시)의 양상이 전개되었는데, 이것이 1350년(觀應 원년)에 발발한 간노죠란(觀應擾亂)이다.

남북조내란의 장기화로 일본열도가 혼란스러웠고, 특히 간노죠란의 여파로 어느 때보다 규슈가 극도의 혼돈 속으로 빠져들었다. 1350년 이후 고려에 급격히 왜구 출몰이 잦아졌는데, 이것을 『고려사』에서는 '경인년(1350년) 이후 왜구'라고 기록하였다. 고려는 '무로마치기 왜구'의 극성 때문에 막부에 왜구금지 사신을 자주 파견하였는데, 이러한 고려의 외교적 노력은 『고려사』와 『선린국보기(善隣國寶記)』에서 찾아볼 수가 있다.

〈표 3〉과 같이 1360년대 고려와 무로마치 막부 사이에 사신이 왕래하는 횟수를 통해 고려가 얼마나 왜구금지에 고심하였는지를 엿볼 수 있다. 가마쿠라 시대와 마찬가지로 1360년대 고려 사신이 왜구금지를

목적으로 무로마치 막부에 파견되었다. 우선 1366년(공민왕 15) 고려는 사신으로 김용(金龍)을 파견하였다.[28] 『선린국보기』 1367년(貞治 6) 2월조 기사를 통해 고려 첩장의 내용을 유추할 수 있는데, 일본 해적이 합포(合浦) 등의 관청을 불사르고 백성을 살해하여 10여 년 동안 선박이 왕래하지 못했다는 내용이 있다.[29] 그리고 막부의 쇼군이 고려에 회답사를 보냈다고 했지만, 『선린국보기』에서는 쇼군의 답신 내용이 전하지 않는다. 반면에 『고려사』에는 김용이 정이대장군(=쇼군)으로부터 왜구금지의 약속을 받아 귀국한 것으로만 간략하게 소개하고 있다.[30]

〈표 3〉 1360년대 고려와 무로마치 막부의 왜구금지 사신 왕래

시기	고려 사신	일본 사신	사료 출전
1366년(공민왕 15)?월	金龍		고려사
1367년(貞治 6)2월	(金龍)		선린국보기
1366년(공민왕 15)11월	金逸		고려사
1367년(貞治 6)2월	金一(=金逸)		선린국보기
1367년(貞治 6) 6월		미상	선린국보기, (사수기)
1368년(공민왕 17)1월		僧 梵盪, 梵鏐	고려사
1368년(공민왕 17)7월		미상	고려사
1368년(공민왕 17) 윤7월	李夏生		고려사
1368년(공민왕 17)11월		미상	고려사

또 고려는 1366년(공민왕 15) 11월에 다시 김일(金逸)을 파견하여 왜구금지를 요구하였다.[31] 이 첩장의 내용은 구체적으로 알 수가 없고,

28) 『고려사』 권133 열전 제46, 신우 3년(1377) 6월조.

29) 『善隣國寶記』 貞治 6년(1367) 丁未條 ; "(上略) … 通書 其略曰 海賊多數 出自貴國地 來侵本省合浦等 燒官廨 擾百姓 甚至于殺害 于今十有余歲 海船不通 边民不得寧處云 … (中略) … 六月廿六日 將軍家 以高麗回書 授使者".

30) 『고려사』 권133 열전 제46, 신우 3년(1377) 6월조. "丙午年間 差萬戶金龍等 報事意 卽蒙征夷大將軍禁約 稍得寧息 …(後略)".

다만 『선린국보기』와 『사수기』에서 김일이 막부로부터 성대하게 대접받았다는 사실만을 확인할 수 있다.[32] 또 『고려사』의 기사를 통해 1368년(공민왕 17) 1월 막부에서 승려 범탕(梵盪)와 범유(梵鏐)을 보내왔다는 사실을 확인할 수 있다.[33]

한편으로는 고려와 대마도 사이에도 왜구금지를 목적으로 사신이 왕래하였는데, 1368년(공민왕 17) 7월 대마도에서 사신을 보내왔고, 그 답례로 고려는 이하생(李夏生)을 대마도에 파견하였다.[34] 또 같은 해 11월에 대마도의 송종경(崇宗慶)이 고려에 사신을 보내 왔다.[35] 이처럼 고려와 막부, 고려와 대마도가 왜구금지를 위해 사신을 주고받으며 상호 호의적인 입장에서 왜구금지 사신이 왕래하였다.

만일 막부와 대마도가 고려의 왜구 출몰 문제를 일본과 관련이 없는 것으로 인식했다면 고려가 외교적으로 결례를 범한 것이 될 것이므로 고려 사신에게 매우 냉담한 태도를 보였을 것이다. 그러나 사료들을 보면 일본이 고려 사신에게 상당히 호의적이었다는 증거들이 많다. 따라서 고려 사신에 대한 막부와 대마도의 우호적 태도는 '무로마치기 왜구'가 일본인 혹은 일본 해적과 악당으로 인식하고 있음을 보여주는 결정

---

31) 『고려사』 권41 세가 제41, 恭愍王 15년(1366) 11월조 "壬辰 遣檢校中郎將金逸如日本 請禁海賊" ; 『善隣國寶記』 貞治 6년(1367) 정미조, "同卄七日 重中請 大夫前典義 令相金一來朝".

32) 『善隣國寶記』 貞治 6년(1367) 4월 18일조 ; 『師守記』 貞治 6년(1367) 4월 18일조 ; 5월 19일조.

33) 『고려사』 권41 세가 제41, 恭愍王 17년(1368) 1월조, "戊子 日本國 遣僧梵盪梵鏐偕金逸來 報聘".

34) 『고려사』 권41 세가 제41, 恭愍王 17년(1368) 7월조, "秋七月 乙亥 日本遣使來聘 己卯 對馬島萬戶遣使 來獻土物 ···(中略)··· 閏月 以旱放影殿役徒 遣講究使 李夏生于對馬島".

35) 『고려사』 권41 세가 제41, 恭愍王 17년(1368) 11월조, "十一月 丙午 對馬島萬戶崇宗慶 遣使來朝 賜宗慶米一千石".

적 증거들이다. 그러나 일본의 정치권력 내부에서 어떠한 왜구금지 노력이 있었는지를 자료의 한계로 파악하는 것이 쉽지 않다. 다만 『고려사』의 기록을 통해 왜구 침입 횟수가 점차 줄어들고 있는 것을 확인할 수가 있을 따름이다.[36]

〈표 4〉 1370년대 고려와 무로마치 막부의 왜구금지 사신 왕래

시기	고려 사신	일본 사신	사료 출전
1375년(우왕 원년) 2월	羅興儒		고려사
1376년(우왕 2)10월	羅興儒 재 귀국		고려사
1376년(우왕 2)10월		僧 良柔	고려사
1377년(우왕 3)6월	安吉祥		고려사
1377년(우왕 3)8월		僧 信弘	고려사
1377년(우왕 3)9월	鄭夢周		고려사
1378년(우왕 4)6월		僧 信弘	고려사
1378년(우왕 4)7월	鄭夢周 귀국	周孟仁	고려사
1378년(우왕 4)10월	李子庸, 韓國柱		고려사
1378년(우왕 4)11월		覇家臺 倭使	고려사
1379년(우왕 5)2월		僧 法印	고려사
1379년(우왕 5)5월		朴居士 (大內氏)	고려사
1379년(우왕 5)윤5월	尹思忠		고려사
1380년(우왕 6)11월	房之用 귀국	探題將軍五郎兵衛	고려사

그러나 1370년대에 접어들면서 규슈의 정세가 다시 큰 혼돈에 빠져든다. 1355년(文和 4) 막부 측의 친제이칸레이(鎭西菅領) 잇시키씨(一色氏)가 규슈 지배를 포기하고 떠난 다음, 1371년(應安 4) 12월 막부는 이마가와 료슌(今川了俊)를 규슈탐제로 임명하여 현지에 파견하였다. 막부는 1360년대 규슈에서 황금기를 구가하던 남조의 가네요시친왕(懷

36) 졸고(1999), 「一揆와 倭寇」, p.73(〈표 3〉 왜구의 출몰 빈도수 참조).

良親王) 세력을 견제하는데 적합한 인물로 료순을 선택했기 때문이다. 막부의 이러한 판단은 옳바른 결정이었다. 우선 일족을 거느리고 규슈의 무사세력을 규합한 료슌은 1372년(應安 5) 8월 다자이후(大宰府)를 함락시키고 남조세력을 고라산(高良山)으로 패퇴시켰다. 그런데 오히려 1372년(應安 5)부터 고려에서는 '무로마치기 왜구'가 다시 증가하는 양상이었다.

이후 규슈는 한 차례 더 큰 혼란을 경험해야 했다. 1375년(永和 원년) 7월 료슌은 남조의 가네요시친왕(懷良親王)과 기쿠치씨(菊池氏)의 본거지를 공격하고 있었다. 그러나 남조의 반격은 의외로 강하였으므로, 료슌은 규슈 3대 세력인 오토모 치카요(大友親世)·시마쓰 우지히사(島津氏久)·쇼니 후유스케(少貳冬資) 등에게 군사지원을 요청하였다. 그런데 이 전투에 다자이후가 위치한 치쿠젠(筑前)의 슈고(守護) 후유스케(冬資)만이 출전하지 않았다. 1375년(永和 원년) 8월 료슌은 우지히사(氏久)에게 후유스케가 전투에 출전하도록 종용하였고, 마침내 미즈시마(水島) 진영에 도착한 후유스케를 암살해 버렸다.[37] 이렇게 료슌에 의한 후유스케 암살은 남규슈를 장악하고 있던 우지히사의 거센 저항을 촉발시켜 일순간에 료슌의 입지를 어렵게 만들었다. 이 기회를 이용해 남조 측의 반격이 더욱 거세졌으므로, 결국 료슌은 자신의 많은 부장들을 잃은 채 미즈시마 진영에서 퇴각할 수밖에 없었다.

이렇게 이마가와 료슌의 등장과 극단적 행동으로 규슈의 정세가 혼미해지면서, '무로마치기 왜구'의 고려 침탈은 더욱 급격히 증가하는 상황으로 일변하였다. 〈표 4〉에서와 같이 1375년부터 79년까지 매년 고려의 왜구금지 사신이 일본에 파견되었다. 1375년(우왕 원년) 2월부터 나

37) 『薩藩舊記』 前篇 권28 永和 원년(1375) 8월조, "八月十一日 了俊會 公於水島 少貳冬資不來會 了俊使 公徵之 冬資乃來 二十六日 了俊令賊殺冬資於水島".

흥유가 두 차례 막부에 파견되었고,[38] 다음 해 10월 귀국하는 길에 일본 승려 양유(良柔)와 함께 돌아왔다.[39] 이때 막부의 외교서신을 담당하던 승려 주좌(周左)가 쓴 서신이 고려에 전달되었다. 그 내용은 남조의 가네요시친왕이 규슈에 난립하여 혼돈스러운 상황인데, 그 틈을 이용해서 '서해도(=규슈)의 어리석은 백성(頑民)'이 왜구로 고려를 침탈한다는 내용이었다. 또 북조가 규슈를 장악하게 된다면 왜구가 사라지게 만들 수 있다는 내용도 빠뜨리지 않았다.[40]

그러나 고려의 외교적 노력에도 불구하고 왜구가 더욱 폭발적으로 늘어나자, 고려는 1377년(우왕 3) 6월 안길상을 막부에 보내 왜구금지 약속의 불이행을 강력히 항의하였다.[41] 그리고 이전에 나흥유가 받아온 반첩 안에 규슈가 평정될 때까지는 왜구금지가 어렵다는 내용에 대해 강하게 불만을 표시하고 상호 통교와 바닷길의 안정이 일본 측의 처치에 있음을 강하게 통첩하는 내용을 삽입하였다. 이에 대해 1377년(우왕 3) 8월 막부는 안길상의 교토 순직에 대한 해명과 고려 첩장에 대한 회답사로 승려 신홍(信弘)을 보내왔다. 승려 신홍이 들고 온 규슈단다이 이마가와 료슌의 답서는 왜구가 '포도배(逋逃輩)'로서 명령을 잘 따르지 않아 금지시키기가 용이하지 않다는 내용이었다.[42] 기대했던 일

---

38) 『고려사』 권133 열전 제46, 신우 원년(1375) 2월조 "判典客寺事羅興儒 聘日本" ; 『東寺文書』 永和 원년(1375) 11월 19 ; 永和 원년(1375) 12월 9일;

39) 『고려사』 권133 열전 제46, 신우 2년(1376) 10월조 "十月 羅興儒 還自日本 日本遣僧良柔 來報聘 … (下略)".

40) 『고려사』 권133 열전 제46, 신우 2년(1376) 10월조 "惟我西海一路 九州亂臣割據不納貢賦 且二十餘年矣 西邊海道頑民 覩釁出寇 非我所爲 · · · (中略) … 庶幾克復九州 則誓天指日禁約海寇".

41) 『고려사』 권133 열전 제46, 신우 3년(1377) 6월조, "遣判典客寺事安吉祥于日本請禁賊 書曰 … (中略) … 後據羅興儒賓來貴國回文言稱 此寇 因我西海一路九州亂臣割據 西島頑(民)然作寇 實非我所爲 未敢卽許禁約 得此參詳 治民禁盜國之常典 前項海寇 但肯禁約 理無不從 兩國通好 海道安靜 在於貴國處之如何耳".

본에서의 답변은 왜구가 '포도배', 즉 '도망친 무리'이므로 억제하기가 불가하다는 내용이었다,

그러나 고려에서는 아직도 왜구 출몰이 계속되었으므로, 다시 1377년(우왕 3) 9월 정몽주(鄭夢周)가 파견되어 왜구금지를 거듭 요구하였다.[43] 그 답례로 1378년(우왕 4) 6월 료슌이 고려에서 왜구를 직접 토벌하도록 승려 신홍에게 69명의 군사를 보내왔다.[44] 또 1378년(우왕 4) 10월 고려는 이자용(李子庸)과 한국주(韓國柱)와 다음해 윤 5월 윤사충(尹思忠)에 이르기까지 매년 왜구금지 사신을 끊임없이 파견하였다.[45] 같은 해 11월에 패가대(覇家臺)의 사절이 울주(蔚州)에 정박하였을 때, 승려 신홍이 나서 체포할거라고 겁을 주어 돌려보낸 사건도 일어났다.[46] 1379년(우왕 5) 2월 승려 법인(法印)이 고려에 왔고. 같은 해 5월에는 한국주가 귀국하는 길에 오우치 요시히코(大內義弘)가 보낸 박거사(朴居士)와 군사 180명이 오기도 하였다.[47]

이처럼 막부와 규슈단다이가 고려의 왜구금지 외교를 거부하거나 일본인의 왜구 침탈을 부정하는 예가 전혀 없었다. 이 때문에 고려는 외교적으로 마찰없이 막부와 규슈에 왜구금지 사신을 지속적으로 파견할

---

42) 『고려사』 권133 열전 제46 신우 3년(1377) 8월조 "日本國遣僧信弘 來報聘 書云 草竊之賊 是逋逃輩 不遵我令 未易禁焉".

43) 『고려사』 권133 열전 제46, 신우 3년(1377) 9월조 "遣前大司成鄭夢周 報聘于日本 且請禁賊 … (下略)".

44) 『고려사』 권133 열전 제46, 신우 4년(1378) 6월조, "日本九州節度使源了俊 使僧信弘 率其軍六十九人 來捕倭賊".

45) 『고려사』 권133 열전 제46, 신우 4년(1378) 10월조 ; 『고려사』 권134 열전 제47, 신우 5년(1379) 윤5월조 ; 신우 6년(1380) 11월조.

46) 『고려사』 권133 열전 권46, 신우 4년(1378) 11월조, "覇家臺倭使 來泊蔚州 信弘言 彼若見我 必歸告其國 邈給曰 高麗將拘汝 使懼逃歸"; 그해 11월에 信弘은 固城郡 赤田浦 싸움에서 패하여 본국으로 돌아갔다(『고려사』 列傳 권46, 辛禑 4년 11월조).

47) 『고려사』 권133 열전 제46, 신우 5년(1379) 5월조, "韓國柱還自日本 大內義弘 遣朴居士 率其軍一百八十人 偕來".

수 있었다. 그러나 일본 측의 적극 협조에도 불구하고 규슈 내의 전란 때문에 '무로마치기 왜구'의 출몰을 막아내는 것은 용이하지 않았다. 결국 수십 차례에 걸친 고려의 왜구금지 외교가 상호 우호적인 관계에서 지속되었다고는 하지만, 결과적으로는 기대만큼의 왜구금지 효과를 거두지 못했다고 평가할 수 있다. 일본열도 특히 규슈의 정세 안정과 왜구금지가 밀접하게 관련되어 있었기 때문에 더욱 그러했다.

한편 고려는 내륙으로 깊숙이 침입하여 약탈을 일삼는 왜구를 대상으로 군사적인 성과를 올리고 있었다. 1376년(우왕 2)의 최영의 홍산대첩, 1380년(우왕 6) 나세·심덕부·최무선 등의 진포대첩, 1380년(우왕 6) 이성계에 의한 황산대첩 등의 왜구 삼대첩이 그것이다. 그러나 이러한 몇 차례의 군사적인 대승만으로 왜구 침탈을 근절시킬 수 있었던 것이 아니므로, 마침내 고려는 선제적인 왜구 근거지 공격 전략을 선택하였다. 1389년(창왕 원년) 박위에 의해 실시된 대마도정벌이 그것이다.[48] 고려의 대마도정벌은 이제까지 소극적이고 수세적인 방어에서 벗어나 선제적인 공격을 통해 왜구금지를 시도하는 군사적 강경책이었다. 그렇다고 '무로마치기 왜구'를 근본적으로 근절시켰던 것은 아니었다. 고려가 멸망하고 조선이 건국한 이후에도 '무로마치기 왜구'의 침탈은 계속되었으므로, 왜구금지의 미해결 과제가 조선의 고민으로 떠넘겨졌다.

4. 조선 초 '무로마치기 왜구'와 강·온의 대일외교

조선은 개국 직후에도 계속해서 등장하는 '무로마치기 왜구'의 출몰 억제가 대일본 외교에서 최대의 현안이었다. 〈표 5〉와 같이 1392년(태

---

48) 『고려사』 권116 열전 제29 박위전 · 『고려사』 권137 열전 제50, 신창 원년(1389) 2월조.

조 1)부터 1398년까지 약 7년간 일본과 수십 차례에 걸쳐 사신을 주고받았고, 이후에도 헤아릴 수 없을 정도로 많은 사신왕래가 있었다. 이를테면 고려 후기와 비교가 되지 않을 정도로 사신 왕래가 잦아졌다. 조선은 개국과 동시에 조선과 무로마치 막부, 조선과 다자이후, 조선과 대마도, 조선과 슈고(守護)세력 등과 수시로 사신을 교환하며 다원적인 왜구금지 외교를 시도하였다.

〈표 5〉 조선과 무로마치 막부의 왜구금지 사신 왕래. ( )는 추정

시기	조선 사신	일본 사신	사료 출전
1392년(태조 1) 10월		僧 藏主·宗順 (筑州)	『태조실록』
1392년(태조 1) 11월	覺鎚		『선린국보기』
1392년(태조 1) 12월		僧 壽允	『선린국보기』
1393년(태조 2)6월		僧 建哲 (一岐)	『태조실록』
1393년(태조 2)9월		-?-	『태조실록』
1394년(태조 3)5월	金巨原	僧 梵明	『태조실록』
1394년(태조 3)5월		僧 梵明	『태조실록』
1394년(태조 3)9월		-?- (日本)	『태조실록』
1394년(태조 3) 10월	-?-		『태조실록』
1394년(태조 3) 10월	崔龍蘇		『태조실록』
1394년(태조 3) 12월		-?- (今川了俊)	『태조실록』
1395년(태조 4)3월	金積善		『태조실록』
1395년(태조 4)4월		-?- (薩摩)	『태조실록』
1395년(태조 4)7월		僧 原正泉 (今川了俊)	『태조실록』
1395년(태조 4)7월		僧 宗俱 (今川了俊)	『태조실록』
1395년(태조 4)7월		-?- (日向)	『태조실록』
1395년(태조 4)7월		-?- (薩摩)	『태조실록』
1395년(태조 4) 12월	金積善 귀국		『태조실록』
1395년(태조 4) 12월		-?- (大內)	『태조실록』
1396년(태조 5)3월		僧 通竺·永琳 (大內)	『태조실록』
1396년(태조 5)7월	李子英 귀국		『태조실록』

시기	조선 사신	일본 사신	사료 출전
1397년(태조 6)5월	朴仁貴		『태조실록』
1397년(태조 6)6월		-?- (今川了俊)	『태조실록』
1397년(태조 6)7월		-?- (今川了俊)	『태조실록』
1397년(태조 6)7월		-?- (大內)	『태조실록』
1397년(태조 6)8월		-?-	『태조실록』
1397년(태조 6) 10월		僧 梵明	『태조실록』
1397년(태조 6) 11월		僧 永範·永廓 (大內)	『태조실록』
1397년(태조 6) 12월	朴惇之		『태조실록』
1397년(태조 6) 12월		-?- (涉川滿賴)	『태조실록』
1398년(태조 7)7월		-?- (肥前)	『태조실록』
1398년(태조 7)7월		僧 靈智 (大內)	『태조실록』

조선 초기 왜구금지 외교는 고려 후기와 마찬가지로 무로마치 막부와 지방의 정치세력들의 적극적인 호응 속에서 진행되었다. 그리고 조선으로서는 일본 측의 협조로 왜구에게 잡혀간 조선인의 송환이라는 실속있는 외교성과도 이끌어 낼 수 있었다. 그렇다고 기대하던 것만큼 왜구가 완전하게 사라진 것은 아니었다.

고려 멸망 시기에 몇 년간 잠잠했던 왜구가 1393년(태조 2)부터 다시 고개를 들고 조선을 침탈하기 시작하였다. 예를 들어 섬라곡국(暹羅斛國)에 파견되었던 회례사(回禮使) 일행이 전라도 나주(羅州)에서 왜구에게 살해당하고, 1396년(태조 5) 7월 겨우 이자영(李子瑛)만이 일본에서 살아 돌아오는 사건이 발생하였다.[49] 또 같은 해 8월 왜구가 영해성(寧海城)을 함락시키고,[50] 10월에는 동래성을 포위하였다가 병선 21척

49) 『태조실록』 권10 태조 5년(1396) 7월 11일조, "李子瑛來自日本. 初子瑛以通事, 偕禮賓少卿裵厚, 回禮暹羅斛國, 與其使者林得章等, 還到羅州海中, 爲倭寇所虜盡殲之. 子瑛獨被生擒以歸, 至是乃還".
50) 『태조실록』 권10 태조 5년(1396) 8월 23일조.

을 불사르고 달아나는 사건을 일으켰다.[51] 조선은 일련의 사건을 통해 '무로마치기 왜구'에 대한 강력한 대응방식을 찾아 나섰다. 이것이 고려 말처럼 군사를 동원하여 무로마치기 왜구의 근거지(혹은 경유지)를 일거에 섬멸하는 강경책이었다.

1396년(태조 5) 12월 조선의 태조는 김사형을 오도 병마 도통처치사로 삼아 이키(一岐)와 대마도를 정벌하도록 명령하였다.[52] 이것은 고려 후기의 대마도정벌 때와 마찬가지로 수시로 약탈을 일삼는 왜구를 군사력으로 일거에 섬멸하는 '무로마치기 왜구' 토벌 군사작전이었다. 김사형에 의한 대마도정벌의 성과라고 단정지울 수는 없지만, 1398년(태조 7)부터 조선에 출몰하는 왜구의 횟수가 어느 정도는 감소하였다.

그렇다고 조선은 군사적 정벌이라는 강경 군사전략만을 구사한 것이 아니었다. 김사형의 대마도정벌 다음 해인 1397년(태조 6) 조선에 투화한 일본 승려 원해(原海)에게 전의박사(典醫博士)와 평(平)씨라는 성을 하사하였다.[53] 또 1398년(태조7) 2월에는 등육(藤六)과 임온(林溫)이 투화해 오자 장군직을 하사하고,[54] 1407년(태종 7) 7월에도 평도전(平道全)이 투화해 오자 관직을 주고 선물로 은대(銀帶)를 하사하는[55] 등의 왜인에 대한 회유정책도 꾸준히 실시하였다. 이처럼 조선이 '무로마치기 왜구'를 근절하기 위해 대마도정벌이라는 강경책과 왜인을 포용하

---

51) 『태조실록』 권10 태조 5년(1396) 10월 27일조.

52) 『태조실록』 권10 태조 5년(1396) 12월 3일조, "丁亥 以門下右政丞金士衡爲五道兵馬都統處置使 以藝文春秋館太學士南在爲都兵馬使 中樞院副使辛克恭爲兵馬使 前都觀察使李茂爲都體察使 聚五道兵船 擊一岐 對馬島".

53) 『태조실록』 권10 태조 6년(1397) 8월 25일조. "日本僧原海率妻子來. 稍精醫術, 命長髮, 授典醫博士, 姓平".

54) 『태조실록』 권13 태조 7년(1398) 2월 17일조, "以降倭萬戶疚六, 改名藤六, 爲宣略將軍、行中郎將; 羅可溫改名林溫, 爲宣略將軍、行郎將".

55) 『태종실록』 권14 태종 7년(1407) 7월 15일조, "以平道全爲員外司宰少監 賜銀帶道全 日本人之投化者也".

는 회유책을 적절히 병행하면서 대일본 왜구금지 외교정책의 기본 틀을 만들어 갔다.

조선의 일본에 대한 강·온의 외교정책은 한동안 '무로마치기 왜구'의 출몰을 뜸하게 만들었다. 그런데 1419년(세종 1)에 이르자 왜구가 다시 늘어났다. 같은 해 5월 '무로마치기 왜구'에 의해 비인현(庇仁縣)의 백성들이 살해되고 병선이 불타는 사건이 발생하였다.[56] 다시 고개를 드는 왜구의 출몰은 조선에게 군사작전을 감행하도록 빌미를 제공하였다. 세종에게 왕위를 물려준 태종은 병권을 장악하고 '무로마치기 왜구'의 소굴인 대마도에 대한 군사적인 응징을 단행하였다.[57] 같은 해 6월 9일 태종은 대마도 정벌의 교서를 내리고,[58] 같은 달 19일 이종무를 삼군도체찰사(三軍都體察使)로 임명한[59] 다음 대마도 정벌을 단행하였다. 20일에는 이종무가 대마도의 두지포(豆知浦)에 상륙하여 장기전에 대비하였다. 이에 대마도의 종정성(宗貞盛)이 화친을 요청해 왔으므로 이종무는 이것을 받아들고 7월 3일 거제도로 철수하였다.[60] 이와 같은 이종무의 대마도정벌(=己亥東征)은 '무로마치기 왜구'의 근거지를 초토화시켜서 그동안 왜구의 만행을 엄중히 문책하기 위해 실시한 군사적 징벌이었다.

한편 조선은 이종무의 대마도정벌이 있기 훨씬 이전부터 왜인이 조선에 거주할 수 있는 포소를 운영해 오고 있었다. 1407년(태종 7) 이전

---

56) 『세종실록』 권4 세종 원년(1419) 5월 7일조, "本月初五日曉 倭賊五十餘艘 突至庇仁縣之都豆音串 圍我兵船焚之 烟霧曚暗 未辨彼我".
57) 『세종실록』 권4 세종 원년(1419) 5월 14일조.
58) 『세종실록』 권4 세종 원년(1419) 6월 9일조.
59) 『세종실록』 권4 세종 원년(1419) 6월 19일조 ; 이종무의 대마도정벌은 병선 227척과 17,285명의 병사, 그리고 65일분의 식량 등을 가지고 출전하였다(『세종실록』 권4 세종 원년(1419) 6월 17일조).
60) 『세종실록』 권4 세종 원년(1419) 7월 3일조.

부터 조선은 부산포와 내이포에 포소를 운영하고 있었다. 그리고 대마도 정벌 직전인 1418년(태종 18) 3월 염포(鹽浦)와 가배량(加背梁)에 왜관 설치하여 왜인들의 거주를 허락하였다. 따라서 부산포, 내이포, 염포, 가배량 등 4곳으로 왜인을 수용했던 포소를 확대시키고 있었다. 그러나 1419년(태종 18) 대마도정벌 직후에는 대마도와 관계를 단절하고 포소도 잠정적으로 폐쇄하였다. 다시 1423년(세종 5)에 부산포와 내이포, 1426년(세종 8)에는 추가로 염포를 열고 왜인 거주를 하락하면서, 이른바 삼포(三浦)시대가 본격적으로 열린 것이다. 또한 이종무의 대마도정벌 직후에 해당하는 1419년(세종 1) 10월에 종준(宗俊)이 투화하면 그 공적에 따라서 벼슬을 내리겠다고[61] 설득하는 일본인 회유책을 병행하였다. 기본적으로 왜인의 투화를 권유하고 큰 상을 내리는 원칙을 유지해 간 것이 조선의 대왜인 정책의 기본이었다. 또 왜인이 투화한 이후에도 의복과 식량을 지급하고 조세와 10년 동안 역(役)을 면제해 주는 등 왜관에서의 생활이 안정되도록 세심하게 배려하는 생활지원 정책도 전개하였다.

그러나 조선의 적극적인 왜인 수용정책에는 몇 가지 부작용이 내재되어 있었다. 1418년(태종 18) 하연(河演)은 상소문에서 투화한 왜인이 조선에 의지해서 살기 때문에 이들에게 들어가는 비용이 적지 않다는 점을 지적하고 이제부터 더 이상 양식을 주지 말도록 건의하고 있다.[62] 그러나 조선은 평화안정과 상호공존을 위해서는 왜인들의 도움이 반드시 필요했으므로 왜인들의 궁핍함을 도와주는 일이 당연하다고 생각했

---

61) 『세종실록』 권5 세종 1년(1419) 10월 11일조, "其必如宗俊等親來投化 乃許其降 大者爲官 小者爲民 聽其所願 使安生業. 汝往曉諭島人 其速來報."

62) 『태종실록』 권35 태종 18년(1418) 3월 20일조, "代言河演啓曰 投化倭人等來居我國 非一二年矣. 而猶賴國家資生 其支費不資 請自今勿復給糧".

다. 한편 조선의 재정부담은 삼포에 규정보다 많은 왜인이 거주했기 때문에 해마다 가중되었다. 따라서 1436년(세종 18) 조선은 삼포에 거주하는 상당수의 왜인을 돌려보내고 206명만을 삼포에 거주하도록 조치하였다.[63] 또 1440년(세종 22) 삼포에 무단으로 드나드는 왜인을 통제하기도 하였다.[64] 그리고 1443년(세종 25) 삼포에 숨어든 도적과 본국에서 죄를 지은 왜인을 찾아내도록 지시하고 있다.[65] 삼포에 거주하는 왜인의 수가 조선의 재정부담과 풍속유지에 밀접하게 관련되어 있었기 때문이었다. 따라서 조선은 재정 부담을 줄이기 위해 삼포에 거주하는 왜인의 수를 일정하게 유지하려고 노력하였다.

또한 입국하는 일본 사행의 접대가 조선에게 커다란 부담이 되었다. 『해동제국기』와 『경국대전』에 일본 사신의 순수 접대비가 1만석이라고 기록하고 있다. 그리고 삼포에 입항하는 왜인에 대해서도 본국으로 귀환할 때까지의 모든 경비를 부담하였다. 이처럼 조선이 대일본 유화정책을 실시하는 과정에서 현실적으로 부담하는 경비는 적지 않았다. 『성종실록』에는 1477년(성종 8) 삼포에서 소요되는 왜료(倭料)가 22,390여 석이고,[66] 1490년(성종 21)부터 3년간 삼포에서 왜인에게 든 비용이

63) 『세종실록』 권71 세종 18년(1436) 3월 29일조, "遂遣敬差官于慶尙道 挨刷以送乃而浦住倭二百五十三人 鹽浦住倭九十六人 富山浦住倭二十九人. 其貞盛請留人及情願仍居二百六人 許令仍留".

64) 『세종실록』 권89 세종 22년(1440) 5월 26일조, "若無符牒下海者 令各浦禁遏 亦勿許過送".

65) 『세종실록』 권102 세종 25년(1443) 12월 16일조, "予惟在逃本賊及得罪本國之倭恐或變名易姓 潛來隱伏. 卿知此意 密諭舊住親信之倭曰 如有潛來者 盡心伺察以告 則國家必厚賞汝矣 多方設計以捕之".

66) 『성종실록』 권77 성종 8년(1477) 윤2월 11일, "慶尙道軍需, 雖曰不裕, 丙申年冬等會計之數一百六十五萬六千八百三十餘碩, 同年一半州倉加納七千二百七十餘碩, 三浦倭料二萬二千三百九十餘碩, 國屯田所出、監司及各官補添亦多, 年年如此儲備, 雖不大裕, 亦非不足".

40,500여 석이라고 기록하고 있다.[67] 이처럼 『경국대전』에서 규정해 놓은 비용보다 더 많은 재정 지출은 조선에게 큰 부담으로 다가올 수밖에 없었다.

따라서 조선의 대왜인 유화정책의 이면에는 지나친 재정 부담이라는 어두운 그림자가 숨어 있었다. 조선은 큰 재정적 부담에도 불구하고 기꺼이 일본을 상대로 평화유지와 상호공존을 위해 막대한 경비를 감내해 나갔다. 그러면서 '삼포'를 중심으로 대왜인에 대한 유화책과 강경책을 적절히 병용해 나갔다. 이것들은 조선에게 막대한 재정적 부담을 안겨주는 정책들이었지만, '무로마치기 왜구' 왜구금지 외교를 주도적으로 이끌어 국내 안정을 유지시켜 주는 평화유지비용이기도 하였다.

5. 결론

지금까지 왜구금지 사신을 통해 고려와 조선의 통시대적 왜구금지 외교를 살펴보았다. 왜구는 일본해적에서 출발하였다. 일본해적은 고대 말기의 정치적·사회적 불안 상황에서 자신들의 해상 근거지를 중심으로 활동하였다. 그리고 가마쿠라 시대로 이어지면서 선박 탈취, 선박에 실린 공물 약탈, 선원 살해 등과 같은 해적행위로 이어졌다. 가마쿠라 막부는 정치적 기틀을 다지고 사회적 안정을 도모하기 위해 무가법을 제정하여 해적 근절을 시도하였다.

가마쿠라 시대에 일본열도를 정치·사회 혼란의 소용돌이로 빠트리는 조큐(承久)의 난을 계기로 일본해적은 고려를 대상으로 약탈하는 왜구

---

67) 『성종실록』 권278 성종 24년(1493) 윤5월 8일(신축), "近年客人出來之數, 比前日少減, 然考庚戌, 辛亥, 壬子三年, 三浦所費之數, 則大槪四萬五百餘石, 若有凶歉, 國家將何以待之".

로 전화되어 나갔다. 이 '가마쿠라기 왜구'의 고려 침탈 기록은 일본 사료에 나타난다. 왜구가 등장하던 시기에 고려가 가마쿠라 막부에 파견한 왜구금지 사신은 두 차례에 불과했지만, 고려의 왜구금지 외교는 어느 정도 성과를 거두었다고 평가할 수 있다.

가마쿠라 막부가 멸망하고, 이어 남북조내란의 장기화로 일본열도는 매우 혼란스러웠다. 규슈에까지 간노죠란(觀應擾亂)의 여파가 미치면서, 고려에서 왜구 출몰이 잦아졌는데, 이것을 『고려사』에서 '경인년(1350년) 이후 왜구'라고 하였다. 고려는 막부와 대마도에 사신을 파견하여 왜구금지 외교를 전개하였다. 막부와 대마도에서 고려의 왜구금지 사신을 접하는 태도는 매우 우호적이었다. 따라서 고려 사신에 대한 일본의 우호적 태도는 '무로마치기 왜구'가 바다건너 고려에 출몰하는 것으로 인식하고 있었다는 결정적 증거이다.

1370년대에 접어들어 이마가와 료슌(今川了俊)이 규슈탐제로 임명하여 현지에 내려오면서, 규슈의 정세가 다시 큰 혼돈에 빠져든다. 고려에 '무로마치기 왜구'가 다시 급격하게 증가하는 양상이었다. 막부와 규슈 단다이의 왜구금지 협조에도 불구하고 '무로마치기 왜구'의 출몰을 막아내는 것은 용이하지 않다. 결국 양국의 우호적인 관계 속에서 수십 차례에 걸쳐 왜구금지 외교가 지속되었지만, 결과적으로는 기대했던 것만큼 성공적이었다고 볼 수는 없었다. 왜구 출몰이 일본열도의 정치적 안정과 밀접하게 관련되어 있었기 때문이었다.

조선은 개국 직후 일시적으로 증가해 가는 '무로마치기 왜구'의 출몰은 대일본 외교에 있어서 최대 현안이었다. 조선은 개국 직후부터 무로마치 막부, 다자이후, 대마도, 슈고(守護)세력 등과 수시로 사신을 주고받으며 다원적인 왜구금지 외교를 시도하였다. 또 약탈을 일삼는 왜구의 근거지를 군사력으로 일거에 섬멸하는 대마도정벌을 두 차례나 실시하였다. 한편 조선은 왜인이 조선에 거주할 수 있는 포소를 제공해 주고 있었다. 본격적으로 삼포(三浦)시대가 열리고 투화한 왜인에게 왜관에서의 생활 안정을 세심하게 배려하는 유화정책을 실시하였다.

조선은 큰 재정적 부담에도 불구하고 기꺼이 일본을 상대로 평화유지와 상호공존을 위해 막대한 경비를 감내하였다. '삼포'를 중심으로 하는 왜인에 대한 유화책과 강경책은 조선에게 막대한 재정적 부담을 안겨주는 정책이었다. 비록 이것이 조선에게 막대한 재정적 부담을 안겨주었지만, '무로마치기 왜구' 문제를 주도적으로 이끌고 국내 안정을 유지하기 위해 지불하는 평화유지비용이었다. 이 시기 조선의 대일본 외교는 평화적으로 자국의 안전을 도모하고 타국에 대한 영향력을 제고시키는 범국가적 행위였다.

참고문헌

『고려사』『태조실록』『태종실록』『세종실록』『성종실록』
『今昔物語集』『中世法制史料集』『薩藩舊記』『明月記』
『吾妻鏡』『百錬抄』『青方文書』『善隣國寶記』『師守記』『薩藩舊記』

김만수 역(1994), 칼 폰 클라우제비츠(Carl von Clausewitz), 『전쟁론』, 도서출판갈무리.
이영(2007), 『잊혀진 전쟁, 왜구』, 한국방송통신대학교 출판부.
金谷匡人(1998), 『海賊たちの中世』, 吉川弘文館.

신기석(1957), 「高麗末期의 對日關係-麗末倭寇에 關한 硏究」『社會科學』1.
신석호(1959), 「여말선초의 왜구와 그 대책」『國史上의 諸問題』3.
이은규(1974), 「15世紀初 韓日交涉史 硏究-對馬島征伐을 中心으로」『湖西史學』3.
손홍렬(1975), 「高麗末期의 倭寇」『사학지』9.
이현종(1977), 「高麗와 日本과의 關係」『동양학』7.
한용근(1980), 「高麗 末 倭寇에 관한 小考」『慶熙史學』6·7·8.
나종우(1980), 「高麗 末期의 麗·日 關係-倭寇를 中心으로」『전북사학』4.
나종우(1996), 『韓國中世對日交涉史硏究』, 원광대학교 출판국.
나종우(1994), 「朝鮮前期 韓·日關係의 性格硏究」『동양학』24.
이현종(1984), 「朝鮮前期의 日本關係」『동양학』4.
한문종(1997), 「朝鮮初期의 倭寇對策과 對馬島征伐」『전북사학』19·20.
한문종(2005), 「조선전기 倭人統制策과 통교 위반자의 처리」『왜구·위사 문제와 한일 관계』(한일관계사연구논집4), 경인문화사.
한문종(2000), 「조선전기 對馬 早田氏의 對朝鮮通交」『한일관계사연구』12.

이 영(1996), 「高麗末期 倭寇構成員에 관한 考察」『한일관계사연구』5.
김보한(1999), 「一揆와 倭寇-」『일본역사연구』10.
김보한(2001), 「少貳冬資와 倭寇의 일고찰」『일본역사연구』13.
김보한(2004), 「東아시아 經濟 圈域에 있어서 약탈의 주역, 海賊과 倭寇」『中國史硏究』29.
김보한(2009), 「해적과 약탈경제」『동북아문화연구』20.

제4장 임진전쟁기 도요토미 히데요시(豊臣秀吉)의 강화조건 연구

김경태*

1. 서론

1593년 1월, 평양성 전투에서 패배한 일본군은 한성으로 물러났다. 일본군은 이미 병력·군량의 부족과 조선인의 저항에 힘겨워하던 상황이었고, 이제는 명나라의 대군과 맞서야만 했다. 한편, 명군은 한성 탈환을 위해 전진하였으나 벽제관에서 일격을 당하고 말았다. 이후 군량과 말먹이 부족이 심각한 상황에 이르러 전투를 이어나갈 수 없게 되었다. 이러한 상황에서 명군과 일본군은 강화교섭을 선택하였다. 일본군은 고니시 유키나가(小西行長)를 교섭 주체로 하여 명군과 협상한 끝에 1593년 4월 18일, 한성에서 퇴각했다. 한성에서의 협상이 당초부터 도요토미 히데요시(豊臣秀吉)에게 사실대로 보고된 것은 아니었으나, 교섭 상황을 보고 받은 후 교섭에 의한 한성에서의 철수를 인정했다. 그리고 곧 본격적인 강화교섭으로 전환했다.[1)]

---

* 고려대학교 한국사학과
이 글은 김경태(2014)「임진전쟁기 도요토미 히데요시(豊臣秀吉)의 강화조건 연구」『朝鮮時代史學報』(68)을 수정·보완한 글이다.

1) (1593년) 4월 16일 도요토미 히데요시가 모리 모토야스(毛利元康)에게 보낸 명령서[日下寛 編(1914)『豊公遺文』, 博文館, p. [illegible]]. (1593년) 5월 1일의 명령서 [「崎山家文書」『和歌山縣史 中世史料』(宇土市教育委員會(2005)『(宇土市史研

전쟁을 통해 영토를 획득하였다고 하더라도 이를 유지할 능력이 없다면 상대편에 돌려주지 않을 수 없다. 영토를 점유하고 있다고 하여 항상 협상에서 유리한 것도 아니다. 수비가 가능한 영토를 점유한 후 상대가 들어줄 만한 요구조건을 제시해야 원하는 바를 얻을 수 있다. 도요토미 히데요시는 이를 깨닫고 전선을 최소화 한 후 강화교섭으로 돌아선 것이다.

이어서 도요토미 히데요시는 명나라 황녀와의 혼인, 조선 영토의 할양이 포함된 7개 조항의 강화조건을 제시하였고 이를 전쟁 내내 유지했다는 것이 일반의 인식이다. 그러나 『江雲隨筆』에 수록된 1595년 5월 20일자의 세 가지 조건에 대한 분석을 통해, 히데요시가 강화조건에 변경을 가했다는 사실에 주목한 연구들이 발표되었다.[2] 이들 연구에서는 주로 어떤 부분에서 어느 정도의 '양보'가 이루어졌는지에 대한 논의가 진행되었다. 그러나 그 '양보'가 어떤 의미를 지니는지에 대해서는 이전과 이후의 전쟁 양상과 강화조건의 절충 과정을 함께 감안하여 다양한 각도에서 보다 구체적인 분석이 이루어질 필요가 있다.

도요토미 히데요시가 제시한 조건과 교섭 내용은 『江雲隨筆』을 비롯하여, 『兩國和平條件』 『南禪舊記』 『泰長院文書』 『足守木下家文書』 등에 수록되어 있는데, 대개 당시 한문에 능숙했던 외교 담당 승려(외교승)와 관계된 자료들이다. 특정한 목적에 의해 편찬되었다고 보기는 어

究 26號) 小西行長基礎資料集』宇土市教育委員會에서 재인용].

2) 山室恭子(1992) 『黃金太閤』中央公論新社; 佐島顯子(1994) 「壬辰倭亂講和の破綻をめぐって」 『年報朝鮮學』(4); 金文子(1996) 『文祿·慶長期における日明和議交涉と朝鮮』お茶の水女子大學博士學位論文; 中野等(2006) 『秀吉の軍令と大陸侵略』吉川弘文館; 기타지마 만지(北島万次) (2010) 「壬辰倭亂에서의 두 개의 和議條件과 그 風聞」 『한일 교류와 상극의 역사』경인문화사; 跡部信(2011) 「豊臣政權の對外構想と秩序觀」 『日本史硏究』(585).

려우며 선배 승려가 남긴 문서를 수집하였거나 교섭에 관한 파편적인 사료가 모여 있는 경우이다. 1차 사료로 보기는 어려우나 의도적인 수정이 가해지지 않은 비교적 순수한 자료에 가깝다고 할 수 있다.[3] 이들 사료는 단일 사료를 통한 평면적인 해석에 머무를 경우 사료가 전하는 내용을 온전하게 되살리기 어렵다.

본 연구에서는 이 사료들을 1593년 5월부터 6월말, 그리고 1595년 5월까지 시계열적으로 배열하고 분석한 후 재구성하겠다. 사료들 중에서는 서로 중복되는 경우가 있으며 같은 조항임에도 다른 단어나 문장으로 구성된 경우도 있는데, 단순한 오기 외에도 교섭을 통해 내용에 수정을 가한 부분이 있다는 점을 알 수 있다. 이러한 부분 역시 세밀하게 살핀다면 교섭의 실상에 보다 가깝게 접근할 수 있을 것이다. 이 같은 작업을 통해 강화교섭 과정에서 나타난 도요토미 히데요시의 의도를 살펴보도록 하겠다. 또한 이 사료들을 중심으로, 동 시기에 작성된, 혹은 동 시기를 다룬 일본의 1차 사료와 조선과 명의 사료를 통해 히데요시의 의도를 둘러싼 명나라와 조선, 그리고 일본군의 입장에 대해서도 서술하도록 하겠다.

---

3) 『江雲隨筆』[東京大學 史料編纂所(청구기호 2351-3)]; 『兩國和平條件』[(日本)國立公文書館 內閣文庫(청구기호 168-0042)]; 『南禪舊記』[(日本)國立公文書館 內閣文庫(청구기호 192-0267, 192-0268)]; 『仙巢稿(僊巢稿)』[(日本)國立公文書館 內閣文庫(청구기호 205-0083)]; 『足守木下家文書』(山陽新聞社編(1982) 『ねねと木下家文書』山陽新聞社); 『江雲隨筆』의 原題는 『江岳和尙對馬隨筆幷雲崖和尙續集』이다. 에도(江戶) 시대 교토(京都)에서 쓰시마(對馬)에 파견되어 조선과의 외교 업무를 담당하던 江岳元策 등이 교토와 쓰시마 등지에 소재한 외교 문서, 외교 기록 등을 모아 편찬한 것으로 보인다. 원소장처는 교토의 겐닌지(建仁寺)이며 謄寫本이 일본의 동경대학 사료편찬소에 소장되어있다. 편자 江岳元策에 대해서는 泉澄一(1976) 「對馬以酊庵輪番僧 江岳元策について」 『(横田健一先生還曆記念會編) 日本史論叢』 横田健一先生還曆記念會 참조.

2. 도요토미 히데요시의 7개 조건

명군 지휘관 宋應昌이 沈惟敬을 내세워 일본군에게 제시한 조건은, 조선에서 물러나면 조공과 책봉을 허락해주겠다는 것이었다.[4] 그는 자신의 휘하에 있던 謝用梓와 徐一貫을 勅使로 꾸미고, 그들로 하여금 일본으로 건너가 히데요시와 만난 후 그의 降書를 받아오게 하였다.[5] 물론 도요토미 히데요시가 책봉과 조공을 바라고 있다는 것은 고니시 유키나가 등 일본군의 이야기에 불과했다. 그러나 송응창은 조공과 책봉 외에 히데요시가 다른 조건을 내세우리라는 생각을 하지 않고 있었다.

사용재와 서일관 이하 100여명의 사절은 심유경보다 5일 늦은 1593년 4월 17일에 한성에 도착하였다.[6] 일본군은 다음날 바로 한성에서 철수하였다. 사절 일행은 고니시 유키나가 등과 함께 부산에서 바닷길을 거쳐 5월 15일, 규슈(九州) 히젠(肥前) 지역의 나고야(名護屋)성에 도착했다.[7] 한편 사절은 히데요시 이하 다이묘(大名)들의 대접을 받은 후, 강화조건을 제시받게 되었고 외교승들과 필담을 통한 협상에 들어갔다.[8] 적지에 들어와 어떤 일이 벌어질지 모르는 상태에서 긴장 속에 있

---

4) 宋應昌, 『經略復國要編』 권7, 1593년 3월 8일, 宣諭平行長; 『宣祖實錄』 권36, 26년(1593) 3월 을축(10일), 3월 을해(20일), 3월 갑신(29일) 통판 왕군영의 발언, 권37, 4월 을유(1일) 송응창.

5) 『宣祖實錄』 권37, 26년(1593) 4월 을유(1일) 홍진의 보고, 4월 병술(2일) 윤근수의 치계.

6) 『島津家文書』 1747, 毛利家文書』 930.

7) 『時慶記』 1593년 6월 1일; (1593년) 5월 18일 모가미 요시미츠(最上義光)가 이라코 시나노(伊良子信濃)에게 보낸 서장[『伊達家文書』 647].

8) 히데요시의 접견은 5월 23일이었으며, 7월 11일까지 사절에 대한 접대가 예정되어 있었다. (『太閤記』); 심유경은 사절과 함께 도해하지 않았던 것으로 보인다. [『宣祖實錄』 권39, 26년(1593) 6월 기축(6일) 김명원의 보고] 사절의 역할을 맡은 것은 어디까지나 사용재와 서일관이었고, 심유경은 조선에 남아 일본군 철수 상황 등을 신속하게 보고해야만 했기 때문일 것이다.

던 그들은 이러한 전개를 예상하기 어려웠을 것이다. 그러나 그들은 교섭권을 가진 자들이 아니었으며 일방적으로 주어진 조건을 앞에 두고 고심해야만 했다. 사용재와 서일관에게 제시된 7개조의 강화조건은 다음과 같았다.[9)]

1(1). 화호 서약이 틀림없다는 사실은 천지가 다한다 하더라도 지켜

---

9) 『江雲隨筆』 16번째 문서; 7개 조항의 강화조건은 이외에도 『兩國和平條件』 『南禪舊記』 등에 수록되어 있다. 『江雲隨筆』 수록본과 비교해볼 때 『兩國和平條件』 『南禪舊記』에 수록된 것은 6월 28일자이며 내용도 전자와 약간 다른 부분이 눈에 띈다. 5월초에 강화조건의 초고가 완성된 후, [『黑田家譜』7, 朝鮮陣 中 1593년 5월 1일의 명령서. 다만 이 문서는 원본이 존재하지 않고, 같은 내용의 다른 문서가 발견되지 않았기에 5월 1일에 작성된 것이라고 단정하기는 어렵다.] 5월 22일을 전후로 사용재와 서일관에게 제시되었고, [『毛利家文書』898; 佐賀縣立名護屋城博物館, 『(佐賀縣立名護屋城博物館·韓國國立晉州博物館學術交流記念 特別企劃展) 秀吉と文祿·慶長の役』102번 자료 등] 동시에 그 내용이 교토(京都)의 天皇과 간파쿠 (關白: 도요토미 히데쓰구 豊臣秀次) 에게 보고된 다음, [『小早川家文書』416(4번째 조목); 『江雲隨筆』14번째 문서; 『中外經緯傳』(『改定史籍集覽』11, p.191)] 문구를 수정하여 정리된 형태가 6월 28일자의 문서였던 것으로 생각된다. 6월 28일자 강화조건의 내용은 다음과 같다. [1(1). 和平誓約無相違者縱天地雄盡不可有改変也然則迎大明皇帝之賢女可備日本之后妃事 1(2). 兩國年來依間隙勘合近年斷絶矣此時改之官船商舶可有往來事 1(3). 大明日本通好不可有変朝更旨兩國朝權之大官互可題盟誓詞事 1(4). 於朝鮮者遺前驅追伐之矣至今彌爲鎭國家安百姓雖可遣良將此條目件件於領納者不顧朝鮮之逆意對大明割分八道以四道幷國城可還朝鮮國王且又前年從朝鮮差三使投本(木)瓜之好也余蘊付與四人口實 1(5). 四道者旣返投之然則朝鮮王子幷大臣一兩員爲質可有渡海事 1(6). 去年朝鮮王子二人前驅者生檎之其人非凡間不混和平爲四人度與沈遊態可皈舊國事 1(7). 朝鮮國王之權臣累世不可有違却之旨誓詞可書之 此旨趣四人向大明勅使縷縷可陳說者也 文祿二年癸未六月二十八日]; 『江雲隨筆』수록본에는 '文祿4年(1596)'이라는 부기가 붙어 있으나 이는 오기로 보인다. 형식이 거의 동일하다는 점, "위의 사항을 대명 칙사에게 누누이 진설하도록 하라"는 문구, 『江雲隨筆』수록본과 비교할 때 『兩國和平條件』 『南禪舊記』수록본이 명에 대해 보다 정중한 문체로 수정되었다는 점, 등을 감안한다면 두 종류의 문서의 연대는 모두 1593년이며 작성 시기는 전자가 후자에 비해 앞서는 것으로 보아야한다.

져야 한다. 이를 보증하기 위해 대명 황제의 賢女를 일본의 后妃로 맞아들이게 할 것.
(和好誓約無相違者天地縱雖盡不可有改易也然則迎大明國王賢女可納本朝后妃事)

1(2). 양국이 근래 소원하여 요즘은 勘合무역이 단절되었다. 이제부터 관선과 상선이 왕래하게 할 것.
(兩國年來依間隙勘合近年斷絶矣此時改之官船商舶可有往還事)

1(3). 대명과 일본의 隣好가 변함없을 것이라는 뜻을 양국의 조정 대신들로 하여금 서약하게 할 것.
(大明日本隣好不可有變更旨兩國朝權之太官互可題誓詞事)

1(4). 조선은 지난번에 군대를 파견하여 징벌하였다. 이제 점차 국가를 안정시키고 백성들을 안주하게 하기 위해 장수를 보내려고 하였으나, 제시한 조건들을 받아들인다면, 조선의 逆意를 더 이상 추궁하지 않고, 大明과 8도를 분할하여 그 중에서 4도와 한성을 조선 국왕에게 주겠다. 이는 지난번 조선에서 세 명의 사신을 보내어 증물을 교환했던 일을 높게 사는 것이다.
(於朝鮮者遣前驅追伐之矣於今者猶鎭國家爲可安百姓雖可遣猛將到大明被差遣條目件件於領納者不顧朝鮮之逆意對大明割分八道以四道幷洛陽舊地付與朝鮮國王畢矣且又前年徒朝鮮差三使投(授)未(木)瓜之好也)

1(5). 4개도를 반환할 것이니, 조선 왕자를 인질로 하여 일본으로 보내고, 대신 1~2인도 인질로서 왕자를 호종하게 할 것.
(四箇道者可返投之若然朝鮮王子爲質可有渡海幷大臣一兩負爲質可扈從王子事)

1(6). 지난해 선봉군이 사로잡은 황태자 2인(임해군과 순화군을 지칭)

은 평범하지 않은 자들이다. 화친에 방해가 되어서는 안 되니, 4인은 심유경에게 맡겨 조선으로 돌려보낼 것.
(皇太子二人去年前驅者生擒之非凡間之族不混和親爲四臣後與遊擊可歸舊國事)

1(7). 조선 국왕의 권신은 만세토록 서약을 위반하지 않겠다는 서약서를 작성할 것.
(朝鮮國王之權臣至万万代不可有違却之芝誓詞可書之)

위의 사항을 대명 칙사에게 누누이 진설하도록 하라.
(大明勅使縷縷可陳說之者也)

5월 일
고니시 유키나가(小西攝津守) 오타니 요시쓰구(大谷刑部少輔)
마시타 나가모리(增田右衛門尉) 이시다 미쓰나리(石田治部少輔)

위의 7개조 강화조건의 분석에 앞서 동시기에 작성되었다고 생각되는 히데요시 명의의 두 가지 문서를 짚고 넘어가고자 한다. 하나는 심유경에게 보내는 서장이고, 다른 하나는 고니시 유키나가와 3인의 부교(奉行)앞으로 내려진 문서이다. 전자는 일본과 명, 양국의 화친 일을 빨리 처리하고 싶으나, 이를 간파쿠(關白: 도요토미 히데쓰구 豊臣秀次)가 천황에게 주달하는 절차를 거쳐야 하므로 시간이 걸릴 것이니 양해해 달라는 내용이며,[10] 후자는 "神國 일본에서 태양의 기운을 받고 태어난 자신이 혼란한 일본을 안정시켰다", "명을 괴롭히는 일본 해적을 소탕했으나 명은 감사의 표시를 하지 않았는데, 우리가 소국이라고 무

10) 『江雲隨筆』14번째 문서.

시한 것이다. 이에 명을 정벌하려 하였는데, 조선이 세 명의 사신을 보내어 화호를 구걸하고 후일 명을 공격할 때 협조하기로 하였다", "조선은 명과 일본의 회동을 주선해주기로 하였다. 그러나 시간만 끌며 우리를 속였기에 공격하게 된 것이다", "명은 조선을 구원하였는데, 이는 失利이며, 후회해도 늦었다", "이러한 때에 명에서 칙사 둘을 일본의 나고야에 보내와 명의 綸言을 전해왔기에, 그 회답으로서 7가지의 조목을 별폭에 제시하였다. 4인은 이를 전하고 회답이 올 때까지 제 병력은 도해를 보류하라" 라는 내용으로 구성되어 있었다.[11]

두 문서 모두 한문으로 작성되었다는 점에 주목할 필요가 있다. 일본인만을 수신자로 하는 문서라면 한문으로 작성될 필요가 없었다. 즉, 수신처를 달리하고는 있으나 모두 명과 조선에 보이려는 의도를 지니고 있었다고 생각한다. 또한 두 문서에서부터 명을 더 이상 적대하지 않겠다는 의사가 드러나기 시작하였다는 점은 중요하다. 후자의 경우 여전히 거만한 문구가 눈에 띄나, 이는 일본 내부를 향한 문서인 양 꾸미며 넌지시 자신의 강화에 대한 진심을 드러내는 동시에 수세에 처하지 않았다는 점을 강조하고자 하는 것일 뿐이었다. 이전과 같이, 명에 침략하여 명을 일본 풍속으로 바꾸어 놓겠다거나,[12] 명을 정복한 후에 일본의 천황가와 다이묘를 보내어 명을 지배하게 할 것이며, 자신은 寧波에 거소를 차린 후에 天竺까지 정복하겠다거나,[13] "처녀와 같은 명나라를 치

---

11) 『江雲隨筆』15번째 문서; 이는 7개조의 강화조건을 제시한 명령서와 짝을 이룬 문서이다. 마찬가지로 6월 28일자로 작성된 별개의 문서가 존재하는데, (「對大明勅使可告報之條目」이라는 제목이며 『兩國和平條件』등에 수록) '大明國救朝鮮急難出師失利豈不噬臍乎'가 '大明國救朝鮮急難而失利是亦朝鮮反間故也'으로 바뀌는 등 수정된 부분이 존재한다.

12) 도요토미 히데요시가 조선 국왕에게 보낸 국서[『宣祖修正實錄』권25, 24년(1591) 3월 정유(1일)].

13) (1592년) 5월 18일 도요토미 히데쓰구에게 보낸 문서 [『(佐賀縣立名護屋城博物館·

는 것은 산으로 달걀을 누르는 것과 같다", "명나라 뿐 아니라 天竺과 南蠻도 그러할 것이다"14) 와 같이 표현되던 명에 대한 공격의사는 사라졌다고 보아야 한다. 이러한 태도 변화를 감안한 위에 강화조건을 분석할 필요가 있다.15)

다시 강화조건을 살펴보자면, 7개의 조목으로 나누어져있기는 하나 7가지의 조건으로 구성된 것은 아니라는 점을 알 수 있다. 항목을 재구성 해보면, 명나라 황녀와 조선 왕자라는 인질 즉, 명예적 성격을 가진 요소와 조선의 4도라는 실물적 요소,－히데요시는 당시 조선 남부의 4도를 실효지배하고 있지 못했다. 그러므로 4번째 항목은 사실 조선의 남부 4도를 요구한 것이라고 보아야 한다－그리고 무역 재개, 서약서 작성이라는 4가지 요소로 구분할 수 있다.

후일 진행되는 논의를 보자면 무역 재개와 서약서는 부차적인 것에 불과했고, 방점은 명예와 영토에 찍혀있었다고 보아야 한다. 히데요시가 명의 황녀나 조선 왕자를 인질로 삼아 얻고자 한 것은 명예였다. 이미 포로로 잡고 있는 임해군과 순화군은 조선에서 강화의 대가로 제공

韓國國立晉州博物館學術交流記念 特別企劃展) 秀吉と文祿·慶長の役』62번 자료, 『卷子本嚴島文書』86, 「豊臣太閤御事書」(『群書類從』21), 등]; 5월 18일 히데요시의 서기(右筆) 야마나카 나가토시(山中長俊)가 도요토미가의 시녀(女中)에게 보낸 문서 [『組屋文書』6; 北島万次(1982) 『朝鮮日々記·高麗日記』そしえて, pp.67~71].

14) 1592년 6월 3일 도요토미 히데요시의 명령서 [『鍋島家文書』38, 『毛利家文書』903, 등].

15) 아토베 마코토 역시 이들 문서에 대해, 명의 실력과 궁지에 빠진 일본군의 현실을 인지한 히데요시가 강화에 대한 열의와 함께 타협적인 조건을 제시한 것으로 파악하였다. 여전히 산견되는 과대망상적인 어구들은 수세적인 상황에서 강화교섭에 나섰음에도 자신이 강화의 주도권을 쥐고 있는 것처럼 보이길 원한 히데요시가 국외용 문서에도 국내를 향한 메시지를 포함하였을 가능성이 있다고 하였다. [跡部信(2003) 「書評 池享編『日本の時代史13 天下統一と朝鮮侵略』」『織豊期研究』(5); 跡部信(2011) 「豊臣政権の對外構想と秩序觀」『日本史研究』(585)].

한 것이 아니었기에 명예라는 요건을 갖추지 못했다. 이미 잡고 있는 두 왕자와 조선에 요구한 인질로서의 왕자는 전혀 다른 의미를 지녔던 것이고, 6번째 조목을 통해 두 왕자를 돌려주면서 히데요시는 대외적으로 또 다른 명예를 얻으려 했다고 생각된다.

마지막으로 이러한 조건 등이 고니시 유키나가와 이시다 미츠나리 이하 세 부교를 통해 명 측에 전달될 예정이었다는 점에 주목해야 한다. 고니시 유키나가는 심유경과의 교섭 이래 명과의 강화교섭을 담당했고, 세 부교는 1592년 6월에 조선으로 파견된 이래 히데요시에게 전황을 보고하고 그의 명령을 장수들에게 전달하는 역할을 맡고 있었다. 즉 고니시 유키나가는 강화교섭에, 세 부교는 히데요시의 명령에 가장 가까이에 있던 자였다. 따라서 강화교섭은 고니시 유키나가를 위시한 3인의 부교가 전담하도록 정해졌던 것으로 보아도 무방할 것이다.

3. 나고야(名護屋)성에서의 회담과 조건 축소

나고야성에서는 위의 조건들을 토대로 논의가 진행되었다. 논의 내용은『兩國和平條件』등에 실려 있는데, 이하에서는 그 내용을 분석하면서 논의 과정을 추적해보도록 하겠다.16) 강화조건을 제시한 히데요시는 외교승을 통해 사용재와 서일관에게 수정할 항목이 있는지 의견을 물어보았다. 7개조의 강화조건은 협상 가능한 조건이었음을 의미한다. 이에 사용재와 서일관은 이대로 전할 수는 없다면서 그 중에서도 첫 번째 조건 즉, 혼례 건은 절대로 불가하다고 하였다. 일본 측이, 그것이 불가하다면 무엇으로 화친의 증거를 삼을 것인가라고 하자 순의왕(알탄

16) 논의 내용은『兩國和平條件』『南禪舊記』『泰長院文書』등에 실려 있다. 가장 많은 내용이 실린『兩國和平條件』을 기반으로 이하의 내용을 작성하였다.

칸)의 예를 들면서, "화친하는데 증거는 필요 없다. 민간의 여자를 공주로 꾸며 시집을 보낸 일이 史書에 있으나, 이 조건을 조정에 가져가면 분노를 일으켜 대사가 망가질 것이다. 이 조건은 삭제하기를 바라며, 두 가지 문서 (7개조의 강화조건, 그리고 그와 짝을 이룬 문서) 는 송응창에게 전달될 것이다." 라고 답하였다.

이에 일본 측은 "첫번째 조건을 삭제한다면 나머지는 가능한가? 왕자는 조선에 있기 때문에 인질로서 보내질 수 있는지 보장 못할 것이니, 두 사절이 송응창에게 진달한 후 회신하기를 기다리겠다. 조선 8도 중에서 4도와 한성은 명이 알아서하라. 나머지 4도는 조선의 왕자와 대신을 인질로 일본에 보내고 …… 혼례를 행한다면 모두 그들에게 붙여서 돌려주겠다." 라고 한 뒤 "일본과 명의 관계가 끊긴지 오래이다. 조선을 통해 관계 재개를 위한 알선을 부탁했으나, 조선이 시간만 끌고 속여서 징벌하였다. 명에서 이제 두 사절이 왔으니 명이 우리를 버리지 않았음을 알게 되어 감격하였다. 조공을 허락해주고 두 가지 문서를 전해 달라. 두 사신이 가서 전달한다면 의심하지 않을 테니 일본에서 사신을 보내지는 않겠다"라고 하였다. 사용재 등은 "일본과 중국의 혼인한 일은 유례가 없으며, (중국과 일본의 관계를 보자면) 元代에 중국이 일본과 싸워 큰 피해를 입고 돌아간 일은 있다"라고 간단히 답하였다.

위의 대화에서는 혼례가 절대 불가하다는 사용재 등의 의견에 대해 일본 측이 타협점을 찾으려 하였다는 점을 알 수 있다. 그리고 일본 측은 혼례와 함께 왕자라는 명예적 요소를 얻는다면 영토는 포기할 수 있다는 의사도 내비치고 있었다. 일본이 명을 적대시하고 있지 않으며, 전쟁의 원인은 조선에 있다는 투의 언사에도 주목할 필요가 있다.

이 논의 내용은 히데요시에게 전달되었고, 6월22일, 히데요시의 의견을 토대로 다시 논의가 진행되었던 것으로 보인다. 중요한 부분을 중심

으로 정리하자면 다음과 같다.[17]

① 日 (일본의 외교승) : 두 사절의 의견을 다이코(太閤 : 도요토미 히데요시를 지칭)에게 전하니, 다이코께서 말하기를 "혼례를 하지 않는다면 무엇으로 성신을 표할 것인가"라고 하였다. 혼례가 불가하다면 조선 8도 중 4도를 명에게 맡겨 조선 국왕에게 돌려주고, 4도는 다이코에

---

17) 6월 22일 논의의 원문은 다음과 같다. ① 二天使所指示無餘告諸大閤 大閤曰大明日本不行婚嫁禮 則以何表誠信乎 不然朝鮮八道中四道者應大明命可還子朝鮮王 四道者可屬大閤幕下 押大明皇帝金印中分朝鮮國可割洪溝 結嫁娶盟耶 中分朝鮮耶 兩條之中(一條 : 『兩國和平條件』에서는 생략됨)不隨大閤所思 大事難成也 ② 予等奉使而來 蓋爲朝鮮乃我大明屬國 爲其解紛排難 玆蒙收兵釜山 極見通好至意 至於婚嫁之禮 決不可行 所示中分八道 豈我大明利其土地平 朝鮮旣爲屬國 則八道土地皆我大明所屬矣 欲中分之 則置朝鮮國王於何地 若依大閤所思 我大明又何用救朝鮮乎 今救朝鮮 而及分朝鮮 則我大明爲不仁不義 何以爲天下人民之主哉 在大閤英雄已聞於遠近 取其土地徒有不義之名 何益之有哉 今惟與我天朝通好收兵回國 保全朝鮮人民 則美名仁德揚萬世 豈不偉哉 此予二使愚見若此 幸高明亮察 若大閤心欲中分四道 二使承命而去 必當奏聞天子 許否來敢必也 倘或不允 大閤毋怪二使今日不直告也 ③ 二使雖來日本 無大明之條件 故自大閤書七件 其內以婚嫁之禮 八道中分之兩條爲最 兩件不任大閤所欲 則大事難決 二天使不決亦理也 皈大明可奏之 又到釜山与沈遊擊等可議之 婚嫁一件與日本者始也 漢朝巳來嫁異國者非無其例 二使能奏之而結和親盟 則全朝鮮人民 罷大明兵士則非萬代良謀乎 漢家已以毛延壽爲忠臣 然則二使亦保全大明朝鮮億兆人民者 大明之良臣也 大明雄奏之 無允容者 非二使疎去者 委悉可告報大閤也 和親之事 必大閤不欲之自大明雖不分四道 遣猛將可伐之者在大閤掌握思之 ④ 所云有理 但毛延壽獻昭君容貌圖與單于 所示甚有理 但畵工毛延壽 獻王嬙美女圖與單于 單于執圖來求 此時漢正與親厚 遂按圖與之 乃民間女也 旣賜單于云 後遂誅延壽 至今有昭君愁相傳 胡地皆白草 昭君基上獨草皆南向 非精魂所發乎 予二人不願爲此等臣也 思之 至於大閤欲遣猛將伐之者 此意當奏聞之 ⑤ 依命 朝鮮國八道者 不及大明金印 諸將悉入得域中 雖然依大明和平之勅收兵於釜山浦 四道幷國域可付與朝鮮王 亦爲應大明使命也 又可伐八道者 在大閤之方寸 婚嫁禮 八道中分之兩件 一事亦不應大閤之意 則再命將士可伐八道皈大明奏之棗棗待回命 四道國域者 隨大明勅 殘四道者屬大閤之麾下 是先和平之端也 今所領之四道依爲大明之與國 保護之 則可行嫁娶之禮 州域縣邑金銀珠玉者非大閤所欲 唯遺功名於萬代者 所希求也 此一書能銘肝而可奏之 大國成敗在此一擧也.

게 속하게 하여야 한다.(밑줄 필자 : 이하 같음) 명 황제의 허락하에 조선을 분할하여 교섭의 장을 마련한 후, 혼례하고 맹약을 맺을 것인가. 조선을 분할할 것인가. 두 조항 중에서 하나를 따라주지 않는다면 대사는 이루어지기 힘들 것이다.

② 明 (사용재와 서일관) : (前略) 혼례는 결코 허락할 수 없다. 조선 분할도 불가하다. 조선은 명의 속국이니 조선의 토지는 모두 명에 속해 있다. 조선을 분할하면 조선 국왕은 어디에 둘 것인가. 명이 조선을 구한 이유가 무엇인가. 조선을 구해주고서 땅을 분할한다면 명을 不仁, 不義하다고 할 것이다. 어찌 천하인민의 주인이라 할 수 있겠는가 …… 天朝와 통호한 후 철수하여 조선의 인민을 보전해주면 미명과 인덕이 만세에 남을 것이다 …… 4도를 원한다면 돌아가서 천자께 보고해 보겠다. 그러나 허락을 보장할 수는 없다. (後略)

③ 日 : 두 사신이 왔으나 명의 강화조건을 가지고 오지 않아서 다이코께서 7건을 제시한 것이다. 혼례와 조선 분할, 두 조항이 가장 중요하다. 두 조항을 들어주지 않는다면 큰 일이 이루어지기 어렵다. 돌아가서 주달하고 또 부산에 가서 심유경과 의논하라. 혼례는 그 사례가 없지 않다 …… (일이 성사된다면) 한나라 때의 모연수처럼 충신이 될 것이고, 명과 조선의 인민이 보전될 것이다 …… 주달을 하였는데 허락을 받지 못한다 해도 두 사신의 잘못은 아니다. 자세히 보고해 달라. 다이코께서 반드시 화친을 원하는 것은 아니다. 명이 4도를 주지 않더라도 猛將을 보내어 공격할 수 있다.

④ 明 : 모연수가 왕소군의 그림을 그려 흉노 선우에게 보낸 이야기는 일리가 있다 …… 그러나 그녀는 민간의 여자였다. 그리고 결국 모연수는 그 죄로 주살을 당했다 …… 오랑캐 땅의 풀이 시들어도 오직 왕소군의 무덤에는 풀이 자라서 남쪽을 향한다고 한다. 精魂의 발현이 아니

겠는가 …… 우리는 이런 사람이 되고 싶지 않다. 다이코가 재침 의사를 가지고 있다면 그 뜻을 주달하겠다.

⑤ 日 : 조선 8도는 이미 일본 장수들이 차지하고 있었는데, 명의 명령에 따라 부산으로 후퇴하고, 4도와 수도를 조선 국왕에게 돌려줬던 것이다. 다시 조선을 정벌할 것인지 여부는 다이코의 판단에 달렸다. 혼례와 조선 분할, 두 가지 조건 중 하나에 응하지 않는다면 다시 8도 공격 명령을 내릴 것이다. 명에 돌아가서 주달해 달라. 회답을 기다리겠다. 4도와 수도는 명에 속하고, 나머지 4도는 다이코에게 속한다. 이것이 화평의 우선조건이다. 그리고 지금 히데요시가 가지고 있는 4도를 명의 보호령으로 한다면, 혼례를 행하여야 할 것이다. 다이코는 영토와 금은보화를 바라는 것이 아니다. 오직 공명(명예)를 만대에 남기고 싶어 할 뿐이다. 이를 마음에 잘 새겨 보고해주길 바란다. 대국의 성패가 이 거사에 달렸다.

복잡한 논의가 오고간 것으로 보이나 결국 히데요시가 원하는 바가 혼례(명예), 혹은 조선4도(실물) 라는 둘 중 하나의 선택으로 좁혀졌다는 점을 도출할 수 있다. 조공과 무역 재개, 서약서 교환이라는 조건은 거론되지도 않았다. 왕자는 앞선 논의에서 이야기되었듯이 두 사신이 확답할 수 있는 바가 아니므로 논의가 보류되었으나, 혼례와 함께 명예적 요소에 포함된 조건이었을 것이다. 분석을 혼란케 하는 것은 ①과 ⑤에 보이는 조선의 남쪽 4도의 소유권에 대한 표현이다. 실효 지배를 못하고 있음에도 4도가 일본의 소유인 양 표현하는 한편으로, 그 4도에 대한 소유권을 인정해달라는 조건을 선택지로 내세우고 있는 것이다.

히데요시의 의도는, ⑤의 서두에서 보이듯이 지배권을 행사할 수 있었음에도 후퇴했고, 그 과정에서 4도와 한성만을 돌려준 것이니 나머지

4도는 자신의 소유 하에 있다는 점을 인정해달라는 것이며, 이를 전제 조건으로 한 위에 교섭에 임하자는 것이었다. 하지만 실효지배를 하지 못하고 있다는 사실 역시 분명했기에—그래서 실력으로 빼앗을 수 있다는 협박성 언사를 반복하였던 것이지만—강화조건의 하나로서 남쪽 4도의 할양을 요구했던 것이다. 그리고 이와 같이 히데요시의 소유권(할양이 아닌)을 인정한 위에 혼례를 행한다면, '히데요시가 소유한' 4도도 돌려주겠다는 논리이다.

소유하지도 않은 영토를 돌려주겠다는 이 논리를 포함하여 ⑤의 마지막 발언에 주목한다면, 히데요시는 역시 명예라는 요소에 무게를 두었다고 볼 수 있으며, 이는 실력으로 (충분한) 영토를 획득하지 못하는 현실을 인지하고 있었기 때문이기에 더욱 그러했을 것이다.

한편, 『足守木下家文書』에는 6월 27일의 마지막 회담 내용을 기록한 것으로 보이는 문서가 실려 있다.[18] 사절 측의 "太閤(도요토미 히데요시 : 이하 히데요시)가 제시한 화친조건은 마땅히 조정에 알릴 것이다. 다만 조정에서 두 조건을 허락하지 않는다면 히데요시는 이에 달가워하지 않고 다시 군사를 일으킬 것인데, 만약 조정에서 구례에 따라 官人을 보내 책봉을 해준다면 거부할 것인가 받아들일 것인가. 히데요시의 의견을 듣고자 한다"는 질문에 대해 일본 측은 "일본 측은 "전일 제시한 대로 두 조건 중 하나를 명이 받아들이지 않는다면 (兩件之中一件大明無允容者) 양국의 화친은 이루어지기 어렵다. 달리 바라는 바는 없다", "두 조건 중 하나를 허락하지 않는다면 (兩件之中一條無許諾者) 화친은 결코 이루어지기 어렵다. 명의 책봉은 필요 없다. 두 조건을 불허한다는 회답이 전해지면 히데요시가 직접 건너가 부산포에 성곽을 만들고

18) 『足守木下家文書』[山陽新聞社編(1982)『ねねと木下家文書』山陽新聞社, 43번 자료)].

京畿에 이르러 축성하고 2~3년 안에 요동에 진출하여 명에서 출진한 군사와 대적하게 될 것이다" 라고 하였다. 진행된 논의를 종합해 볼 때, 히데요시의 진의는 문서화된 7개 조건이 아니라 필담과 구두 협의를 통해 도출된 '혼례 (그리고 인질) 혹은 조선 분할' 이었던 것으로 보아야 한다.

회담을 마친 사용재와 서일관은 7월 중순 경, 위와 같은 요구조건과 논의 내용을 명 측에 전달한다는 임무를 지니고 일본을 떠났다. 히데요시가 제시한 조건은 명 조정의 강화논의에 어떤 영향을 미쳤을까. 사용재와 서일관은 명 조정에서 공식적으로 파견된 사절이 아니었기에 명 조정에 복명할 의무는 없었다. 따라서 히데요시의 요구는 심유경과 송응창이라는 거름망을 거쳐 명 조정에 전해졌다. 그러나 교섭의 진상을 완전히 숨기는 것은 불가능했다. 사용재와 서일관이 돌아온 이래 도요토미 히데요시가 내세운 강화조건에 대한 소문은 여러 가지 정보 전달 경로를 통해 조선과 명나라 곳곳으로 퍼져나간 것으로 보인다.[19] 그러나 이들 소문이 반드시 사실을 반영하고 있었던 것은 아니었다. 이는 다음 장에서 살펴보듯이 도요토미 히데요시의 양면성이 초래한, 혹은 의도한 결과이기도 했다.

---

19) 이 시기 실록에서 확인되는 강화조건과 관련한 소문, 발언을 모아보면 대략 다음과 같다. [『宣祖實錄』권44, 26년(1593) 11월 신미(21일) (7조건), 권45, 윤11월 병신(16일), 임인(22일) (고니시 유키나가가 말한 7가지 조건), 권46, 12월 기묘(30일) (7조건), 『宣祖實錄』권47, 27년(1594) 1월 병오(27일) (영토분할), 권48, 2월 을묘(6일) (혼인과 영토분할), 권51, 5월 계미(6일) (가토 기요마사가 전한 고니시 유키나가와 심유경 사이의 5조건), 권54, 8월 경신(15일) (혼인과 영토분할), 권55, 9월 병술(11일) (혼인)].

4. 내부를 향한 과시와 외부를 향한 양보

이 장에서는 먼저 요구조건을 전달한 이후 히데요시가 강화교섭에 대해 어떤 태도를 취하고 있었는지 알아보도록 하겠다. 강화조건을 명군 사절에게 전달하였다고 생각되는 5월 22일, 히데요시가 부산의 모리 데루모토(毛利輝元)에게 보낸 명령서에서는 "강화조건을 명 측에 전달하였다. 받아들인다면 그에 따를 것이고, 아니라면 들을 필요도 없다", "어차피 강화교섭과는 상관없이 지난번 명한 바와 같이 진주성을 공략한 뒤 (남부 해안의) 축성에 임해야 할 것이다"라고 하였다.20) 강화교섭에 대해 크게 기대하지 않는 듯한 어조를 보이면서 전쟁 태세 유지를 강조하고 있는 것이다.

반면 같은 날 오사카에 있던 아내 오네(おね : 기타노 만도코로 北政所)에게 보낸 서장은 "명에서 사과의 의미로 칙사를 보내와서 강화조건을 전달하였소. 그에 따른다면 용서하고 개선할 것이오 … 7~8월경에는 반드시 만날 수 있을 것이오" 라며21) 조금 다른 뉘앙스를 띠고 있다. 강화협상이 명의 사과로부터 시작되었다는 부분을 일단 제쳐둔다면, 이 서장을 통해 히데요시가 가능한 한 강화교섭을 통해 전쟁을 끝내려 하였으며, 앞으로 진행될 교섭에 대해 비교적 낙관적으로 전망하고 있었

---

20) "御無事之儀者 以條數大明へ被仰遣候間 其分御請申候ハゝ 可被隨其候 不然者 被聞召上聞敷候", "所詮無事ニハ不相構 最前如被仰遣候 もくそ城取卷 悉討果 其上 城々普請等入情可被申付候" [『毛利家文書』898].

21) "(前略) 大めいこくよりわひ事ニちよくしこのちまてこし候間 ちやうすかきをもて申出候 それにしたかい さうふんニうけ候ハゝ いよいよゆるし 大めいこくちやうせんこく さうふんにまかせ かいちん可申候 たゝしこうらいニふしんとう申つけ候間 いますこしひまいり候間 七八月のころハかならすかなくす御めにかゝり可申候 (後略)" [『(佐賀縣立名護屋城博物館 韓國國立晋州博物館學術交流記念 特別企劃展) 秀吉と文祿·慶長の役』102번 자료 등].

을 것이라는 해석도 가능할 것이다. 이 두 문서는 이후 그가 강화교섭에 대하여 취하였던 태도의 두 가지 패턴－강화에 대한 낙관과 긴장 유지－을 축약적으로 보여주고 있다고 해도 과언이 아니다.

이후에도 도요토미 히데요시는, 개인적인 서장에서는 "명이 사과하였으니 조선도 함께 용서하고 10월에는 귀환할 것", "명을 용서하였으니 (남편인) 우키다 히데이에(宇喜多秀家)도 10월 쯤에는 개선할 수 있을 것이다. 안심하거라"[22]라고 하는 등 강화교섭을 낙관하는 듯한 모습을 보였으며, 8월 25일 오사카로 귀환한 후에는 "조선의 일은 내 뜻대로 되었다"라는 만족스런 발언을 전하고 있었다.[23] 그러나 한편으로 1593년 9월 23일 조선에 주둔 중인 제 장수들에게 보낸 명령서에서 "명과의 강화교섭이 대개 잘 풀릴 것 같지 않으므로(명의 강화교섭의 진심이라 생각되지 않으므로), 계속하여 주둔하라는 지시를 내렸다. 東國, 北國(일본의 동북 지역)의 (출진하지 않은) 자들도 교토에 와서 축성 공사를 하고 있으니 불평할 것 없다. 다시 명령을 내려 전라도를 비롯한 지역을

---

22) 이상, (1593년) 6월 9일 오네(おね)에게 보낸 서장 [佐賀縣立名護屋城博物館(2005)『(2005年度 特別企劃展) 秀吉と城』佐賀縣立名護屋城博物館, p.51, 참고자료 1]; 10월 1일 고히메(豪姬)에게 보낸 서장 [大阪城天守閣名品展,『秀吉と桃山文化』116번 자료]; 히데요시가 오네에게 오사카(大坂) 귀환 의사를 표명한 서장은 그 외에도 7월 29일자 [東京帝國大學史料編纂所編(1938)『豊太閤眞蹟集』東京帝國大學史料編纂所, 38번], 8월 3일자, 8월 9일자 [『(2005年度 特別企劃展)秀吉と城』, p.51, 참고자료 2, 3]에 보인다. 히데요시는 8월 초순 나고야(名護屋)를 출발하여 25일에 오사카로 귀환하였다.

23) "大閤辰刻ニ大坂へ御上一云々 高麗之儀被屬本意云々 称重々々"[『言經卿記』5, 1593년 8월 25일]; 히데요시의 오사카 귀환을 전후하여 "조선을 모두 손에 넣었으나 절반은 명에 주고 절반만 가지기로 하였으며, 15개성을 지어 지키기로 하였다고 한다"는 소문이 퍼지기도 했다. [『多聞院日記』권39, 1593년 8월 22일; 中野等(2010) 「「取り沙汰」される 「唐入り」」『九州文化史硏究所紀要』(53), p.29] 히데요시가 제시한 강화조건, 그리고 조선 남부에 축성 중인 15개의 방어용 성에 대한 이야기 등이 착종된 정보이나, 히데요시가 이를 의도하였을 가능성도 있다.

정벌한 뒤에 명에서 사과를 해온다면 그에 따라 다시 조치를 취할 생각이다. (後略)"[24]라며 강화교섭에 대한 부정적인 의사를 내비치면서 전쟁 태세 유지를 강조하고 있었다. '명과의 강화교섭에 대한 부정적 전망', '내년에 간파쿠(關白)를 보내 재침을 명령할 예정', '축성과 재진을 괴로워하지 말 것' 등의 문구는 이후로도 누차 반복되었다.[25]

강화에 대한 낙관과 재침 준비, 히데요시의 본심은 어디에 가까웠을까. 두 종류의 언사가 모두 일본을 향한 것임을 감안할 때, 전자는 강화교섭을 비롯한 전쟁 국면을 자신이 장악하고 있다는 점을 강조하고자 하는 것이었고, 후자는 강화교섭이 생각한 대로 이루어지지 않을 경우 언제라도 전쟁을 재개하여 원하는 바를 얻을 수 있다는 점을 드러내고자 한 것으로, 일본 내부의 여론을 단속한다는 의미에서 본질적으로는 유사하다고 할 수 있다. 그러나 강화조건을 제시한 후 회답이 지연되면서 강화교섭에 대한 의심이 생겨났을 가능성도 충분하다. 그러한 점을 고려한다면 전쟁 태세의 유지에 대한 언사는 스스로가 느꼈던 초조함의

---

24) "大明無事之儀 惣別正儀ニ不被思召ニ付而 城々被仰付各在番候 九州同前ニ令覺悟　有付可有之候 東國北國之者共令在洛 普請等仕儀校候へ者 其地者心安儀候 重而諸勢渡海之儀被仰付 赤國を始可被加御成敗候 於其上大明御侘(詫)言申上候ハヽ 隨其可被仰出候條 弥不可有由斷候" [『鍋島家文書』60; 『加藤淸正家藏文書』19; 島津家文書』397 등]; 이 명령서와 함께 내려진 마시타 나가모리와 이시다 미쓰나리의 副狀 역시 히데요시의 의사에 따라 "명과의 강화교섭은 대개 히데요시께서 생각하시는 바와 다르므로, 축성에 신경 쓰라는 명령이 내려진 것이다 … 關白(도요토미 히데쓰구)을 파견하여 전라도를 비롯한 지역을 정벌하고, 사과를 해 온다면 그에 따라 다시 조치를 취할 생각이시다"라는 내용으로 구성되어 있었다.

25) (1594년) 10월 28일 [『鍋島家文書』87, 『島津家文書』413]; (1594년) 12월 20일 [『鍋島家文書』89]; (1594년) 1월 16일 [『(佐賀縣立名護屋城博物館·韓國國立晉州博物館學術交流記念 特別企劃展) 秀吉と文祿·慶長の役』120번 자료, 『島津家文書』419, 『吉川家文書』770]; (1595년) 2월 10일 [『島津家文書』970], 2월 16일 [『立花家文書』449)].

표현이었을 수도 있다.

그의 불안은 직접 강화교섭을 담당한 고니시 유키나가가 덜어줘야만 했다. 마음만 먹으면 전쟁과 강화모두 손아귀에 넣고 움직일 수 있다며 호언하는 전쟁의 '화려한' 측면은 히데요시가 맡았고, 명·조선 측과 직접 접촉하며 의견을 조율하는 전쟁의 현실적인 측면은 유키나가가 담당하고 있었다. 유키나가는 히데요시로부터 교섭권과 재량권을 위임받았다. 히데요시는 이미 자신의 타협적인 의사를 표현했고, 그 이후 일일이 세부적인 지시를 내리지는 않았던 것으로 보인다.

따라서 유키나가가 교섭의 절충 과정에서 히데요시의 의사와 반드시 일치하지 않는 언사나 행동이 있었을지 모르나, 강화교섭의 전 과정에서 히데요시를 기만했다고 보기는 힘들다. 그러나 위와 같은 히데요시의 '상반된 태도'는 고니시 유키나가 등 일부 실무자를 제외한 여타 장수들의 오해를 불러일으키기도 했다. 예를 들어 난부 노부나오(南部信直)라는 다이묘는 영지에 보낸 서장에서 히데요시가 명 사절에게 조선의 4도를 달라는 등 무리한 요구를 하고 있으나, 이에 대해 솔직한 의견을 개진하는 자가 없다며 개탄하였는데,[26] 이는 문서로서 전달되고 남겨진 것은 고압적인 자세의 요구조건이었고, 실질적인 협상은 필담 혹은 구두로 이루어져 대부분의 사람들에게는 알려지지 않았기 때문일 것이다. 다시 말해 이는 의도된 오해였을 수 있다는 것이다. 히데요시는 표면적으로 그러한 모습으로만 비추어질 필요가 있었고, 따라서 유키나가는 히데요시를 속였다는 악명을 감수해야만 했을 수 있다.

고니시 유키나가는 조선과 일본을 오가며 강화교섭의 진행상황을 히데요시에게 직접 보고하였고, 쓰시마의 소 요시토시나 야나가와 시게노

---

26) (1593년) 5월 25일 [『南部家文書』129].

부(柳川調信), 그리고 히데요시가 파견한 데라자와 마사나리(寺澤正成) 등의 한정된 인원을 통해 교섭 정보를 폐쇄적으로 관리하고 있었다.[27] 유키나가는 심유경을 통해 명 조정의 결정을 재촉하면서 한편으로는 그들의 요구를 히데요시에게 보고한 후, 그의 의향을 다시 심유경 측에 전달하는 방식으로 민첩하게 활동했다.

한편, 명나라의 兵部尙書 石星과 명군 지휘부 등 강화를 주장하던 이들은 '히데요시가 공손히 책봉만을 바라고 있다'는 증거로서 히데요시 명의의 降書를 받아내길 원했다. 결과적으로 히데요시의 항서를 얻어냈으나,[28] 그 이후로도 명 조정은 약 1년여에 걸친 치열한 찬반 논쟁을 거쳐 1594년 말, 결국 책봉사 파견을 결정했다.[29] 조선은 명 조정에서 논의가 진행되던 시기, 김수 등의 사절을 북경에 보내 책봉 허락에 대한 우려를 표하기도 하였으나,[30] 파견 결정이라는 흐름을 돌리지는 못

27) (1594년) 4월 16일 [『島津家文書』405, 『加藤淸正家藏文書』6, 『鍋島家文書』80]; 『宣祖實錄』권70, 28년(1595) 12월 기미(21일) 겐소(玄蘇)의 발언; 조경남, 『亂中雜錄』3, 계사년(1593) 하 10월, 고니시 유키나가가 劉綎에게 보낸 서장을 참조.

28) 항서는 전쟁의 원인을 조선에 돌리면서 공손한 어투로 책봉과 조공을 바라는 내용이었다. [『宣祖實錄』권48, 27년(1594) 2월 경신(11일)] 고니시 유키나가는 1593년 11월 중순 경, 명의 항서 요구에 대해 알게 되었고 [『宣祖實錄』권45, 26년(1593) 윤11월 갑신(4일)], 심유경과 만난 후 본격적으로 이를 마련할 궁리를 하여 2달만에 항서를 가지고 왔다. 히데요시가 직접 항서를 작성하였던 것으로 생각되지는 않으며 작성을 허락했는지도 확정할 수 없다. 그러나 히데요시가 원하는 바를 이루기 위해서는 우선 명 측의 요구를 들어줄 필요가 있었다. 따라서 히데요시의 원하는 바를 이루기 위한 방법 중 하나로서 항서의 제작이 유키나가의 재량권 안에 속해 있었을 가능성도 있다. 히데요시의 항서는 나이토 조안(內藤如安, 內藤忠俊, 小西飛驒守 : 조선와 명의 사료에서는 小西飛로 지칭되는 경우가 많음)을 통해 북경의 명 조정에 전달되었다. [『神宗實錄』권279, 22년(1594) 11월 기묘(5일), 권280, 12월 갑인(11일)].

29) 『神宗實錄』권280, 22년(1594) 12월 병인(23일), 12월 계유(30), 권281, 23년(1595) 1월 경진(7).

30) 『宣祖實錄』권43, 26년(1593) 10월 갑인(5일), 10월 병진(7일), 10월 기미(10일), 12월 무진(19일).

했다.

1595년 4월, 책봉사 李宗城과 楊方亨에 앞서 조선에 들어온 심유경이 고니시 유키나가에게 직접 책봉사 파견 소식을 전했고, 유키나가는 이를 히데요시에게 알리기 위해 데라자와 마사나리와 함께 즉시 일본으로 건너갔다.[31] 이 소식을 들은 히데요시는 크게 기뻐했다고 한다.[32] 히데요시와 유키나가 등은 즉시 강화 성사를 위한 조율을 시작한 듯하며, 비교적 신속하게 결론을 내놓았다. 히데요시 명의의 한문 서장을 통해 조율의 내용을 짐작할 수 있다. 이 서장의 수신자는 고니시 유키나가와 데라자와 마사나리이나, 앞서 지적한 바와 같이 한문으로 작성되었다는 점을 감안한다면, 명과 조선 측에 보이기 위한 기능도 담당하고 있었다고 보아야 한다. 내용은 '大明朝鮮與日本和平之條目' 이라는 제목하에 3가지 조목으로 구성되어 있다.[33]

1(1). 심유경이 조선의 웅천에 도착하여 명의 강화조건을 제시했다고

---

31) (1595년) 5월7일 [『島津家文書』1795] 고니시 유키나가는 5월 6일에 나고야(名護屋)성에 도착했고, 6월 26일에 부산으로 돌아왔다. [『宣祖實錄』권65, 28년(1595) 7월 계유(2일)].

32) 1596년 (양력) 9월 18일과 12월 28일부로 발송한 루이스 프로이스의 보고서 [松田毅一 監譯(1987) 「10 一五九六年(九月十八日付, 都發信)十二月二十八日付, 長崎發信, ルイス·フロイスの年報補遺」『十六·七世紀イエスズ會日本報告集』第Ⅰ期第2巻, 同朋舍出版].

33) "一. 沈遊擊到朝鮮熊川自 大明之條目演說之云云依大明鈞命朝鮮國於令恕宥者朝鮮王子一人渡于日本可侍大閤幕下然則朝鮮八道之中四道者可屬日本自前年雖述命意王子到本朝近侍則可付与之朝鮮大臣兩人爲輪番可副王子之事 一. 沈遊擊与朝鮮王子同車馬至熊川則自日本所築之軍營十五城之中十成卽可破之事 一. 依大明皇帝懇求朝鮮國和平赦之然則爲禮儀賫詔書大明勅使可渡于日本自今以往大明日本官船商舶於往來者互以金印勘合可爲照驗事文祿四年龍集乙未夏五廿日 秀吉印" 굵은 글씨는 擡頭法이 적용된 부분이다. [『江雲隨筆』17번째 문서].

한다. 명의 均命에 따라 조선을 恕宥하려고 하니, 조선의 왕자 1인을 일본에 보내 도요토미 히데요시를 幕下에서 모시게 할 것. 그렇게 하면 조선 8도 중 일본에 속해있는 4도는 전년부터 이야기한 바와 같이, 왕자가 일본에 와서 근시하는 즉시 왕자에게 붙여 돌려줄 것이다. 조선의 대신 2인이 돌아가며 왕자를 보좌할 것.

1(2). 심유경과 조선 왕자가 함께 웅천에 도착하면 일본이 수축한 군영(성) 15개소 중 10개소를 즉시 파괴할 것.

1(3). 명황제가 조선과의 화평을 부탁하므로, 그에 따라 용서하기로 한다. 그에 대한 예의로서 명의 칙사가 조서를 가지고 일본에 올 것이며, 지금부터 명과 일본의 관선과 상선이 왕래하고, 금인과 감합으로 照驗할 것.

文祿四年龍集乙未夏五卄日 (秀吉印)

여기서 도요토미 히데요시가 말한 명의 강화조건이란 우선 명나라 사절의 도해 조건으로 제시한 일본군의 전면 철수 요구였다고 생각된다.[34] 히데요시는 전면 철수를 당장 약속하지는 않았으나, 왕자가 고니시 유키나가의 주둔지인 웅천성까지 도착하면 남아 있는 15개의 성곽 중 10개를 철거하기로 하였다.[35] 일본군의 전면 철수 조건은 이전부터

---

34) 명 조정은 1594년 12월, 나이토 조안을 불러들여 다음과 같은 조건을 제시했다. 즉, 책봉사를 보내주는 대신 ① 한 사람의 일본인도 조선에 머무르지 말 것 ② 조선을 침범하지 말 것 ③ 책봉 외에 다른 것을 요구하지 말 것 이라는 세 조건을 이행하라는 것이었다. [유성룡, 『西厓先生文集』권16, 雜著, 記壬辰以後請兵事; 『神宗實錄』권282, 23년(1595) 2월 계축(10); 『宣祖修正實錄』권28, 27년(1594) 9월 병자(1일)].

35) 히데요시의 명령에 의해 데라자와 마사나리와 시마즈 요시히로(島津義弘)가 일본군의 [illegible] 김해를 [illegible]하게 되었다. [『宣祖實錄』권[illegible], 2[illegible]년(1[illegible]) 7월 계유(2일), 7월 기묘(8일)].

명 측에서 요구한 바였는데, 히데요시가 이 시점에서야 이를 알게 되었는지, 아니면 이전부터 알고 있었으나 명 측의 대응을 기다린 후에야 비로소 일부분만을 들어준 것인지는 알 수 없다.

이어서 첫 번째 조건을 살펴보자면 조선 왕자를 인질로 삼는다는 조건을 제시하였다. 명 조정과의 혼례에 대해서는 전혀 언급하지 않았다. 나고야에서의 회담에 이어 유키나가와 심유경의 교섭 과정에서도 혼례는 불가하다는 결론이 났던 것이고 히데요시가 이를 받아들였던 것으로 생각된다. 아울러 인질 혹은 영토라는 이중택일 조건은 사라지고, 인질(왕자)을 제공한다면 '일본이 현재 소유한' 4도를 그에게 주는 형태로 '반환'하겠다는 조건만 남았다는 점을 알 수 있다. 결국 영토라는 실물적 요소는 완전히 방기되고 명예라는 요소에 집중한 강화조건이 결정되었던 것이다.[36)]

---

36) 고니시 유키나가 휘하의 진영에 소속되어 1595년 3월에 탈출한 일본군들의 공초 내용 중, '關白(여기서는 히데요시를 지칭)은 토지를 탐내는 것이 아니라, 명 그리고 조선과 통호하여 만세에 이름을 남기고 싶어한다', '우선 인질이 오기를 기다리고 있다. 그러나 인질이 재신이나 禁中 사람이 아니면 철병하지 않겠다는 말을 자세히 들었다' 라는 이야기는 사실에 가까운 소문이었을 것이다 [『宣祖實錄』 권62, 28년(1595), 4월 신유(19일)]; 위의 세 가지 조건에 대해서 기존의 연구는 대체로 강화조건이 변했다는 사실은 인정한다. 그러나 조선 왕자를 인질로 보내라는 것과 조선의 남부 4개도의 할양이라는 조건은 유지하고 있다는 것이 대부분의 견해이며, (山室恭子(1992) 『黃金太閤』中央公論新社, pp.136~139; 金文子(1996) 『文祿·慶長期における日明和議交涉と朝鮮』お茶の水女子大學博士學位論文; 기타지마 만지(北島万次) (2010) 「壬辰倭亂에서의 두 개의 和議條件과 그 風聞」 『한일 교류와 상극의 역사』경인문화사) 사실상 양보한 부분이 없다는 의견도 있다. [佐島顯子(1994) 「壬辰倭亂講和の破綻をめぐって」 『年報朝鮮學』(4)] 이와 달리 나카노 히토시는 조선 왕자가 인질로서 일본에 온다면 조선의 남부 4도(명목상의 '해외영토')를 그에게 준다는 데까지 양보한 것으로 보고 있으며, (中野等(2006) 『秀吉の軍令と大陸侵略』吉川弘文館, pp.278~281) 나고야 회담에서부터 이미 완전 철병을 염두에 두고 있었다고 보는 아토베 마코토는 히데요시가 왕자에게 주는 '명목상의 해외 영토'가 아닌 왕자 자체를 중요시하고 있었다고 하였다. [跡部信(2011) 「豊臣政權の對外構想と秩序觀」 『日本史硏究』(585)] 근

한편, 勅使에 대한 조건이 표명된 점은 의아하다. 이전의 조건에서는 大臣들에 의한 서약서 작성을 요구했을 뿐, 칙사가 일본에 직접 와야 한다는 조건은 없었기 때문이다. 아마도 칙사가 온다는 절차를 유키나가부터 전해들은 히데요시가 이를 조건으로 추가한 것이 아닌가 한다.[37] 히데요시가 이 조건을 내놓을 시점에 그들이 책봉사임을 인지하고 있었는지는 알 수 없다. 히데요시에게 그들의 목적이 무엇인지는 그다지 중요하지 않았다. 이미 오기로 결정된 칙사를 자신의 요구 조건 속으로 융해하였으며, 후일 책봉사가 일본에 왔을 때도 어떠한 거리낌도 없이 자신의 명예를 높이기 위한 도구로서 활용했다고 생각되기 때문이다.[38] 관선과 상선의 교류에 관한 조건의 경우는 전쟁이 끝난 이후의 문제이며 강화교섭 성사여부에 영향을 미칠 수 있는 요소가 아니었다. 이는 부차적인 조건으로 보아야 한다. 즉, 히데요시는 조선의 왕자 1인을 인질로 보내라는 요구만을 남겼던 것이다.

조선에서 이루어지던 교섭 내용이 언제 어떻게 히데요시에게 전해지

거 중 하나인 사명대사 유정과 가토 기요마사 회담의 일시를 착각하였다는 문제가 있으나 필자는 아토베 마코토의 견해에 대체로 동의한다. 본 연구에서는 이 과정이 전황에 의한 어쩔 수 없는 양보였다는 사실을 이야기하는 데에서 더 나아가, 히데요시의 조건이 명예라는 요소에 선택·집중되고 있었다는 점을 강조하고자 하는 것이다.

37) 李時發과 당시 고니시 유키나가의 진영에 인질로 구류되어 있던 명나라 군관 譚宗仁의 대화에 의하면 도요토미 히데요시는 최소한 1594년 12월 이전의 시점부터 명의 사절이 오게 된다는 사실을 알고 있었으며, 그들이 유키나가의 진영에 도착하면 철수할 것을 지시하고 있었다고 한다. [『宣祖實錄』권60, 28년(1595) 2월 계축(10일)].

38) 도요토미 히데요시는 사절을 성대하게 영접하기 위해 오랜 시간과 막대한 비용을 들였는데 이것이 곧 자신의 권위를 높이는 것으로 생각하고 있었기 때문이었다고 한다. [松田毅一 監譯(1987) 「10 一五九六年(九月十八日付, 都發信)十二月二十八日付, 長崎發信, ルイス・フロイスの年報補遺」『十六・七世紀イエズス会日本報告集』第Ⅰ期第2卷, 同朋舍出版].

고 있었는지 확정할 수 있는 문서는 남아있지 않다. 그러나 이 한문 문서의 강화조건 내용을 분석해 볼 때, 고니시 유키나가는 그동안의 교섭 진행 상황을 거의 사실 그대로 전달했던 것으로 보인다. 단 한 가지의 문제이자 가장 큰 문제는 조선이 왕자를 인질로 보내는데 동의해줄지 보장할 수 없었다는 것이다.[39] 즉, 히데요시의 타협과 양보를 조선과 명이 받아들이는 관점은 전혀 다를 수 있었다.

5. 결 론

본 연구에서는 7개조로 제시된 도요토미 히데요시의 강화조건이 교섭 당초부터 타협 가능한 조건이었다는 점과 나고야성에서 조건을 두고 이루어진 협상은 구두와 필담으로 행해졌으며 그것이 문서로 남겨진 것보다 더 큰 결정력을 가졌을 수 있다는 점을 제시했다. 그리고 현지의 교섭 정황을 반영하여 재차 조건을 축소하였다는 점을 재확인하였으며, 남은 조건이 명예라는 요소에 선택·집중되었음을 분명히 하였다. 이어서 한 걸음 더 나아가 강화교섭 과정에서 부각되는 도요토미 히데요시의 양면성-구두와 필담으로 이루어진 교섭과 외부에 보여주기 위한 조건, 명을 향한 문서와 일본을 향한 문서, 개인적인 문서와 공식적인 명

---

39) 고니시 유키나가가 히데요시에게 사실을 그대로 전달하지 않은 부분이 있었다고 한다면, 이 시점부터 조선 왕자의 도해 가능성을 실제보다 높게 보고했을 가능성이다. 그러나 한편으로 1595년 10월 6일, 고니시 유키나가의 부하(瀧重時; 瀧七右衛門尉)가 시마즈 요시히로(島津義弘)에게 보낸 서장에서는 "명과의 강화일도 대개 잘 마무리 될 것으로 보이니 안심 하십시오" 라고 하였는데, [『島津家文書』1797, 『舊記雜錄』後篇2, 1611] 정세를 가장 정확히 판단하고 있었다고 생각되는 고니시 유키나가 측의 인물이, 굳이 거짓말을 할 필요가 없는 이에게 이렇게 말했다는 점을 감안한다면, 유키나가 역시 조선 왕자의 도해, 혹은 다른 방법-조선 사절(통신사)로의 대체와 같은-을 통한 강화 성사를 낙관하고 있었을지도 모른다.

령서 간의 차이-을 구분해야 한다는 점을 지적하였다. 이를 구분하지 않는다면 결국 히데요시가 스스로의 과대망상적 요구가 이루어지지 않아서 전쟁을 다시 일으켰다는 단순한 결론으로 귀결되어버리며, 그가 보여준 다른 언행들은 모두 무시될 수밖에 없기 때문이다.

도요토미 히데요시가 강화조건을 제시하고 명의 답변을 기다리고 있던 이 시기는 스스로의 명예 고양을 추구하면서 부하들에게는 끊임없는 긴장을 요구하는 그의 연극적 행동이 본격화된 시기이기도 했다. 명을 향한 문서에서는 적대감을 없애는 한편으로 전쟁 발발의 원인을 조선에게 전가하였고, 일본을 향한 문서에는 강화교섭에 대해 낙관하는 동시에 전쟁 태세 유지를 강요했다. 히데요시가 이러한 태도를 동시에 취할 수 있었던 것은 고니시 유키나가라는 현실의 전쟁을 담당하는 자가 있었기 때문이었다.

강화교섭이 선택된 이후 도요토미 히데요시는 '내년 봄 직접 출병'과 '곧 개선'이라는 상반된 언사, 그리고 고압적인 요구조건과 타협적인 교섭 방식이라는 양면적인 모습을 동시에 드러내고 있었다. 그러나 어느 한 쪽에 치우친 그의 인상만을 강조해서는 안 될 것이다. 히데요시가 내세운 강화조건도 그와 같은 양면성을 지녔다. 7개조의 강화조건을 제시하였으나 곧 사용재와 서일관의 의견을 듣고 수정을 가했다. 이후 현지의 교섭 상황을 고니시 유키나가로부터 전달받고 있던 히데요시는 책봉사 파견이 결정된 후 조선 왕자를 인질로 주고 명에서 책봉사를 보내달라는 등의 조건만을 남겼다. 전쟁에 참전한 다이묘 중에는 히데요시의 이러한 양면성을 구분하지 못하는 이들이 많았으나, 이는 히데요시가 의도한 바에 가까웠다고 할 수 있다.

참고문헌

1. 자료

『宣祖實錄』『宣祖修正實錄』

柳成龍, 『西厓先生文集』(이재호 번역·감수, 『국역 서애전서』, 서애선생 기념사업회, 2001 ; 『西厓全書』, 西厓先生紀念事業會, 1991)

趙慶男, 『亂中雜錄』(민족문화추진회 편, 『국역 대동야승』, 1971~1979)

『神宗實錄』

宋應昌, 『經略復國要編』(『(中國文獻珍本叢書)朝鮮史料匯編』, 全國圖書館文獻 縮微復制中心 , 2004)

『兩國和平條件』[(日本)國立公文書館 內閣文庫 (청구기호 168-0042)]

『南禪舊記』[(日本)國立公文書館 內閣文庫 (청구기호 192-0267, 192-0268)]

景轍玄蘇, 『仙巢稿(僊巢稿)』[(日本)國立公文書館 內閣文庫 (청구기호 205-0083)]

『江雲隨筆』[東京大學 史料編纂所 (청구기호 2351-3)]

『足守木下家文書』(山陽新聞社編, 『ねねと木下家文書』, 山陽新聞社, 1982)

『毛利家文書』『小早川家文書』『淺野家文書』『島津家文書』『吉川家文書』『相良家文書』『伊達家文書』(東京大學史料編纂所編, 『大日本古文書』)

『泰長院文書』(『佐賀縣史料集成』5)

『鍋島家文書』(『佐賀縣史料集成』3)

『加藤清正家藏文書』(『熊本縣史料』中世編5)

『組屋文書』(『小浜市史』諸家文書編 1)

『舊記雜錄』(鹿兒島縣維新史料編纂所編)

日下寬 編(1914)『豊公遺文』博文館
東京帝國大學史料編纂所編(1938)『豊太閤眞蹟集』東京帝國大學史料編纂所
『南部家文書』(鷲尾順敬編(1939)『南部家文書』吉野朝史蹟調査會)
『時慶記』(時慶記研究會『時慶記』臨川書店)
『言經卿記』(東京大學史料編纂所編『大日本古記錄』)
『多聞院日記』(竹內理三編『續史料大成』)
『黑田家譜』(川添昭二, 福岡古文書を讀む會 校訂,『新訂黑田家譜』, 文獻出版, 1983)
宇土市敎育委員會(2005)『(宇土市史研究26號)小西行長基礎資料集)』宇土市敎育委員會
『太閤記』

2. 논저

中村榮孝[1969(1970 再版)]『日鮮關係史の硏究』(中) 吉川弘文館.
北島万次(1982)『朝鮮日々記·高麗日記』そしえて
松田毅一 監譯(1987)『十六·七世紀イエスズ會日本報告集』第Ⅰ期第2卷, 同朋舍出版
北島万次(1990)『豊臣政權の對外認識と朝鮮侵略』校倉書房
山室恭子(1992)『黃金太閤』中央公論新社.
中野等(2006)『秀吉の軍令と大陸侵略』吉川弘文館
佐賀縣立名護屋城博物館(2005)『(2005年度 特別企劃展)秀吉と城』佐賀縣立名護屋城博物館
佐賀縣立名護屋城博物館(2007)『(佐賀縣立名護屋城博物館·韓國國立晉州博物館學術交流記念 特別企劃展) 秀吉と文祿·慶長の役』
鳥津亮二(2010)『小西行長』八木書店
山本博文 外(2013)『僞りの秀吉像を打ち壞す』柏書房

기타지마 만지(北島万次) (2010)「壬辰倭亂에서의 두 개의 和議條件과

그 風聞」『한일 교류와 상극의 역사』경인문화사
김경태(2012)「임진전쟁 전반기, 가토 기요마사(加藤淸正)의 동향－戰功의 위기와 講和交涉으로의 가능성」『大東文化硏究』(77)
김문자(2005)「임진왜란기 일·명 강화교섭의 파탄에 관한 一考察」『정신문화연구』(28집 3호), 한국정신문화연구원
김문자(2012)「豊臣秀吉의 冊封問題와 壬亂期의 講和交涉 : 정유재란의 원인을 중심으로」『中央史論』(36)
이계황(2013)「임진왜란과 강화교섭－쓰시마번과 고니시 유키나가를 중심으로」『동북아문화연구』(34)

泉澄一(1976)「對馬以酊庵輪番僧 江岳元策について」『(橫田健一先生還曆記念會編)日本史論叢』橫田健一先生還曆記念會
佐島顯子(1992)「秀吉の「唐入り」構想の挫折と小西行長の講和交涉」『福岡女學院大學紀要』(2)
佐島顯子(1994)「壬辰倭亂講和の破綻をめぐって」『年報朝鮮學』(4)
金文子(1996)『文祿·慶長期における日明和議交涉と朝鮮』お茶の水女子大學博士學位論文
跡部信(2003)「書評 池亨編『日本の時代史13 天下統一と朝鮮侵略』」『織豊期研究』(5)
中野等(2010)「「取り沙汰」される「唐入り」」『九州文化史研究所紀要』(53)
跡部信(2011)「豊臣政權の對外構想と秩序觀」『日本史研究』(585)

제5장 '우발적 청일전쟁론'의 구조와 비판 논리의 모색

최석완*

1. 머리말

2001년에 출판된 『새로운 역사교과서(新しい歴史教科書)』(扶桑社, 『후소샤, 역사』로 줄임)는 한일 역사학계뿐만 아니라 양국의 외교적 갈등을 초래할 만큼 커다란 파장을 몰고 왔다. 일본의 진보주의 역사학과 한국의 역사학계에서는 『후소샤, 역사』의 왜곡 부분에 대한 비판을 전개했고, 한국정부도 일본정부에 대해 왜곡 부분을 수정해줄 것을 공식적으로 요구했다. 그러나 일본정부는 극히 일부의 사실 확인을 제외하고 나머지 대부분에 대해서는 한국의 요구를 받아들이지 않았다. 오히려 2009년에는 『후소샤, 역사』의 후속이라 할 수 있는 『일본인의 역사교과서(日本人の歴史教科書)』(自由社, 『지유샤, 역사』로 줄임)가 출판되기에 이르렀다. 두 교과서는 내용에서 다소 차이는 있지만 일본의 대외 팽창주의를 부정하고 근대일본을 긍정적인 시각에서 파악하는 보수, 우익적 논리가 일관되게 관통하고 있다. 이 때문에 『지유샤, 역사』가 등장하자마자 이

---

* 대진대학교 국제학부 교수
이 글은 동북아역사재단(2010) 『한일 역사쟁점 논집-근현대편-』(비매품)에 「일본 역사교과서 왜곡 문제에 대응 논리에 관한 연구」라는 제목으로 수록되었던 것을 일부 수정, 보완한 글이다.

에 대한 비판도 본격화되었다.[1)]

그러나 지난 10여 년의 경과가 말해주듯이, 보수주의 역사교과서에 대한 비판은 활발했지만 충분한 성과를 거두지는 못하였다. 그 이유는 여러 가지가 있겠지만, 비판이 주로 보수주의 교과서의 왜곡 부분을 지적하고 수정을 요구하는 일에만 집중될 뿐, 왜곡의 뿌리인 보수주의 역사학의 연구에 대한 철저한 비판이 부족했기 때문이라고 생각된다. 더구나 대부분의 비판은 일본의 보수주의 역사학(비팽창주의론)이 비판한 종래의 진보주의 역사학(팽창주의론)의 성과에 의존할 뿐, 보수주의 역사학의 사료 이용이나 논리 전개에서 드러나는 문제점을 검토하려는 자세가 부족해 보인다.

본고에서는 이상과 같은 상황을 염두에 두면서, 현재 채택율이 가장 높은 『신편 새로운 사회, 역사(新編 新しい社會, 歷史)』(東京書籍, 『도쿄서적, 역사』로 줄임) 및 『지유샤, 역사』의 청일전쟁 관련 내용을 일본 역사학계의 연구 동향과 관련시켜 검토해 보고자 한다. 이들 역사교과서의 내용에서 발견되는 서술상의 특징은 무엇인지, 이를 뒷받침하는 보수주의 역사학의 논리는 어떠한 과정을 거쳐 등장한 것인지, 또 문제점은 없는 것인지에 관해 살펴보고자 한다. 아울러 보수주의 역사교과서를 비판하는 한국 역사학계의 논리에서는 어떠한 특징을 발견할 수 있는지, 또 이러한 논리는 보수주의 역사학에 대한 효과적인 반론이 될

---

1) 한국에서 나온 주요 비판으로는 다음과 같은 논문을 들 수 있다. 김민규(2009) 「지유샤(自由社)刊 2009년도 중학교 역사교과서 분석-'근대' 대외관계를 중심으로-」 『역사교육논집』(43). 신주백(2009) 「지유샤판 역사교과서의 근대사 서술 분석」 『역사교육연구』(9). 신주백(2009) 「지유샤판 중학교 역사교과서의 현대사 인식」 『한일관계사연구』(33). 현명철(2010) 「일본 역사교과서에 나타난 전쟁관」(한일관계사연구논집편찬위원회 편, 『한일관계사연구논집』20, 한일 역사교과서와 역사인식, 경인문화사). 김도형(2010) 「한일 역사교과서의 '근대 한일관계와 조약' 서술」(『한일관계사연구논집』20).

수 있는 것인지에 대해서도 검토해 보도록 하겠다.

2. 역사교과서 내용의 분석

먼저 『도쿄서적, 역사』의 내용을 검토해 보자. 여기에는 메이지유신에서 청일전쟁에 이르기까지 일본이 전개한 동아시아정책과 관련하여, 대략 다음과 같은 내용이 나온다.[2)]

(가) 일본이 조선, 중국과 맺은 조약은 근대 국제법에 근거한 구미 형 외교관계를 아시아에 적용한 것으로, 중국을 중심으로 한 아시아의 전통적인 국제질서와 대립하였으며, 일본과 중국은 조선에 대한 주도권을 둘러싸고 대립을 격화시켜 나갔습니다.

(나) 이러한 가운데 조선에서는 일조수호조규를 체결한 일본과 조선의 지배권을 주장하는 청이 세력 다툼을 전개하고 있었습니다. 조선 국내에서는 메이지유신을 본받아 근대화를 도모하려는 친일파와, 청과의 관계를 유지하면서 구미에 대항하려는 친중파가 격렬하게 대립하였습니다. 1884년에 일어난 ①정변 이후 청의 영향력이 강해지자, 일본은 구미 열강의 아시아 침략이 강화되는 가운데, 조선에 진출하지 않으면 일본의 전도가 위태로워진다고 보고, 청에 대항하기 위한 군비의 증강을 도모해 갔습니다.

(다) 친일파가 일본과 결탁하여 무력으로 정치의 실권을 장악하려고 했습니다만, 청에 패하였고 일본의 영향력은 크게 후퇴했습니다.

---

2) (가)는 p.1[illegible], (나)는 pp.15[illegible] 155, (다)는 p.155의 [illegible] ①에 [illegible].
번호와 밑줄 등은 필자에 의함.

이상의 내용에서 드러나는 서술상의 특징에 관해서는 대략 다음과 같이 정리할 수 있다. 첫째, 일본의 팽창주의를 인정하면서도 가능한 한 이를 완곡하게 표현하고 있다. 『도쿄서적, 역사』의 기본 시각은 (가)에서 일본을 동시아의 전통적 국제질서에 충격을 가한 존재로 지적한 점에서 알 수 있듯이, 팽창주의론에 가깝다고 하겠다. 다만 일본이 동아시아의 전통적인 국제질서와의 공존을 모색하기보다는 그에 대한 도전을 선택했다는 명확한 표현을 회피함으로써, 팽창주의론의 입장을 상당 부분 완화시키고 있는 점에 주의할 필요가 있다.

둘째, 청과 열강의 팽창이나 침략을 강조한 반면 일본의 온건한 진출을 상대적으로 부각시키고 있다. 이러한 태도는 (가)에서 (나)로 이어지는 서술 내용에서 확인할 수 있다. 조선에 대한 청의 팽창주의는 '주도권'에서 '지배권'을 거쳐 갑신정변 이후 '영향력'을 증대시키는 쪽으로 점차 강화되었고, 열강의 '아시아 침략'도 강화된 것으로 서술하였다. 이에 반해 일본은 상대적으로 온건한 태도를 유지한 것으로 기술하였다. '일조수호조규를 체결'한 일본은 조선에 대한 '주도권'을 놓고 청과 대립하다가 청의 지배권에 맞서 '세력 다툼'을 벌였고, 갑신정변(1884) 이후에는 청의 '영향력' 증대와 열강의 '침략'이 일본의 '전도'를 위태롭게 할 것을 우려하여, 조선 '진출'과 청에 대한 '군비의 증강'을 도모했다는 것이다. 청의 '지배권' 및 '영향력' 그리고 열강의 '침략'에 비해, 일본의 '진출'이라는 표현은 대단히 완곡해 보이며, 동시에 그 내용이 무엇인지 파악할 수 없다는 점에 주의해야 할 것이다.

셋째, 청일전쟁을 일본의 독립 보전을 위한 방어 전쟁으로 바라보는 시각을 제공할 위험성이 있다. 이에 대해서는 일본의 조선 '진출'과 대청 '군비의 증강'을 청과 열강의 팽창주의 내지 침략주의에 대항하기 위한 방법이었던 것으로 설명한 (나)의 관련 부분에 주목해야 한다. 여기에는 근대일본이 메이지유신 이후 조선을 정치적, 군사적 요충으로 중시하여 세력 확대를 꾀했다는 팽창주의론의 견해가 사실상 배제되어 있다. 청일전쟁 발발의 원인 제공자를 일본이 아닌 청으로 규정하는 시각은 보수주의 역사교과서의 인식과 크게 다를 바 없다고 하겠다.

넷째, 한국 역사학계의 연구 성과를 수용하지 않는 태도이다. (나)에서 등장하는 '친일파'와 '친중파'라는 개념은 급진개화파나 온건개화파 등의 '친일적' 혹은 '친중적' 태도를 지나치게 확대 해석한 결과이다. 그러나 이들 세력은 일본이나 청국을 조선의 근대적 개혁에 활용했을 뿐이지, '친일'이나 '친중' 그 자체는 아니었다. 한국 역사학계에서도 한때 이들을 '친일파'나 '친중파'로 규정하는 견해가 있던 것은 사실이지만, 현재는 그들의 자주성이나 주체성을 인정하는 것이 일반적이다. 따라서 한국의 연구 현황을 고려하여 이제는 개화당, 개화파, 급진개화파, 온건개화파, 집권민씨파 등의 개념을 사용할 필요가 있을 것이다.

다섯째, 일본에서 청을 가상적국으로 하는 군비확장정책이 출발한 시기를 최대한 늦은 시점에 설정하고 있는 점이다. 일본의 군비가 대내적인 것에서 대외적인 것으로 전환한 시점, 청 세력을 조선에서 축출하기 위한 군비확장정책을 결정한 시점 등에 대해서는 다양한 학설이 존재하는 것이 사실이다. 그 가운데 팽창주의론에 입각한 전통적 학설에 따르면, 대외적 군비로 전환한 것은 서남전쟁(1877) 후 임오군란 전의 일이다. 또 청을 가상적국으로 하는 군비확장정책을 결정한 것은 임오군란 직후의 일이다. 따라서 (나)에서와 같이 갑신정변 후에 군비확장정책을 결정해서 추진한 것처럼 설명하는 것은 타당하지 않다고 생각된다. 임오군란을 완전히 생략한 채, 갑신정변 전후의 상황에 대해서만 서술하는 태도는 일본의 팽창주의를 완화시키는 결과를 가져 온다고 하겠다.

여섯째, 일본정부의 갑신정변기도설에 대한 뚜렷한 입장 표명이 유보

되어 있다. 이는 (다)의 내용에서 알 수 있다. 갑신정변기도설이란 청프 전쟁 때문에 조선에 대한 청의 영향력이 약화되자 일본정부가 이를 틈타 청 세력을 조선에서 배제하기로 결정하고, 단독으로 혹은 민간과 손을 잡은 상태에서 다케조에 신이치로(竹添進一郎) 공사를 귀임시켜 김옥균 등 급진개화파의 정변을 적극 지원하였다는 학설을 말한다. 그런데 (다)의 내용만으로는 이러한 학설에 대해 어떤 입장을 취하고 있는지를 확인할 수가 없다. 급진개화파가 일본의 어느 세력과 어느 정도의 결탁을 했던 것인지에 대해서도 아무런 설명이 없다. 이렇게 되면 특히 이노우에 가오루(井上馨), 이토 히로부미(伊藤博文), 다케조에 공사 등 일본정부의 관여 부분이 완전히 빠져버리게 되어서, 일본정부의 팽창주의와 급진개화파의 자주성을 동시에 부정하는 효과를 가져 올 수밖에 없다. 갑신정변기도설에 대해서는 조금 더 검토해야 할 부분이 남아 있는 것이 사실이지만, 아직 일본정부의 관여를 완전히 부정할 만큼의 연구가 축적된 상태가 아니라는 점에서 재고되어야 할 것이다.

한마디로 『도쿄서적, 역사』의 서술상의 특징은 청과 열강의 팽창주의, 침략주의를 강조하는 동시에 상대적으로 일본의 온건주의를 부각시킨 점에 있다고 하겠다. 이러한 자세는 근대일본의 대외 침략과 팽창을 강조해 온 전후 일본역사학계의 전통적 팽창주의론과 대비된다. 팽창주의론의 관점을 유지하고는 있지만 적극적으로 수용하는 자세는 찾아보기 어렵다. 그 배경에는 1980년대 중반 이후 활발해진 보수주의 역사학의 영향이 있던 것으로 판단된다.

그러면 이하에서 『지유샤, 역사』의 내용을 『후소샤, 역사』의 내용과 비교하면서 분석해 보기로 하겠다. 임오군란, 갑신정변을 전후한 시기의 일본의 대외정책과 관련하여 『지유샤, 역사』에는 다음과 같은 내용이 서술되어 있다.[3)]

(가) 일본의 독립과 조선반도

동아시아의 지도를 보자. 일본은 유라시아 대륙에서 조금 떨어져 바다에 떠 있는 섬나라이다. 일본을 향해 대륙에서 한쪽 팔처럼 조선반도가 돌출되어 있다. 양국의 이러한 지리적 관계는 오랜 역사상 중요한 의미를 띠고 있다.

(나) 조선의 근대화와 일본

메이지 신정부는 정권 수립 후, 곧바로 조선과 국교를 맺으려 했다. 그러나 중국의 청조에 조공하던 조선은 외교관계를 맺는 것을 거절했다. 조선을 개국시킨 1876(메이지9)년의 일조수호조규는 제1조에서 「조선국은 자주의 나라」임을 강조하였다. 여기에는 청조의 영향으로부터 조선을 분리시키려는 의도가 있었다.

청조 이상으로 두려운 대국은 부동항을 구하여 동아시아에 눈을 돌리기 시작한 러시아였다. 러시아는 1891(메이지24)년에 시베리아철도 건설에 착수하였고, 그 위협은 물밀듯이 닥쳐왔다. 조선반도가 동방에 영토를 확대하던 러시아의 지배하에 들어간다면, 일본을 공격할 좋은 기지가 되어, 섬나라 일본의 방위가 곤란해질 것으로 생각되었다.

그래서 일본은 조선이 개국한 후, 근대화를 시작한 조선에 대해 군제개혁을 원조했다. 조선에서도 시찰단이 파견되어 메이지유신의 성과를 배우려고 했다. 조선이 타국에 침범되지 않는 나라가 되는 것은 일본의 안전보장에도 중요했다.

(다) 조선을 둘러싼 일청의 대립

한편 청은 동아시아의 정세를 다른 시각에서 파악하고 있었다. 1879(메이지12)년, 오랫동안 청에도 조공하던 류큐(琉球)가 오키나와(沖縄)

---

3) (가)에서 (마)는 pp.160-164. (가)에서 (라)까지의 첫 번째 줄은 『지유사, 역사』 본문의 소제목에 해당하며, (마)는 p.164에 게재된 사진 등을 부연 설명한 부분임.

현이 되어 일본 영토에 편입된 일은 청조에게 있어 큰 충격이었다. 그 후 청프전쟁에서 패하여 또 하나의 조공국 베트남이 프랑스의 지배하에 들어갔다. 조공국이 잇달아 소멸해 가는 것은 황제의 덕이 쇠퇴했음을 의미하며, 중국을 중심으로 하는 동아시아의 질서가 붕괴될 위기에 처해 있음을 보여주는 것이었다.

그래서 청은 최후의 유력한 조공국인 조선만큼은 잃어버릴 수 없다고 하여, 일본을 적으로 간주하게 되었다. 일본이 일청·일러의 두 전쟁을 치르게 된 배경에는 이와 같은 동아시아의 국제관계가 있었다.

(라) 조선을 둘러싼 일청의 항쟁

일본은 조선이 개국한 후, 근대화를 돕기 위해 군대의 개혁을 원조했다. 그러나 1882(메이지15)년, 개혁에서 제외되어 냉대 받은 것에 불만을 품은 일부 조선 군인의 폭동이 발생했다(임오사변). 청은 이에 편승해서 수천의 군대를 파견하여 즉시 폭동을 진압함으로써 일본의 영향력을 약화시켰다.

1884년에는 일본의 메이지유신을 본받아 근대화를 추진하려던 김옥균 등의 쿠데타가 일어났으나 이때도 청의 군대는 이를 진압했다(갑신사변).

조선에서 청조와의 세력 다툼에 두 차례 패배한 일본은 청과의 전쟁을 예상하여 급속하게 군비를 확장하였고, 이윽고 거의 대등한 군사력을 갖추게 되었다.

(마)

청국의 주력 군함「定遠」- 동일한 모양의「鎭遠」과 함께 독일에서 수입되어, 당시 동양 최대이자 최신의 군함으로서 그 이름은 일본의 서민들까지도 두려워할 정도였다. 그러나 황해 해전에서 청국함대는 신흥 일본함대에게 완전히 격파되어 재기하지 못했다.

김옥균 - 조선의 근대화를 목표로 했던 개혁파의 지도자. 갑신사변 후 일본으로 달아났으나 나중에 조선정부의 손에 의해 중국 상해에서 암살되었다.

1885(메이지18)년, 일청 양국이 조선에 출병할 때는 사전에 서로에게 통지한다는 조약이 양국 사이에 체결되어 있었다.

이상의 내용에서는 대략 다음과 같은 점들이 주목된다. 첫째, (가)와 (나)에서 부각시키고 있는 조선의 지리적 조건과 러시아의 위협에 관한 부분이다. 조선의 안전이 일본의 안전에 직결된다는 시각은 전통적인 팽창주의론에서 주장하는 '조선=이익선'론과 차이가 느껴지지 않는다. 그러나 시베리아철도 건설의 착수가 곧바로 조선 지배는 물론 일본의 안전에 대한 직접적 위협이 되는 것처럼 연결하는 태도는 당시의 정세로 보아 적절하지 않아 보인다. 여기에는 러일전쟁을 방어전쟁으로 규정함으로써, 일본의 조선 침략을 정당화하려는 의도가 내포되어 있다고 하겠다.

둘째, (나)에서 조선의 군제개혁을 지원한 일본의 의도에 대해, 조선을 '타국에 침범되지 않는 나라'로 만들어 일본 자신의 안전보장을 확보하기 위한 것으로 설명한 점이다. 그러나 이러한 해석에는 문제가 있다. 우선 시베리아철도 착공에 따른 러시아 위협의 증대에 대한 대비책으로서, 조선의 군제개혁에 대한 원조를 지적하는 것은 적절하지 않다. 군제개혁에 대한 원조는 임오군란 전의 일이기 때문에, 시기적으로 적절한 고려 사항이 될 수 없다.

그러나 더욱 문제가 되는 것은 '타국에 침범되지 않는 나라'라는 표현에 함축된 의미이다. 여기에서는 명확한 표현을 사용하고 있지 않지만, 『후소샤, 역사』의 내용을 고려할 때, '타국'이란 곧 러시아를 의미하며,

'타국에 침범되지 않는 나라'란 '중립국' 조선을 의미한다는 것은 명확하다. 이는 보수주의 역사학이 집중적으로 조명해 온 조선중립국화론을 수용한 결과로 보인다. 그러나 조선중립국화론은 아직 통설적 지위에 올랐다고 할 수 없다. 이 점을 충분히 인지하고 있었기 때문에 『후소샤, 역사』에서도 '중립의 보장을 위해 일본의 군비를 증강시켜야 한다는 생각도 있었다'는 다소 유보적인 표현을 사용하였던 것이다. 『지유샤, 역사』는 한걸음 더 물러나 보다 완곡한 표현을 사용하되 동일한 의미를 전달하려 했고 그 결과가 '타국에 침범되지 않는 나라'라는 표현이 된 것으로 생각된다. 그러나 아직 주류적 위치를 차지하지 못한 학설을 교과서에 도입하는 것은 타당하지 않다고 하겠다.

셋째, 청일전쟁 발발의 원인 제공자를 청으로 보는 시각이 관철되어 있는 점이다. (나)에는 청의 조공국에서 벗어나 '자주의 나라' 즉 독립국이 될 수 있도록 조선을 개국시킨 일본, 또한 '타국에 침범되지 않는 나라' 즉 중립국이 될 수 있도록 군제개혁 등 조선의 근대화를 지원하는 일본의 모습이 그려져 있다. (다)에는 조공국 조선을 상실하지 않기 위해 '일본을 적으로 간주'하는 청의 모습이 묘사되어 있다. (라)에는 일본의 근대화에 호응하는 개혁 세력이 조선 내부에 존재했다는 사실이 지적되어 있다. 또 청이 임오군란과 갑신정변을 진압한 것은 일본의 군제개혁 지원과 영향력을 약화시켰고, 이것이 일본의 대청 군비확장을 촉발시킨 요인이 되었다고 설명하고 있다.

한마디로 청일전쟁 발발의 책임은 중화체제의 붕괴를 막기 위해 조선의 근대적 개혁과 중립국화를 저지한 청에 있다는 것이다. 이러한 시각에서 보면, 청일전쟁은 일본이 조선의 근대화와 중립국화를 지원하기 위해 선택한 시혜적 전쟁이라는 시각도 성립할 수 있다. 동시에 조공국 조선을 상실하지 않기 위해 일본을 적으로 규정한 청에 대한 방어 전쟁이 될 수밖에 없다. 일본이 말하는 조선의 독립이나 중립국화가 조선에 대한 배타적 영향력을 확보하려던 전략이었다는 관점은 찾아볼 수 없다.

넷째, '청과의 전쟁을 예상하여 급속하게 군비를 확장'했다는 시각이다. '예상'이라는 표현을 사용한 점에서 확인되듯이, 『지유샤, 역사』는 팽창주의론의 '준비된 청일전쟁론'과 일정한 거리를 두는 태도를 보이고 있다. 즉 청을 가상적국으로 상정하고 대규모 군비확장정책을 추진하면서 청일전쟁을 준비하는 일본의 모습을 확인하기가 어렵다. 오히려 '예상'이라는 표현을 사용함으로써 청일전쟁 발발의 책임 소재를 불분명하게 만들어 버렸다는 점에서, 비팽창주의론의 '우발적 청일전쟁론'에 가까운 시각을 드러냈다고 할 수 있다. 요컨대 『지유샤, 역사』는 팽창주의론의 준비된 전쟁론을 배제하고 비팽창주의론의 우발적 전쟁론을 수용한 것이다.

그밖에 다음과 같은 점들을 특징으로 지적할 수 있다. 갑신정변기도설에 대한 태도를 유보한 점과 군비확장정책의 출발 시기를 갑신정변 후로 설정한 점에서, 『도쿄서적, 역사』와 다를 바 없는 시각을 보여준다. 그러나 『도쿄서적, 역사』가 '진출'이라는 완곡한 표현이기는 하지만 조선에 대한 일본의 세력 확대를 인정하고 있는데 반해, 『지유샤, 역사』는 독립국 조선의 중립국화를 강조함으로써 일본의 세력 확대 자체를 부정하는 등, 비팽창주의론을 철저히 관철시키는 태도를 보였다. 급진개화파에 대한 호칭은 (마)에서와 같이 '개혁파'를 사용함으로써, 『도쿄서적, 역사』는 물론 『후소샤, 역사』의 '친일파'라는 호칭에 비해 진일보한 자세를 보여주었다. 천진조약에 대해서는 (마)에서와 같이 특별한 평가 없이 그 내용의 일부를 설명하였다.

한편 『지유샤, 역사』의 내용은 『후소샤, 역사』와 비교할 때, 다음과 같은 특징을 지적할 수 있다. 『후소샤, 역사』에서는 청이 '일본을 가상적국'으로 삼았다고 표현했지만 『지유샤, 역사』에서는 '일본을 적으로 간주'했다는 보다 단정적인 표현을 사용하였다. 『후소샤, 역사』에서는 '定遠'을 동원한 청의 무력시위를 본문에 서술하여 강조했지만, 『지유샤, 역사』에서는 (마)와 같이 단순히 청국 함대에 대한 일본인들의 공포만을 지적하였다. 아울러 일본 함대의 우세한 화력을 강조하였다. 전체적으로 『지유샤, 역사』는 비팽창주의론을 관철시키는 과정에서 『후소샤, 역사』에 비해 다소 완곡한 표현을 사용하였다고 하겠다.

이상에서 검토했듯이 『지유샤, 역사』에는 일본의 침략주의, 팽창주의가 배제되어 있다. 반면에 조선의 근대화와 중립국화를 지원해서 일본의 안전을 보장받으려 했다는 시각이 부각되어 있다. 청일전쟁을 시혜적 방어적 전쟁으로 규정한 것이다. 그러나 『지유샤, 역사』가 수용한 비팽창주의론의 논리는 아직 통설의 위치를 차지할 만큼 확고하다고 말할 수 없다. 팽창주의론의 시각은 여전히 유효해 보이며 따라서 이와 같은 상황을 반영한 서술이 되어야 할 것이다.

3. 일본 역사학계와 역사교과서

지금까지 『도쿄서적, 역사』와 『지유샤, 역사』의 서술상의 특징을 갑신정변기도문제, 조선중립국화문제, 군비확장문제 등을 중심으로 살펴보았다. 이하에서는 이들 문제에 관한 교과서의 서술이 적절한 것인지를 일본 역사학계의 동향을 살펴보면서 검토해 보기로 하겠다.

첫째, 일본정부의 갑신정변기도설에 관한 문제이다. 일본정부의 갑신정변기도설은 주로 팽창주의론에 의해 주장되어 왔다. 이노우에 기요시[井上清], 후지와라 아키라[藤原彰], 우메타니 노보루[梅溪昇] 등은 다케조에 신이치로 공사가 급진개화파의 정변 기도를 적극적으로 지원한 사실을 강조했다.[4] 다나카 나오키치[田中直吉], 야마베 겐타로[山辺健太郞], 팽택주[彭澤周], 나카쓰카 아키라[中塚明]는 일본정부(이노우에 가오루, 이토 히로부미)가 다케조에를 이용하여 갑신정변을 기도한 주체였다고 주장했다.[5] 특히 야마베는 이노우에 가쿠고로[井上角五郞]의 서간 및 회고담을 발굴하는 등, 사료적 근거를 강화시킴으로써 갑신정변 기도설을 통설적 지위에 오르게 하는데 결정적 역할을 하였다. 갑신정변기도설은 1970년대 이후에도 후지무라 미치오[藤村道生], 시바하라 다쿠지[芝原拓自], 쓰다 다카코[津田多賀子], 운노 후쿠주[海野福壽], 모리야마 시게노리[森山茂德]에 계승되면서 통설적 지위를 유지했다고 볼 수 있다.[6]

그러나 다른 한편에서 갑신정변기도설은 비팽창주의론의 지속적인 비판을 받았다. 야스오카 아키오[安岡昭男]는 일본정부가 청프전쟁과

---

4) 井上清(1975)『日本の軍國主義』(新版) Ⅰ·Ⅱ, 現代評論社. 藤原彰(1987)『日本軍事史』上, 日本評論社. 梅溪昇(1953)「日本側からみた日清戰爭」『史林』(35-4). 梅溪昇(1962)「日本側からみた日清戰爭-補論」『歷史教育』(10-2).

5) 田中直吉(1957)「日鮮關係の一斷面-京城壬午の変-」(日本國際政治學會 編,『日本外交史研究-明治時代-』, 秋期特別号, 有斐閣). 田中直吉(1957)「朝鮮をめぐる國際葛藤の一幕-京城甲申の変-」『法學志林』(55-2). 山辺健太郞(1966)『日本の韓國併合』太平出版社. 彭澤周(1960)「清仏戰爭期における日本の對韓政策」『史林』(43-3). 彭澤周(1962)「朝鮮問題をめぐる自由党とフランス」『歷史學研究』(265). 彭澤周(1962)「フェリー內閣と日本」『史林』(45-3). 彭澤周(1963)「甲申事変をめぐる井上外務卿とフランス公使」『歷史學研究』(282). 中塚明(1968)『日清戰爭の研究』青木書店.

6) 藤村道生(1971)「琉球分島交涉と對アジア政策の轉換」『歷史學研究』(373). 藤村道生(1973)『日清戰爭』岩波書店. 信夫清三郞 編(1974)『日本外交史』每日新聞社(Ⅲ~Ⅴ). 藤村道生(1995)『日清戰爭前後のアジア政策』岩波書店. 芝原拓自(1981)『日本近代化の世界史的位置』岩波書店. 芝原拓自(1988)『日本近代思想大系-對外觀』岩波書店. 津田多賀子(1982)「1880年代における日本政府の東アジア政策展開と列強」『史學雜誌』(91-12). 海野福壽(1995)『韓國併合』岩波新書. 森山茂德(1992)『日韓併合』吉川弘文館.

관련하여 청과 프랑스의 거중조정을 모색하는 등, 청일협조주의를 관철시켰다고 주장하면서, 갑신정변기도설을 부정했다. 노세 가즈노리[野瀨和紀]는 갑신정변기도설이 다보하시 기요시[田保橋潔]의 추론을[7] 무비판적으로 수용한 결과라고 비판했다. 오야마 아즈사[大山梓]와 이누즈카 다카아키[犬塚孝明]는 다케조에가 정변에 관여한 것은 독단적인 판단에 따른 것이라고 해석했다. 한편 다카하시 히데나오[高橋秀直]는 임오군란 이후 추진된 이노우에 가오루 외무경의 외교를 청일협조주의로 평가하면서 갑신정변기도설을 비판하였다. 청프전쟁으로 인해 청의 영향력이 약화된 상황에서도 청일협조주의는 관철되었다는 것이다.[8]

갑신정변기도설에 대한 비판이 강화되면서, 팽창주의론의 입장에서 갑신정변기도설에 대해 유보적인 시각을 표명하는 연구도 나타났다. 오하타 도쿠시로[大畑篤四郎]는 일본정부가 정변을 기도했을 가능성을 인정하면서도 적극적인 자세를 일관되게 유지한 것으로 볼 수 없다는 견해를 제시했다. 오에 시노부[大江志乃夫]는 갑신정변기도설을 부정하는 비팽창주의론을 비판하면서도, 군사적 준비가 안 된 상태에서 청일 무력 충돌로 이어질 가능성이 높은 정변에 주도적으로 간여하지 않은 것은 당연하다는 입장을 나타냈다. 다다 요시오[多田嘉夫]는 이노우에와 이토가 갑신정변을 적극적으로 기도하지는 않았지만 청프전쟁을 이용

---

7) 田保橋潔(1940)『近代日鮮關係の硏究』上下, 朝鮮總督府中樞院.

8) 安岡昭男(1965)「明治前半期における井上馨の東亞外交政略」『法政史學』(17). 安岡昭男(1967)「井上馨論」『國際政治』(33). 安岡昭男(1969)「日淸戰爭前の對淸論策」『軍事史學』(4-4). 安岡昭男(1995)『明治前期日淸交涉史硏究』岩南堂書店. 安岡昭男(1998)『明治前期大陸政策史の硏究』法政大學出版局. 野瀨和紀(1977)「甲申事変の硏究(一)-淸仏戰爭と日本外交-」『朝鮮學報』(82). 大山梓(1989)「朝鮮事変と井上外交」『政治経濟史學』(277). 犬塚孝明(1996, 1997)「井上馨の外交思想(Ⅰ)(Ⅱ)」『政治経濟史學』(366, 367). 高橋秀直(1995)『日淸戰爭への道』東京創元社.

해서 조선 독립의 기운을 촉진시키려 했다는 조심스러운 의견을 나타냈다. 최석완은 갑신정변기도설을 지탱해 온 사료의 문제점을 지적하고, 다케조에를 파견한 이유는 급진개화파의 정변을 자제시키기 위해서였다면서 갑신정변기도설을 부정했다. 일본정부는 정변이라는 과격한 수단보다 조선정부의 집권 세력을 적절히 압박함으로써 보다 많은 이권을 획득하는 일에 집중했다는 것이다.9)

일본정부가 갑신정변을 기도했는지를 놓고 다양한 견해가 대립하게 된 근본적인 이유는 노세가 지적했듯이, 다보하시의 추론을 무비판적으로 수용했기 때문으로 판단된다. 다케조에에게 부여된 훈령의 내용이 무엇인지를 정확하게 알려주는 사료는 현재까지 발굴되지 않은 상태이다.

갑신정변기도설을 지탱해 온 주요 사료로는 『갑신일록(甲申日錄)』, 『자유당사(自由党史)』, 이노우에 가쿠고로의 서간 및 회고담 등을 들 수 있다.10) 그러나 이들은 일본정부(이토, 이노우에) 또는 다케조에와의 접촉을 통해 느낀 점을 정리한 간접적인 사료에 지나지 않는다. 특히 이노우에 가쿠고로 관련 사료는 정변과는 무관한 내용임이 밝혀진 상태이다. 이 때문에 팽창주의론에서도 일본정부의 갑신정변기도설을 의심하는 연구들이 나왔던 것이다.

반면에 비팽창주의론은 다케조에가 일본정부에 보낸 보고서, 일본정부가 다케조에에게 보낸 훈령, 다케조에가 에노모토 다케아키[榎本武

9) 大畑篤四郎(1983)『日本外交政策の史的展開』成文堂. 大江志乃夫(1998)『東アジア史としての日清戰爭』立風書房. 多田嘉夫(1991-1994)「明治前期朝鮮問題と井上毅(一)~(四)」『國學院法硏論叢』(18-21). 崔碩莞(1997)『日清戰爭への道程』吉川弘文館.

10) 韓國學文獻硏究所 編(1979)『金玉均全集』亞細亞文化社. 板垣退助 監修(1992)『自由党史』下, 岩波書店. 이노우에 가쿠고로의 서간(金正明 編, 1996,『日韓外交資料集成』3, 巖南堂書店). 이노우에 가쿠고로 회고담(山辺健太郎『日本の韓國併合』).

揚 주청 공사에게 보낸 서간 등을 근거로 갑신정변기도설을 부정하였다.[11] 다케조에의 보고서에는 급진개화파의 정변을 지지하는 태도뿐만이 아니라 저지하는 태도도 보이며, 정부의 훈령은 정변을 저지하라는 내용이었다. 또 다케조에의 서간에는 정변과 관련한 정부의 지시가 있었다는 내용이 들어있지 않다. 다만 서간에는 집권 세력에 대한 압박의 필요성을 언급한 내용도 들어있다. 이 점을 고려한다면 다케조에는 정변 관련의 지시를 받은 상태에서 에노모토에게는 이를 숨겼을 가능성도 있다고 하겠다. 한편 비팽창주의론은 청프전쟁과 관련하여 이노우에 외무경이 프랑스의 동맹 제안을 거절하거나 전쟁을 중재하려는 태도를 나타낸 사실을 강조하고 있지만, 이는 갑신정변기도설을 부정하는 직접적인 증거가 될 수 없다. 팽택주의 연구에서 확인되듯이, 일본이 프랑스에 동맹을 제안한 사실도 있다는 점에 주의할 필요가 있다. 이러한 여러 사정 때문에 비팽창주의론의 입장을 취하는 연구자들도 일본정부의 정변 관여를 완전히 부정하지 못하고, 다케조에의 독단이었다는 타협적 결론을 제시할 수밖에 없었던 것으로 보인다.

그러나 다케조에가 정변에 직접 관여한 사실에 대해서는 팽창주의론과 비팽창주의론이 공통으로 인정하고 있다. 나아가서 다케조에의 관여가 설사 개인적 판단에 따른 것이라 하더라도 신분이 공사인 이상, 그의 행동은 일본정부의 의사를 반영하는 공적 행동이 될 수밖에 없다고 하겠다. 그러한 점에서 갑신정변기도설은 부정될 수 없을 것이다. 따라서 교과서에서는 급진개화파와 다케조에의 결탁을 명확히 서술함으로써, 제한적이기는 하지만 일본정부의 관여를 인정하는 것이 타당할 것이다.

11) 보고서와 훈령(『日韓外交資料集成』3). 서간(『榎本武揚關係文書』國立國會図書館憲政資料室).

둘째, 조선중립국화에 관한 문제이다. 이 문제는 청일전쟁의 원인을 제공한 당사자가 일본인지 혹은 청인지를 가늠할 수 있는 중요한 단서가 되는 만큼, 신중한 접근이 필요하다.

조선중립국화문제를 본격적으로 조명한 것은 비팽창주의론으로, 이들은 특히 이노우에 고와시[井上毅]의 「조선정략의견안(朝鮮政略意見案)」(1882.9)과 야마가타 아리토모[山縣有朋]의 「외교정략론(外交政略論)」(1890.3)에 주목하였다. 야스오카는 일청영미독 5개국이 조선을 공동으로 보호하고 중립국화할 것을 제안한 것이 「조선정략의견안」이며, 청일이 공동으로 이익선 조선을 보호하자는 중립공동보호책이 「외교정략론」의 핵심이라며, 청일협조론을 전개했다. 다카하시도 청일협조론의 관점에서, 「외교정략론」은 러시아를 견제하기 위해 청과의 협조를 바탕으로 조선의 중립국화를 제안한 것이라고 분석했다. 오사와 히로아키[大澤博明]는 「조선정략의견안」에 대해, 이것은 조선의 영세중립을 열국이 공동으로 보장할 것을 제안한 것으로, 이것이 실현되었다면 조선에 대한 침략을 억제하는 기능을 발휘했을 것이라고 주장했다. 또 「외교정략론」에 대해서도 일영청독의 연합을 전제로 한 조선 침략의 부정이자 조선의 영세중립을 공동으로 보장하자는 제안이었다고 강조했다. 오사와는 메이지 일본의 외교가 영토적 팽창을 부정하는 조선독립론에서 출발하여 임오군란 이후의 조선영세중립국화론을 거쳐 청일전쟁이 임박한 시점에서는 청일 공동의 조선내정개혁론으로 이행했다는 논리를 전개했다. 그러나 이러한 일본의 노력은 청과의 합의 도출에 실패하였고 그 결과 청일전쟁에 이르게 되었다는 것이다. 오카모토 다카시[岡本隆司]는 「조선정략의견안」에 대해, 청과의 관계를 결렬시키지 않는 범위에서 조선에 대한 청의 독점적 간섭을 저지하려는 의도가 내포되어 있지만, 핵심은 조선을 영구히 중립국으로 만들어 공동으로 보호하자는 것이었다고 분석했다. 다만 조선중립국화구상이 일본정부의 공식적인 정책으로 채용되어 적극적으로 추진된 흔적은 보이지 않는다고 지적했다. 「외교정략론」에 대해서는 조선의 중립국화를 실현시키는 것이 목적이었으나 청과 조선의 반대 때문에 실패했다면서, 이 구상이 실현되었다면 청일전쟁도 러일전쟁도 없었을 것이라고 주장했다. 후쿠치 준[福地惇]도 조선에 대한 독점적 지배를 추구하는 청의 행동 때문에 「외교정략론」의 조선중립국화구상이 실현되지 못했으며, 이것이 청일전쟁의 원인이었다고 주장했다. 이누즈카, 이토 유키오[伊藤之雄], 나카무라 도모유키[中村朋之] 등도 「조선정략의견안」과 「외교정략론」의 취지를 조선중립국화와 조선 침략의 부정이라는 시각에서 파악하였다.[12]

반면에 팽창주의론은 「조선정략의견안」과 「외교정략론」의 성격을 팽창주의로 평가했다. 「조선정략의견안」은 조선의 중립을 보장함으로써 러시아의 남하 저지, 조선에 대한 청의 종주권 부정, 미영독의 조선 간섭 배제라는 목적 외에 조선 침략을 원활히 하려는 의도가 내포되어 있다고 분석했다. 그러나 조선중립국화구상은 동아시아의 정세 및 일본의 국력을 고려한 일시적 전략으로, 현실성은 없었다고 평가했다. 「외교정

12) 大澤博明(1991)「天津條約体制の形成と崩壞(一)(二)」『社會科學硏究』(43-3, 43-4). 大澤博明(1995)「明治外交と朝鮮永世中立化構想の展開」『熊本法學』(83). 大澤博明(1998)「朝鮮永世中立化構想と近代日本外交」『靑丘學術論集』(12). 大澤博明(1998)「明治前期の朝鮮政策と統合力」『年報政治學』. 大澤博明(2001)『近代日本の東アジア政策と軍事』成文堂. 大澤博明(2004, 2005)「日淸天津條約-一八八五年の硏究(一)(二)-」『熊本法學』(106, 107). 岡本隆司(2006)「「朝鮮中立化構想」の一考察」『洛北史學』(8). 福地惇(2008)「山縣有朋の國防構想の変遷」(伊藤隆 編,『山縣有朋と近代日本』, 吉川弘文館). 伊藤之雄(1994)「日淸戰前の中國・朝鮮認識の形成と外交論」(古屋哲夫 編,『近代日本のアジア認識』, 京都大學人文科學硏究所). 中村朋之(2005)「明治期日本における國防戰略轉換の背景」『日本大學大學院總合社會情報硏究科紀要』(5). 中村朋之(2006)「山縣有朋の「利益線」概念」『軍事史學』(165).

략론」에 대해서는 청일이 공동으로 조선을 보호하자는 제안이 들어 있다는 점을 지적하면서도, 그 핵심은 이익선 조선을 보호하는데 필요한 군비확장을 주장한 것으로, 여기에는 조선 지배에 대한 야심이 들어있다고 주장했다. 한편 모리야마와 최석완은 다카하시, 오사와 등의 비팽창주의론을 비판하였다. 모리야마는 「외교정략론」이 이익선 조선을 보호하는데 필요한 군사력의 확보를 역설한 것이라면서, 일본의 정책은 조선의 중립국화나 공동 관리에 있었던 것이 아니라 자신들의 조선 보호 의도를 어떻게 관철시켜 나갈 것인가에 집중되어 있었다고 강조했다. 최석완은 「외교정략론」에 들어 있는 조선중립국화구상이나 청일공동의 조선보호구상은 일본이 단독으로 조선에 대한 보호권을 획득하려는 야심을 실현시켜 가기 위한 전략이었다고 분석했다.

비팽장주의론과 팽창주의론이 맞서면서, 다소 중립적인 입장을 나타내는 연구도 나타났다. 오하타는 「외교정략론」에 대해, 조선중립국화구상이자 이익선 조선을 확보하는데 필요한 군비확장의 필요성을 지적한 의견서라고 평가하면서, 청과의 충돌은 적극적으로 의도하지 않았다고 지적했다. 하세가와 나오코[長谷川直子]는 청의 종주권이 강화된 시점에서 적절한 대응책을 찾지 못한 일본이 일시적으로 내세운 전략이 「조선정략의견안」의 조선중립국화구상이라고 주장했다. 청과의 관계를 악화시키지 않는 범위에서 조선의 실질적 독립을 확보하고 동시에 청의 조선에 대한 간섭을 저지하려는 의도가 내포되어 있다는 것이다. 한편 「외교정략론」의 청일협조적 자세에 대해서는 전략적인 것으로 간주하면서도, 일본이 일관되게 청과의 대결을 모색한 것으로는 보지 않았다. 팽창주의론과 일정한 거리를 유지하고 있음을 알 수 있다. 나가이 히데오[永井秀夫]는 팽창주의론의 입장을 유지하면서도, 다카하시의 주장을 수용하여 「외교정략론」의 핵심을 조선중립국화구상으로 규정했다.[13)]

이상에서 살펴본 것처럼 비팽창주의론은 일본 외교의 주안점에 대해, 조선 침략을 부정하는 조선중립국화구상에 있었고, 청일전쟁이 발발하게 된 원인은 이러한 구상을 좌절시킨 청의 조선지배욕 때문이었다고 주장했다. 이와 반대로 팽창주의론은 조선중립국화구상을 일시적 전략이자 조선 침략을 원활히 하기 위한 수단에 불과하다고 평가하였다. 청일전쟁의 원인을 제공한 당사자는 조선에 대한 정치적 군사적 지배를 추구하던 일본이라는 것이다.

그러나 팽창주의론과 비팽창주의론 사이에는 공통된 인식도 존재한다. 쓰다, 오카모토 등의 연구에서 확인되듯이 「조선정략의견안」의 조선중립국화구상에 대해, 그 실현 가능성을 낮게 평가한 점이 그것이다. 조선중립국화구상이 공식 정책으로 수립되어 추진되었음을 입증할만한 구체적인 사료가 발견되지 않은 상황에서, 실현 가능성을 높게 보는 것은 문제가 있을 것이다. 한편 「외교정략론」에 대해서는 그 본질을 조선중립국화구상으로 규정하는 비팽창주의론에 문제가 있어 보인다. 이 의견서에는 첫째 이익선 조선을 방어하는데 필요한 군비확장, 둘째 천진조약을 폐지하고 군사를 조선에 주둔시켜 청일이 공동으로 조선을 보호하는 주체가 되자는 제안, 셋째 영독청일 4개국이 조선의 중립을 보장하자는 제안 등, 상호 모순된 내용이 들어있다. 그러나 이를 신중히 살펴보면, 셋째 항목은 청일의 일방적인 주도권을 보장하는 둘째 항목에 의해 유명무실화될 가능성이 높으며, 둘째 항목은 다시 첫째 항목에 의해 유명무실화될 수 있는 구조로 되어 있음을 알 수 있다. 즉 타국의 조

13) 長谷川直子(1994)「壬午軍亂後の日本の朝鮮中立化構想」『朝鮮史研究會論文集』(32). 長谷川直子(1995)「近代日本における東アジア世界再編の論理」『總合研究』(3). 永井秀夫(1990)『明治國家形成期の外政と內政』北海道大學図書刊行會.

선에 대한 행위가 일본의 국익에 저촉된다면 무력을 발동할 수 있다는 것이 이익선=조선 방어론인 것이다.[14] 따라서 첫째와 둘째 항목을 강조하는 팽창주의론보다는 둘째와 셋째 항목을 강조하는 비팽창주의론에 문제가 있다고 하겠다.

이상과 같은 내용을 고려한다면, 일본 외교의 특징을 조선 침략을 배제한 조선중립국화구상으로 규정하는 비팽창주의론의 주장은 타당하지 않다고 하겠다. 따라서 조선중립국화구상이 실현되었더라면 청일전쟁이 발발하지 않았을 것이라는 주장이나, 이러한 구상을 좌절시킨 청이나 조선의 태도가 청일전쟁의 원인이었다는 평가도 성립할 수 없다고 하겠다.

셋째, 군비확장에 관한 문제이다. 이 문제에 관한 팽창주의론의 주장을 정리해 보면 다음과 같다.

일본의 군비는 임오군란 전에, 내란진압용의 대내적인 성격에서 조선이나 청과의 전쟁을 의식한 대외적 성격으로 전환하였다. 그 계기로는 서남전쟁, 참모본부 설치(1878), 류큐처분(1879), 「인방병비략(隣邦兵備略)」(1881) 등을 들 수 있다. 「인방병비략」과 함께 야마가타가 천황에게 상주한 「진인방병비략표(進隣邦兵備略表)」에는 청에 대한 군비확장의 필요성이 강조되어 있다. 한편 임오군란 및 갑신정변 당시 일본정부에는 대청 개전을 주장하는 사쓰마파의 군부와 평화 교섭을 주장하는 조슈파의 이토 및 이노우에가 대립하였다. 이들 중 주도권을 장악한 것은 조슈파로, 이들이 청과의 충돌을 회피한 이유는 청일전쟁을 감당할 만한 군사적 재정적 능력을 갖추지 못했다고 판단했기 때문이다. 그러나 조선 침략이라는 점에서는 사쓰마파와 본질적으로 다를 바가 없었다.

---

14) 최석완(1999) 「일본정부의 동아시아질서 재편정책과 청일전쟁」 『東洋史學研究』 (65).

일본은 임오군란을 계기로 조선을 지배하기 위해서는 청과의 무력 충돌이 불가피하다고 보고, 청을 가상적국으로 하는 대규모 군비확장을 증세를 통해 실현해 갈 것을 결정하였다. 이에 따라 해군은 1883년부터 군비확장에 착수했고, 육군은 1885년부터 본격적인 군비확장에 돌입했다.[15] 또한 1886년에서 1889년에 걸쳐 군제를 독일식으로 개혁하였고, 사단제를 도입함으로써 대륙작전을 수행할 수 있는 체제를 정비했다. 가와카미 소로쿠(川上操六)가 참모본부 차장에 부임한 이후 「청국정토책안(淸國征討策案)」(1887)과 같은 대청 작전 구상이 마련되었다. 군비확장의 성격은 방어적이 아닌 적극적으로 청과의 전쟁을 목표로 한 침략적인 것이었다.

한편 쓰다는 군비확장의 성격을 청뿐만 아니라 열강에 대한 대항도 염두에 둔 것으로 보았다. 마쓰시타 요시오[松下芳男]는[16] 1885년에 등장한 군비축소론이 오야마 이와오[大山巖] 육군경의 반발에 막혀 사라졌다는 점을 지적했다. 나카쓰카는 군비확장에 반대하는 월요회(月曜會)의 논리는 근본적으로 전제천황제에 대립하는 성격이 아니었다는 견해를 나타냈다. 사토 쇼이치로[佐藤昌一郎], 오이시 가이치로[大石嘉一郎], 이케다 노리타카[池田憲隆]는 1880년대에 전개된 마쓰카타[松方正義]재정을 군비확장재정으로 평가함으로써 팽창주의론을 뒷받침하였다.[17]

---

15) 육군의 군비확장이 본격적으로 전개된 시점에 대해서는 1883년, 1884년, 1885년, 1886년 등 견해가 엇갈리고 있으나 1885년으로 보는 설이 유력해 보인다.

16) 松岡芳男(1978) 『改訂明治軍制史論』上下, 図書刊行會.

17) 佐藤昌一郎(1963) 「「松方財政」と軍擴財政の展開」『商學論集』(32-3). 佐藤昌一郎(1963) 「「松方財政」論の再檢討」『経濟學年誌』(創刊号). 佐藤昌一郎(1964) 「企業勃興期における軍擴財政の展開」『歷史學硏究』(295). 大石嘉一郎(1989) 『自由民權と大隈・松方財政』東京大學出版會. 池田憲隆(2001) 「松方財政前半期における海軍軍備擴張の展開」『人文社會論叢』社會科學編(6). 池田憲隆(2002) 「1883年海軍軍擴前後期の艦船整備と橫須賀造船所」『人文社會論叢』社會科學編(7). 池田憲隆(2003, 2004) 「軍備部方式の破綻と海軍軍擴計畫の再

이와는 반대로 비팽창주의론은 조슈파(이토, 이노우에)의 청일협조주의를 부각시키면서, 이들이 마쓰카타 등 긴축파와 연대하여 임오군란 후 출발한 군확파의 대청 군비확장정책을 파탄시킨 점을 강조하였다. 그리고 이를 바탕으로 청일전쟁을 준비된 전쟁이 아닌 우발적 전쟁으로 규정했다.

야스오카는 일본의 군사정책을 수세적인 것으로 평가하였다. 일본은 러일전쟁 때까지 러시아를 가상적국으로 여겼으며, 군사정책이 공세적으로 전환한 것도 러일전쟁 때의 일이라고 주장했다. 이러한 관점에서 「진인방병비략표」의 성격을 러시아에 대항하기 위한 청일협조주의로 파악하였다. 「청국정토책안」에 대해서는 대청 대결적 자세를 인정했지만, 전체적으로 일본이 청일전쟁의 준비에 몰두했다는 팽창주의론을 정면에서 비판하였다. 다카하시는 군확파에 대한 긴축파의 노선 승리를 강조함으로써, 마쓰카타재정을 긴축재정으로 평가하였다. 임오군란 직후 대규모 군비확장정책이 수립된 것은 인정하지만 그 과정에서 이노우에와 마쓰카타 등 긴축파의 군비 억제 노력이 있었다는 것이다. 또 1885년에 들어와 군부의 신규 군비확장 요구와 세수의 감소 등이 맞물리면서 군비확장재정은 위기에 봉착했고, 이에 이토를 비롯한 긴축파는 재정 위기를 극복하기 위해 기존의 군비확장계획을 하향 수정했다는 것이다. 다카하시는 이토 및 이노우에 그리고 마쓰카타로 대표되는 온건파와 긴축파는 강병보다 부국을 중시하는 노선을 선택했으며, 따라서 대외적으로 경제적 부담을 초래할 우려가 있는 조선 지배를 적극적으로 의도하지 않았다는 입장을 취했다. 청일전쟁은 준비된 전쟁이라기보다 청일협조외교의 단절을 의미하는 우발적 전쟁이었다는 것이다.

編(上)(中)(下)」『人文社會論叢』社會科學編(9, 10, 11).

오사와의 연구도 다카하시와 크게 다르지 않다. 오사와는 「진인병비략표」를 청일 대립의 관점에서 파악하는 팽창주의론을 비판했다. 이는 서구의 아시아 침략에 대항하기 위한 청일협조의 필요성을 강조한 의견서로 평가해야 한다는 것이다. 한편 이노우에의 외교와 군사정책에 대해서는 다음과 같은 견해를 나타냈다. 거문도사건이 일어나자 이노우에는 조선 침략이 일본의 안전 보장에 대한 취약성을 증대시킨다고 보고 친영반러, 청일협조 그리고 방어 목적의 군비를 근간으로 하는 조선현상유지론을 주장했다. 이노우에가 의도한 군사정책은 영러전쟁이 발발할 경우 영국의 동맹군으로서 기능할 수 있는 소규모 대륙파견용 육군체제를 구축하려는 데 있었다는 것이다. 특히 오사와는 청과의 대결을 부정하는 해군의 온건파가 이노우에와 연대하여 강경파를 제압했다면서, 따라서 해군의 군비는 수세적 방어적인 것으로 평가해야 한다고 주장했다.

한편 무로야마 요시마사[室山義正]는 마쓰카타재정의 군비확장재정으로서의 성격을 부정했다. 임오군란 직후 청을 가상적국으로 하는 군비확장정책이 추진된 사실은 인정하지만, 그것은 건전재정과 건전통화주의에 저촉되지 않는 범위에서의 일이었다는 것이다.[18]

비팽창주의론의 반론이 활발해지면서, 팽창주의론의 입장을 취하던 연구자들 중에는 그러한 반론의 일부를 수용하는 경향도 나타났다. 예를 들면 오이시는 1882년 이후의 마쓰카타재정에 대해, 군비확장과 지폐정리 모두를 최우선 과제로 설정했다고 재규정하였다. 나가이는 임오군란 이후 설정된 대청 무력 대결 노선이 청일전쟁까지 일관되었다는 통설적 자세를 비판하면서, 다카하시의 연구를 수용했다.

18) 室山義正(1984)『近代日本の軍事と財政』東京大學出版會.

그러나 비팽창주의론의 주장은 다음과 같은 점에서 재검토될 여지가 있다고 생각된다. 첫째, 긴축파가 추진한 육군의 군비는 대륙작전 및 영국과의 군사동맹을 염두에 둔 소수정예화가 목표였다는 사실이다. 여기에는 제국주의시대에 어울리는 대륙작전용 군비를 서둘러 정비하려는 긴축파의 의도가 잘 드러나 있다. 따라서 소수정예화를 단순히 규모의 축소에 초점을 맞추어 해석하는 비팽창주의론의 논리에는 한계가 있다고 하겠다. 둘째, 해군의 군비확장이 수세적 성격의 것이었다 하더라도, 그것이 결코 청과의 전쟁을 부정하는 것은 아니었다는 사실이다. 일본해군은 천진조약 이후 청영연합군에 대항할 수 있는 군비확장을 전략적으로 추진해 갔고, 그 결과 널리 알려진 바와 같이 1893년에서 1894년에 이르면 청일전쟁을 감당할 만한 수준에 도달하게 된다. 그 과정에서 이케다의 연구가 증명하듯이, 긴축파는 해군의 군비확장 요구를 억제하지 못했고, 해군의 군비는 점점 비대해져 갔던 것이다. 무쓰 무네미쓰(陸奧宗光) 외상이 1893년 제국의회에서 청은 더 이상 일본의 적수가 아니라면서 그동안 달성된 군비확장을 과시한 것은 결코 우연이 아니었다고 하겠다. 이러한 점들을 고려한다면, 수세적 방어적 성격의 군비확장이 청일전쟁의 부정을 의미하는지에 대해, 보다 치밀한 검토가 요구되는 상황이라 하겠다.

지금까지 살펴본 것처럼 팽창주의론과 비팽창주의론은 군비확장문제를 놓고 팽팽히 맞서고 있다. 그러나 이러한 대립 속에서도 이들 양자가 공통의 이해를 표명한 부분이 존재한다. 그것은 일본정부가 임오군란의 발발을 계기로 조선 지배를 위해서는 청과의 무력 충돌이 불가피하다고 보고, 대규모 군비확장정책을 수립하고 추진했다는 사실이다. 더구나 이 과정에는 긴축파의 마쓰카타와 이노우에도 참여했고, 비팽창주의론도 이 점만큼은 부정하지 못하고 있다. 따라서 임오군란 후 청을 가상적국으로 하는 대규모 군비확장계획을 수립하고 추진했다는 사실을 거론하지 않은 채, 갑신정변 후에 군비확장이 시작되거나 본격화된 것처럼 설명하는『도쿄서적, 역사』와『지유샤, 역사』의 태도는 적절하다고 볼 수 없다. 이러한 설명은 팽창주의론의 육군 확장에 관한 유력한 견해와 일치하지만, 현재로서는 일본 역사학계의 대표적 견해로 보기 어렵다. 그럼에도 불구하고 이들 교과서가 팽창주의론의 일부를 수용한 것은 주목할 필요가 있다. 이는 그만큼 비팽창주의론의 학설에 문제가 있다는 사실을 반증해주는 것이라고 하겠다.

4. 한국 역사학계와 비판 논리의 모색

한국 역사학계에서 일본의 동아시아정책을 연구 과제로 설정하여 본격적으로 검토한 예는 많지 않다. 이하에서는 주요 연구를 중심으로 갑신정변기도문제, 조선중립국화문제, 군비확장문제 등에 대한 분석 내용을 살펴보고, 일본의 보수주의 역사학에 대한 비판이 어느 정도의 수준에 도달해 있는지를 가늠해 보기로 하겠다.

한국에서 이루어진 개별 연구는 일본의 팽창주의론과 유사한 내용을 보인다. 이는 신기석, 신국주, 백종기, 김경창, 성황용, 김용구, 배성동, 신용하, 박은숙, 최덕수, 정재정, 최문형 그리고『한국외교사Ⅰ』등의 연구에서 확인할 수 있다.[19] 먼저 갑신정변기도문제와 군비확장문제와

19) 신기석(1959)「갑신정변과 한청일 외교관계」『國際法學會論叢』(4-1). 신기석(1966)「안전보장과 한말 정국」『國際法學會論叢』(11-1). 신국주(1965)『한국근대정치외교사』탐구당. 신국주(1985)「갑신정변에 대한 재평가1」(한국정치외교사학회 편,『갑신정변연구』, 평민사). 백종기(1977)『근대한일교섭사연구』정음사. 김경창(1974)「갑신변란 후의 한일, 청일 교섭 시말」『경희대학교논문집』(8). 김경창(1985)『송암김경창박사화갑기념논문집-정치와 외교-』대왕사. 성황용(2005)『근

관련된 견해를 정리하면 대략 다음과 같다.

임오군란이 발발하자 일본정부에서는 구로다 기요타카[黑田淸隆], 야마가타, 사쓰마파 군부를 중심으로 한 강경파가 등장했다. 이들은 청과의 개전을 주장하기도 하였으나 주도권을 장악한 것은 이노우에를 중심으로 하는 온건파였다. 온건파는 청과의 무력 충돌을 시기상조라며 회피했는데, 그 이유는 군사나 재정에서 청일 충돌을 감당할 만한 준비가 되어 있지 않다고 판단했기 때문이다. 그러나 온건파는 조선 침략이라는 점에서 강경파와 본질적으로 차이가 없었다. 임오군란 후 일본은 청을 가상적국으로 하는 대륙작전용 군비확장정책을 추진했다. 외교적으로는 청과의 협조 및 열강과의 공동보조를 통해 점진적으로 조선에서 일본의 지위를 향상시키는 정책을 전개했다. 그러나 청프전쟁으로 청 세력이 약화되자 이노우에는 조선에서 청 세력을 축출하기 위해 다케조에를 귀임시켜 급진개화파의 갑신정변을 지원하였다. 갑신정변 후 이노우에는 청의 움직임에 대항하여 호위병의 파견과 함께 청조종속관계에 대한 확고한 방침을 요구했다. 또 강경파는 청과의 개전을 요구했다. 그러나 일본정부는 조선독립론의 유지를 확인하되 충돌을 회피하는 자세를 나타냈다. 군비 부족을 절감한 일본정부는 군비확장에 매진했다.

이러한 내용과 관련하여, 성황용은 다케조에를 파견한 주체를 이노우에가 아닌 이토로 보았다. 신국주는 후쿠자와 유키치[福澤諭吉] 및 자유

대동양외교사』명지사. 김용구(2004)『임오군란과 갑신정변』도서출판 원. 배성동(1975)「한일관계와 일본국내정치의 전개-임오사변과 갑신정변을 중심으로-」『논문집』(2) 서울대국제문제연구소. 신용하(2000)『초기 개화사상과 갑신정변 연구』지식산업사. 박은숙(2005)『갑신정변연구』역사비평사. 최덕수(2004)『개항과 조일관계-상호인식과 정책-』고려대학교출판부. 정재정(1989)「井上馨-명치정부에서의 역할과 조선침략의 실천-」『國史館論叢』(1). 최문형(2001)『한국을 둘러싼 제국주의 열강의 각축』지식산업사. 최문형(2007)『러시아의 남하와 일본의 한국침략』지식산업사. 한국정치외교사학회 편(1993)『한국외교사Ⅰ』집문당.

당이 급진개화파를 지원하려 한다는 사실을 간파하고 주도권을 장악하기 위해 다케조에를 서둘러 귀임시켰다는 견해를 제시했다. 성황용의 지적은 후지무라의 견해와 같으며, 신국주의 설명은 야마베의 주장과 유사하다. 한편 군비확장문제와 관련해서는 대청 군비확장이 본격적으로 개시된 시점을 갑신정변 후로 설정하는 견해가 유력하며, 상대적으로 임오군란 후 청을 가상적국으로 하는 대규모 군비확장정책이 수립되어 추진되었다는 사실은 크게 주목을 받고 있지 못하다.

일본의 군비확장문제를 정면에서 다룬 것은 최석완의 연구이다.[20] 최석완은 일본의 군비확장정책이 임오군란을 전후해서 개시된 것으로 보았다. 그리고 군비확장정책은 단순히 청을 가상적국으로 한 것이 아니라 처음부터 서구 열강의 침습에 맞설 수 있는 군비를 갖추려는 것이었고, 1880년대 후반으로 가면서는 유사시에 등장할 것으로 예상되는 영청연합군에 대항하기 위한 것으로 전환되어 갔다고 주장했다. 한편 이노우에와 마쓰카타 등 긴축파는 군부의 대규모 군비확장 요구를 억제하기는 했지만, 군의 정예화를 통해 영국 또는 러시아와의 동맹에 대응할 수 있는 대륙작전용 군비를 갖추려했다면서, 비팽창주의론의 군비축소론 및 수세적 군비론을 비판했다.

조선중립국화문제를 다룬 연구는 일본의 비팽창주의론과 정반대의 견해를 제시하고 있다. 서중석은[21] 임오군란 직후 「호치신문(報知新聞)」이 주장한 열국 공동의 조선보호론, 다케조에 귀임 당시 드러난 이노우에 외무경의 조선영세중립국화구상, 부들러의 조선영세국외중립국

20) 최석완(1998) 「송방재정기의 육해군 확장문제」 『中央史論』(10 · 11합집). 최석완(1999) 「일본정부의 동아시아질서 재편정책과 청일전쟁」 『東洋史學硏究』(65).
21) 서중석(1965) 「근대극동국제관계와 한국영세중립국론에 대한 연구」 『論文集』(4) 경희대학교.

론에 대한 이노우에 외무경의 소극적 찬성, 청국 주재 영국 공사 파크스와 일본 공사 에노모토가 제안한 청일 공동의 조선보호론 및 이에 대한 이노우에 외무경의 반대 등을 분석한 후, 일본의 자세를 다음과 같이 총괄하였다. 일본이 조선의 중립국화에 찬동하는 의향을 보인 것은 조선에서의 정치적 후퇴를 감안하여, 조선이 타국에 의해 독점적으로 지배되는 것을 저지하기 위해서였다. 일본이 조선 지배의 야망을 방기하고 진심으로 조선의 독립을 국제적으로 공동 보호하려 한 일은 없다는 것이다.

서중석의 견해는 이후의 연구에 계승되었다. 권영배, 박희호, 정용태, 최진식 등은 임오군란 직후 등장한 조선중립국화안에 대해, 이는 진정한 의미에서 조선의 중립국화를 목적으로 한 것이 아니라 조선에 대한 청의 독점적 지배권을 견제하기 위해 나온 전략에 지나지 않는다고 평가했다.[22]

엄찬호도[23] 임오군란 직후 조선에 대한 청의 간섭이 강화된 시점에서 일본의 세력을 만회하기 위한 구상이 조선중립국화안이라는 비판적 견해를 제시했다. 그러나 조선중립국화안이 실현되지 않은 이유에 대해서는 이를 주로 청의 종주권강화정책과 관련하여 분석한 점이 눈에 띈다. 이러한 태도는 구선희의 연구에서도 확인할 수 있다. 구선희는[24] 묄렌도르프, 부들러 등이 제안한 조선중립국화안에 대해, 일본은 찬성했으나 조선과 청이 반대했다는 점을 지적했다. 조선의 중립국화가 실

22) 권영배(1992)「한말 조선에 대한 중립화 논의와 그 성격」『역사교육논집』(17). 박희호(1996)「일본인이 제기한 1880년대의 한국중립화론」『동국사학』(30). 박희호(1998)「1880 · 90년대의 조선중립화론」『동북아』(7). 정용태(1990)「임오군란과 한국의 영세중립론」『법학논집』(5). 최진식(1997)「갑신정변을 전후한 개화파의 외교인식론」『역사와 경계』(32).

23) 엄찬호(200[illegible])「[illegible] 조선의 중립화론」『강[illegible]』(1[illegible] [illegible]합집).

24) 구선희(1996)「갑신정변 직후 반청 정책과 청의 원세개 파견」『사학연구』(51).

패한 것은 조선의 준비 부족과 청의 조선에 대한 압박 때문이었다는 것이다. 엄찬호와 구선희의 연구는 조선중립국화문제를 정면에서 다룬 것은 아니지만, 조선중립국화에 대한 일본정부의 실현 의지를 검토하지 않았다는 점에서 한계가 있다. 그 결과 비팽창주의론의 논리와 구별되지 않는 부분도 나타나게 된 것으로 보인다.

한편 「외교정략론」에 관한 본격적인 연구는 상대적으로 적은 편이다. 최문형은 이에 대해, 조선의 독립을 지키기 위해서라면 무력의 사용도 불사해야 한다는 강경한 것이었다고 평가했다. 또 청과 협력하여 러시아의 한반도 지배를 저지하려 한 것으로, 일본의 적은 더 이상 청이 아니라 러시아임을 선언한 것이라고 주장했다. 최덕수는 「외교정략론」과 거의 유사한 야마가타의 시정방침 연설 내용에 대해, 이는 이익선 조선을 보호하는데 필요한 군비확장을 주장한 것이라고 평가했다. 이들과 달리 당시의 동아시아 국제정세를 염두에 두면서 「외교정략론」의 의도를 분석한 것은 최석완의 연구이다. 「외교정략론」은 단기적으로 러시아의 조선 침략 차단, 조선독립문제와 관련한 고립무원 상태로부터의 탈피, 철잔문제로 야기된 조선의 내정 불안을 해소하려는 목적에서 나온 것이며, 장기적으로는 동아시아에 대한 패권 확보의 방안 및 절차를 설파한 것으로서 일본 단독의 조선보호주구상을 전망하는 것이었다고 주장했다.

다음으로 공동 연구의 내용을 살펴보도록 하자. 공동 연구는 개인 연구와 달리, 연구자들의 다양한 시각 차이가 어느 정도 조정된 그 당시의 연구 수준을 보여준다는 점에서 중요한 의미를 갖는다.

한길사의 『한국사』11은[25] 일본의 대외정책과 관련하여, 군사와 재정

25) 김경태, 최덕수 집필 부분(강만길 외편, 1994, 『한국사』11, 근대민족의 형성1, 한길사).

의 열세를 우려한 온건파가 강경파를 억제한 점, 청프전쟁을 이용하여 다케조를 귀임시켜 갑신정변 지원을 약속한 점, 갑신정변 후 청을 가상적국으로 하는 군비확장에 주력한 점, 조선을 이익선으로 규정한 것이 「외교정략론」의 요점이라는 점 등을 강조했다. 『한국사』11은 다카하시의 연구를 소개하고 있지만 이에 대한 비판적 관점은 제시하지 못하였다.

국사편찬위원회의 『한국사』38에는[26] 다음과 같은 내용이 나와 있다. 임오군란 후 주도권을 장악한 것은 이노우에 등의 온건파였고, 청과의 무력 충돌을 회피한 이유는 군사적 역량이 부족했기 때문이다. 일본은 1878년 육군참모본부가 설치된 이후 청국과 싸울 방안을 연구했고 임오군란이 터지자 청국을 가상적국으로 하는 군비확장안을 제출했다. 이를 계기로 청국과의 전쟁을 대비한 군비확장을 추진했다. 육군은 1884년부터, 해군은 1882년부터 군비를 정비해 나갔다. 다케조에는 청프전쟁 이후 종래와는 반대로 적극적으로 개화당에 접근했다. 이것은 일본정부가 자유당 등의 개화당지원책을 간파하고 주도권을 장악하기 위해 다케조에를 귀임시켜 개화당을 지원하게 했기 때문이다. 그러나 개화당은 다케조에 등 일본 세력을 이용했을 뿐 주체적으로 움직였다. 한편 다케조에는 일본정부의 사전 승인 없이 개화당의 정변에 참가했다. 일본정부는 청프전쟁이 소강상태에 빠지자 청과의 관계 악화를 우려하여 개화당에 대한 정책을 다시 전환해서, 다케조에에게 정변을 지원하지 말 것을 지시했다는 것이 그것이다. 이상의 내용은 팽창주의론과 유사하다. 일본의 외교와 관련해서 다보하시, 야마베, 백종기 등의 연구를 참조한 것으로 보이며, 반면 다카하시 등의 연구에 대해서는 언급하고 있지 않다. 『한국사』39는[27] 「외교정략론」의 성격에 대해, 이는 이익선 조선을 보

---

26) 조성윤, 구선희, 유병희, 신용하 집필 부분(국사편찬위원회 편, 1999, 『한국사』38, 개화와 수구의 갈등).

호하겠다는 의지를 드러낸 것으로, 침략주의적 발상이라고 비판했다. 일본의 대외 정책과 관련해서 어떤 연구를 참조했는지는 밝히지 않았다. 『한국사』40에는[28] 일본이 참모본부를 설치한 이후 청에 대한 침략 전쟁을 준비했으며, 「인방병비략」은 작전 지침에 해당한다는 주장이 나와 있다. 또 일본정부가 청프전쟁을 틈타 개화파로 하여금 쿠데타를 일으키도록 유도했다는 내용도 들어 있다. 나카쓰카, 팽택주, 신국주의 연구를 주로 참고한 것으로 보인다.

한일역사공동연구위원회의 연구 내용을 편찬한 『한일관계사연구논집』7은[29] 다카하시, 오사와 등의 비팽창주의론을 정면에서 비판하였다. 조선에 대한 일본의 정책이 강화도사건 이후의 독립국 대우 방침에서 임오군란을 거쳐 독립국 공인화 방침으로 전환되었고, 천진조약 이후에는 보호권을 획득하는 쪽으로 변질되어 간 과정을 명확히 했다. 그 과정에서 특히 이노우에 외무경이 조선독립론을 관철시키기 위해 사쓰마파 군부와 연대하면서 대청 개전을 모색한 사실이 있다는 점을 지적함으로써, 이노우에를 온건파로 규정한 종래의 시각을 비판했다. 한편 「외교정략론」에 드러나는 청일협조적 자세는 일본이 단독으로 조선에 대한 보호권을 획득하려는 전략에 지나지 않는다고 주장했다. 『한일관계사연구논집』16도[30] 팽창주의론의 관점에서 일본의 조선에 대한 정책을 분석하였다. 다만 아무런 비판 없이 다카하시의 연구를 활용한 점은 한계로 지적될 수 있을 것이다. 즉 갑신정변 이후의 상황을 설명하는

---

27) 이양자, 박일근 집필 부분(국사편찬위원회 편, 1999, 『한국사』39, 제국주의의 침투와 동학농민전쟁).

28) 박영재 집필 부분(국사편찬위원회 편, 2000, 『한국사』40, 청일전쟁과 갑오개혁).

29) 최석완 집필 부분(한일관계사연구논집편찬위원회 편, 2005, 『한일관계사연구논집』7, 일본의 한국침략과 주권침탈, 경인문화사).

30) 주진오 집필 부분(한일관계사연구논집편찬위원회 편, 2010, 『한일관계사연구논집』16, 한국 근대국가 수립과 한일관계).

과정에서, 일본은 청국을 가상적국으로 상정하여 군비확장에 전념하면서도 조선이 독립국이라는 점을 견지하되 적극적으로 정치문제화하지 않는다는 '소극적 독립론'을 설정하였고, 이후 서양과의 불평등조약 개정에 역점을 두었다는 다카하시의 시각을 수용하였다. 『한일관계사연구논집』20에는[31] 일본의 역사교과서에 대한 비판적 논문이 수록되어 있다. 여기에서는 조선 지배를 놓고 벌어질 청일전쟁에 대비한 군비확장이 본격적으로 추진된 시점을 갑신정변 후로 설정하고 있다. 또 청일전쟁을 준비된 전쟁으로 보는 시각과 조선=이익선론을 「외교정략론」의 초점으로 보는 팽창주의적 관점을 확인할 수 있다.

이상에서 살펴본 바와 같이, 한국 역사학계에서는 임오군란 후 청을 가상적국으로 하는 대규모 군비확장계획이 수립되었다는 점에 대해 그다지 주목하고 있지 않다. 갑신정변 후의 군비확장을 지적하는 것이 일반적이다. 조선중립국화구상에 대해서는 진정성이 있는 구상으로 보지 않으며, 조선 침략을 위한 일시적 전략으로 평가했다. 일본정부가 청프전쟁을 이용해서 다케조에를 귀임시켜 갑신정변을 기도했다는 점에 대해서는 거의 모든 연구가 동의하였다. 이러한 내용들은 일본의 전통적인 팽창주의론과 유사하다. 그러나 팽창주의론에 지나치게 의존하거나 아무런 비판 없이 비팽창주의론의 일부를 활용하는 태도만으로는 보수주의 역사학의 논리를 극복하기 어려울 것이다. 또 보수주의 교과서에 대한 비판도 불철저해질 수밖에 없다. 비팽창주의론은 팽창주의론을 철저하게 분석하고 비판하는 과정을 거쳐 활발해졌다는 사실에 주의할 필요가 있다.

---

31) 현명철, 김도형 집필 부분(한일관계사연구논집편찬위원회 편, 2010, 『한일관계사연구논집』20, 한일 역사교과서와 역사인식).

5. 맺음말

팽창주의론과 비팽창주의론의 대립은 1894년 6월 초에서 7월 말 사이에 전개된 일본정부의 청일전쟁 개전외교를 분석하는 과정에서도 명확히 드러난다. '준비된 청일전쟁론'을 주장하는 팽창주의론은 일본정부의 무쓰 외무대신, 이토 총리대신, 군부 등이 열강의 간섭을 배제하면서 끊임없이 청과의 개전을 모색하는 과정을 부각시켰다.[32] 이에 대해 '우발적 청일전쟁론'을 주장하는 비팽창주의론은[33] 조선 출병의 목적이 청일전쟁을 위한 것이 아니라, 오히려 조선의 내정개혁을 실현시키기 위한 것이었다고 주장하였다. 또한 이토와 무쓰를 중심으로 하는 청일전쟁회피론자(청일협조주의자)들이 청일개전론자들을 마지막 순간까지 통제했다고 강조하였다. 청일전쟁의 발발 그 자체는 조선에서의 청일 양국 간의 우발적 충돌이 직접적인 요인이었다는 것이다. 최근 청일전쟁 개전외교를 주도한 인물로 이토 수상과 무쓰 외상을 지목하는 연구가[34] 등장하여 '우발적 청일전쟁론'을 비판하고 있지만, 비팽창주의론은 일본 역사학계에서 여전히 적지 않은 영향력을 발휘하고 있는 실정

---

32) 中塚明(1968)『日淸戰爭の硏究』. 藤村道生(1973)『日淸戰爭』. 박종근 저, 박영재 역(1989)『청일전쟁과 조선』일조각.

33) 檜山幸夫(1984)「伊藤內閣の朝鮮出兵決定に對する政略論的檢討」『中京法學』(18-1・2, 18-3). 檜山幸夫(1997)『日淸戰爭』講談社. 檜山幸夫(1997)「日淸戰爭における外交政策」(東アジア近代史學會 編,『日淸戰爭と東アジア世界の変容』下, ゆまに書房). 大澤博明(1992)「伊藤博文と日淸戰爭への道」『社會科學硏究』(44-2). 大澤博明(1993)「日淸共同朝鮮改革論と日淸開戰」『熊本法學』(75).大澤博明(1997)「日淸開戰論」『日淸戰爭と東アジア世界の変容』(下). 高橋秀直(1995)『日淸戰爭への道』.

34) 최석완(2002)「청일전쟁기의 일본정부의 동아시아질서 재편정책」『일본역사연구』(15). 최석완(2005)「일본정부와 조선 내정의 개혁안」『일본역사연구』(21). 최석완(2007)「일본정부의 청일 개전정책」『중국근현대사연구』(33). 최석완(2009)「일본정부와 청일전쟁 개전 과정」『일본역사연구』(29).

이다.

이상에서 『도쿄서적, 역사』와 『지유샤, 역사』의 내용에서 드러나는 문제점을 지적하고, 이러한 문제점이 일본 역사학계의 연구 동향과 어떠한 관련을 갖는 것인지를 검토해 보았다. 아울러 일본 역사학계에서 종래 통설적 지위를 차지하던 진보주의 역사학의 팽창주의론이 1980년대 중반 이후 비팽창주의론의 반격을 받으면서, 동요하는 모습을 확인했다. 팽창주의론을 주장하는 연구의 일부에서 비팽창주의론의 연구 시각을 부분적으로 수용하는 모습이 등장한 것이다. 한편 한국 역사학계의 연구는 일본의 팽창주의론에 의존하는 경우가 대부분이며, 극히 일부의 연구를 제외하면 비팽창주의론에 대한 본격적인 검토도 이루어지고 있지 않다.

그러나 팽창주의론의 통설적 지위가 동요하기 시작했다는 점을 부인할 수는 없지만, 비팽창주의론이 통설적 지위에 오른 것은 아니다. 군비확장이 개시된 시점에 대해 보수주의 교과서가 팽창주의론의 연구를 수용할 만큼 비팽창주의론의 논리에는 아직 문제점이 많이 남아 있다.

일반적으로 교과서는 통설적 지위를 차지하는 학설을 바탕으로 서술되는 것이 상식이다. 따라서 만약 비팽창주의론과 팽창주의론 중 어느 한쪽이 확고한 우위를 차지하지 못하는 경우에는 양자가 공통적으로 인정하는 사항을 중심으로 서술되어야만 한다. 그러한 점에서 갑신정변기도, 조선중립국화, 군비확장 등의 문제와 관련해서, 연구 현황을 반영하지 않는 『도쿄서적, 역사』와 『지유샤, 역사』의 해당 부분은 수정되어야 할 것이다.

참고문헌

강만길 외편(1994) 『한국사』(11권) 한길사.

구선희(1996) 「갑신정변 직후 반청 정책과 청의 원세개 파견」 『사학연구』(51).

국사편찬위원회 편(1999) 『한국사』(38, 39, 40권) 국사편찬위원회.

권영배(1992) 「한말 조선에 대한 중립화 논의와 그 성격」 『역사교육논집』(17).

김경창(1974) 「갑신변란 후의 한일, 청일 교섭 시말」 『경희대학교논문집』(8).

김경창(1985) 『송암김경창박사화갑기념논문집-정치와 외교-』대왕사.

김민규(2009) 「지유샤(自由社)刊 2009년도 중학교 역사교과서 분석-'근대' 대외관계를 중심으로-」 『역사교육논집』(43).

김용구(2004) 『임오군란과 갑신정변』도서출판 원.

박은숙(2005) 『갑신정변연구』역사비평사.

박종근 저, 박영재 역(1989) 『청일전쟁과 조선』일조각.

박희호(1996) 「일본인이 제기한 1880년대의 한국중립화론」 『동국사학』(30).

박희호(1998) 「1880 · 90년대의 조선중립화론」 『동북아』(7).

배성동(1975) 「한일관계와 일본국내정치의 전개-임오사변과 갑신정변을 중심으로-」 『논문집』(2) 서울대국제문제연구소.

백종기(1977) 『근대한일교섭사연구』정음사.

서중석(1965) 「근대극동국제관계와 한국영세중립국론에 대한 연구」 『논문집』(4) 경희대학교.

성황용(2005) 『근대동양외교사』명지사.

신국주(1965) 『한국근대정치외교사』탐구당.

신기석(1959) 「갑신정변과 한청일 외교관계」 『국제법학회논총』(4-1).
신기석(1966) 「안전보장과 한말 정국」 『국제법학회논총』(11-1).
신용하(2000) 『초기 개화사상과 갑신정변 연구』 지식산업사.
신주백(2009) 「지유샤판 역사교과서의 근대사 서술 분석」 『역사교육연구』 (9).
신주백(2009) 「지유샤판 중학교 역사교과서의 현대사 인식」 『한일관계사연구』(33).
엄찬호(2002) 「거문도사건과 조선의 중립화론」 『강원사학』(17, 18합집).
유영익 외(1996) 『청일전쟁의 재조명』 한림대학교아시아문화연구소.
정용태(1990) 「임오군란과 한국의 영세중립론」 『법학논집』(5).
정재정(1989) 「정상형-명치정부에서의 역할과 조선침략의 실천-」 『국사관논총』(1).
최덕수(2004) 『개항과 조일관계-상호인식과 정책-』 고려대학교출판부.
최문형(2001) 『한국을 둘러싼 제국주의 열강의 각축』 지식산업사.
최문형(2007) 『러시아의 남하와 일본의 한국침략』 지식산업사.
최석완(1998) 「송방재정기의 육해군 확장문제」 『중앙사론』(10, 11합집).
최석완(1999) 「일본정부의 동아시아질서 재편정책과 청일전쟁」 『동양사학연구』(65).
최석완(2002) 「청일전쟁기의 일본정부의 동아시아질서 재편정책」 『일본역사연구』(15).
최석완(2005) 「일본정부와 조선 내정의 개혁안」 『일본역사연구』(21).
최석완(2007) 「일본정부의 청일 개전정책」 『중국근현대사연구』(33).
최석완(2009) 「일본정부와 청일전쟁 개전 과정」 『일본역사연구』(29).
최진식(1997) 「갑신정변을 전후한 개화파의 외교인식론」 『역사와 경계』 (32).
한국정치외교사학회 편(1985) 『갑신정변연구』 평민사.
한국정치외교사학회 편(1993) 『한국외교사 I 』 집문당.
한국학문헌연구소 편(1979) 『금옥균전집』 아세아문화사.

한일관계사연구논집편찬위원회 편(2005) 『한일관계사연구논집』(7권) 경인문화사
한일관계사연구논집편찬위원회 편(2010) 『한일관계사연구논집』(16, 20권) 경인문화사.

岡本隆司(2006) 「「朝鮮中立化構想」の一考察」『洛北史學』(8).
犬塚孝明(1996, 1997) 「井上馨の外交思想(Ⅰ)(Ⅱ)」『政治経濟史學』(366, 367).
高橋秀直(1995) 『日清戰爭への道』東京創元社.
古屋哲夫 編(1994) 『近代日本のアジア認識』京都大學人文科學研究所.
國立國會図書館憲政資料室 『榎本武揚關係文書』.
金正明 編(1996) 『日韓外交資料集成』(1-10卷) 巖南堂書店.
多田嘉夫(1991-1994) 「明治前期朝鮮問題と井上毅(一)-(四)」『國學院法研論叢』(18-21).
大江志乃夫(1998) 『東アジア史としての日清戰爭』立風書房.
大山梓(1989) 「朝鮮事変と井上外交」『政治経濟史學』(277).
大石嘉一郎(1989) 『自由民權と大隈・松方財政』東京大學出版會.
大畑篤四郎(1983) 『日本外交政策の史的展開』成文堂.
大澤博明(1991) 「天津條約体制の形成と崩壞(一)(二)」『社會科學研究』(43-3, 43-4).
大澤博明(1992) 「伊藤博文と日清戰爭への道」『社會科學研究』(44-2).
大澤博明(1995) 「明治外交と朝鮮永世中立化構想の展開」『熊本法學』(83).
大澤博明(1998) 「朝鮮永世中立化構想と近代日本外交」『青丘學術論集』(12).
大澤博明(1998) 「明治前期の朝鮮政策と統合力」『年報政治學』.
大澤博明(2001) 『近代日本の東アジア政策と軍事』成文堂.
大澤博明(2004, 2005) 「日清天津條約-一八八五年の研究(一)(二)」『熊本法學』(106, 107).

東アジア近代史學會 編(1997)『日清戰爭と東アジア世界の変容』(上, 下) ゆまに書房.
藤原彰(1987)『日本軍事史』上, 日本評論社.
藤村道生(1971)「琉球分島交涉と對アジア政策の轉換」『歷史學研究』(373).
藤村道生(1973)『日清戰爭』岩波書店.
藤村道生(1995)『日清戰爭前後のアジア政策』岩波書店.
梅溪昇(1953)「日本側からみた日清戰爭」『史林』(35-4).
梅溪昇(1962)「日本側からみた日清戰爭-補論」『歷史教育』(10-2).
山辺健太郎(1966)『日本の韓國併合』太平出版社.
森山茂德(1992)『日韓併合』吉川弘文館.
松岡芳男(1978)『改訂明治軍制史論』上下, 図書刊行會.
信夫清三郎 編(1974)『日本外交史』每日新聞社.
室山義正(1984)『近代日本の軍事と財政』東京大學出版會.
安岡昭男(1965)「明治前半期における井上馨の東亞外交政略」『法政史學』(17).
安岡昭男(1967)「井上馨論」『國際政治』(33).
安岡昭男(1969)「日清戰爭前の對淸論策」『軍事史學』(4-4).
安岡昭男(1995)『明治前期日清交涉史研究』岩南堂書店.
安岡昭男(1998)『明治前期大陸政策史の研究』法政大學出版局.
野瀨和紀(1977)「甲申事変の研究(一)-淸仏戰爭と日本外交-」『朝鮮學報』(82).
永井秀夫(1990)『明治國家形成期の外政と內政』北海道大學図書刊行會.
伊藤隆 編(2008)『山縣有朋と近代日本』吉川弘文館.
長谷川直子(1994)「壬午軍亂後の日本の朝鮮中立化構想」『朝鮮史研究會論文集』(32).
長谷川直子(1995)「近代日本における東アジア世界再編の論理」『總合研究』(3).
田保橋潔(1940)『近代日鮮關係の研究』(上, 下) 朝鮮總督府中樞院.

田中直吉(1957)「日鮮關係の一斷面-京城壬午の変-」(日本國際政治學會 編,『日本外交史研究-明治時代-』, 秋期特別号, 有斐閣).
田中直吉(1957)「朝鮮をめぐる國際葛藤の一幕-京城甲申の変-」『法學志林』(55-2).
井上清(1975)『日本の軍國主義』(Ⅰ, Ⅱ) 現代評論社.
佐藤昌一郎(1963)「「松方財政」と軍擴財政の展開」『商學論集』(32-3).
佐藤昌一郎(1963)「「松方財政」論の再檢討」『経濟學年誌』(創刊号).
佐藤昌一郎(1964)「企業勃興期における軍擴財政の展開」『歷史學研究』(295).
中村朋之(2005)「明治期日本における國防戰略轉換の背景」『日本大學大學院總合社會情報研究科紀要』(5).
中村朋之(2006)「山縣有朋の「利益線」概念」『軍事史學』(165).
中塚明(1968)『日淸戰爭の研究』靑木書店.
芝原拓自(1981)『日本近代化の世界史的位置』岩波書店.
芝原拓自(1988)『日本近代思想大系-對外觀』岩波書店.
池田憲隆(2001)「松方財政前半期における海軍軍備擴張の展開」『人文社會論叢』社會科學編(6).
池田憲隆(2002)「1883年海軍軍擴前後期の艦船整備と横須賀造船所」『人文社會論叢』社會科學編(7).
池田憲隆(2003, 2004)「軍備部方式の破綻と海軍軍擴計畫の再編(上)(中)(下)」『人文社會論叢』社會科學編(9, 10, 11).
津田多賀子(1982)「1880年代における日本政府の東アジア政策展開と列强」『史學雜誌』(91-12).
崔碩莞(1997)『日淸戰爭への道程』吉川弘文館.
板垣退助 監修(1992)『自由党史』(下) 岩波書店.
彭澤周(1960)「淸仏戰爭期における日本の對韓政策」『史林』(43-3).
彭澤周(1962)「朝鮮問題をめぐる自由党とフランス」『歷史學研究』(265).
彭澤周(1962)「フェリー内閣と日本」『史林』(45-3).

彭澤周(1963)「甲申事変をめぐる井上外務卿とフランス公使」『歷史學研究』(282).
海野福壽(1995)『韓國併合』岩波新書.
檜山幸夫(1984)「伊藤內閣の朝鮮出兵決定に對する政略論的檢討(上)(下)」『中京法學』(18-1・2, 18-3).
檜山幸夫(1997)『日清戰爭』講談社.
檜山幸夫 編著(2001)『近代日本の形成と日清戰爭』雄山閣.

제6장 러일전쟁에 이르는 과정에 대한 고찰 - 개전론의 전개를 중심으로 -

조명철*

1. 머리말

러일전쟁에 대한 학문적인 접근이 시작된 것은 관련 자료들이 부분적으로 공개되기 시작한 1920년대 후반부터라고 할 수 있다. 당시 러일전쟁에 대한 다양한 논의 중에 전쟁의 목적이 어디에 있었는가를 묻는 논쟁도 매우 비중 있게 다루어졌다. 이 논쟁은 러일전쟁의 진정한 목적이 만주라는 시장에 있었다는 주장과 한국의 독점적 지배에 있었다는 주장으로 대별된다.[1)]

확실히 일본이 러일전쟁에서 승리한 후 만주의 경제적 가치는 크게 증대했고 만주 투자의 붐이 일어났던 것도 사실이다. 러일전쟁 후 만주는 잠재력뿐만 아니라 현실적인 시장으로서도 매우 중요한 위치를 차지

---

* 고려대학교 문과대학 사학과 교수, 일본사 전공
이 글은 러일전쟁에 대한 재조명 -개전론을 중심으로-(2006)『한일군사문화문화』, 4권, pp.3-29 수정 · 보완한 글이다.

1) 信夫淸三郎, 「近代日本外交史」(1942) 시노부는 당시 만주문제의 중요성은 조선문제를 훨씬 능가하고 있었기 때문에 러일전쟁의 주제는 만주였다고 주장했다. 이에 대해 下村富士男는 「日露戰爭と滿州市場」(名古屋大學文學部, 『硏究論集』 XIV, 史學5, 1956)와 「日露戰爭の性格」(國際政治學會編, 『國際政治』, 1957, [illegible])에서 러일전쟁의 주제는 만주가 아니며 조선에 있었고 [illegible]문제는 조선문제에 종속되어 있었다고 반론을 폈다.

하게 되었다. 이러한 만주의 위상변화가 러일전쟁의 목적이 만주였다는 주장의 설득력을 높여주고 있는 것도 부인하기 어렵다. 결과론적 해석의 여지를 남기고 있음에도 불구하고 러일전쟁에 있어서 만주 중심적 논의는 현재까지도 유효한 학설의 하나라고 할 수 있다.

그렇다면 러일전쟁은 애초부터 만주를 놓고 벌어진 일본과 러시아의 물리적 충돌이었고 한국은 본질적인 문제가 아니라 단지 전쟁의 결과 얻어진 전리품에 지나지 않았는가. 러일전쟁의 목적이 만주와 한국 어디에 있었는가의 문제를 경제사나 외교사적 관점이 아닌 전쟁을 수행한 군의 관점에서 살펴본다면 어떠한 결론이 얻어질 수 있는가. 실제로 전쟁을 준비하고 전쟁행위의 담당자였던 일본군은 러시아에 대해 어떠한 전략을 갖고 있었고 언제 전쟁을 결정하였는가. 군의 개전론은 누구에 의해서 어떤 과정을 거치면서 수면위로 부상하게 되었는가. 그것이 실제로 정부의 전쟁결정에 어떠한 영향을 주었는가. 이러한 문제들은 군이 전쟁의 실질적인 담당자라는 점에서 개전론을 부추이면서도 책임의 주체가 될 수 없었던 여론과는 전혀 다른 무게를 갖고 있다.

그렇다고 군의 개전론이 아무런 망설임도 없이 일사분란하게 전개되고 확산되었던 것은 아니다. 승전에 대한 가능성이 불확실했던 만큼 군의 내부에서도 적지 않은 갈등이 있었고 이러한 갈등은 부서간의 의견차이와 세대간의 인식차이를 선명하게 보여주기도 했다. 또한 개전론은 순수하게 승전을 위한 전쟁의 논리만으로 채워져 있지 않았다. 당연히 개전론에는 전쟁을 해야만 하는 명분과 이유가 포함되어 있다. 특히 개전론의 명분과 이유에 있어서 한국문제가 얼마나 커다란 비중을 차지하고 있는지 주목할 필요가 있다. 왜냐하면 한국에 대한 일본의 인식이 잘 드러나 있기 때문이다.

따라서 여기서는 일본이 인식하고 있는 한국에 대한 전략적 중요성이 개전론의 논리 에 어떠한 영향을 주었는가도 함께 검토해야 할 것이다. 한편 군의 내부에서 일어난 개전론이 여론과 정치권의 개전론과 어떠한 차이를 보이는지도 살펴야 할 것이다. 즉 군의 개전론이 전쟁의 논리로서는 어떠했는가. 왜냐하면 육군이 실제로 작전을 구상하고 전쟁을 수행하는 초기 단계에서 드러난 비효율성이 개전론과 무관하지 않기 때문이다.

2. 정치지도층의 대러시아 인식

일본의 육군이 러시아와의 군사적 충돌 가능성을 전제로 군의 작전을 고려하기 시작한 시점에 대해서는 의화단 사건을 빌미로 러시아군이 만주를 점령한 1900년을 지적하곤 한다.[2] 하지만 이 시기 육군의 참모본부가 러시아와의 전쟁을 전제로 구체적인 작전계획까지 세워 놓은 것은 아니었다.[3] 의화단 사건 초기 국내 언론이 북경에 고립된 자국민의 동향에 집중해 있던 반면에 외무성의 일각에서는 만주에서 진행되는 러시아의 군사행동을 예의 주시하고 있었다.[4] 때문에 외무성을 중심으로 러시아에 대한 강경론이 제기되기도 했지만 그렇다고 당장 러시아와 전쟁을 벌일 수 있는 상황도 아니었다. 오히려 당시 정치지도자들 사이에서는 不戰論의 견해가 더 강했다. 일례로 야마가타(山縣有朋) 수상은 “우리의 현재 상황은 군비 확충이 아직 완전하지 못하고 재정도 역시

2) 『大本營陸軍部一(戰史叢書)』(防衛廳戰史室(編), 朝雲新聞社, 1966)와 谷壽夫의 『機密日露戰史』(原書房, 1966)는 1900년을 대러시아전략이 본격적으로 검토된 기점으로 삼고 있다. 沼田多稼藏는 『日露陸戰新史』(芙蓉書店, 1980)에 1902년의 영일동맹을 기점으로 보고 있다.
3) 『大本營陸軍部一(戰史叢書)』, 防衛廳戰史室(編), 朝雲新聞社(1966), p.91
4) 졸고, 「義和團事件과 일본의 외교전략」, 『日本歷史硏究』8집(1998)참조.

올해에 겨우 정리하기 시작한 형편이니, 여기서 러시아와 전쟁을 치르는 일은 피하지 않으면 안 된다"고 명확하게 부전론을 주장했다.[5] 의화단 초기 야마가타는 북수남진론의 입장에서 한국보다는 중국의 남쪽인 福建省에 대한 침략을 우선해야 한다고 강조하기도 했다.[6] 이러한 주장의 배경에는 가능하면 러시아와 직접적인 대결을 회피하려는 태도가 엿보인다. 의화단 세력을 진압하기 위해 결성된 8개국 연합군에 군대파견을 담당했던 테라우치 마사타케(寺內正毅) 참모차장의 일기에도 러시아와의 전쟁을 부추기는 어조는 전혀 보이지 않았다.[7]

1900년의 가을 밖에서는 의화단사건의 사후처리문제로 시끄러웠고 국내에서는 이토 히로부미가 스스로 거대 신당을 만들어 직접 정당정치를 해보겠다고 해서 메이지 유신의 핵심세력이 모인 번벌정부가 심각하게 동요하고 있었다. 균열의 핵심에는 천황 중심의 정치를 고집하는 야마가타 아리토모와 더 이상 정당을 무시하고는 정부를 운영할 수 없다고 하는 이토 히로부미의 심각한 인식의 차이가 존재하고 있었다. 결국 1900년 10월, 야마가타 내각이 퇴진하고 새롭게 立憲政友會를 창당한 이토가 네 번째 수상이 되어 새로운 내각을 구성했다. 하지만 육군성과 해군성의 경우 민간 정치인이 아닌 현역 군인이 임명되기 때문에 국내 정치의 격변에도 불구하고 별다른 영향을 않았다. 외교정책의 일관성이 요구되는 외무성의 경우도, 수장이 아오키 슈조(靑木周藏)에서 가토 다카아키(加藤高明)로 바뀌었지만 그 역시 아오키처럼 대러시아 강경론자이자 대표적인 친영파였다.

---

5) 「對韓政策意見書」, 『山縣有朋意見書』, p255.

6) 大山梓(1966), 『山縣有朋意見書』, 原書房, pp261-263 북수남진론에 대해서는 졸고, 「의화단사건과 동아시아의 정세변화」(『梨花史學』29, 2002.12)를 참조.

7) 山本四郎(編)(1981) 『寺內正毅日記』, 京都女子大學

해를 넘겨 1901년 4월, 영국과 일본에서 영일동맹의 가능성이 비밀리에 검토되고 있던 시기에 가토 다카아키 외무대신은 오야마 이와오(大山巖) 참모총장에게 러시아에 대한 육군의 입장을 확인한 바 있었다.[8] 이때에 원로이면서 참모총장이기도 한 오야마는 러시아와의 무력충돌이 "용병상 이롭지 못하다"는 부전론의 입장을 분명히 했다.[9] 사실 이 시기에는 러시아가 점령하고 있던 만주에 대한 여론의 관심이 그다지 높지 않았고 한국을 둘러싼 러일간의 긴장도 고조되어 있지 않았기 때문에 전쟁 가능성에 대해서 정치권과 육군은 부정적인 태도를 견지하고 있었다.

1901년 전반기는 신당을 중심으로 구성된 이토 제4차 내각이 사방의 정치공세로 위기에 처해있던 시기였다. 국내의 정치문제로 갈등을 빚고 있었지만 대외문제에 있어서만큼은 통일된 견해를 보이는 것이 일본 정치권의 특징이기도 한데 특히 한국에 관련된 문제에 대해서는 이전부터 공통된 인식을 공유하고 있었다. 그것은 1890년 당시 야마가타 수상이 국회에서 밝힌 한국에 대한 정책목표 즉 "조선은 우리의 이익선의 안에 있으니 어떠한 어려움이 있더라도 그 어려움을 제거하여 우리 제국의 이익을 유지, 확충하지 않으면 안 된다"고 하는 노골적인 한국침략정책이었다.[10] 한국을 절대로 타국에 양보할 수 없다는 목표는 1901년 시점에 있어서도 대륙정책의 기본적인 출발선이 되고 있었다. 이 때문에 1901년에서 1902년 사이에 한국과 러시아로부터 제기된 모든 한국영세중립국안이 일본에 의해 거부되고 말았던 것이다. 러시아가 제안한 영

---

8) 『日本外交文書』 34권, pp.4-10 1901년 4월은 일본 정부가 영국, 독일, 일본 삼국협상에서 영국과 일본 양국동맹으로 전환을 모색하던 시기였다.
9) 加藤伯傳記編纂委員會(1929) 『加藤高明』, 寶文館, 上卷, p.444
10) 大山梓(編)(1966)「對韓政策意見書」,『山縣有朋意見書』, 原書房, p255

세중립국안에 대해 일본정부는 한국이 제안했을 때만큼 단호하고 굴욕적으로 거부하지는 못했지만 외교적 예의를 갖추어 러시아의 의도를 좌절시켰다.

이 시기 군을 포함한 정치권은 의화단사건 이후 동아시아에서 눈에 띄게 강화된 러시아의 팽창정책에 대해 타협으로 풀 것인가, 대결로 풀 것인가를 놓고 고민하고 있었다. 이러한 고민은 1901년 6월 이토 내각의 붕괴 후에 새로 구성된 가쓰라 내각이 친영파 관료들을 중심으로 영국을 선호함으로써 가닥이 잡혀갔다. 영국 선호의 경향은 원로들보다 유학의 경험이 많고 러시아의 후진성을 잘 알고 있는 젊은 세대들의 특징이기도 했다. 일본과 영국 사이에서 영일동맹에 대한 의사타진이 본격적으로 이루어지고 동맹애 대한 구체적인 조건이 거론되고 있던 1901년 여름, 친러파로 불리는 이토와 이노우에 가오루(井上馨)는 영국 일변도의 외교방침에 우려를 표시했다. 이노우에는 먼저 러시아와 타협을 시도해봐야 한다고 주장하면서 명예박사학위를 받으러 예일대학에 가려는 이토에게 미국행을 포기하고 먼저 러시아로 가서 러일간의 협상을 이끌어내야 한다고 주장했다. 이노우에는 원로의 신분을 이용하여 가쓰라 수상을 직접 만나 설득하기도 하고 장문의 서한으로 러일협상 우선책을 피력하기도 했다.

가쓰라 수상은 영일동맹을 선호하고 있었지만 그렇다고 친러파와 정면대결을 불사할 정도로 정치적 입지가 탄탄하지도 못했다. 가쓰라의 경우 원로가 아니면서 수상이 된 최초의 인물이었기 때문에 그의 내각은 이전의 원로 내각에 비해 매우 낮은 평가를 받고 있었다. 따라서 가쓰라 수상은 이토나 이노우에 같은 원로들로부터 문제가 제기되었을 때 쉽게 이를 무시할 수 없었다. 오히려 국정의 중요사안들은 사전에 원로들을 찾아가 동의를 구하고 의견을 조율한 후에 일을 진행시켜야 했다.

영일동맹에 대해 이토와 이노우에가 이견을 제시했을 때도 직접 만나 의견을 조율하고 진행상황을 설명하곤 했다. 다음은 가쓰라 수상이 이토와 이노우에에게 영일동맹과 러일협상에 대한 자신의 입장을 밝힌 서한의 일부이다.

> (전략) 소생(가쓰라)의 러시아에 대한 의견은 다음과 같습니다. 생각컨대 말씀하신 대로 조선의 처리문제를 제일과제로 삼고 있으며, 이미 획득한 福建省의 불할양문제를 확실히 하기 위해서는 러시아와 화해할 것인가, 전쟁을 치른 후에 화해할 것인가, 영국과 동맹한 후에 러시아와 담판할 것인가 어느 것을 선택하더라도 모든 문제는 조선을 어떻게 처리할 것인가에 기인합니다. 즉 우리의 목적을 달성하는데 보다 용이한 방법을 취하는 것일 뿐입니다. 때문에 소생이 바라는 바는 조선문제를 정리하는데 우리에게 편한 방법을 강구함에 있어서 그 방편으로서 러시아와 어떤 식으로든 담판을 벌일 필요가 있다고 생각합니다. 위와 같은 사정으로 최근 여러 선배님들께 회의를 요청하여 신중히 협의한 위에 이미 결정되어 있는 國是, 즉 조선문제의 해결에 대해 그 방법을 강구하는 것은 실로 급선무라고 생각합니다.[11]

이것은 러일간의 협상을 우선해야 한다는 이노우에 원로의 서한에 대한 답신이다. 이 서한을 보면 가쓰라 수상이 이노우에의 요구를 얼마나 교묘하게 비껴가고 있는지 쉽게 알 수 있다. 가쓰라 수상은 러일협상과 영일동맹의 정책적 경중과 우선순위를 직접 비교하거나 선불리 정부의 입장을 강변하는 우를 범하지도 않았다. 물론 선배인 원로와 논쟁을 벌이려는 무모한 시도는 아예 꿈도 꾸지 않는다. 가쓰라 수상은 러일협상론이나 영일동맹론이 그저 '우리의 목적'을 달성하기 위한 방법과

11) 『伊藤博文傳』下卷(1942), p527

선택의 문제일뿐 본질적인 문제는 아니라고 하면서 첨예한 대립을 피해 가고 있다. 가쓰라 수상이 본질적인 문제로 지적한 것은 일본의 정치가라면 누구도 반대할 수 없는 대전제 즉 일본의 숙원사업인 한국지배의 성취였다. 즉 가쓰라는 한국침략을 어떻게 수월하게 달성할 수 있는가의 문제만이 우리에게 핵심적이고 중차대한 문제라는 점을 반복적으로 재확인하고 있을 뿐이었다. 실제로 가쓰라 수상은 이 문제를 논의하기 위해 육군대신을 교토까지 파견하여 야마가타 원로의 상경을 부탁하는 등 원로에 대한 극진한 예우를 다하고 있지만[12] 사실은 영일동맹에 호의적인 야마가타를 도쿄로 불러들여 친러파 원로의 고집을 꺾어보려는 가쓰라 수상의 고육책이었다. 결국 러시아와 협상을 우선시 하는 이토 히로부미가 미국을 거쳐 유럽으로 건너가 러시아와 협상을 벌이기로 일정을 잡았지만 가쓰라 정부는 이토에게 공식적으로 전권을 위임하지는 않았다.

위의 서한은 손대지 않고 코를 푸는 가쓰라 수상의 재치를 보여주고 있지만 다른 한편으로는 일본만이 한국을 지배해야 한다는 명제가 일본의 정치지도자들에게 얼마나 커다란 무게를 갖고 있었는가를 확인시켜 주는 물증이기도 하다. 즉 한국지배의 달성은 일본의 대외정책에 있어서 누구도 반대할 수 없는 대명제라는 점이다. 마치 메이지 일본에 있어서 천황의 뜻이라면 누구도 손댈 수 없는 신성한 명제이듯이 한국문제는 이시기 이미 불변의 대명제로 자리잡고 있었다. 문제는 러시아로부터 이 절대명제가 위협받게 될 때에 일본이 어떠한 반응을 보일 것인가이다.

의화단사건을 빌미로 러시아가 만주를 점령하여 일본을 자극한 것은

---

12) 위의 책, p.528

사실이지만 그렇다고 러시아와의 개전이 현실적인 문제로 논의된 것은 아니었다. 일본이 좀더 많은 양보를 하더라도 러시아와 타협해야 한다는 친러파는 물론이고 영국과 동맹을 맺어 러시아를 견제하려는 친영파도 1901년 단계에서 개전론을 들고 나오지는 않았다.

3. 여론의 추이와 개전론

1902년 1월 30일 체결된 영일동맹은 2월 12일 공표되었다. 전문과 6조로 구성된 조약문은 중국과 한국의 영토보전을 선언하고 있고 동시에 양국에 있어서 보호받아야할 일본과 영국의 권익을 규정하고 있다.[13] 그 중에서 제2조와 제3조는 이러한 권익이 침해받아 전쟁이 발발할 경우, 불간섭의 원칙을 지켜야 하지만 제3국이 러시아를 지원할 경우 영국이 자동 참전한다는 조건이 규정되어 있다.[14] 해가 지지 않는 대영제국이 일개 아시아의 국가와 군사동맹의 성격을 지닌 조약을 체결했다는 사실에 전세계가 놀랐다. 물론 일본에서는 전국적으로 축하대회가 열리고 밤에는 제등행렬이 이어졌다.[15]

의화단 사건으로 불거진 '만주문제'를 놓고 러시아와 일본이 제각기 해법을 찾아 분주하게 뛰었지만 일본이 러시아에 앞서 가시적인 결과물을 만들어 내었다는 점에서 영일동맹은 외교전에 있어서 일본의 승리를 의미하기도 했다. 실제로 러시아는 4월 8일에 중국과 이른바 滿洲還附條約을 체결하였다. 조약에 따라면 러시아는 앞으로 6개월 이내에 盛京

13) 『日本外交年表竝主要文書』上(1965), 外務省, p203-204
14) 일본이 아시아에서 자국의 권익을 침해받아 타국과 전쟁을 벌일 경우, 영국은 불간섭을 해야 하고 제3국이 일본과 전쟁을 벌이는 타국을 도와 줄 경우, 영국은 [illegible] 있다.
15) 『朝日新聞社史』明治編(1995), 朝日新聞社, p405

省에서 군대를 철수하고 그 후 6개월 이내에 吉林省에서 그후 6개월 이내에 黑龍省에서 러시아 군대를 철수해야 했다.

러시아가 조금은 굴욕적이지만 만주에서 외교적 패배를 자인함으로써 일본과 러시아의 긴장은 더 이상 고조되지 않았다. 영일동맹을 계기로 일본과 러시아의 대립구도가 고착화될 가능성이 더욱 높아졌지만 일본의 여론은 영일동맹이 곧바로 러시아와의 전쟁을 의미한다고는 보지 않았다. 따라서 영일동맹을 축하하는 분위기 속에서 러시아와의 전쟁위기를 우려하는 논조는 거의 보이지 않고 신문에는 연일 영일동맹이 체결된 과정과 에피소드, 세계 각국의 반응, 조약의 역사적 의미 등이 특집으로 도배되었다. 일본은 높아진 자국의 위상에 만족하면서 원로세대가 아닌 가쓰라 수상과 고무라 주타로(小村 壽太郞)외상과 같은 새로운 정치관료들에게 희망을 걸기도 했다.[16)]

하지만 군의 내부의 움직임은 조금 달랐다. 영일동맹이 군사동맹의 성격을 지니고 있고 실제로 전쟁가능성을 열어놓고 있었기 때문에 그에 대한 후속 조치를 취하지 않을 수 없었다. 이러한 후속조치에 대해서는 1902년 7월에 런던에서 영국과 일본의 군관계자들이 비밀리에 만나 논의하였다. 이 비밀군사회의에서는 러시아와 일본 사이에 전쟁이 발발하여 제3국이 러시아에 가담했을 경우에 대비한 대응책이 집중적으로 논의되었다.[17)] 여기서 결의된 사항 중에서 육군에 관한 내용을 보면 일본

---

16) 「元老時代 사라지다」(『東京朝日新聞』, 1902.2.25). 이 사설에서는 영일동맹의 공은 전적으로 가쓰라 현정부에 돌려야 하고 원로들과는 전혀 무관하다고 하여 가쓰라와 외무성 관료들의 능력을 높이 사고 있다.

17) 영일군사협의회에 대해서는 졸고 「러일전쟁기 군사전략과 국가의사의 결정과정」(『日本歷史硏究』2, 1995)를 참조. 일본측으로부터는 福島安正 少將(후쿠시마 안세이; 參謀本部二部長), 伊集院五郎 海軍少將(이주인 고로; 常備艦隊司齡官), 玉利親賢 海軍大佐(다마리 신켄; 駐英公使館付武官), 宇都宮太郎 少佐(우츠노미야 타로; 駐英公使館付武官), 財部彪海軍 少佐(다카라베 타케시; 常備艦隊參

육군은 러시아와 전쟁이 발발하면 3주안에 28만명을 동원할 수 있다고 호언장담하고 있는데[18] 당시 일본 육군의 병력이 13개 사단이었고 러일전쟁에서 실제로 동원한 병력이 약25만 정도였던 것을 감안한다면 지나치게 과장된 수치라는 것을 알 수 있다. 이에 대해 영국도 12만명을 동원하여 일본을 지원하고 그것도 부족하면 10만명을 추가로 지원해주겠다고 약속하고 있다. 1902년 당시 일본은 자체 정보에 의해 만주에 주둔한 러시아의 병력을 15만명으로 파악하고 있었는데[19] 전시가 되면 25만에서 30만정도가 동원되리라고 예상한 것 같다. 아마도 이러한 수치가 영일군사협의회에서도 논의 근거가 되었으리라고 짐작된다.

1902년 여름의 시점에서 일본의 군관계자들은 러시아와 전쟁이 일어났을 경우에 대비해 영국과 대책을 논의하고 나름대로 러시아에 대한 정보들을 분석하고 있었지만 이러한 검토 작업에는 진지함이나 절박한 긴장감이 느껴지지는 않는다. 그럼에도 불구하고 양국의 당국자는 러시아가 만주로 동원할 수 있는 군대의 규모와 집중의 속도에 대해서 정확히 인지하고 있었고 전쟁이 발발할 경우 개전초기에 적을 제압해야 한다는 기본전략에도 의견의 일치를 보았다. 이러한 계기를 통해 일본의 군 당국자들도 러일전쟁을 좀 더 발생 가능한 현실적인 문제로 느끼게 되었을 것이다. 문제는 실제 러일전쟁에서 선제공격을 가한 일본이 주력의 집중 속도가 러시아보다 빨랐음에도 불구하고 러시아의 주력을 전쟁 초기에 무력화시키는데 실패했다는 사실이다.

참고로 육군에는 참모본부가 해마다 작성하는 「年度作戰計劃」이란 것이 있는데 여기에는 러시아와의 전쟁을 전제로 한 작전계획이나 지침

謀)등이 참석하였다.

18) 防衛廳(上[illegible]), 「日英兩國軍事關係書類」

19) 『機密日露戰史』, p. 94.

이 들어있지는 않았다.[20] 「年度作戰計劃」은 형식적이기는 하지만 천황의 재가를 얻어 확정되기 때문에 사단이나 하급부대에 하달되는 작전계획의 지침으로서는 최고의 권위를 갖고 있다고 하겠다. 공식적인 성격 때문에 「年度作戰計劃」은 적이 외부로부터 침입해 왔을 경우 일본의 본토를 어떻게 방어할 것인가를 주요 문제로 다루고 있다. 이러한 「年度作戰計劃」의 방어적 작전방침은 러일전쟁까지 그대로 유지되었다. 따라서 육군이 당시 민감한 국제정세를 어떻게 인식하고 대처하려 했는가를 「年度作戰計劃」을 기준으로 판단하는 것은 무리가 있다.

여론이 러시아에 대한 개전론을 부축이고 한편으로 군의 내부에서도 개전론을 구체적으로 검토하기 시작한 시점은 공교롭게도 상당히 일치하고 있다. 1903년 4월 8일은 만주환부조약에 따라 러시아가 만주의 吉林省에서 군대를 철수하기로 약속한 제2차 철병의 시한이었다. 일본 정부뿐만 아니라 여론도 러시아의 군대철수를 예의주시하고 있었다. 왜냐하면 러시아의 군대철수가 이루어지지 않았다는 사실이 확인되는 순간 일본의 언론이 일제히 강경한 발언들을 쏟아내기 시작했기 때문이다. 일본정부도 마치 기다렸다는 듯이 이 문제를 중대사안으로 다루기 시작했다. 러시아는 제2차 철병을 유보했을 뿐만 아니라 압록강의 삼림벌목권을 근거로 용암포에 진출하여 군사시설로 오해받을 만한 시설물들을 설치하고 의주에까지 손을 뻗치고자 했다. 이러한 행동은 우발적으로 일어났다기보다 1902년 가을부터 京義線 철도부설권을 둘러싸고 러시아와 일본이 전개해온 암투의 연장선에서 이해되어질 수 있는 일들이었다.[21] 러시아의 갑작스런 정책전환의 요인으로는 베조브라조프를 중심

---

20) 高田甲子太郎, 「國防方針制定以前の陸軍年度作戰計劃」(『軍事史學』, 20-1, 1984)참조.

21) 용암포사건과 철도부설권의 관계에 대해서는 김원수, 「日本의 京義鐵道 敷設權

으로 한 궁정파의 등장을 지적하기도 한다. 특히 러시아가 압록강 주변으로 진출을 강화하는 시점이 베조브라조프가 만주를 순시하는 시점과 일치하고 관동총독인 알렉시에프가 러시아군의 만주철수를 주장하는 육군대신 클로파토킨의 의사에 반해 철수를 중지시킨 것도 러시아 내부에서 일고 있는 정치세력의 변화를 반영하고 있다고 하겠다.[22)]

어쨌든 러시아가 철수를 중단하고 한국에까지 세력을 확대하려한다고 판단한 일본에서는 1904년 4월말부터 정부와 여론을 막론하고 러시아에 대한 위기의식이 일거에 고조되어 갔다. 『報知新聞』은 러시아의 제2기 철수 기한인 4월 8일에 서구언론을 인용하여 「러시아의 만주철병이 이행되지 않을 것으로 보인다」는 기사를 내보내고 있다. 『時事新報』는 4월 11일에 「露國第二期撤兵不履行」이란 기사에서 러시아가 오히려 철도연변으로 군대를 집중시키고 있고 만주에서 대규모로 석탄과 식량을 사들이고 있다고 의혹으로 가득찬 기사를 내보내고 있다. 이시기 동경대학 교수 도미즈 히론도(戶水寬人)가 만주철병문제동지간친회에서 행한 연설에서 대러시아 개전론을 주장한 사실이 화제가 되기도 했다.[23)] 언론의 반응은 대러시아 강경론으로 급속히 기울어 갔고 더불어 언론에 표출된 위기의식도 가파른 상승곡선을 그리며 고조되고 있었다. 일부에서는 확인되지 않은 풍문을 기사화하기도 했는데 그 중에는 상당히 자극적인 내용들도 있었다. 『東京朝日新聞』은 4월 17일자에 「露國 마침내 滿洲撤兵不履行」이란 기사를 올리더니 4월 19일에는 「거듭되는 日露開戰說」이란 기사에서 이미 일본군 1만명이 부산에 상륙했고 러시

획득기도와 龍岩浦事件」(『韓日關係史硏究』9집, 1998)참조.

22) 『明治軍事史』下卷에는 러시아측의 움직임에 대해 『公爵桂太郎傳』, 『明治秘話二大外交の眞相』(信夫淳平), 『露日戰役回顧錄』(크로파토킨), 『秘密日露戰史』(參謀本部編)로부터 발췌한 자료들을 소개하고 있다.

23) 『東京朝日新聞』, (1903.4.15.)

아군함도 아산만으로 향했다는 미확인 기사를 내보냈다.

거의 매일 러시아의 만주철병문제가 신문을 장식하는 가운데 4월 27, 28일부터는 러시아가 만주철병을 중지하고 중국에 새로운 조건을 요구했다는 기사들이 나오기 시작했다.[24] 신문들 중에도 강경한 어조가 눈에 띄는 『東京朝日新聞』은 5월 1일자의 「러시아병사 방약무인하게 한국으로 진입하다」는 장문의 기사에서 러시아가 압록강 주변으로 살림회사를 보호한다는 구실로 군인을 한국 국경내로 진입시킨 사실을 자세히 보도하고 있다. 러시아의 불법성을 과거의 조약들을 근거로 조목조목 반박하고 있다. 결론적으로 일본은 더 이상 이런 사태를 방관해서는 안 된다고 주장하고 있다. 엄밀히 말해 일본 언론의 반응은 실제로 러시아가 압록강 주변에서 취한 조치에 대해 필요 이상으로 과대하게 반응하고 있었다. 그리고 이러한 기사들은 서로 확대재생산 되면서 강경한 여론을 형성해 갔다.

『東京朝日新聞』이 러시아에 대한 강경론을 대표하는 신문이라면 『萬朝報』는 보기 드물게 전쟁반대를 주장한 언론이라고 할 수 있다. 『萬朝報』는 5월 1일, 일찌감치 강경론 일변도로 기울고 있는 언론의 태도를 우려하는 기사를 실었다. "외교와 전쟁을 동일시하는 자들이 있는데 … 이런 무리들은 외교문제가 발생할 때마다 어김없이 개전론을 부르짖는다. 논리야 거창할지 모르지만 필경은 경솔함을 면할 수 없다"고 주의를 주면서 "외교의 목표는 평화에 있지 전쟁에 있지 않다. 전쟁을 피할 수 있음에도 불구하고 개전의 불행에 이르는 것은 치졸한 외교이고 무능한 외교이다"고 반전론의 입장을 분명히 했다.[25] 『萬朝報』 6월 19일

---

24) 『時事新報』의 「露國의 新要求」(4.27), 『東京朝日新聞』의 「만주철병의 교환조건으로서 로국 7개조의 밀약을 제시하다」(4.28) 등 참조.

25) 『萬朝報』 (1903.5.1) 기사 「외교와 전쟁 -양자를 혼동하지 말라-」.

자의 기사는 "러시아 정벌론이 여전히 국민들 사이에 유행하고 있어서 그것이 거의 여론처럼 받아들여지고 있다"고 지적하고 있다.

이런 분위기에 불을 지르듯 6월 24일, 7인의 도쿄제국대학 교수의 개전론이 터져나왔다. 정부의 연약한 외교를 비난하면서 러시아에 대해 '최후의 결심'을 갖고 대처해야한다고 주장해온 이른바 七博士의 건의서는 6월 10일에 나왔지만 이미 6월1일부터 원로들과 수상, 외상, 육상, 해상 등 주요 정치가들을 가리지 않고 찾아가 건의서를 전달하고 개전론을 주장했다. 이들의 건의서가 공표되어 전국 신문에 실리게 된 것은 6월 말이었다. 6월 말 뜨겁게 달아올랐던 개전론도 일본 정부가 만주와 한국을 놓고 러시아와 교섭을 추진하기로 결정한 후에는 사태를 관망하는 분위기로 돌아섰다.

러시아에 대한 개전론의 분위기가 다시 고조된 것은 만주환부조약에 따라 러시아의 제3차 철병이 이루어져야 하는 10월을 전후한 시기였다. 5월이나 6월만큼 개전론의 논의가 활발하지는 않았지만 이때에는 전쟁을 좀 더 가능한 현실로 받아들이고 있었다. 러시아와의 개전설 때문에 런던에서 일본의 공채가 폭락을 거듭한 사실이 전쟁의 가능성이 그만큼 높아졌다는 것을 반증한다고 하겠다.[26]

4. 軍과 개전론의 전개

전쟁에서 실제로 전투를 담당해야 하는 주체들은 러시아에 대해 어느 시점에서 전쟁을 결심했을까. 이에 대한 대답은 간단하지 않다. 일본의 문화나 관행으로 볼 때에 정부와 같은 큰 집단의 의사결정이 어떤

26) 『新聞集成明治編年史』12巻(1982), 本邦書籍, p121

개인의 결단에 의해서 한순간에 전격적으로 결정되는 경우는 별로 없기 때문이다. 하물며 국가의 운명을 좌우하는 전쟁을 결의한 정확한 시점을 밝히는 문제는 그 시도 자체가 무모하게 하게 보일 수도 있다. 그렇다고 군의 내부에서 개전론에 대한 논의가 전혀 없었다는 것은 더욱 아니다.

여기서는 전쟁에 대한 강경한 발언들이 어느 시기에 어떠한 내용으로 표출되기 시작했는가를 우선적으로 검토하고자 한다. 특히 전쟁의 주체가 되는 정부, 그 안에서도 전투를 담당해야 하는 육군과 해군이 러시아와의 전쟁을 어떻게 인식하고 있었는가. 그런 점에서 전쟁에 대한 군의 입장은 매우 중요하다. 정부가 군의 입장을 고려하지 않고 개전을 하는 것은 있을 수도 없기 때문이다. 만약 군의 입장이 전쟁불가라면 상식적으로 정부는 전쟁을 감행할 수 없다. 비록 정부가 전쟁할 의사가 없다고 하더라도 외교적으로 상대를 압박하기 위해서 군의 입장을 명확히 인지하는 일은 필수적이다. 전쟁에 대한 군의 견해를 손쉽게 파악할 수 있는 부서를 꼽자면 역시 육군을 실직적인 지휘하고 있는 참모본부라고 할 수 있다. 여기서는 해군의 군령부보다는 육군의 참모본부에서 진행된 개전론에 초점을 맞추어서 간략하게 살펴보고자 한다.

앞에서 잠깐 언급했듯이 영일동맹이 성립하면서 동아시아에서 영국과 일본, 러시아의 전략적 환경이 크게 바뀌었다. 일본과 영국은 러시아의 남하정책을 저지해야 한다는 점에서 이해를 같이했고 만주를 장악하고 있는 러시아로서는 한반도로 남하정책을 지속시키기 위해서는 영일동맹이라는 커다란 장벽을 넘어야만 했다. 즉 동아시아 정책에 있어서 러시아는 일본의 배후에 버티고 있는 영국을 강하게 의식하지 않을 수 없었다. 실제로 영일동맹이 러시아를 압박하기 위해 만들어진 무늬만의 조약이 아니라는 사실은 이미 영일 양국의 군사정책 담당자들이 러시아와의 전쟁에 대한 대책을 논의한 런던 비밀밀회의를 통해 충분히 확인할 수 있었다. 물론 1902년 여름은 러시아와의 전쟁에 대한 위기가 고조된 시기가 아니었기 때문에 참모본부가 본격적으로 대러시아 전략이나 전쟁을 준비한 것은 아니었다. 하지만 관심있는 일부 부원들에 의해 러시아와의 전쟁이 군사적으로 검토되고 있었던 것은 사실이다.[27]

특히 당시 참모본부 부원 중에도 몇 안 되는 러시아 전문가인 다나카 기이치(田中義一) 소좌의 경우가 그렇다. 다나카 소좌는 메이지 유신을 이끈 양대 세력 중에 하나인 죠슈(長州) 출신이었다. 사쓰마 세력이 해군의 주도권을 잡고 있다면 육군은 죠슈세력의 영향력이 절대적이었다. 거기다 다나카 소좌는 사관학교 동기들 중에서 10-15%정도만 들어가는 육군대학교를 졸업하였다. 이로써 다나카는 엘리트 장교로 출세할 수 있는 조건을 충분히 갖추었다고 할 수 있다. 이러한 그가 러시아를 유학지로 선택한 것은 의외였다. 당시 극히 일부의 장교들에게만 유학의 기회가 주어졌는데 이럴 경우 육군은 대개가 독일, 해군은 영국을 선택하는 것이 보통이었다. 따라서 다나카도 선진적인 군사지식을 습득하기 위해서라면 당연히 독일을 지원했을 것이다. 다나카가 유럽의 후진국 러시아를 고집한 배경에는 군사지식의 습득 이외에 다른 목적이 있었음을 쉽게 알 수 있다. 어쨌든 4년간의 러시아 유학을 마치고 1902년 6월 30일 일본으로 귀국하여 참모본부의 작전담당 부서에 배치되었을 당시, 다나카 소좌는 육군 내에서 제일의 러시아 전문가가 되어 있었다.

다나카 소좌의 러시아 전문가로서의 자신감은 1901년 11월 말에 영일동맹의 교섭이 막바지에 이르렀을 때, 이와 별도로 러시아와 마지막 협상을 시도하려고 페테르스부르그에 온 이토 히로부미와 격렬하게 벌

---

27) 참모본부의 [illegible] 졸고, 「러일전쟁기 일본 육군의 만주전략」(『軍史』 51, 2004)을 참조.

어진 언쟁을 통해 확인할 수 있다.[28] 다나카 소좌가 이토의 지론인 '滿韓交換論'의 문제점을 지적하자 화가 난 이토가 "도쿄에도 자네 같은 바보가 있지. 세계정세를 분별하지 못하는 자들이 중국을 상대로 이겼다고 해서 세계최강의 육군을 보유한 국가를 상대로 느닷없이 전쟁을 시작하는 바보가 있겠는가"고 훈계하자 다나카도 지지 않고 반박했다.

> 세계최강은 대체 누가 정하는가. 각하는 러시아군대를 알고 있습니까. 러시아 군대의 실체를 해부해서 그 강약을 바닥까지 연구한 제일인자는 저입니다. 그런 제가 질의 문제가 아니라 수의 문제라고 말하고 있습니다. 수의 문제이기 때문에 시베리아 철도가 완성되기 전에 쳐부수어야 한다고 하는 것입니다. 각하와 같은 어리석은 논리로 2, 3년 일본을 잡아 놓고 있으면 만주도 조선도 세계 제일의 요새가 되어서 일본은 손도 쓸 수 없게 되고 앞으로는 영국이나 미국의 도움을 받아야 하는 처지로 전락할 뿐입니다.[29]

다나카 소좌가 생각하고 있는 개전론의 논리가 선명하게 드러나 있다. 즉 동아시아에서 벌어지는 러시아와의 전쟁은 '질의 문제'가 아니라 '수의 문제'이기 때문에 '수의 문제'를 결정하는 철도가 전쟁을 좌우하는 가장 큰 변수라는 것이다. 극단적으로 말해 철도가 있으면 러시아가 이기고 철도가 없으면 일본이 이길 수 있다는 논리이다. 시베리아 철도를 중심으로 하는 군사전략적 분석은 1903년 2월 다나카 소좌가 참모본부에 단독으로 제출한 「隨感錄」이라는 의견서의 내용과 완전히 일치하고 있다. 무려 140쪽에 달하는 장문의 「隨感錄」의 결론은 한마디로 요약하

28) 다나카가 이토를 방문한 기록은 『伊藤博文傳』에는 나오지 않고 『田中義一傳記』에 나오는 내용. 『評傳田中義一』(平和戰略綜合硏究所, 1981)을 저술한 田崎末松는 사실로서 인용하고 있다. 여기서는 『評傳田中義一』을 참조하였다.

29) 田中義一伝記刊行會(1958) 『田中義一伝記』p175

자면 "東淸鐵道(동청철도에는 하얼삔과 旅順을 연결하는 지선이 있다)는 그들(러시아)에게 극동의 동맥으로서 그 일부만을 차단해도 전 생명을 좌우할 수 있다"는 논리였다.[30)]

다나카의 대러시아 전략의 핵심은 하나는 철도를 분쇄하는 것이고 다른 하나는 철도를 파괴하기 위해 러시아군의 근거지인 만주를 선제공격하는 것이다. 위의 전략적 목적을 달성하려면 시베리아철도가 완성되기 전에 전쟁에 돌입하는 개전론 이외에는 선택의 여지가 없다는 것이다. 이 경우의 개전론은 시간적 제한을 받고 있다는 점에서 '조기개전론'으로 보는 것이 더 정확한 표현일지도 모른다. 만약 『田中義一傳記』의 서술을 사실 그대로 믿는다면 다나카 소좌의 개전론은 이미 러시아의 유학이 끝나가는 1901년 가을 무렵에는 완성되어 있었다고 볼 수 있다.

다나카 소좌가 1903년 초 「隨感錄」을 개인적으로 참모본부에 제출한 것을 보면 참모본부 내에서조차 다나카의 개전론이 공식적으로 논의되지 않았다는 사실을 알 수 있는데 그만큼 다나카의 개전론은 폭넓은 공감을 얻지 못하고 있었다. 실제로 1903년 초까지 군의 지도부가 러시아에 대한 기본적인 전략을 논의하는 자료들을 보면 개전론의 입장에서 대책을 논의하기 보다는 오히려 러시아가 공격해올 경우에 대한 수비위주의 작전이 중점적으로 논의되고 있었다.[31)] 즉 육군성과 참모본부는 방어중심의 전략을 견지하는 차원에서 서로간의 의견을 조율하고 있었다.

여기서 주목할 것은 러시아의 공격에 대해서 일본이 설정한 마지노선이 일본의 본토가 아니라 한국이라는 점이다. 즉 일본은 러시아가 군사적으로 한국을 점령하는 일만큼은 절대로 용납할 수 없다는 것이다.

---

30) 「隨感錄」(『田中義一傳記』, 上卷, p191

31) 『機密日露戰史』, p.87, 졸고, 「러일전쟁기 일본 [illegible]」(『軍史』51, 2004)을 참조.

한국을 절대로 제3국에 양보할 수 없다는 육군의 인식은 정치권의 한국 인식과 완전히 일치하는 것이라고 할 수 있다. 이점에 있어서 육군의 군사전략과 정부의 政略은 아무런 균열도 보이지 않는다. 한국의 입장에서 보면 명백한 침략정책임에도 불구하고 일본의 정치권과 군은 일본이 한국을 완벽하게 장악하는 전략을 오히려 수세적인 방어전략으로 인식하고 있었다. 그만큼 한국은 일본만의 것이라는 인식이 일반화되어 있음을 알 수 있다.

앞에서 살펴본 바와 같이 일본정부는 1904년 4월 만주환부조약에 따라 러시아의 철군이 진행되지 않고 있는 상황에서 4월 19일 러시아가 만주문제에 대해 중국에게 새로운 안을 제시했다는 보고를 접수한다.[32] 마침 정부 각료들이 박람회에 참석하러 내려간 천황을 따라 오사카에 와있었기 때문에 4월 21일, 원로 중에서 이토와 야마가타, 각료 중에는 수상과 외무대신 4명은교토에 있는 야마가타의 별장에서 긴급회의를 열었다.[33] 첫 대책회의라 바로 개전론이 제기될 만큼 심각한 상황은 아니었지만 확인된 결론은 한국만은 절대로 양보할 수 없다는 대원칙이었다. 그리고 만주에 대해서는 어느 정도 양보할 수 있다는 여지를 남겨놓았다. 즉 크게 보아 러시아에 대한 타협안으로서 만한교환론의 틀을 확인한 자리이기도 했다.[34]

정부관료 중에서도 러시아에 대한 대표적인 강경론자 고무라는 자신의 비서관에게 "러시아가 철병을 하지 않으면 그게 좋지. 그렇게 되면 안도 밖도 동시에 대청소를 할 수 있으니까"라고 하여 전쟁을 통해 국

32) 4월 8일까지 철수해야 하는 지역은 봉천을 비롯한 만주의 중심부에 해당하는 지역이었다.

33) 『明治軍事史』下卷, p.1238

34) 고무라에 대한 전기물들에서는 고무라가 교토의 회의에서 이미 러일전쟁을 예측하고 결심을 굳혔다고 서술하고 있다. 日本外務省, 『小村外交史』上卷(1953), p.306

내에서는 친러파를 제압하고 밖으로는 일본의 숙원인 한국문제와 만주 문제를 일거에 해결하겠다는 속내를 드러냈다고 한다.[35] 고무라 외무 대신은 도쿄로 올라오는 대로 육군과 해군의 입장을 확인하였는데 그 자리에서 테라우치 육군대신은 분명하게 부전론의 입장을 밝혔다.[36] 하지만 이 시점부터 참모본부에서는 육군대신과는 다른 의견들이 나오기 시작했다. 특히 러시아가 압록강 하구의 용암포를 점거하는 사건을 계기로 참모본부에서도 개전론이 급속히 부상하기 시작했다.[37]

이 시기 참모본부의 개전론은 러시아 전문가 다나카 소좌의 끈질긴 설득의 결과가 아니라 대러시아 위기론을 고조시키고 있는 여론과 만주와 한국의 국경에서 불온한 움직임을 보이고 있는 러시아군의 동향에 자극을 받은 결과라고 보아야 할 것 같다. 왜냐하면 1903년 4월과 5월에 등장하는 참모본부의 개전론과 다나카 소좌의 개전론은 내용과 논리적 구조에 있어서 약간의 차이를 보이고 있었다. 그러나 내용의 문제를 떠나서 실제로 일개 참모본부 부원인 다나카 소좌가 군의 개전론을 주도하는 것은 불가능했다.

오히려 1903년 4월에서 6월 사이에 군의 분위기가 개전론으로 전환되는 과정은 참모본부의 총무부장인 이구치 쇼고(井口省吾) 소장이나 작전을 담당하고 있는 마쓰가와 도시타네(松川敏胤) 제1부장 또는 실질적으로 참모본부를 지휘하고 있는 다무라 이요조(田村怡与造) 참모차장의 움직임을 통해서 파악하는 편이 효과적이다.

참모본부 내에서도 대표적인 강경론자 이구치 총무부장은 1903년 4

---

35) 黑木勇吉(1968), 『小村壽太郎』, 講談社,p.386
36) 本田熊太郎, 『魂の外交』, pp.278-79
37) 참모본부의 개전론에 대해서는 졸고, 「러일전쟁기 [illegible] 결정과정」(『日本歴史研究』2, 1995)을 참조.

월 11일 러시아가 만주에서 철병을 하지 않고 군용 밀가루포대를 제조하고 석탄을 사들이고 있다는 정보를 접하면서 상황이 심상치 않다는 사실을 인식하게 된 것 같다. 이러한 정보가 한밤에 이구치 부장의 집으로 전달되었고 이구치 부장은 즉시 영국대사관에 알리도록 조치를 취한 것으로 보아 긴급 상황으로 처리된 것을 알 수 있다. 동시에 영일동맹 이후 러시아군에 대한 정보를 일본과 영국이 공유하고 있다는 사실도 엿볼 수 있다.[38] 그럼에도 불구하고 이구치의 『日記』에는 1903년 4월까지 이구치 부장이 적극적으로 개전론을 전개하는 모습은 보이지 않는다. 이구치의 일기에 개전론에 대한 입장이 명확하게 보이기 시작한 시점은 5월 9일이다.

> 참모차장으로부터 연락이 와서 특명검열중인 근위보병제4연대로 가서 차장을 만나니, 현재의 상황(만주의)을 방관하기 어려우니 각 부장들과 논의해서 긴급히 준비해야할 사항을 조사하도록 지시를 받았다. 돌아와서 조사할 내용을 논의하고 정리한 후에 偕行社로 가서 차장에게 제출했다. 그 전에 내가 근위보병제4연대로 가기 전에 해군의 군령부요원 小田喜代造 중좌가 군령부장 伊東 대장의 지시를 받고 와서 지금의 상황에 대해 참모본부의 의견을 물었다. 총장과 차장이 없어서 참모본부의 의견을 단언할 수는 없지만 내 개인의 생각에는 러시아의 거동에 대해 단호한 결심을 보이는 것은 시기적절하다고 말하자, 小田 중좌도 해군 측에서도 하루 늦어지면 하루 불리하다고 한다는 말을 남기고 돌아갔다. 나는 때때로 이 문제에 대해 정부의 결심을 독촉할 필요가 있다고 얘기하곤 했다.[39]

이구치가 자신의 일기에서 러시아에 대해 강경한 대응이 필요하다는

---

38) 『日露戦争と井口省吾』(1994), 原書房(1903.4.11)日記 참조.
39) 위의 책, (1903.5.9) 日記.

주장을 명확히 한 것은 이것이 최초이다. 즉 이때에 개전론에 대한 이구치의 입장은 이미 확립되어 있었다고 할 수 있다. 동시에 小田 중좌로부터 해군의 분위기도 개전론에 가깝다는 사실을 확인할 수 있다. 위의 인용문에서 정부가 강경한 대응책(개전론)을 수용하도록 군이 나서서 설득할 필요가 있다는 이구치 부장의 견해는 주목할 필요가 있다. 그만큼 개전에 대한 군의 입장이 중요하다는 사실을 반증하는 사례이기 때문이다.

이때부터 참모본부는 구체적으로 러시아에 대한 군의 입장을 정리하는 작업에 들어갔다. 바로 다음날인 5월 10일에 참모본부에서는 이구치와 마쓰가와 부장과 만주로 정찰을 다녀온 萩野末吉 소좌 등이 모여 일요일임에도 불구하고 아침부터 밤까지 보고서 작성에 분주했다.[40]

참모본부 소속 萩野末吉 소좌가 大連에서 鳳凰城에 이르는 지역에서 러시아군을 정찰하고 돌아와 올린 보고서에는 실제로 러시아가 전쟁 준비를 하고 있다는 느낌을 받지 못했다고 서술하고 있는데 이에 대해 이구치와 마쓰가와 부장은 위기감이 결여되어 있다고 하여 정정하도록 했다. 이렇게 수정된 萩野의 보고서를 근거로 이구치의 의견서가 작성되었고 이 의견서는 다음날 5월 11일 다무라 차장에게 제출되었다. 다무라 차장의 손에서 한번더 정리된 의견서는 최종적으로 5월 12일 참모총장을 통해 천황에게 상신되었다.

> 눈앞의 만주에 있어서 러시아의 행동은 각 방면으로부터 모집한 모든 정보에 드러났으니 동양의 평화 및 제국 전도의 운명에 대해 실로 한심함을 금할 수 없다. 이러한 때, 제국의 군비의 충실, 정돈을 꾀하는 것은 시간을 다투는 급무로서 제국의 재정을 고려해서 시간을 들여 정

40) 위의 책, (1903.5.9) 日記.

비하고자 하는 계획들 가운데서도 특히 긴급한 부분에 대해서는 빨리 정비할 필요가 있다고 생각합니다. 따라서 별책에 러시아의 행동에 관한 판단을 덧붙여 삼가 올립니다.[41]

「제2기 철병을 전후한 러시아의 행동에 관한 판단」이라는 제목으로 상신된 이 문서는 일본의 앞날을 크게 우려하고 있지만 노골적으로 개전을 주장한 흔적은 찾아볼 수 없다. 러시아군의 불온한 움직임에 대해 일본은 시급히 군비를 증강해야 한다는 주장도 당시의 여론에 비추어보면 대단히 온건하다. 다만 '별책에 러시아의 행동에 관한 판단'이라고 언급한 부분을 보면 "현재의 전략적 관계는 우리에게 유리하지만 시간이 지남에 따라 그들(러시아)은 이런 상황을 역전시킬 것이다"고 지적하고 있다.[42] 참모총장이 직접 개전론을 주장하지는 않았지만 전력이 우세한 지금이야말로 러시아와 개전해야 한다는 중견장교들의 의견을 부분적으로 수용하고 있음을 알 수 있다.

군의 내부에서 중견장교를 중심으로 일어나기 시작한 대러시아 강경 분위기는 1903년 5월 29일, 요정 湖月에서 열린 회동에도 잘 드러나 있다. 이 회동에는 육군의 참모본부와 해군의 군령부의 중견장교 그리고 외무성의 중견관료들이 20여명 참석하여 "전쟁으로 러시아의 횡포를 막지 않는다면 제국(일본)의 앞날은 암울"하니 "지금의 기회를 잃어서는 안 된다"는데 만장일치로 합의를 보았다.[43] 그리고 각자 자신의 속한 기관의 지도부를 설득하기로 결정했다.[44]

---

41) 「井口文書及び解題 1」, 『法學硏究』 26권2호, p.85
42) 『明治軍事史』下卷, p.1243과 『機密日露戰史』, p.36에 나오는 참모총장의 의견서는 사실은 의견서에 첨부된 별책의 내용이다.
43) 『日露戰爭と井口省吾』, (1903.5.29) 日記.
44) 『評傳田中義一』上卷, (p.87)

이후 참모본부는 개전론을 놓고 적지 않은 갈등을 겪지만 결국 6월 23일 어전회의에서 참모총장이 시한부의 조기개전론을 주장함으로써 중견장교들의 개전론에 손을 들어주었다.[45]

사실 전쟁을 실질적으로 지휘해야할 참모본부가 개전론 그것도 조기개전론을 주장함으로써 개전론을 둘러싼 일본의 입장은 정리되었다고 할 수 있다. 군의 입장이 왜 중요한가는 4월 러시아군이 만주에서 철수하지 않는 상황이 보고되었을 때 고무라 외무대신이 제일먼저 육군대신과 해군대신에게 의견을 묻는 장면에서도 확인된 바 있다.[46] 고무라 외무대신은 6월의 어전회의 이후 전쟁을 각오하고 있었다고 한다. 그가 7월부터 러시아와 행한 교섭은 전쟁에 이르는 준비과정 같은 것이었다.[47]

5. 맺음말- 전쟁의 논리와 개전론의 문제점

여기서는 여론, 정부, 군에서 전개된 개전론의 특징을 간단히 정리하고 문제점을 지적하는 것으로 맺음말을 대신하고자 한다. 정부, 재야, 언론, 학계, 육군과 해군 등 일본의 모든 분야에서 진행된 개전론의 내용을 보면 공통점을 발견할 수 있다. 그것은 모든 개전론이 어떠한 경우라도 한국을 러시아에 빼앗길 수 없다는 공유된 인식 위에서 전개되고 있다는 점이다. 한국이 러시아의 위협에 놓이면 일본은 좌시하지 말고 군

---

45) 이 과정은 졸고, 「러일전쟁기 군사전략과 국가의사의 결정과정」(『日本歷史研究』 2, 1995)에 상세히 다루었기 때문에 여기서는 생략한다.

46) 本田熊太郎, 『魂の外交』, p.277

47) 「戰爭の開始前露西亞に向って折衝すること半歲の久しきと申すが、實は半歲の中、最後の二ヶ月は日本の都合で引き延ばしたのだ。(중략) 日本の軍事計畫卽ち作戰準備の進行と步調を合わせて行ったのである。」(本田熊太郎, 『魂の外交』, p.287).

사력으로 문제를 해결해야 한다는 것이 모든 개전론의 공통된 명분이고 이유이기도 했다. 가장 보수적이고 방어적 입장을 고수했던 데라우치 육군대신의 경우도 1903년 4월에 러시아군이 한국으로 진입할 경우 군사력으로 해결해도 무방하다는 방침을 참모본부에 내리고 있었다.[48)]

한국에 대한 일본의 인식은 국민적 합의가 이루어져 있다는 점에서 정책적 기조의 차원을 넘어선 매우 강력한 것이었다. 한국으로서는 명백한 주권과 영토에 대한 침략정책이 정작 일본에서는 자국의 방어정책으로 이해되고 있다는 어처구니 없는 현상이 실제로 일어나고 있었다. 러일전쟁이 주로 만주에서 전개되었고 전쟁의 결과 일본이 만주에서 엄청난 이권을 얻은 것이 사실이지만 그것은 어디까지나 전쟁의 결과물이지 원인은 아니었다. 따라서 러일전쟁의 원인으로서 한국문제는 만주문제보다 선행할 뿐만 아니라 훨씬 큰 비중을 차지하고 있었다.

여론의 개전론은 명분이나 정당성만으로 존재이유가 충분했지만 군의 개전론은 그것만으로는 부족했다. 군의 내부에서 전개된 개전론은 한국에 대한 러시아의 위협을 군사력으로 해결해야 한다는 명분이외에 실제 전쟁이 발발했을 때 일본이 승리할 수 있는 근거를 제시해야만 했다. 이 부분에서 군의 개전론과 여론이나 정부의 개전론은내용적 차이를 보이고 있었다. 여기서 군은 단순한 개전론이 아닌 조기개전론을 제시하게 된 것이다. 즉 1903년 현재 동아시아에서 일본의 전력이 러시아의 그것보다 우월하다는 사실에 근거하여 일본은 이러한 상황이 역전되기 전에 개전해야 한다는 논리를 도출한 것이다. 이것이 육군과 해군의 중견장교들이 공감하고 지도부를 설득한 논리였다. 조기개전론은 군사전문가들의 전략적 분석을 통해서 얻어진 결과라는 점에서 보다 강력한

---

48) 『機密日露戰史』, p.82

설득력을 지니고 있다고 하겠다.

그렇다면 군의 내부에서 전개된 개전론은 모두 동일한가. 반드시 그렇지도 않다. 참모본부 제일의 러시아 전문가 다나카 소좌는 자신의 개전론에서 철도와 적의 주력을 분쇄하기 위해 만주로 공격을 집중할 것을 강력히 주장했지만 다른 장교들이 모든 다나카의 주장에 공감한 것은 아니었다. 이러한 사실을 7월부터 전개된 참모본부의 움직임을 보면 쉽게 알 수 있다.

참모본부의 입장이 조기개전론으로 정리된 후 정치권이 러시아와의 외교적 협상에 돌입했을 때, 참모본부는 별도로 전쟁준비에 착수했다. 1903년 7월, 다무라 차장은 전시에 천황을 모시고 전쟁을 지휘하는 大本營에 배치될 장교들을 미리 소집하여 각종 상황에 대한 모의훈련에 들어갔다.[49] 참모본부 부장들은 수시로 소집되는 전시대본영 직원회의에 나와서 과제들을 검토하고 새로운 예상문제들에 대해 연구하였다. 여기서 가장 중요하게 다루어진 주제는 역시 한국출병의 문제였다.[50]

실제로 8월에는 참모본부의 이구치 부장과 마쓰카와 부장이 한국에 건너가 남해안에서 서울까지의 루트를 직접 답사하고 돌아왔다. 이구치 부장은 호남지방을 거쳐 서울에 이르는 루트를, 마츠카와 부장은 경부선을 따라 서울에 이르는 루트를 정찰하였다.[51] 한달에 걸친 정찰을 통해 이들은 한국의 도로사정이 물자와 야포들을 운반하기에 적합한가를 살피고 그 결과를 참모총장에게 보고하였다.[52] 재미있는 것은 두 부장의 한국정찰이 남해안에서 서울까지의 루트만을 확인했지 정작 러시아군이 포진하고 만주에 이르는 북한루트는 전혀 답사하지 않았다는 사실

49) 『日露戰爭と井口省吾』, p.238
50) 『機密日露戰史』, p.96
51) 『機密日露戰史』, p.98
52) 『日露戰爭と井口省吾』, pp.241-51

이다.

이처럼 참모본부가 러시아와의 개전을 염두에 두면서도 한국을 점령하는 작전에만 치중하고 있었던 이유는 무엇인가. 왜 참모본부는 러일전쟁 직전까지도 이렇다 할 만주작전을 수립하지 않았는가. 개전론의 대표주자인 이구치 부장조차도 1903년 10월에 새로 부임한 고다마 겐타로(兒玉源太郎) 참모차장에게 한국출병계획만 잔뜩 보고하고 있다.[53)]

참모분부가 러시아군이 전혀 주둔하지 않은 한국작전만 고집하면서 러일전쟁을 준비하는 것은 적의 주력을 섬멸하는 것을 제일원칙으로 삼는 근대전의 상식과도 전혀 맞지 않았다. 만약 참모본부가 러일전쟁에서 승리하고자 했다면 만주에 주둔한 러시아군의 주력을 파괴시키기 위해 가능한 일본의 모든 전력을 집중시킬 수 있는 작전을 수립해야 마땅했다.

그럼에도 불구하고 참모본부가 엉뚱한 한국작전에 집착하는 정신분열적 현상을 보인 이유는 무엇인가. 그것은 청일전쟁이전부터 일본이 추구하여 온 한국지배라는 정치적 목적이 군사전략에 너무 강하게 투영되어 전략과 작전을 왜곡시키고 있었기 때문이라고 생각한다. 그만큼 일본에게 있어서 한국은 러일전쟁의 진정한 목적이었다. 그리고 한국점령을 최우선해야 한다는 절대절명의 정치 목표는 참모본부가 만주에 대한 공세적 작전을 수립하는데 가장 큰 장해물이 되었다.

---

53) 『日露戰爭と井口省吾』, p.461, 육군대신에게 제출된 서류들.
「한국에 대한 출병계획」(甲號), 「한국에 대한 출병계획」(乙號), 「임시한국출병에 관한 계획요령서」, 「병참업무의 어려움을 경감하기 위해 선전포고에 앞서 취해야 할 조치」, 「「한국에 대한 출병계획」에 수반되는 동원준비」 등.

제2부

동아시아의 전쟁과 이미지

제7장 1874년 일본의 타이완 침공과 프로파간다

박삼현*

1. 들어가며

근대 국민국가는 자국과 타국의 경계를 명확히 구분하는 국경과 함께, 그 속에서 생활을 영위하며 국가적 과제를 '자발적'으로 떠안는 국민을 필요로 한다. 이런 의미에서 국민국가를 단위로 발생한 전쟁은 대외적은 물론이고 대내적으로도 그 어느 시대보다 국민과 비국민을 명확히 구분하게 만드는 국가적 과제 중 하나다.

1874년 타이완 침공은 국민국가 단위의 일본국이 해외출병을 처음으로 실행에 옮긴 것이다.[1] 이것의 발단은 1872년 1월 3일[2] 타이완 동남

---

* 건국대학교 일어교육과 부교수.
이 글은 박삼헌(2013)「메이지 초년의 전쟁과 프로파간다」,『동북아역사논총』42호를 수정·보완한 것이다.

1) 일본 학계에서는 보통 1874년 당시에 통용된 타이완 출병이라는 용어를 그대로 사용한다. 하지만 타이완 출병이라는 용어에는 당시 일본의 입장이 반영되어 있을 뿐 그 침략성이 드러나지 않는다. 따라서 이 글에서는 타이완 출병의 침략성을 드러내기 위해 타이완 침공이라는 용어를 사용하고자 한다. 이미 일본 연구자 중에서도 이시이 다카시(石井孝) 씨가 '일본군 타이완 침공'이라는 용어를 사용하고 있으며(1982,「第1章 日本軍台湾侵攻をめぐる國際情勢」,『明治初期の日本と東アジア』, 有隣堂), 최근 한중일 3국의 연구자들이 함께 저술한 결과물에서도 타이완 침공이라는 용어를 사용하고 있다(한중일3국공동역사편찬위원회 지음(2012)『한중일이 함께 쓴 동아시아 근현대사』1, 휴머니스트).

2) 음력으로는 1871년 11월 23일이다.

부 지역에 표착한 류큐인(琉球人) 66명 중 54명이 현지인='생번(生蕃)'에게 살해당하고, 1873년 3월 8일 타이완 서남부 지역에 표착한 오다현(小田縣)[3] 출신 상인 4명도 현지인에게 폭행과 약탈을 당한 사건[4]이다. 당시 일본 정부는 청 정부가 '생번'은 통치가 미치지 않는 '화외(化外)'[5] 지역에 속한다며 책임을 지지 않으므로 직접 '생번'을 '징벌'하기 위해 '출병'한다는 명분을 내걸었다. 일본 정부에게 타이완 침공은 류큐인과 오다현 상인, 즉 일본국이 부당하게 피해를 입은 일본 국민을 대신하여 보복하고 향후 일본 국민의 안전을 스스로 확보하기 위한 '출병'이었던 것이다.[6] 이런 의미에서 타이완 침공은 막부를 폐지하고 출범

3) 1871년 폐번치현 직후 설치된 현으로 현재 오카야마현[岡山縣] 서부와 히로시마현[廣島縣] 동부에 해당하는 지역. 1875년 오카야마현에 통합되었다.

4) 일본 학계에서는 타이완 침공의 명분으로 류큐번 인민 살해사건만 언급하는 경향이 있다. 이는 타이완 침공을 류큐의 일본 영토 편입과정, 즉 '류큐처분'과 관련지어 설명하는 경향이 강하기 때문으로 생각된다.

5) '화외' 해석에 관한 중국의 연구는 리시주(2011) 「李鴻章의 대일인식과 외교책략-1870년대를 중심으로-」, 『동북아연구논총』32호, 일본의 연구는 오카모토 다카시(2011) 「일본의 류큐 병합과 동아시아 질서의 전환」, 『동북아연구논총』32호 ; 오비나타 스미오(2011) 「근대 일본 '대륙정책'의 구조-타이완 출병 문제를 중심으로-」, 『동북아역사논총』32호 참조.

6) 오다현 상인 폭행 및 약탈을 기록한 당시의 중국 측 자료는 타이완의 '토번인(土蕃人)'이 표착한 일본인 4명을 구해주고 돌봐줬으므로 포상할 만하다는 정반대의 내용을 전하고 있다(白春岩(2010) 「小田縣漂流民事件における中國側の史料紹介」, 『社學研論集』15号 참조). 당시의 일본 측 자료 중 오다현 표류민 4명이 귀국 직후인 1873년 8월 8일 외무성에 제출한 진술서에도 태풍 때문에 겨우 목숨만 건진 상태에서 현지인들로부터 의류와 식사를 제공받았다고 중국 측 자료와 동일하게 기록되어 있다(アジア歷史資料センター, 「外務省ヨリ小田縣民佐藤利八外三人漂流一件上申並ニ別紙在淸井田總領事來柬其他四通」, レファレンスコード A03031119100, 4~6쪽). 하지만 국내적으로 타이완 침공을 공식화한 태정관달서(太政官達書) 제65호에서는 "오다현 인민 4명이 표착하여 폭행과 약탈을 당했다"고 적고 있고(1874년 5월 19일 「陸軍中將西鄕從道ヲ提督ニ任シ台湾人問罪ノ爲同島へ派遣セシム」, 內閣官報局編(1975 복각) 『法令全書』第七卷-1, 323쪽), 타이완 침공이 마무리된 직후인 1875년 1월 4일 번지사무국(蕃地事務局)이 작성한 공식기록도 태정관달서와 동일하게 "번인(蕃人)에게 의복

한 지 얼마 안 되는 일본국이 새롭게 구축된 징병제로 '불평사족'이라는 구체제의 불안요소를 제어하기 시작하는 과정에서 발생한 최초의 해외 출병이자, 일반 서민이 스스로를 일본 국민으로 인식하게 만드는 하나의 계기였다고 할 수 있다.

이렇게 시작된 타이완 침공은 6월 1일부터 3일까지 실시된 대대적인 목단사(牧丹社) 소멸 작전으로 사실상 끝났다. 하지만 청이 류큐왕국의 귀속문제와 일본 측의 '화외' 해석 등을 지적하면서 외교갈등이 발생했고, 이것이 당시 서양 각국의 동아시아 전략과도 맞물리면서 쉽게 해결책을 찾지 못했다. 그러던 중 같은 해 10월 31일 주청(駐淸) 영국 공사 웨이드(Wade)의 중재로 청 정부가 일본 정부에게 보상금 50만 냥(兩)을 지급하는 것으로 극적인 타결을 보았고,[7] 12월 3일부터 일본군이 철수하기 시작하면서 근대 일본 최초의 해외출병은 일단락되었다([표1] 타이완 침공 관련 연표 참조).

타이완 침공에 대한 정치사나 외교사의 평가는 당시의 일본 정부가

과 재물을 약탈당했다"고 적고 있다(アジア歷史資料センター, 『處蕃趣旨書(明治八年一月蕃地事務局編)正』, レファレンスコード A03023016400, 1쪽). 이렇듯 실제로는 타이완 현지인에게 도움을 받은 오다현 상인 표착 사건을 당시의 일본 정부가 '폭행 및 약탈'당한 것으로 '왜곡'해야만 했던 이유는 무엇이었을까. 우선 류큐인 살해사건이 발생했을 당시만 해도 류큐왕국이 청과 일본에 '양속(兩屬)'하면서도 미국·프랑스·네덜란드와 별도의 통상조약을 맺었던 '별도'의 존재였던 만큼, 류큐인의 피해만으로 일본 '국민'을 보호하기 위해 출병한다는 명분이 약했기 때문에 실제로는 도움을 받았던 오다현(=본토) 상인들마저 피해를 입은 것으로 '왜곡'할 수밖에 없었다고 생각된다. 또 다른 이유는 각국의 입장에서 타이완 침공에 깊이 관여하던 서양 국가에 대한 메시지라 생각된다. 타이완 침공 직후 번지사무국이 작성한 공식기록의 대부분이 청과의 담판 과정에 할애되고 있는 점, 동일한 내용의 영역본도 함께 작성되어 있는 점 등에서도 알 수 있듯이, 당시의 일본 정부는 서양 각국의 동향에 매우 민감했다.

7) 피해 입은 류큐인에게 보상금 10만 냥, 일본군이 현지에 건설한 도로 등 비용으로 40만 냥.

“안에서 난(亂)을 생각하는 울굴(鬱屈)한 사족(士族)의 예기(銳氣)를 밖으로 돌리기 위해 타이완 침공을 계획”[8]했다는 것, 그리고 “대청제국(大淸帝國)에 대한 대항이나 화이질서에 대한 도전 등과 같은 발상이 의도되었던 것”은 아니지만, 결과적으로 “19세기 동아시아 세계의 복잡한 국제정치의 자장(磁場)을 배경으로 실천되었기 때문에 화이질서 붕괴와 대청제국 몰락이라는 장대한 세계사적 드라마가 시작됨을 세상에 알리는 데 중요한 역할을 수행”[9]했다는 것이다.

이러한 평가는 불평사족 대책이라는 국내요인을 공유하는 한편, 대외적으로는 정한론 정변 이전에 타이완 문제를 주도했던 외무경 소에지마 다네오미(副島種臣)와 정한론 정변 이후에 주도한 내무경 오쿠보 도시미치(大久保利通)의 외교노선을 연속적으로 볼 것인지 단절적으로 볼 것인지라는 관점의 차이가 존재한다. 즉 소에지마의 경우에는 타이완 침공의 본래 목적이 타이완 영유(식민지화)에 있다고 평가하지만, 오쿠보의 경우는 반드시 그렇지 않았다는 것이다.[10] 이 외에도 타이완 침공을 류큐처분과 관련지어 국민국가 형성이라는 또 다른 국내요인으로 분석하는 연구도 있다.[11]

---

8) 石井孝(1982) 앞의 책, p.191.

9) 毛利敏彦(1996)『台湾出兵』, 中公新書, pp.187~188.

10) 연속을 주장하는 대표적인 연구는 石井孝(1982) 앞의 책이다. 이와 달리 단절을 주장하는 대표적인 연구는 家近良樹(1983)「『台湾出兵』方針の轉換と長州派の反對運動」, 『史學雜誌』第92編 第11号 ; 毛利敏彦(1996) 위의 책 등을 들 수 있다. 한편 단절이나 연속을 구체적으로 제시하지는 않지만, 소에지마가 타이완 영유 구상을 가지고 있었고 이것이 근대 일본의 대륙정책과 깊은 관련이 있다는 張虎(2001)「副島對淸外交の檢討」, 明治維新史學會 編,『明治維新とアジア』, 吉川弘文館, 후기식민주의의 관점에서 타이완 침공에는 타이완을 식민지화하려는 의도, 즉 근대 일본의 '제국' 흉내 내기가 시도되었음을 강조하는 ロバート・エスキルドセン(2001)「明治七年台湾出兵の植民地的側面」, 明治維新史學會編,『明治維新とアジア』, 吉川弘文館 ; 고모리 요이치 지음, 송태욱 옮김(2002, 원저 2001)『포스트콜로니얼』, 삼인 등이 있다.

이상과 같은 종래 연구들은 일본 정부 측의 주장 및 청과의 회담 내용을 대상으로 하고 있는 만큼, 일본 정부 내부의 의견서나 개인의 일기와 편지 등 당시에는 공개되지 않았던 '공식' 기록들을 분석하고 있다. 그 결과 현재 타이완 침공의 정치과정 또는 협상과정은 거의 밝혀졌다고 할 수 있다. 하지만 타이완 침공의 '공식' 기록과는 별도로 이제 막 설립되기 시작한 신문사들이 특집 보도한 타이완 침공 기사들도 존재한다. 그중에서도 『도쿄니치니치신문(東京日日新聞)』(창간 1872.2.21)은 기시다 긴코(岸田吟香)를 종군기자로 파견하여 1~2일 간격으로 현지 취재 내용을 보도할 정도로 타이완 침공 보도에 적극적이었다.

국민국가를 단위로 하는 전쟁에서 미디어는 적국의 동향을 파악하는 정보전의 수단일 뿐만 아니라 국민을 동원하는 선전=프로파간다의 역할을 수행했다. 이런 의미에서 1874년 타이완 침공 관련 기사들은 '공식' 기록과 달리 이제 막 형성되기 시작한 일본 국민이 동일하게 이제 막 형성되기 시작한 일본국을 어떻게 인식하도록 만들고 동원되게 만들었는지 알 수 있는 최적의 자료라 할 수 있다.

근대 일본에 등장한 신문 중에는 자유민권운동과 관련된 정치평론을 중심으로 하는 대신문(大新聞), 정치문제보다도 일상의 사회적 사건을 쉬운 문장으로 보도하는 소신문(小新聞)과 함께,[12] 에도시대 이래의 다

---

11) 栗原純(1978)「台湾事件(1871~1874)-琉球政策の轉機としての台湾出兵-」, 『史學雜誌』第87編 第9号 ; 張啓雄(1992)「日清互換條約において琉球の歸屬は決定されたか-一八七四年の台湾事件に關する日清交涉の再檢討-」, 『沖繩文化研究』第19号 ; 小林隆夫(1994)「台湾事件と琉球處分1-ルジャンドルの役割再考-」, 『政治経濟史學』第340号 ; 小林隆夫(1994)「台湾事件と琉球處分2-ルジャンドルの役割再考-」, 『政治経濟史學』第341号 ; 後藤新(2007)「台湾出兵と琉球處分-琉球藩の內務省移管を中心として-」, 『法學政治學論究』第72号 등이 있다.

12) 山本文雄(1970)『日本[illegible]史』, 東海大學出版會, pp.20~29 참조.

색판 우키요에(浮世繪)를 가리키는 니시키에(錦繪)와 막부말기에 서구로부터 도입된 '뉴스'라는 개념이 결합된 니시키에신문(錦繪新聞)이 존재한다.[13] 이것은 "근세와 근대의 결절점(結節点)에 해당하는 중요한 위치를 점하는 일본의 시각적 뉴스 미디어"이고,[14] 그 시작은 일간지 『도쿄니치니치신문』의 기사를 토대로 1874년 8월부터 발행된 니시키에판(錦繪版) 『도쿄니치니치신문』이다.[15]

본 연구는 타이완 침공 관련 기사를 근대 일본 최초의 전쟁보도로 규정하는 언론사 관련 연구들을 참고로 하면서도,[16] 이러한 연구들이 주목하지 않았던 기사, 즉 문자만이 아니라 삽화 또는 니시키에라는 이미지와 결합된 기사들에 주목하고자 한다. 구체적으로는 기시다 긴코의 타이완 침공 기사가 삽화나 니시키에판 『도쿄니치니치신문』을 통해서 어떻게 시각화되고, 이후 이것이 어떻게 재생산되어 일본 국민의 일본국 인식에 어떤 영향을 끼쳤는지 알아보고자 한다.[17]

---

13) 니시키에신문에 대해서는 土屋礼子(1995) 『大阪の錦繪新聞』, 三元社 ; 木下直之·吉見俊哉 編(1999) 『東京大學コレクション ニュースの誕生-かわら版と新聞錦繪の情報世界-』, 東京大學總合硏究博物館 등 참조.

14) 土屋礼子(1995), 위의 책, p.12.

15) 千葉市美術館 遍(2008) 『文明開化の錦繪新聞-東京日日新聞·郵便報知新聞全作品-』, 國書刊行會, p.5.

16) 岡部三智雄(1997) 「岸田吟香と台湾」, 『台湾史硏究』第13号 ; 草野美智子·山口守人(2001) 「明治初期における日本人の「台湾」理解」, 『熊本大學總合科目硏究報告』4号 ; 土屋礼子(2005) 「明治七年台湾出兵の報道について」, 明治維新史學會 編, 『明治維新と文化』, 吉川弘文館 등이 있다.

17) 필자는 이미 1870년대에 제출된 건백서를 소재로 삼아 "1873년 정한론 정변, 1874년 타이완 침공, 1875년 강화도사건 등이 연쇄적으로 발생"하는 가운데, "이제 막 형성되기 시작한 일본 '국민'이, 조선을 포함한 동아시아와 일본의 관계를 전통적인 '일본형 화이질서'만이 아니라, 일본 국가의 '자주와 자립의 권리'를 지키기 위한 '애국'적 관점에서도 새롭게 인식하기 시작"했음을 검토했다(박삼헌(2011) 「근대전환기 일본 '국민'의 동아시아 인식-1870년대 건백서를 중심으로-」, 『동북아연구논총』32호, pp.208~209). 이 글은 이러한 문제의식의 연장선상에

2. 시각적으로 '보도'되는 타이완 침공

(1) 기시다 긴코의 타이완 침공 기사

일본 정부의 내부에서는 1874년 2월 6일 타이완 침공이 결정되었다.[18] 하지만 서양 각국의 동향을 주시하던 정부가 보도규제를 했기 때문에, 타이완 침공 관련 기사는 한동안 보도되지 않았다. 그러던 중 요코하마(橫浜)에서 외국인이 발행하는 영자신문 『재팬 가제트(Japan Gazette)』가 3월 30일자로 타이완에 대한 일본의 선전포고를 처음 보도하고,[19] 일본 신문 중에서도 『요코하마마이니치신문(橫浜每日新聞)』이 3월 31일자로 타이완 침공의 가능성을 보도했다.[20] 하지만 4월 10일 영국의 전권공사 파크스(Harry Smith Parkes) 등이 타이완 침공에 이의를 제기하자 정부는 같은 달 19일 일단 중지를 결정했고, 이후 타이완 침공 관련 기사는 또다시 보도되지 않았다.

하지만 앞의 『요코하마마이니치신문』 기사를 인용한 독자의 투서를 4월 6일자로 게재했던 『도쿄니치니치신문』의 경우는 달랐다. 다음 날 4월 7일 "사이고(西鄕) 육군대보(陸軍大輔)를 생번사무도독(生番事務都督)으로 삼고, 다니 다테키(谷干城) 육군소위와 아카마쓰 노리요시(赤松則良) 육군대승이 수행하여 이번 달 12일 타이완으로 발함(發艦), 같은 달 22일쯤 타이완에 도착한다"[21]고, 타이완 침공 계획과 관련된 직

있음을 밝혀둔다.

18) 이날 참의 겸 내무경 오쿠보 도시미치와 참의 겸 대장경 오쿠마 시게노부(大隈重信)가 타이완문제 처리의 기본방침을 결정한 『타이완번지처분요략(台湾蕃地處分要略)』을 정부에 제출했다(芝原拓自·猪飼隆明·池田正博 編(1988) 『日本近代思想大系 12 對外觀』, 岩波書店, 38~39쪽 수록).

19) 『재팬 데일리 헤럴드(The Japan Daily Herald)』도 타이완 침공의 가능성을 4월 6일자로 보도했다(土屋礼子(2005) 앞의 논문, pp.211~213 참조).

20) 草野美智子·山口守人(2001) 앞의 논문, p.16.

책과 인명 및 일정을 상세히 보도했으며, 정부가 중지를 결정한 직후인 20일에도 "지난 17일 오쿠마 대장경이 나가사키(長崎)로 발함(發艦)한 것은 나가사키항에 생번사무국을 설치하기 위함"[22]이라고 보도하는 등 타이완 침공 관련 기사를 계속해서 게재하고 있다.

이처럼 다른 신문들과 달리 『도쿄니치니치신문』에서 타이완 침공 관련 기사가 계속 보도된 이유는 주필 기시다 긴코 때문이었다. 기시다는 정부의 불허에도 불구하고 물자조달을 위해 타이완에 동행하는 오쿠라 기하치로(大倉喜八郞)에게 부탁하여 사이고 쓰구미치의 종군 허가를 받을 정도로 타이완 침공 보도에 적극적이었다.[23]

『도쿄니치니치신문』의 타이완 침공 관련 기사는 타이완 번지사무국(蕃地事務局) 소식을 전하는 「생번사무국기사(生蕃事務局記事)」, 국내 뉴스를 전하는 「강호총담(江湖叢談)」과 「논설」 및 「투서」, 해외의 뉴스나 신문을 번역하여 게재하는 「해외신보(海外新報)」와 「지나소식(支那消息)」 등과 같은 일반기사와 「타이완신보(台湾信報)」, 「타이완수고(台湾手藁)」, 「타이완지(台湾誌)」와 같은 특집기사로 구분된다(표 2]참조).

이 중 「타이완신보」는 기시다의 종군보도를 1874년 4월 13일~10월 7일까지 총 33회 연재한 것이고, 「타이완수고」는 7월 24일 기시다가 귀국한 이후 타이완 현지에서 보고 들은 것을 8월 5일~10월 5일까지 총 9회 연재한 것이며, 「타이완지」는 1715년 프랑스인 선교사가 타이완에 대해 기록한 것을 번역하여 9월 18일~10월 29일까지 총9회 연재한 것이다.

---

21) 1874.4.7, 「江湖叢談」, 『東京日日新聞』第654号.

22) 1874.4.20, 「江湖叢談」, 『東京日日新聞』第666号.

23) 1874.5.13, 「台湾新報」第6号, 『東京日日新聞』第686号. 기시다는 1864년에 일본계 미국인 조셉 헤코(Joseph Heco)와 함께 최초의 일본어 신문 『가이가이신문(海外新聞)』을 발행하기도 했다

[표 2] 타이완 침공 관련『도쿄니치니치신문』특집 기사

台湾信報　第1号(1874.4.13)第659号	台湾新聞 (1874.6.15)第716号	台湾信報　第28号(1874.8.6)第763号
台湾信報　第2号(1874.5.6)第680号	台湾信報　第16号(1874.6.25)第725号 続台湾信報(같은 날 2쪽)	台湾手藁(1874.8.9)第766号
台湾信報　第3号(1874.5.9)第683号	台湾信報　第17号(1874.6.26)第726号 続台湾信報(같은 날 2쪽)	台湾手藁前号続(1874.8.10)第767号
台湾信報　第4号(1874.5.10)第684号	台湾信報　第18号(1874.6.27)第727号	台湾手藁前号続(1874.8.12)第768号
台湾信報　第5号(1874.5.12)第685号	台湾信報　前後続 (1874.6.28)第728号 台湾信報　第19号(같은 날 2쪽)	台湾手藁前号続(1874.8.14)第770号
台湾信報　第6号(1874.5.13第)686号	台湾信報　(1874.6.29)第729号	台湾手稿(1874.8.16)第772号
台湾信報　第7号(1874.5.15)第688号	台湾信報　第21号(1874.7.2)第731号	台湾新報(1874.9.5)第790号
台湾信報　第8号(1874.5.16)第689号	台湾信報　第22号(1874.7.7)第736号	台湾新報(1874.9.9)第794号
台湾信報　第9号(1874.5.17)第690号	台湾信報　第23号(1874.7.10)第739号	台湾報信(1874.9.16)第800号
台湾信報　第10号(1874.5.18)第691号	台湾信報　第24号(1874.7.24)第751号	台湾手稿(1874.9.22)第804号
台湾信報　第11号(1874.5.23)第695号	台湾信報　第25号(1874.7.25)第752号	台湾手稿前号続(1874.9.27)第809号
台湾信報　第12号(1874.6.2)第704号	台湾信報　第26号(1874.7.27)第754号	台湾信報(1874.9.29)第811号
台湾信報　第13号(1874.6.10)第712号	台湾報信　第27号(1874.7.30)第757号	台湾手稿(1874.10.5)第816号
台湾信報　第14号(1874.6.12)第713号	台湾手藁(1874.8.5)第762号	台湾信報(1874.10.7)第818号

그렇다면 왜 기시다는 종군까지 하면서 타이완 침공을 적극적으로 보도했던 것일까.

기시다는 타이완 침공을 "우리나라[我國] 번창의 시작"이자 "점차 일본국의 판도를 넓히고 교역과 상법(商法)을 성대하게 만들어 황국(皇國)의 명예를 만국(万國)에 빛나도록 하는 계기"24)라고 인식했다. 물론 여기에는 대외전쟁을 소재로 삼아 독자들의 흥미를 이끌어내려는 상업신문으로서의 마케팅도 분명히 존재한다.25) 하지만 이후에도 반복적으로 타이완 침공과 '황국'=일본국의 영토 확대를 관련지어 설명하는 것으로 보건데, 타이완 침공에 대한 기시다의 인식은 "토번(土蕃) 지역을 주인이 없는[無主] 지역으로 간주"하고 "토번무민(討蕃撫民)"하여 영유까지도 고려했던 당시 일본 정부의 인식과 다르지 않았다.26) 이런 의미에서 기시다에게 '토번(討蕃)'=타이완 침공은 "번야(蕃野)의 땅에서 생활하는 인민과 우리처럼 개화문명의 나라에 거주하며 자유를 누리는 자"27)의 구분을 눈으로 직접 확인하는 계기이자 "앞으로 이 섬이 개화(開化)를 하게 되는 첫 단계"28)로 인식되었던 것이다. 그리고 이러한 기시다의 타이완 침공 인식은 '현지성'이 강조되는 종군기사로 구체화되고, 이것이 '호를 거듭'하면서 독자 획득이라는 결과로 이어져 1874년도 『도쿄니치니치신문』의 발행부수가 14,000~15,000부로 급증하는 상업적 성공을 거두었던 것이다.29) 요컨대 영토 확장이라는 인식이 반영된 기시다의 타이완 침공 관련 기사는 독자=이제 막 형성되기 시작한 일본국민이 스스로를 타이완 '토번(土蕃)'=미개와 구별되는 문명개화로 인식하고, 나아가 미개를 개화시키는 주체로 자신과 자신이 속한 일본국을

24) 위의 1874.5.13, 「台湾信報」第6号.
25) 草野美智子·山口守人(2001) 앞의 논문, p.18.
26) 『台湾蕃地處分要略』, 芝原拓自·猪飼隆明·池田正博 編(1988) 앞의 책, p.38.
27) 1874.7.7, 「台湾信報」第22号, 『東京日日新聞』第736号.
28) 1874.8.6, 「台湾信報」第28号, 『東京日日新聞』第763号.
29) 岡部三智雄(1997) 앞의 논문, p.94.

인식하게 만드는 계기였던 것이다. 그렇다면 이러한 성격의 타이완 관련 기사와 함께 실린 삽화들은 어떠한 것들이 있었을까.

(2) 타이완 침공 관련 기사와 삽화

『도쿄니치니치신문』은 다음과 같이 기시다의 종군을 보도하고 있다.

> 오늘(4월 13일-인용자) 기자 기시다 긴코가 기선(汽船) 요크샤(ヨクシャ) 호를 타고 시나가와(品川)를 출발하여 타이완으로 향했다. 본래 타이완 중 생번(生蕃) 지역은 풍교(風教)가 실시되지 않기 때문에 (중략) 여러 이문(異聞)과 기사(奇事)가 반드시 있을 것이므로, 폐사(弊社)는 기시다 파견을 일부러 신청했다. 며칠 안으로 그 지역에 도착하면 풍속사정은 물론이고 견문이 미치지 않는 곳도 성실히 수색(搜索)하고 탐토(探討)하여 호(号)를 이어서 신보(信報)할 것이다. 따라서 이번 호를 타이완신보의 제1호로 삼는다. 폐사는 점차 호를 거듭하면서 간관(看官, 독자(讀者)를 의미함-인용자)들이 발함(發艦)의 이유를 알게 되고 앉아서 저 섬을 두루두루 돌아보는 것처럼 느끼길 진심으로 바란다. 모쪼록 이러한 뜻을 무사히 마칠 수 있길 바라며 글을 마친다.[30]

이에 따르면 기시다의 종군 목적은 독자들이 타이완 침공의 이유를 알고 나아가 타이완 현지를 직접 둘러보는 것처럼 느끼도록 '풍속사정'을 '성실히 수색하고 탐토'한 견문록을 제공하는 것이다. 이런 이유로 기시다의 타이완 침공 관련 기사들에서는 다른 신문들에 비해 현장성이 강조되었는데, 삽화는 그 중요한 수단 중 하나였다.

---

30) 1874.4.13, 「台湾信報」第1号, 『東京日日新聞』第659号. 실제로 기시다가 시나가와를 출발한 것은 4월 16일이다(1874.4.25, 「江湖叢談」, 『東京日日新聞』第670号 참조).

기시다의 타이완 침공 관련 기사 중 삽화가 실린 것은 「타이완신보」와 「타이완수고」와 같은 특집기사이다. 이 중 「타이완신보」에 실린 삽화는 모두 5개다.

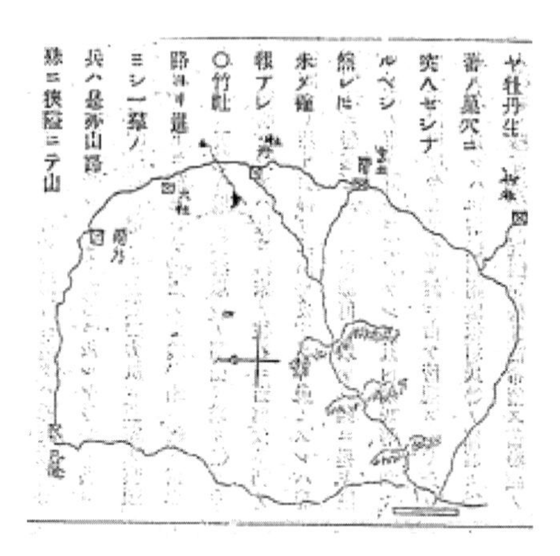

[그림 1] 1874.6.26. 「台湾信報」第17号, 『東京日日新聞』第726号.

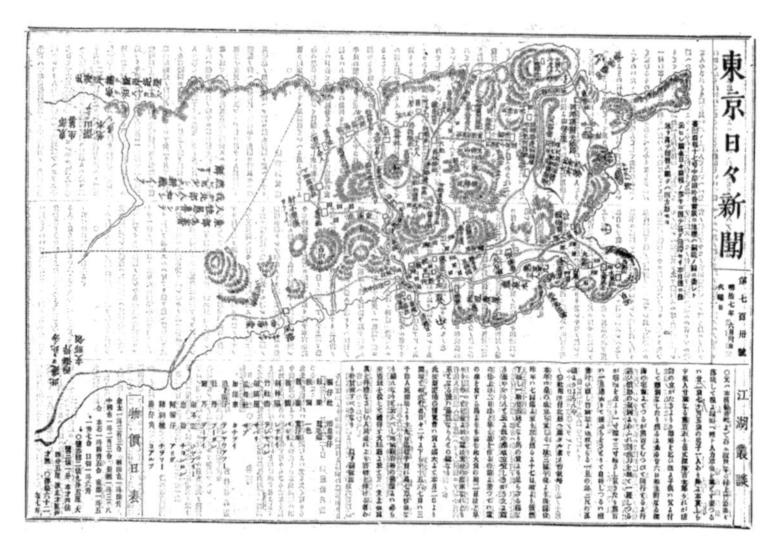

[그림 2] 1874.6.30. 『東京日日新聞』第730号.

그중 [그림 1]은 '목단생번(牧丹生蕃)'으로 향하는 길목에 위치한 석문산(石門山)과 '죽사(竹社)' 또는 '이내사(爾乃社)'와 같은 '토민(土民)'들의 거주지를 간단히 스케치한 것으로, 6월 1일부터 3일까지 실시된 '목단사(牧丹社) 소멸작전'을 보도하는 기사의 내용을 이해하는 데 도움이 된다. 하지만 이것은 너무도 간략하여 독자들이 '토민'들의 거주지를 정확히 파악할 수 있을 정도는 아니었다. 기시다도 이를 우려했는지 본문에서 "지리는 별호(別号)에 게재하도록 한다"고 적고 있고, 며칠 뒤에는 '생번 18사(社)'들의 거주지를 세밀하게 작성한 지도를 1면에 게재하고 있다([그림 2]). 그 결과 타이완 침공 관련 기사를 읽는 독자들에게 [그림 2]는 타이완 '생번'의 거주지를 공간적으로 인식하는 데 유용한 시각자료로서 기능한다.

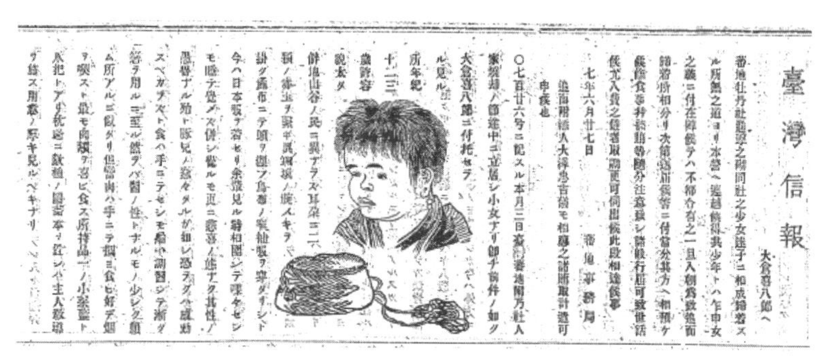

臺灣信報

七年六月廿七日　蕃地事務局

[그림 3] 1874.6.29. 「台湾信報」, 『東京日日新聞』第729号.

또한 '목단사 소멸작전' 후 보호 조치된 '13세 이내사(爾乃社) 소녀'를 그린 삽화도 "둥글고 검은 얼굴에 눈은 작고 움푹 파였으며 미간은 매우 짧고 낮은 코에 입은 보통"31)이라는 기사의 내용을 시각적으로 구체

31) 1874.6.25, 「續台湾信報」, 『東京日日新聞』第725号.

화한 것이다([그림 3]).[32] 이렇듯 「타이완신보」에 실린 삽화들은 사진보도가 아직 없었던 시기에 기사내용의 이해를 돕거나 보완하기 위한 시각적 장치였다.

이러한 삽화의 성격은 「타이완수고」에서 보다 명확히 드러난다. 「타이완수고」는 기시다가 귀국한 이후 '타이완 섬'의 "산천(山川)을 두루 돌아다니며 풍토를 고찰하고 견문"[33]한 내용을 정리한 것이다. 여기에서는 총 9회의 연재기사 중 8월 16일자 6회분을 제외하고 모두 삽화가 실릴 정도다.

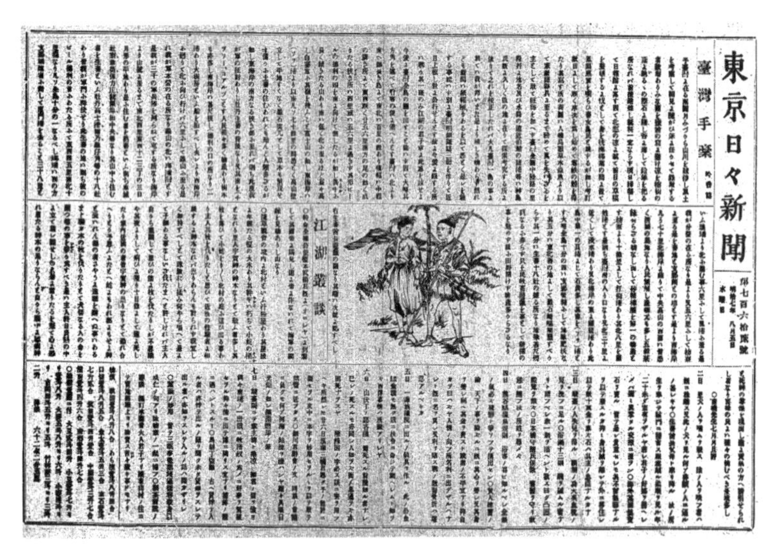
東京日々新聞

臺灣手藁

江湖叢談

[그림 4] 1874.8.5. 「台湾手藁」, 『東京日日新聞』第762号.

32) 이외에도 '숙번(熟蕃)'의 '정병(精兵)'을 설명하면서 '정병'을 그린 삽화를 게재하고 있다(1874.9.29, 「台湾信報」, 『東京日日新聞』第811号).

33) 1874.8.5, 「台湾手藁」, 『東京日日新聞』第762号.

東京日々新聞

第七百六拾六號

開拓使錄事

臺灣手稾

江湖叢談

物價日表

[그림 5] 1874.8.9. 「台湾手藁」, 『東京日日新聞』第766号.

臺灣手稾

[그림 6] 1874.8.10. 「台湾手藁」, 『東京日日新聞』第767号

臺灣手稿

[그림 7] 1874.9.27. 「台湾手藁」, 『東京日日新聞』第800号

예를 들어 타이완 원주민들의 일상생활에 대해 "토민(土民)은 농사를 짓지 않고 목축과 사냥을 하기 때문에 논밭이 적고 물산(物産)도 많지 않다"고 설명하고 그 바로 옆에는 "오른쪽은 생번(生蕃)의 촌장(村長)이 사냥하는 그림이다. 그 내용은 다음 호에 이어진다"는 보충설명을 하며 삽화를 싣고 있다([그림 4]).[34] '생번'의 얼굴 생김새와 장신구 등의 특징을 설명할 때도 그들의 외모를 구체적인 이미지로 제시하고([그림 5]), '생번'에 비해 '개화(開化)'되어 '농공상'에 종사하는 '숙번(熟蕃)'을 설명할 때에도 그들이 거주하는 '차성(車城)'의 거리 모습을 시각적으로 보여주고 있다([그림 6]). 타이완 침공의 전투지역으로 자주 등장하는 '석문(石門)'의 위치를 설명할 때에도 '석문'의 풍경을 삽화로 제시하고 있다([그림 7]).[35]

이상과 같이 「타이완신보」와 「타이완수고」에서는 기시다가 현장에서 직접 보고 들었음을 강조하기 위한 장치로 삽화가 사용되고 있다. 삽화야말로 타이완의 '풍속사정'을 '성실히 수색하고 탐토'하는 생생한 견문록을 제공하겠다던 기시다의 종군 목적에 부합하는 최적의 장치였던 것이다.

그렇다면 타이완 침공 관련 기사와 함께 실린 삽화들은 기사내용을 보완하고 현장성을 전달한다는 성격에만 머물렀던 것일까. 결론부터 말하자면, 기시다가 의도했든 의도하지 않았든 그렇지만은 않았다.

---

34) 위와 같은 기사.
35) 단, 삽화가 없는 경우는 '생번'의 언어 등과 같이 시각화하기 어려운 내용에 불과하다 (1874.8.16, 「台湾手藁」, 『東京日日新聞』第772号).

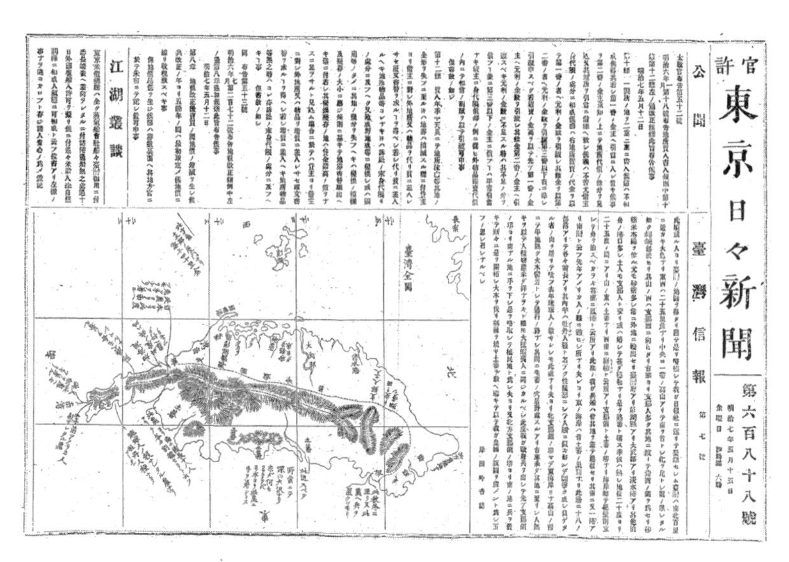

官許 東京日々新聞

第六百八十八號

公聞

臺灣信報 第七號

臺灣全圖

江湖叢談

[그림 8] 1874.5.15. 「台湾信報」第7号, 『東京日日新聞』第688号.

기시다의 타이완 침공 관련 보도 중 삽화가 처음 실린 것은 5월 15일자 「타이완신보」 제7호이다([그림 8]).

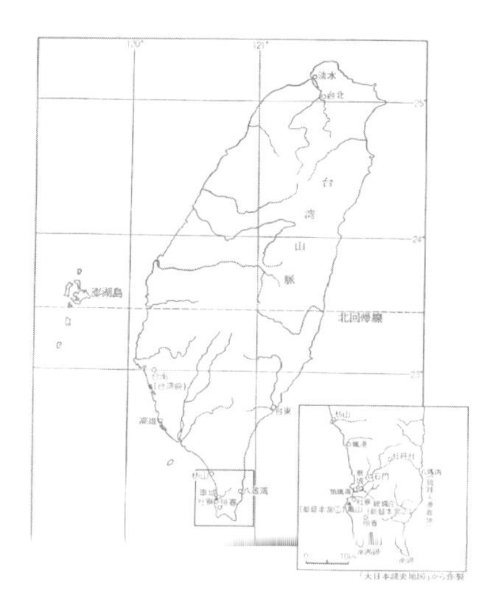

[그림 9] 石井孝, 1982, 『明治初期の日本と東アジア』, 有隣堂, 2쪽에서 인용.

東京日々新聞

第七百拾二號

公聞

蕃地事務局錄事

臺灣信報 第十三號

江湖叢談

[그림 10] 1874.6.10. 「台湾信報」第13号, 『東京日日新聞』第712号

왼쪽에 배치되어 있고, 이에 비해 기사내용은 상대적으로 작게 오른쪽 3분의 1을 차지하고 있다. 이 삽화의 특징은 북쪽을 위쪽으로 위치 짓는 지도 작성의 일반적 규칙을 사용하지 않고([그림9]), 중앙에 고산(高山)='지나국(支那國) 영분지(領國地)'를 기준으로 아래쪽에 '토번(土蕃)'을 배치하고 있다는 점이다. 때문에 시선을 전체로 분산시키는 [그림9]와 달리 [그림 8]의 타이완 전체지도를 바라보는 독자의 시선은 '토번(土蕃)' 지역에 고정된다. 이를 고려한 듯 지도를 설명하는 문자도 '토번'을 중심으로 배열되어 있다. 그 결과 지도의 오른쪽에 배치된 "이번에 우리 정부가 병사를 보내어 우선 지나령(支那領)의 경계로부터 남쪽 지역을 약취(略取)하여 식민지로 삼고, 이후 북쪽 지나령 경계의 남쪽 지역에 병사를 두어 점차 개척하고 (중략) 토번을 교도하여 우리 황국의 판도를 넓히고자 한다"는 기사내용을 독자들에게 시각적으로 명확히 전달할 뿐만 아니라, 기사내용에서는 전달할 수 없었던 넓어지는 '황국의 판도'를 독자들이 구체적으로 인식하게 만든다.

이 외에도 「타이완신보」에는 삽화가 1장 더 있다([그림 10]). 이것은 전체 지면 중 '타이완신보 제13호'라는 제목과 함께 1단 왼쪽에 배치되어 있다. 삽화의 오른쪽 끝에는 "사료(社寮) 랑교(琅嶠) 차성(車城) 근처 인종은 마라이(マライ)와 지나(支那)의 혼혈이다"라고 적혀 있고, 육지 쪽에 '이곳에서 남쪽은 도키도쿠(トキトク) 지배'[36], '사료(社寮) 촌가(村家)', '도독부', '진영(陣營)', '랑교', '강이 있다', '차성(車城) 촌가', '이 근처가 목단 인종'의 순서로 적혀 있다. 바다 쪽에는 선박 6척이 그려져 있고 손가락 표시와 함께 '서(西) 아모이(廈門)'라 적혀 있다. 이처럼 [그림 10]의 삽화는 바다 쪽에서 지형 전체를 조망하는 시선을 취함으로써 일본군이 주둔하고 있는 타이완 서남부 해안지역을 한눈에 파악할 수 있도록 되어 있다. 그 결과 2단부터 3단까지 이어지는 기사내용, 즉 '기자 긴코(吟香)'가 '타이완 신문 탐방'을 위해 5월 17일 12시 나가사키를 출발하여 같은 달 22일 아침 7시 타이완 서남부 해안 '차성(車城)'에 도착한 경위, 도착 당시 '당국(唐國) 군함 2척'과 '영국 군함 1척'이 정박해 있던 상황, 그리고 '목단(牧丹) 인종의 동정'[37] 등을 이해하는 데 도움을 준다.

그렇다면 독자들은 [그림 10]의 삽화에 그려진 선박 6척 중 어느 것을 일본국의 전함으로 인식했을까. 이에 대한 해답을 찾기 위해 다음의 글

---

36) '도키도쿠'는 타이완 남부의 산에 거주하는 생번(生蕃) 18사(社)의 촌장 이름.

37) '목단 인종의 동정'으로는 5월 17일 척후병 2명과 목단인이 충돌한 결과, 척후병 1명이 부상당한 것, 같은 달 21일 척후병 10명이 충돌하여 목단인 1명을 살해하고 3명이 부상당한 것, 같은 달 22일 일본군 2소대가 석문(石門)에서 목단인과 교전하여 목단인 추장을 살해하고 3명이 전사한 것을 전하고 있다. 참고로 22일 석문 전투는 [illegible]『[illegible]』[illegible] 있다. [illegible] 니시키에를 검토하면서 함께 언급하고자 한다,

을 참고하고자 한다.

> 개력(改曆)한 이후 오절구(五節句)[38]나 봉(盆)과 같은 중요한 날을 없애고 천장절(天長節)[39]과 기원절(紀元節) 등 이유도 모르는 날을 축하한다. (중략) 이렇듯 세상의 인심에도 없는 날을 축하하기 위해 정부가 강제로 아카마루(赤丸, 히노마루 모양을 의미함-인용자)를 파는 간판 같은 깃발이나 초징[提灯]을 들고 나오라는 것은 더더욱 듣도 보도 못한 도리다.[40]

이것은 1872년 태양력을 채택한 일본 정부가 태음력에 기초한 전통 명절들을 폐지하고 천장절이나 기원절과 같이 근대 천황제와 관련된 경축일을 새롭게 제정했지만, 이에 대한 인민의 저항이 있었음을 확인하기 위해 종종 인용되는 사료다. 하지만 여기에서 중요한 것은 정부가 이제 막 형성되기 시작한 일본 국민들에게 천황과 관련된 새로운 경축일에 일본국을 상징하는 '아카마루를 파는 간판과 같은 깃발이나 초징'을 들고 나오도록 강제했다는 점이고, 그 결과 좋든 싫든 '히노마루'가 이제 막 형성되기 시작한 일본국의 상징으로 받아들여지기 시작했다는 점이다. 그리고 이러한 상황을 고려했을 때, 당시의 독자=일본 국민들은 아마도 [그림 10]의 삽화에서 '히노마루'을 연상시키는 원이 그려진 깃발을 단 왼쪽의 선박 3척을 일본국의 전함이라고 인식했을 것이다. 그리고 그렇지 않은 오른쪽의 선박 3척은 기사내용에 따라 당연히 '당국(唐國) 군함 2척'과 '영국 군함 1척'으로 인식했을 것이다. 이렇듯 [그

38) 음력에 따른 다섯 명절. 인일(人日, 1월 7일), 상사(上巳, 3월 3일), 단오(端午, 5월 5일), 칠석(七夕, 7월 7일), 중양(重陽, 9월 9일).
39) 천황의 탄생을 경축하는 휴일.
40) 小川爲治, 1875, 『開化問答』2編卷上, 丸屋善七等, 55쪽. 近代デジタルライブラリー http://kindai.ndl.go.jp/info:ndljp/pid/798422/61?tocOpened=1.

림 10]의 삽화는 '히노마루'라는 국가적 상징 장치를 시각적으로 제시함으로써 정박한 선박 중 어느 쪽이 일본군의 전함인지 독자들이 인식할 수 있게 만들 뿐만 아니라, '히노마루'를 매개로 피아를 구분하는 스스로를 일본 국민이라고 자각하게 만들고 있는 것이다.[41]

이상과 같이 타이완 침공 관련 특집기사였던 「타이완신보」와 「타이완수고」에 실린 삽화들은 주로 현지 취재한 기사의 내용을 시각적으로 보완해주는 성격이 강했다. 하지만 문자로는 전달하기 까다롭거나 어려운 내용들을 시각적으로 보여주는 삽화의 특징이 타이완 침공이라는 대외전쟁과 결합된 결과, 타이완 침공 관련 기사와 함께 실린 삽화는 이제 막 형성되기 시작한 일본 국민이 일본국을 인식하고 확인하는 계기가 되기도 했다. 그리고 이렇게 시각화된 타이완 침공의 이미지는 니시키에판 『도쿄니치니치신문』을 통해서 독자=일본 국민들에게 보다 구체적으로 '유포'되기 시작했다.

3. 니시키에판 『도쿄니치니치신문』과 타이완 침공

니시키에신문(錦繪新聞)의 효시로 알려진 니시키에판 『도쿄니치니치신문』은 1874년 8월에 처음 발행되었다. 『도쿄니치니치신문』의 기사 중 국내 뉴스를 다루는 「강호총담(江湖叢談)」에서 이미 보도되었던 진기한 사건을 골라서 니시키에로 시각화하고 난해한 문장을 평이하게 바꾸어 문자를 모르는 사람도 쉽게 이해할 수 있도록 제작되었다.

이렇게 시작된 니시키에판 『도쿄니치니치신문』은 1876년 12월까지 총 114점 발행되었다.[42] 이 중 타이완 침공 관련 니시키에는 총 8장으

41) 기사에는 이후에도 "일장(日章)이 국기(國旗)"라는 표현을 빈번하게 사용하고 있다(1874.7.25, 「台湾信報」第25号, 『東京日日新聞』第752号).

로 전체의 약 7%를 차지하고, 단일 소재로는 가장 많다.

그중 첫 번째가 1874년 9월자로 발행된 [그림 11]이다.[43] 여기에는 다음과 같은 설명이 적혀 있다.

[그림 11] 『東京日日新聞』第 736号, 一蕙齋芳幾, 1874.9(본래 기사 1874.7.6.)

> 기시다 긴코는 신문 탐방을 위해 육군과 함께 타이완에 있던 2개월 동안, 여러 번(蕃, 원주민을 의미함-인용자)들이 항복한 후 종종 목단 생번의 지역을 유보(遊步)했다. 그중 돌아오는 길에 신발을 벗고 석문(石門)의 하천을 건너려고 할 때, 토인(土人)이 다가와 업어서 건네주겠다고 말했다. 긴코는 거절했지만 거듭 건네주겠다고 해서 그에게 업혔지만, 힘이 약해서 일어나지도 못했다. 살이 찐 긴코의 체중은 약 23관목(貫目, 약 87kg)이다.

여기에서는 타이완 침공 관련 내용이라기보다 기시다 긴코가 육군과 함께 타이완에 있었을 당시의 에피소드가 서술되고 있다. 물론 여기에도 기시다 긴코의 얼굴색과 확연히 구분되는 짙은 갈색의 '타이완 토인'을 그림으로써 '타이완 토인'=원주민과 기시다 긴코=일본인을 구분하려

---

42) 千葉市美術館遍(2008) 앞의 책, p.6. 쓰치야 레이코(土屋礼子) 씨는 총 10점이라고 하지만(土屋礼子(2005) 앞의 글, p.224), 니시키에판 『도쿄니치니치신문』 전체를 수록한 千葉市美術館遍 『文明開化の錦繪新聞-東京日日新聞·郵便報知新聞全作品-』에 따르면 총 8점이다. 참고로 쓰치야 레이코 씨는 니시키에판 『도쿄니치니치신문』의 총수도 113점이라고 하지만, 千葉市美術館遍 『文明開化の錦繪新聞-東京日日新聞·郵便報知新聞全作品-』에는 114점이 실려 있다.

43) 千葉市美術館 遍(2008) 위의 책, p.19.

는 의도가 엿보인다. 그렇다 하더라도 그 뒤로 보이는 '생번부인(生蕃婦人)'의 얼굴색이 '타이완 토인'보다 기시다에 가깝게 그려진 것으로 보아, '타이완 토인'과 기시다의 얼굴색 차이는 '타이완 토인'보다 오히려 기시다를 부각시키기 위함이라 생각된다. 따라서 이것의 주안점은 타이완 침공이 아니라 기시다 긴코가 '신문 탐방을 위해 육군과 함께 타이완에 2개월 동안' 있었다는 '사실(fact)'을 강조하기 위한 것으로 생각된다. 더군다나 이것이 발행된 9월이라는 시점은 이미 기시다도 귀국하고 「타이완신보」와 「타이완수고」의 연재도 거의 마무리되는 단계였다. 따라서 니시키에판을 발행하기 시작한 도쿄니치니치신문사로서는 영업적인 측면에서 기시다의 타이완 침공 종군=현장 취재라는 세일즈 포인트를 다시 한 번 선전할 필요가 있었고, [그림 11]은 이러한 신문사의 의도를 충실히 반영한 결과라 생각된다.

그렇다면 이후에 발행된 타이완 침공 관련 니시키에는 어떠한 내용들을 시각화했을까. 우선 니시키에의 주제는 일본군과 '생번'의 전투장면([그림 12, 13]), 청과 협상하는 장면([그림 18]), 타이완 소녀([그림 17]), 항복하는 '생번'([그림 16]), 오쿠보의 귀국([그림 19]), 기타([그림 15]) 등으로 구분된다.

[그림 12] 『東京日日新聞』第712号, 蕙齋芳幾, 1874.10(본게 기사 1874.6.10.)

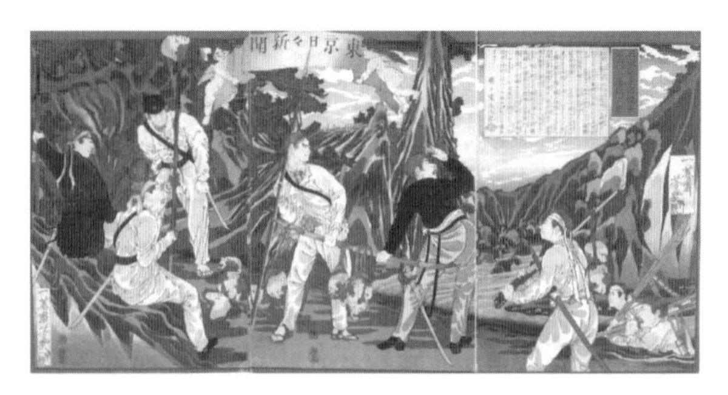

[그림 13] 「日報社台湾記事石門口勝戰之図」, 『東京日日新聞』, 一蕙齋芳幾, 1874.10(본래 기사 없음)

이 중에서 일본군과 '생번'의 전투장면은 5월 22일 일본군 2소대가 석문(石門)에서 '생번'과 교전을 벌여 추장을 살해한 사건을 시각화한 것이고, 다른 주제와 달리 모두 연속 3장으로 이루어져 있다. [그림 12]의 왼쪽 상단에는 다음과 같은 내용이 적혀 있다.

> 때는 메이지 7년. 일본국의 군사들이 타이완 생번의 포악을 징벌하고자 타이완 섬에 박래(舶來)했다. 그런데 부교(不教, 교화되지 못함을 의미함-인용자)의 오랑캐[夷]들이 인리(人理)를 모르고 저항을 하니, 마침내 5월 황국(皇國)의 병위(兵威)로 이를 제압하고자 동국(同國) 차성(車城)의 동쪽으로 3리(里) 정도 들어가 목단인종의 소굴을 습격했다. (중략) 기세에 압도된 번인(蕃人)들이 항복하고 사죄하여 일본의 천위(天威, 천황의 위광을 의미함-인용자)를 만국에 빛낸 것이 5월 22일 동틀 무렵 석문(石門)의 일전(一戰)이다.[44]

이 사건에서는 일본군도 3명 전사하는 등 피해가 적지 않았다. 하지만 이에 대한 언급은 전혀 하지 않고, 오히려 '일본국의 군사', '황국의

44) 千葉市美術館 遍(2008) 위의 책, pp.30~31.

병위', '일본의 천위'라는 표현을 사용하면서 일본국의 국력과 군사력을 '만국에 빛낸 것'으로 평가하고 있다. 이러한 평가는 문자로 적어놓은 설명을 보지 않더라도 3장으로 연결된 화면 중 2장에 걸쳐 배치된 일본군이 수급한 '생번'의 머리를 들고 멀리 도망치는 적들을 노려보는 모습과, 화면 아래쪽과 왼쪽에 배치된 왜소한 '생번'이 겁에 질려 도망가는 모습을 시각적으로 확인하는 것만으로도 충분히 독자들에게 전달된다. 그런데 여기에서 중요한 것은 그러한 일본군의 의상이 사무라이의 전통복장이 아니라 통일된 서양식 군복이라는 점이다. 물론 당시의 일본군은 실시된 지 얼마 되지는 않았지만 엄연히 징병제에 의해서 징집 또는 지원한 군인들이었기에, 이들의 의상은 통일된 서양식 군복일 수밖에 없다. 하지만 이러한 일본군의 외양이 어둡고 통일되지 못한 전통복장의 '생번'과 시각적으로 대비되는 순간, 일본국이라는 국가권력에 의해서 통일된 서양식 군복이야말로 일본군의 용맹성을 드러내는 핵심적인 시각 장치로 기능하게 된다.

이렇듯 통일된 서양식 군복으로 일본군의 용맹성을 드러내는 방식은 당시의 사족(士族) 반란을 소재로 삼은 니시키에에서도 나타난다. [그림 14]는 1876년 10월 27일 마에바라 잇세이(前原一誠)가 야마구치현(山口縣)에서 일으킨 하기(萩)의 난을 그린 것으로, 전투가 시작되기 전 정부군과 사족군이 대치하고 있는 장면이다.[45] 그런데 이를 보는 독자들은 그 결과를 알든 모르든, 이 장면만으로도 사족군과 대비되는 정부군의 용맹성을 인식하게 되는데, 여기에서도 이를 가능하게 만드는 시각적 장치가 왼쪽 상단에 배치된 전통복장의 사족군과 명확히 구분되는 통일된 검은색 서양식 군복을 입은 정부군의 모습이다.

45) 千葉市美術館 遍(2008) 위의 책, pp.80~81.

[그림 14] 「山口縣下賊徒追討図」, 『東京日日新聞』, 静齋芳邨, 1876.11.22 (본래 기사 없음)

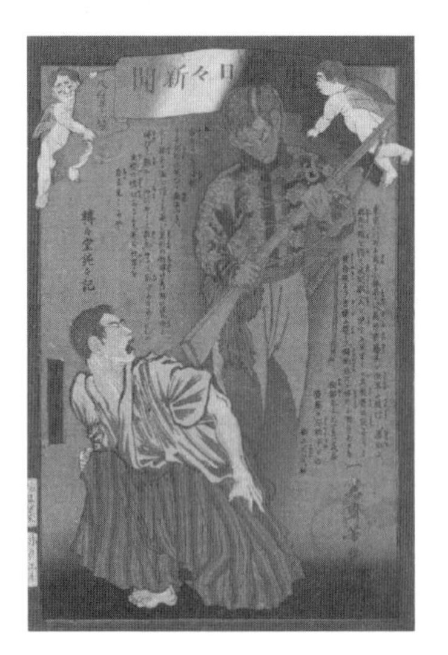

[그림 15] 『東京日日新聞』第851号, 一蕙齋芳幾, 발행일자 없음 (본래 기사 1874.11.14.)

[그림 16] 『東京日日新聞』第752号, 一蕙齋芳幾, 1874.10(본래 기사 1874.7.25.)

하지만 타이완 침공 당시 일본군은 앞의 [그림 12]와 [그림 13]이 주제로 삼은 5월 22일 전투에서도 3명이 전사했고, 현지의 열대성 질병으로 약 500여명이 사망하는 등 승승장구 일변도만은 아니었다.[46] 이러한 일본군의 현실은 타이완 침공에서 병사한 '의제(義弟)'가 서양식 군복을 갖춰 입고 꿈에 나타나 "다녀왔습니다"라고 말했다는 애절한 일본 국민의 이야기로 표출되기도 했다([그림 15]).[47] 당시의 일본 국민들에게 서양식 군복을 입은 일본군의 모습은 [그림 16]과 같이 항복하는 '생번'에 대한 우월감의 표시이기도 했지만, 이제 막 실시된 징병제에 대한 막연한 두려움이기도 했던 것이다.

[그림 17]『東京日日新聞』第726号, 一蕙齋芳幾, 1874.10
(본래 기사 1874.6.26.)

46) 한중일3국공동역사편찬위원회 지음(2012) 앞의 책, p.55.
47) [그림 15]와 그림은 동일하지만 설명에서 타이완 침공 관련 내용이 삭제된 니시키에 [illegible](千葉市美術館 編(2008) 앞의 책, p.99).

[그림 18]「皇國支那和議決約之図」, 『東京日日新聞』第847号, 一蕙齋芳幾, 1874.11(본래 기사 1874.11.12.)

[그림 19]『東京日日新聞』第849号, 一蕙齋芳幾, 발행일자 없음 (본래 기사 1874.11.12.)

그림에도 타이완 침공을 주제로 삼은 니시키에는 '타이완 소녀'에게 일본의 전통복장을 입혀주는 행위를 그려내는 등 '생번'에 대한 우월감을 일관되게 시각적으로 표출하고 있고[그림 17],[48] 이러한 우월감은 10

월 31일 청과의 협상이 일본에게 유리하게 타결되자 청을 향해서도 표출되기 시작했다. [그림 18]은 청과의 협상이 타결된 이후인 11월에 발행된 「황국지나화의결약지도(皇國支那和議決約之図)」이다.[49] 여기에서는 오른쪽의 집단이 일본 측이라는 것을 '히노마루'와 검은색 서양식 복장 또는 군복으로 나타낸 반면, 왼쪽의 집단이 청 측이라는 것은 전통적인 머리모양과 복장으로 나타내고 있다. 그런데 여기에서 주목해야 할 것은 칼을 거의 지니고 있지 않은 청 측에 비해 일본 측 대부분은 칼을 지니고 있다는 점, 그리고 아래쪽 설명문이 "대신(大臣) 오쿠보 공(公)의 영단으로 공법통의(公法通義, 만국공법을 의미함-인용자)에 따라 이 미거(美擧, 협상타결을 의미함-인용자)를 이루어낸 것은 국가의 행복으로 후세의 역사에 기록함에 부족하지 않다. 어찌 경하하지 않으리오"라고 글을 맺고 있다는 점이다. 이것은 독자들에게 만국공법이 어디까지나 '칼'=군사력에 기초한 약육강식의 논리이고, 이를 근거로 실행한 타이완 침공에서 청에게 50만 냥의 배상금을 받아낸 것이야말로 '국가의 행복'이라는 점을 시각적으로 인식하게 만들고 있다. 그리고 이러한 '국가의 행복'은 "히노마루 국기를 실내에 장식하고 친척과 친구들을 초대하여 연회"를 벌인 '사쿠라(佐倉)의 구시도(串度) 씨'의 경우처럼 어느새 일본 국민의 '행복'으로 치환되고 있다([그림 19]).[50] 다시 말해서 타이완 침공을 그린 니시키에는 독자들로 하여금 자신의 행복과 일본국의 행복이 일치될 수도 있음을 시각적으로 보여줌으로써 스스로를 일본 국민으로 인식하게 만드는 역할을 수행했던 것이다.[51]

---

48) 千葉市美術館 遍(2008) 위의 책, p.33.
49) 위와 같은 책, pp.42~43.
50) 위와 같은 책, p.[illegible].
51) 박삼헌(2013)「메이지유신과 국민 행복의 탄생」,『史叢』80, pp.365~366 참조.

4. 나가며-재생산되는 타이완 침공의 이미지

그렇다면 이러한 타이완 침공의 이미지는 이후 어떻게 재생산되어 유포되었을까. 그 한 사례로 타이완 침공이 마무리된 직후에 간행되기 시작한 『메이지태평기』의 삽화들을 검토하면서 이 글을 마치고자 한다.

『메이지태평기』는 총 13편으로 구성되어 있고, 1868년 왕정복고 쿠데타 이후 발생한 주요 사건들을 다루고 있다. 이 중에서 타이완 침공은 '8편 하', '11편 상'에서 다뤄지고 있다.

『메이지태평기』의 삽화는 타이완 전체 지도를 그린 [그림 20]이 「타이완신보」에 실린 타이완 전체 지도 [그림 8]과 동일한 구도로 되어 있는 것에서도 알 수 있듯이, 기시다가 보도한 「타이완신보」나 「타이완수고」의 기사내용만이 아니라 삽화도 많이 참고했음을 알 수 있다.

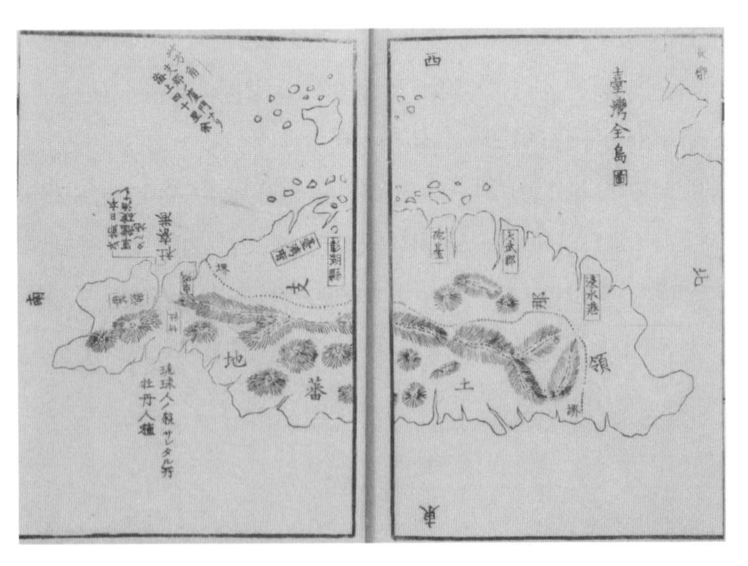

[그림 20] 村井靜馬 著(1875~1877) 『明治太平記』8編 下, 東京書林, pp.12~13.

[그림 21] 村井靜馬著(1875~1877) 『明治太平記』8編 下, 東京書林, pp.4~5.

「타이완신보」나 「타이완수고」는 보도기사였던 만큼 사실성을 견지하고 있었고, 적어도 미디어의 성격을 지니는 니시키에판 『도쿄니치니치신문』의 경우도 기시다의 기사를 토대로 작성되었던 만큼 사실성은 견지되어 있었다. 따라서 타이완 '생번'에 대한 기사 중 기시다가 직접 보고 들은 것이 아닌 경우는 삽화로 시각화되지 않았다. 예를 들어 아직 나가사키에 머물면서 타이완으로의 출항을 기다리면서 작성한 기사에서는 류큐인을 살해한 타이완 원주민='생번'에 대해 "성품이 포악하여 인류(人類)라 할 수 없고, 싸움을 좋아하며 패자의 육신을 먹는다"[52]고 설명했지만, 현지에 도착한 이후에는 '식인' 풍습에 대한 언급이 전혀 없을 뿐만 아니라 '생번' 여성의 외모에 대해서도 "입술에 연지를 바르는 등 일본의 부인(婦人, 여성 일반을 의미함-인용자)의 입술과 조금도

52) 1874.5.15, 「台湾信報」第7号, 『東京日日新聞』第688号.

다르지 않다"[53] 고 설명하고 그들의 얼굴 생김새를 왜곡 없이 그대로 보여주고 있다([그림 5] 참조). '식인' 풍습은 기시다가 현지에서 직접 확인한 것이 아니었던 만큼 시각화되지 않았던 것이다.

하지만 『메이지태평기』와 같이 '일본국'의 영광을 그리는 이야기에서는 타이완 '생번'이 [그림 21]과 같이 식인하는 장면을 상상하여 시각화되고, 그 결과 타이완 '생번'의 야만성이 강조되는 만큼 일본 국민의 문명성은 상대적으로 높아진다. 다시 말해서 기시다의 보도기사와 함께 실린 삽화와 니시키에를 통해서 만들어진 타이완 침공의 표상은 청의 배상금이라는 일본국의 행복과 함께 점차 확대 재생산되어 '야만'의 타이완 '생번'과 '문명'의 일본 국민을 기정사실화하는 재료로 기능하기 시작한 것이다. 그리고 이러한 일본국의 행복을 위해서는 "승려나 평민에 이르기까지 국가를 위해 목숨을 새털처럼 가볍게 여기는"[54] 일본군의 존재가 강조된다. 예를 들어 6월 1일부터 3일까지 실시된 대대적인 목단사(牧丹社) 소멸 작전을 서술하면서 히노마루를 들고 선봉에 서서 동료들을 챙기며 험준한 산을 올라가는 일본군을 제시함으로써, 이들을 통해 일본국의 행복이 만들어졌다는 메시지가 반복적으로 독자=일본 국민들에게 전달되

[그림 22] 村井靜馬著(1875~1877)『明治太平記』10編 上, 東京書林, p.37.

53) 1874.8.9, 「台湾手藁」, 『東京日日新聞』第766号.

54) 村井靜馬 著(1875~1877)『明治太平記』10編 下, 東京書林, p.16.

는 것이다([그림 22]).

[그림 23] 村井靜馬著(1875~1877) 『明治太平記』11編 上, 東京書林, pp.4~5.

이런 의미에서 타이완 침공이 막부 말기부터 '논의'만 무성할 뿐 정작 '실행'에 옮겨지지 못했던 '정한(征韓)'을 그 다음 해에 바로 '실행'될 수 있도록 만든 '국가적' 차원의 '경험'이었다면, 기시다의 종군보도와 삽화 및 니시키에를 통해서 유포된 타이완 침공의 이미지는 '정한'을 구체적으로 이미지화할 수 있도록 만든 '국민적' 차원의 '경험'이었던 것이다. 타이완 침공에 이은 강화도사건의 서술이 히노마루를 들고 밝은 표정으로 '한도(韓島)의 영종성(永宗城)'을 습격하는 '운양함(雲揚艦)의 병사'들을 시각화한 니시키에로 시작되는 것은 이를 상징적으로 말해준다고 할 수 있다([그림 22]).

[표 1] 타이완 침공 관련 연표(양력)

1872년 1월 3일	류큐인(琉球人), 타이완(台湾) 표착 사건 발생(66명 중 54명이 살해당함).
7월 12일	류큐인 생존자 나하(那覇) 귀환.
1873년 3월 8일	오다현(小田県) 주민 4명, 타이완 표착 사건 발생.
12일	특명전권대사 소에지마 다네오미(副島種臣) 일행, 베이징으로 출발(표면적 이유는 청일수호조규 비준교환과 동치제(同治帝) 친정 축하였지만, 이와 별도로 류큐인 살해사건 담판도 준비함).
4월 30일	소에지마, 톈진에서 직예총독(直隷総督) 겸 북양대신 리훙장(李鴻章) 등과 조규비준서 교환.
5월 7일	소에지마 일행, 베이징 도착(황제 알현 예의를 둘러싼 의견대립).
6월 21일	소에지마, 부사(副使) 야나기와라 사키미쓰(柳原前光) 등을 청의 총리아문으로 보내서 류큐인 살해사건 언급(청 측, 타이완 생번(生蕃)은 '화외(化外)'라고 발언).
29일	특명전권대사 소에지마 삼읍(三揖)의 예로 청국 황제 알현, 국서 제출.
7월 3일	소에지마 일행, 베이징 출발(25일 일본 귀국).
8월 8일	오다현 주민 4명, 무사 귀환 후 외무성에 진술서 제출.
1874년 2월 6일	참의 겸 내무경 오쿠보, 참의 겸 대장경 오쿠마, 『타이완번지처분요략』 제출(타이완 침공 결정).
4월 4일	일본 정부, 타이완번지사무국(台湾番地事務局) 설치(도독에 사이고 쓰구미치(西郷従道) 임명).
7일	『도쿄니치니치신문(東京日日新聞)』, 처음으로 사이고 쓰구미치 타이완 파견 관련 보도.
9일	사이고 쓰구미치, 출항 준비를 위해 나가사키(長崎)로 출발.
13일	기시다 긴코(岸田吟香), 『도쿄니치니치신문』에 「타이완신보(台湾信報)」 제1호 게재 시작.
19일	타이완 침공 유예 결정. 나가사키에 머물고 있던 사이고 쓰구미치가 강력히 반발.
27일	사이고 쓰구미치, 독단적으로 선발대 200여 명을 타이완으로 출항시킴.
5월 2일	사이고 쓰구미치, 본진 함대(병사 천여 명)와 함께 출항.
4일	나가사키에서 오쿠보, 오쿠마, 사이고 쓰구미치 3자 회담 결과 타이완 침공 다시 결정.
6일	타이완 침공 선발대, 타이완 서남부의 사료항(社寮港) 도착.
10일	타이완 침공 본진, 타이완 서남부의 사료항 도착.
17일	사이고 쓰구미치, 다카사고마루(高砂丸)로 나가사키 출발(기시다 긴코 동승). 일본군과 목단인(牧丹人)의 충돌 결과, 일본군 척후병 1명 살해당함.
19일	정부, 타이완 침공 공식 발표(太政官達書 第65号). 주청(駐清) 공사 야나기와라 사키미쓰(柳原前光), 중국으로 출발.
21일	일본군 척후병 10명이 출동하여 목단인 1명 살해하고 3명 부상당함.
22일	일본군 2소대, 석문(石門)에서 목단인과 교전(목단인 추장 살해, 3명 전사)

	사이고 쓰구미치(병사 1,800명), 타이완 서남부의 사료항 도착.
28일	주청 공사 야나기와라 사키미쓰, 상하이 도착(31일 청 관리와 타이완 문제 관련 회견).
6월 1일	사이고 쓰구미치, 목단사(牧丹社) 소멸(燒滅) 작전 실시 및 제압(3일 완료).
4일	청의 총리아문, 일본 외무성에게 영토침범이라는 통보(5월 11일 작성)를 함.
20일	기시다 긴코, 발병으로 타이완 출발(7월 24일 일본 도착)
21일	청의 군함 2척이 타이완에 도착했으나 일본군 철수만 요청하고 물러남.
22일	타이완 현지에서 일본 측과 중국 측 회담(6월 25일·26일).
7월 9일	일본 정부, 교섭 여하에 따라 청과 개전도 불사할 것을 결정.
8월 1일	전권변리대신 오쿠보 도시미치가 타이완 문제 교섭을 위해 청으로 파견 결정.
5일	기시다 긴코, 『도쿄니치니치신문』에 「타이완수고(台湾手藁)」제1호 게재 시작(10월 5일까지 총9회).
6일	전권변리대신 오쿠보 도시미치, 도쿄 출발(9월 10일 베이징 도착).
9월 14일	오쿠보, 총리아문에서 공친왕(恭親王)과 타이완 문제 교섭 개시.
10월 24일	오쿠보, 총리아문에게 최후통첩 통보.
	영국의 주청 공사 웨이드(Wade), 일본과 중국 양측에게 배상금 등 조정안 제시.
31일	타이완 문제 교섭 타결(피해자 보상금 10만 냥, 일본군이 타이완에 건설한 도로 비용 등 40만 냥).
11월 1일	오쿠보, 베이징 출발(16일 타이완에서 사이고와 회견, 18일 일본으로 출발).
8일	정부, 타이완 문제 타결을 공식적으로 발표(太政官達書 第145号).
27일	오쿠보 도시미치 귀국.
12월 3일	일본군, 타이완 철수 시작.
27일	사이고 쓰구미치 일행, 요코하마 도착

참고문헌

〈1차 사료〉

1874.4.7,「江湖叢談」,『東京日日新聞』第654号.

1874.4.13,「台湾信報」第1号,『東京日日新聞』第659号.

1874.4.20,「江湖叢談」,『東京日日新聞』第666号.

1874.4.25,「江湖叢談」,『東京日日新聞』第670号 참조

1874.5.13,「台湾新報」第6号,『東京日日新聞』第686号.

1874.5.15.「台湾信報」第7号,『東京日日新聞』第688号.

1874.6.10.「台湾信報」第13号,『東京日日新聞』第712号.

1874.6.25,「續台湾信報」,『東京日日新聞』第725号.

1874.6.26.「台湾信報」第17号,『東京日日新聞』第726号.

1874.6.29.「台湾信報」,『東京日日新聞』第729号.

1874.6.30.『東京日日新聞』第730号.

1874.7.7,「台湾信報」第22号,『東京日日新聞』第736号.

1874.7.25,「台湾信報」第25号,『東京日日新聞』第752号.

1874.8.5.「台湾手藁」,『東京日日新聞』第762号.

1874.8.6,「台湾信報」第28号,『東京日日新聞』第763号.

1874.8.9.「台湾手藁」,『東京日日新聞』第766号.

1874.8.10.「台湾手藁」,『東京日日新聞』第767号.

1874.8.16,「台湾手藁」,『東京日日新聞』第772号

1874.9.27.「台湾手藁」,『東京日日新聞』第809号

1874.9.29,「台湾信報」,『東京日日新聞』第811号.

千葉市美術館遍(2008)『文明開化の錦繪新聞-東京日日新聞・郵便報知新聞全作品-』, 國書刊行會.

小川爲治(1875)『開化問答』2編巻上, 丸屋善七等,

村井靜馬著(1875~1877)『明治太平記』8編 下, 東京書林,
村井靜馬著(1875~1877)『明治太平記』10編 上, 東京書林,
村井靜馬著(1875~1877)『明治太平記』11編 上, 東京書林,
アジア歴史資料センター, 「外務省ヨリ小田縣民佐藤利八外三人漂流一件上申並ニ別紙在淸井田總領事來柬其他四通」, レファレンスコード A03031119100.
アジア歴史資料センター, 『處蕃趣旨書(明治八年一月蕃地事務局編)正』, レファレンスコード A03023016400
內閣官報局 編(1975 복각)『法令全書』第七卷-1.
芝原拓自·猪飼隆明·池田正博 編(1988)『日本近代思想大系12 對外觀』, 岩波書店.

〈연구논저〉
石井孝(1982)『明治初期の日本と東アジア』, 有隣堂.
毛利敏彦(1996)『台湾出兵』, 中公新書.
岡部三智雄(1997)「岸田吟香と台湾」,『台湾史研究』第13号.
草野美智子·山口守人(2001)「明治初期における日本人の「台湾」理解」, 『熊本大學總合科目研究報告』4号.
土屋礼子(1995)『大阪の錦繪新聞』, 三元社.
土屋礼子(2005)「明治七年台湾出兵の報道について」, 明治維新史學會 編, 『明治維新と文化』, 吉川弘文館.
木下直之·吉見俊哉 編(1999)『東京大學コレクション ニュースの誕生-かわら版と新聞錦繪の情報世界-』, 東京大學總合研究博物館.
박삼헌(2013)「메이지유신과 국민행복의 탄생」,『史叢』80.
한중일3국공동역사편찬위원회 지음(2012)『한중일이 함께 쓴 동아시아 근현대사』1, 휴머니스트.

제8장 메이지 20년대 '제국일본'의 이미지 고찰

- 청일전쟁니시키에(淸日戰爭錦絵)를 중심으로 -

김경리*

1. 서론

메이지신정부가 추진한 근대화는 '에도(江戶)'의 '수도 도쿄(首都 東京)' 치환으로 가시적 적극성이 깊어지면서 보신전쟁(戊辰戰爭)과 세이난전쟁(西南戰爭)을 통하여 내부로는 하나의 '일본'을 갖추고 청일전쟁(淸日戰爭)이라는 국제전(國際戰)으로 초래된 외연 확장은 다양한 의미에서 유사 서구화를 벗어날 수 있는 계기로 인식되었다. 특히 청일전쟁 승리는 에드워드 사이드가 말한 "멀리 떨어져 있고 타인이 살면서 소유하는 땅, 즉 당신 소유가 아닌 땅에 정착하고 그것을 관리하는"[1] 의미의 '제국주의'를 그대로 반영한 '실질적 식민지'[2]의 획득이라는 점에서

---

* 홍익대학교 강사, 일본문화전공.
이 글은 한국일본어문학회 「메이지20년대 '제국일본'의 이미지 고찰 - 청일전쟁니시키에를 중심으로-」을 수정·보완한 글이다.

1) 에드워드 w. 사이드지음, 박홍규옮김, 『문화와 제국주의』, 문예출판사, 2004, p56

2) 여기에서 말하는 '식민지'는 '국제사회를 지배하는 보편적 규범으로서의 만국공법'의 근대적 개념으로 기도 다카요시의 일기에 '병력이 정비되어 있지 않을 때는 만국공법도 원래 신뢰할 수 없는 것이다. 약자에 대해서는 공법의 이름으로 이익을 도모하는 일이 적으니 만국공법은 약자를 빼앗는 하나의 도구'라고 쓰고 있는 것과 같이 근대 제국주의의 부산물인 식민지를 의미한다. 이에 대해서는 강 상규,

'제국일본'으로서의 첫걸음을 의미한다.

메이지20년대 내부의 제도적 시스템이 완성되자 일본사회를 하나의 집합체로서 여기는 '일본국가' '일본국민' 의식이 싹트기 시작했다. 따라서 그동안 '보이지 않던' 메이지천황(明治天皇)은 순행(巡行)과 국가 간 전쟁의 공통적이고 역사적인 체험인 지리적 확장으로 인한 권력 강화를 통하여 '보이는' 강력한 군주로의 이미지 쇄신을 도모하는 한편, '일본'이라는 아이덴티티의 내셔널리즘을 내세우며 '제국일본'의 이미지를 강화시켜 나아갔다.

이와 같은 메이지20년대의 내셔널리즘을 기반으로 한 '제국일본'의 이미지 선전(Propaganda)은 다양한 방법과 경로로 '국민'에게 확산되었다. 그렇지만 리터래시(literacy)가 부족한 국민들은 텍스트 위주의 정론지(政論紙)인 대 신문보다는 니시키에(錦繪)[3], 사진과 같은 시각 미디어를 대량 소비했다. 특히 니시키에가 『요미우리신문(讀賣新聞)』과 비슷한 소 신문 미디어로서 소비되었다[4]는 점은 니시키에가 에도시대의 우키요에의 전통화법과 화제(畵題)의 예술적 범위를 벗어난 반면, 상상'과 '과장', '풍자'를 통한 정보전달과 보급력 측면에서 현재의 저널리즘 세계와 거의 유사하다는 점을 간과할 수 없다. 메이지초기의 요코하마에(橫浜繪)[5]부터 시작된 니시키에의 정보와 보급력은 '누구나'가 대상

『19세기동아시아의 패러다임 변환과 제국일본』, 논형, 2007年, p.89

3) 지금 유행하는 풍속을 그린 그림을 우키요에(浮世繪)라고 하고 직접 그리는 육필화(肉筆畵)와 대량생산하는 판화가 있다. 먼저 먹으로 그린 단에(丹繪), 베니에(紅繪)에서 출발하여 1765년 다색판화인 니시키에(錦繪)로 발전하여 메이지시기까지 계속된다. 비단처럼 아름답게 다양한 색으로 만들어진 판화라는 의미이며 막말에서 메이지시기에는 많게는 10-12색이지만 겹쳐 찍기로는 15색까지 표현 가능했다. 한 장당 제작비가 많이 소요되기 때문에 주로 에도(江戶)에서 출판되어 에도에(江戶繪), 또는 아즈마니시키에(東錦繪)라고 한다.

4) 요시미야 순야 지음, 안 미라 옮김, 『미디어 문화론』, 2006年, 커뮤니케이션북스, p.99

이었기에 니시키에를 통한 선전효과는 상상을 뛰어넘는 것이라고 여겨진다.

따라서 본고에서는 근대일본이 '제국'으로 발 돋음 하는 시기인 메이지20년대 대량으로 제작되고 소비된 니시키에가 '제국일본'의 국민의식 형성에 어떠한 영향을 주었는지에 대해 고찰하고자 한다. 특히 청일전쟁을 그린 니시키에(이하 청일전쟁니시키에라고 한다) 속의 다양한 표상과 기호들이 식민지 획득의 당위성을 갖추기 위한 '제국일본'의 이미지로 어떻게 '만들어지고' 재해석되는지 고찰하고자 한다. 리터래시를 가진 지배층의 역사를 기록한 문자 사료를 벗어나 근대국민국가의 주체인 '국민'을 중심에 둔 이미지 분석이라는 점에서 새로운 방법론을 제시하고자 한다.

'제국일본'에 관한 선행연구는 문자 사료 중심의 메이지20년대의 일본의 대외인식에 관한 연구인 막말, 서구의 대외위기론의 '서구 인식'과 동아시아의 침략적 팽창주의의 '아시아 인식'에 관한 연구가 있다.[6] 반면 시각 이미지에 관한 연구는 대부분 니시키에의 전신(前身)인 우키요에(浮世繪)의 미학적 관점과 판화로서의 미술사 연구에 머무르고 있다.[7] 본고는 강 덕상 씨가 편집한 『니시키에 속의 조선과 중국(錦繪の

---

5) 요코하마에 관련된 논문으로는 〈졸고 「막말 요코하마 속의 문명개화 -요코하마카이코겐분시(横浜開港見聞誌)의 이미지를 중심으로-」(2008年, 第3輯 『일본문화언어연구』참조〉

6) 주요 연구에는 芝原拓自·猪飼隆明·池田政博 編『日本近代思想大系 12 對外觀』, 岩波書店, 1988年 ; 坂野倫治『明治·思想の實像』, 創文社, 1977年 ; 吉田誠『福澤諭吉の朝鮮觀』, 『朝鮮史研究會論文集』26, 1989年 ; 姜義武『日清戰爭と当時における對外意識』, 『姜義武著作集6』, 岩波書店, 1993年 ; 古屋哲夫 編『近代日本のアジア認識』,京都大學人文科學研究所, 1994年 ; 山室信一『思想課題としてのアジア-機軸·連鎖·投企-』, 岩波書店, 2001年 등이 있다.

7) 신 정인, 「근대 일본의 역사화 연구」, 홍익대학교 석사학위논문, 2001年 ; 김지항, 「메이지시대 석판화 연구」, 이화여자대학교석사논문, 2006年, 정 하미,

中の朝鮮と中國)』(岩波書店, 2007年), 『니시키에에 의한 메이지천황과 메이지시대(錦繪による明治天皇と明治時代)』(朝日新聞社, 1966년), 동경경제대학(東京經濟大學) 도서관 소장 40편[8], 노다시립도서관(野田市立圖書館) 소장 47편[9]을 연구대상으로 삼았다.

2. 볼 수 있는 역사

메이지20년대 일본 회화는 화제(畵題)의 상실과 재발견을 거듭하고 있었지만 오히려 존황애국(尊皇愛國) 배양과 국가사상 교육의 중요한 수단으로 사용되는 역사화는 활발하게 제작되었다.[10] 일본 회화에서 역사화의 범위는 1890년(明治23)의 도야마 마사카즈(外山正一)와 모리 오가이(森鷗外)의 1차 논쟁[11], 1899년(明治32)의 쓰보우치 소요(坪內逍遙)와 다카야마 조규(高山樗牛)의 2차 논쟁[12]을 거치면서 다음과 같이

「도시 경관의 표상으로서의 조선통신사 - 「洛中洛外図」와 「江戶図屛風」를 중심으로 -」, 『일어일문학』, 24號, 2004年 등이 있다.

8) http://www.tku.ac.jp/~library/korea/index02.HTML

9) http://www.library-noda.jp/homepage/digilib/bunkazai/c.html

10) 佐藤道信, 『〈日本美術〉 誕生』, 講談社, 2006年, p.47

11) 제3회 내국권업박람회에 출품된 하라다 나오지로(原田直次郎)의 『기용관음(騎龍觀音)』을 둘러싸고 했던 논쟁으로, 이 논쟁에서 도야마는 '역사화'의 의의를 '무엇을 그릴 것인가'라는 주제의 선택에 있으며 이것은 즉 역사화는 국가사상을 환기시키는 화제를 선택해야 한다고' 하였으며 모리 오가이는 도야마의 미학적, 논리적 모순을 지적하며 두 번에 걸친 반박을 하지만 도야마는 응대하지 않고 그것으로 끝났다. 그러나 1899년 요미우리(讀賣)신문이 사고(社告)로 공모한 『현상동양역사화제모집』에서 도야마 마사카즈가 1등을 차지하게 되면서 결국 도야마가 말한 사상화가 구체적으로 역사화였던 점이고, 그 '사상'이 국가사상을 가리켰다는 것을 주지시켰다.

12) 메이지 32년의 제2회 일본미술원전 이후에 쓰보우치 소요의 희곡 『牧の方』에 대한 비평을 다카야마 조규가 잡지 『다이요(太陽)』에 발표하여 역사극을 둘러싼 논쟁을 펼쳤다. 즉 여기서의 역사화 논쟁은 연극 속에서 역사가 제재로서 포함되었

정리되었다.

역사화는 '국민적' 승인을 모으는 것이고 문자 그대로 '국민적'이기 위해서 역사화의 주제로 선택하는 것은 국민의식을 용출하는 내셔널리즘과 표리일체가 되어야 한다.[13]

또한 다카하시 세이이치로(高橋誠一郞) 씨가 지적한 바와 같이 당시의 우키요에시(浮世繪師)가 전장(戰場)에서 제재(題材)를 찾아 역사화에 정진하는 것이 우키요에를 향상시키는 이유라고 생각한 것도 결코 무리가 아니다.[14]라고 한 점은 일본 최초의 국가 간 전쟁을 그린 청일전쟁니시키에가 적극적으로 역사화의 범주에 포함될 수 있는 단초가 될 수 있으며 특히 19세기 역사화의 관심이 사회사 또는 정치의 사회적 측면으로 점차 이동하고 있다는 점[15]에서 설득력을 갖는다.
그 일례로 전장에서의 전쟁의 주체가 누구인가라는 물음에 근대 이전의 전쟁을 그린 갓센에(合戰繪)[16]에서는 무사로, 근대 이후의 전쟁인 청일전쟁니시키에서는 '국민'으로 답하게 된다. 니시키에시(錦繪師)가 국민개병(國民皆兵)이라는 역사적 사실을 강렬한 색채와 과장된 이미지로

을 때 역사는 어떻게 다루어져야만 하는가에 대해 분명하게 밝힌 두 사람의 입장을 회화 영역으로 그대로 옮긴 것이다. 즉 다카야마는 '일본주의'를 내걸고 '일본'이라는 고유성을 적극적으로 지지하고 개인의 행복을 궁극의 목표로 삼으면서도 그 수단으로서 민족주의, 국가주의를 표방하는 입장을 공언했다. 반면 쇼요는 '사실(史實)'을 표현하는 것을 역사화의 목표로 삼는다.

13) 山梨俊夫,『描かれた歴史　日本近代と「歴史畵」の磁場』, ブリュッケ, 2005年, p.251
14) 前揭書,『描かれた歴史　日本近代と「歴史畵」の磁場』, p146
15) 피터 버크 지음, 박 광식 옮김,『이미지의 문화사』, 심산, 2005年, p.259
16) 전기문학(戰記文學)이나 실제 전투에서 주제를 취한 회화로 헤이안 시대부터 무로마치시대에 걸쳐 에마키(繪卷)형식의 작품이 활발하게 제작되고 감상되었다. 무로마치 이후로는 병부에(屛風繪) 등, [illegible] 그린 작품이 선호되었다.

써 기호화시키고 국민은 자연스럽게 수용하게 된다. 즉 니시키에의 역할이 흥미와 호기심만을 해소하는 데서 그치는 것이 아니라 니시키에시의 세계관과 시대관이 정치적이고 역사적인 이미지로 재해석될 수 있다는 점이 부각된다. 따라서 니시키에는 당시의 역사적 사실의 재현, 니시키에시의 가치관 투영, 국민이 '보고 싶어 하는 역사'적 사실의 선택이 혼합된 회화와 저널리즘과의 복합적 매체라고 할 수 있다.

이와 같이 복잡한 구성을 가진 니시키에는 국민의식의 변화를 꾀하고자 하는 메이지정부의 의도와 함께 니시키에 수요창출을 위한 출판사의 목적에 철저하게 부합된 전략으로서 매스미디어로서 기능이 강화된다. 특히 청일전쟁이 개전(開戰)된 이후 1894년 8월1일자 요미우리신문(讀賣新聞)의 "일청전쟁 돌발로, 니시키에 업자가 내무성에 출판 허가 속결을 요망"[17]한다는 기사에서 당시의 니시키에의 역할과 의미를 짐작할 수 있다.

따라서 근세까지 회화를 '볼 수 없었던' 민중들은 '미술의 사회적 탄생'[18]이라고 하는 니시키에를 통해 메이지20년대 일본을 보고, 인지하고 해석하는 방법을 자연스럽게 체득하게 된다. 니시키에는 서민은 물론 부케(武家)의 측실과 딸, 어린아이[19]와 같은 불특정 다수의 구매층

---

17) 『讀賣新聞』 DB, 1984년 8월 1일 기사. 니시키에 출판은 먼저 이것을 판각 인쇄하여 내무성에 신청하고 일주일 지나 발매하는 것이지만 일청사건(日淸事件)이 일어나 각각 그 발매를 서두르기 위해 (중략) 니시키에 허용이 빨리 결정되도록 청원하여 빨리 판매하려는 협의 중에 있다. 광산으로 유명한 모 호상(豪商)이 여기에 힘을 써서 한 잡지의 부록으로 니시키에를 발매하려는 계획이 있다.

18) 미술작품은 어떤 고독한 천재에 의해 만들어지는 것이 아니고 한 사회의 정치적, 사회적, 종교적인 아이디어가 필자나 미술가들을 통로로 이용한다는 것이다. 즉 렘브란트, 루벤스, 티치아노 등은 조수와 제자들에 둘러싸여 작품을 제작했으며, 시장의 요구에 응하는 작품을 내놓았다.

19) 大久保純一, 『浮世繪』, 岩波新書, 2008年, p.142. 『우키요부로(浮世風呂)』에는 어린아이들이 우타가와토요쿠니(歌川豊國)의 야쿠샤에(役者繪)를 서로 주고받

을 형성하여 모든 국민으로 하여금 동일한 정보를 볼 수 있도록 문화적 계급성을 탈피하게 만들었다. 또한 에조시야(繪双紙屋) 구매의 편리성, 돌려보기[20], 니시키에 발매 홍보 신문기사[21], 도쿄여행 선물과 같은 다양한 경로를 통하여 대중성을 획득함으로써 정보의 대중적 발산과 유통이라는 측면에서 현재의 매스 미디어의 특징[22]을 그대로 갖고 있었다. 이 점은 메이지신정부 초기의 문명개화 정책이 주로 도시부 중심의 문화현상에 치중되었고 전국적인 파급은 신문과 잡지, 또는 니시키에로 이루어졌기에 정보전달 측면에서 '지방과 도시'에서는 큰 차이가 있었다.[23]는 점을 뒷받침하면서도 정보 수용자측면에서 지역과 대상(對象)의 차별 없는 미디어는 니시키에였다는 점을 다시 한 번 확인시킨다.

그렇지만 요코하마에 이후의 니시키에는 1890년(明治23)에 석판(石版)과 동판(銅版)이 유행하기 시작하면서 쇠락의 길로 접어들었다.[24] 그러나 세이난전쟁과 청일전쟁의 시사적인 내용을 적극 수용하여 자극을 받음으로써[25] '국가'와 '전쟁'이라는 주제를 새롭게 표현하는 계기를 마련했다. 특히 청일전쟁이 시작되면서 청일전쟁니시키에가 사실에 가까운 전황(戰況)을 신속하게 보도하는 전쟁보도 미디어로서의 비중이

으며 완성도를 평가하는 광경이 묘사되어 있다.

20) 富澤達三, 『錦繪のちから』, 文生書院, 2005年, p.2

21) 요미우리는 1888년부터 니키시에 관련 소식을, 1892년 2월에는 니시키에의 출판금지, 그리고 1894년 6월부터 청일전쟁 관련 니시키에 관련 기사를 내보냈다. 또한 8월은 청일전쟁 니시키에 판매 개시를 알리는 등, 니시키에의 발매와 내용, 판매금지까지 보도했으며 에조시야 도매상이 벌어들인 돈을 군비로 헌금한다는 점은 주목할 만한 하다.

22) 이미지와 정보를 기록하고 편집하고 복제, 유포하는 것이며, 또한 문화 생산물들이 값싸고 풍부하고 널리 유익하게 손쉽게 배분될 수 있도록 해 주는 것. (존 워커 지음, 장 선영 옮김, 『매스미디어와 미술』, 시각과 언어, 1999年, p.14. 참조.)

23) 百瀬 響, 『文明開化と失われた風俗』, 吉川弘文館, 2008年, p.39

24) 丹尾安典 河田明久編, 『イメージのなかの戦争』, 岩波書店, 199[illegible]年, p.11

25) 永田生慈, 『資料による近代浮世繪事情』, 三彩社, 1992年, p.27

커졌다는 것은 당시의 국내외 신문기사를 보면 더 확실하게 알 수 있다.

국내 요미우리신문(讀賣新聞) 1894년 8월 14일자 기사에서도 "일청 개전 이래로(중략) 니시키에 도매상이 크게는 열정도 적게는 열 두 종류를 출판하여 팔림새가 대단하다. 그 중에는 7,500장을 다 판매한 사람도 있어서 이익이 엄청나다."라고 했으며 영국의 주간 삽화신문 『더 그래픽(The Graphic)』(1894년 11월 24일자)에는 당시 니시키에를 사보기 위해 에조시야 앞에 몰려든 일본 국민들의 모습을 그린 삽화가 게재되었고 1895년 효고(兵庫)에 있던 라프티오 한 역시 그 모습을 다음과 같이 묘사하고 있다.[26]

> 승리의 보도가 도착할 때마다 니시키에 판화가 엄청나게 찍혀 팔렸다. 싼데다가 볼품도 없었고 대부분은 화가의 상상도(想像圖)에 지나지 않았지만 그래도 세상이 승리에 취해있을 때에는 그 전승기분을 고조시키는 것에 안성맞춤이었다.(밑줄 글쓴이 강조)

그러나 위에서 말한 '화가의 상상도'는 '사실전달'이라는 방법인 [자료1]과 [자료2][27]로 대체되면서 이제까지의 니시키에의 영역을 넘어섰다. 전황은 종군기자, 문사(文士)의 글, 사진을 참고하여 사실적인 묘사를 하기도 했지만 기존의 특성인 '과장'은 변함없이 적절하게 이용되었다.[28] 출판사인 한모토(版元)는 수요창출을 위해 보도제한을 받는 신문

---

26) 前揭書, 『イーメジのなかの戰爭』, p.10에서 재인용.

27) 일본의 임시혼성여단이 만리창(萬里倉, 지금의 용산)에 개선하는 광경. 임시혼성여단은 1894년 7월 29일 성환-아산전투에서 청병을 육살하고 8월 5일 만리창으로 개선하는 오시마공사(大島公使), 다케우치(竹內) 병참 감독을 거류제국 인민이 성대한 의식으로 환영했다. 여기에 조선대군주폐하 역시 이 완용을 파견하여 그 열기를 감사히 여겼다. 도상의 왼쪽에 걸린 국기는 조선 국기이다. [자료1]은 『일청전쟁사진첩(日淸戰爭寫眞帖)』사진이고 [자료 2]는 이를 모사(模寫)한 니시키에이다.

이나 사진과 달리 '국민'이 보고 싶어 하는, 대리만족하고 싶은 그 무언가가 '사실'임을 느끼게 만들고자 했던 것이다. 다시 말해 '제국일본'을 느끼게 하는 요소들 - 3매 연속시리즈의 대화면, 근대화된 군 장비, 화염 속에서 활약하는 일본군, 승리의 순간만을 표현한 화려한 색채와 과장된 몸짓 - 은 정치적 메시지의 알레고리로 충분했다.

[자료 1] 아산전투 승리 후 용산입성

[자료 2] 日本陸軍凱旋門エ引上ケ
(사진 : 일청전쟁사진첩)

당시 종군기자라는 저널리스트로서의 개념이 없었기에 전쟁 상황을 전하기 위해 양화(洋畫)에서는 아사이 추(淺井忠), 일본화에서는 구보타 베센(久保田米僊), 니시키에에서는 고바야시 기요치카(小林清親) 이외에 다수의 화가와 문사, 육군사진반이 파견되었다.[29] 이들은 [자료3]

---

28) 오토리공사와 대원군의 광화문 입성을 그린 니시키에는 니시키에시들의 관점에 따라 미세한 부분에서 표현을 달리하고 있다. 게다가 동일한 니시키에(小國正)는 「朝鮮京城戰鬪之圖」에서는 배경을 바다로 처리하여 일본의 해군력과 격렬한 전투 신을 강조, 「朝鮮京城之小戰」에서는 해치 상 사이로 마차타고 가는 오토리공사와 말 타고 가는 대원군을 대비시켜 조선의 최고 통치자를 무시하는 의도를 드러냈다. 해양국가인 일본의 아시아에서의 자리매김에 차용된 바다와 군함의 이미지는 식민지 확장에 필요한 남진론과 북진론에 필요불가결한 힘의 상징으로서 등장했다고 볼 수 있다.

29) 佐谷眞木人, 『日清戰争「國民」の誕生』, 講談社現代新書, 1980年, p.48
청일전쟁 당시 특파원을 파견한 신문 미디어는 66개사, 기자 114명, 화공 11명,

속의 모습으로 묘사되었다. '양복을 입은 상태에서 허리에 오비를 메고 긴 일본도(日本刀)나 창을 가진 사람이 있다. 전쟁터에 나갔을 때 군대가 어느 정도까지 보호해 줄 것인지 모른다(중략). 양복에 창이나 지팡이를 지참한 웃긴 복장 자체가 당시의 과도기적 상황을 잘 드러내고 있다.'[30]고 했던 것처럼 기자나 화가의 모습은 사실대로 묘사하려고 했지만 전쟁 상황은 이와 다르다.

[자료 3] 大日本帝國萬萬歲成歡襲擊和軍大之圖

청일전쟁 사진첩『일청전쟁사진첩』의 사진 대부분이 '점령 후의~광경', '~의 원망(遠望)의 모습', 포로(捕虜), 군인들의 휴식과 이동에 주력했다는 점에서 [자료 3]과 같은 상황은 불가능했지만 현장보도라는 현재성을 강조하려는 의식이 엿보인다. 이것은 근대와 전근대의 접점에 위치한 메이지20년대 일본의 근대국민국가 형성의 변혁기와 동일시되는 니시키에의 미디어로서의 위치이기도 하다. 그렇다면 청일전쟁을 소재로 한 니시키에를 통해서 니시키에시(錦繪師)가 보여주려 했던 청일전쟁 속의 '제국일본'의 모습은 과연 어떤 것이었을까.

3. '제국' 이미지의 재탄생

니시키에는 우키요에에서 발전된 형태로, 우키요에는 원래 다이쇼고

사진사 4명으로 총 129명이었다.

30) 上掲書,『日清戰爭「國民」の誕生』, p.51

요미(大小暦)31)를 표기한 간단한 그림으로 필요한 사람에게 나누어주던 것에서 출발했다. 그러나 한모토에서 출판하면서부터 수요창출을 위해 상상하게 되고 사실보다 과장하고 역사적 화제(畵題)를 빌려 풍자하는 기법을 사용했다. 민중이 쉽게 접할 수 있는 미디어였기에 지배계층의 이념과의 상충에 대한 검열로서 "검열허가" 표시를 하기도 했다. 그러나 대부분의 니시키에는 1870년 이후 신규 출판물이 에조시야카카리나누시(繪双紙屋掛名主)가 검열을 하고 아라타메인(改印)을 찍었던 검열체계에서 벗어나 1875년(明治8)의 신 출판조령(出版條令)에 의해 니시키에도 일반서적과 같이 출판년월일, 화작자(畵作者), 출판자의 주소와 이름을 명기하게 되어 검열체계가 사라졌다. 저가 복제 판화의 파급효과는 대단했기 때문에 출판사와 니시키에시는 스스로의 의도에 대해 여과장치를 했을 것이며 [자료 4]32)와 [자료 5]처럼 국민을 관람자로서 추가시킴으로써 지배계급의 의도를 더 명확하게 나타낸 경우도 있다.

[자료 4] 横須賀軍港鎮遠號觀覽之圖

[자료 5] 大日本大勝利分捕品縱覽之圖

이는 니시키에를 관람하는 국민으로 하여금 전쟁에 간접적으로 참여

31) 태음력을 사용하던 시기에 30일까지 있는 큰달과 29일까지 있던 작을 달을 표기하던 그림.

32) [자료 4] 청일 [illegible] 진원호(鎮遠號)가 요코스카항(横須賀)에 정박해 있는 사진에 구경 가는 나룻배를 추가하여 그린 니시키에.

시킴으로서 스스로 내셔널리즘을 느끼도록 한 국가적인 광고탑의 충분한 역할을 해냈다. 그렇지만 이보다 더 강렬한 대리경험은 격렬한 전쟁터에서 '충의'라는 이데올로기로 직접 전쟁을 수행하는 군인의 전의(戰意)와 히로이즘(heroism)을 부각시키는 것이었다.

[자료 6] 朝鮮國平壤日本大勝利之圖

[자료 7] 勇卒白神氏之美談

[자료 6][33] [자료 7]은 국정교과서와 국정심상소학수신서에 게재된 성환전투(成歡戰鬪)의 나팔수 기구지 고헤이(木口小平)[34]의 충맹미담(忠猛美談)이다. 이에 관련된 전쟁영웅 이야기는 대부분 직접 목격한 것도 아니었고 기자의 경쟁의식이 이야기를 확대시킨 것에 불과했지만 국민

33) 姜德相 編, 『錦繪の中の朝鮮と中國』, 岩波書店, 2007年, p.92
평양전투에서 일본의 오시마(大島) 여단장과 육박전을 벌이고 있는 총병(總兵, 연대장 급 지휘관) 쭤어빠꽤(左寶貴)는 청의 다른 지휘관이 퇴각하는 중에서도 황제가 착용을 허락한 '황마꽤(黃馬掛)'를 입고 현무문 성벽을 수비하다가 전사했다는, 말하자면 적이면서도 충절을 다한 무장으로 화제가 되었다.

34) 中內敏夫, 『軍國美談と教科書』, 岩波書店, 1988年, p.100
청일전쟁에서 전사한 병사. 죽어서도 나팔을 입에서 떼지 않았던 나팔수 이야기는 일본으로 전해졌고 교과서까지 실렸지만 나팔수는 기구지 고헤이(木口小平)인지는 확실하지 않다. 이 나팔수가 마음속으로 무엇을 생각하며 '죽어도 나팔을 입에서 떼지 않았습니다.'였던지는 알 도리가 없다. 그러나 확실한 것은 일본의 국정교재 역사가 떠맡으려고 한 국가교육의 목표 관철을 위해, 한 명의 병사의 싸움 사실을, 실상 여하와는 별도로 때에 따라 다양한 형태로 완성해 갔다는 사실(史實) 쪽이다.

들을 열광시켰다.[35] 그렇기 때문에 국정심상소학 수신서 제1기에서는 ‘용기’, 제2기에서는 ‘충의의 마음을 일으키게 한다.’ 제3기가 되자 ‘천황 폐하를 위하여’로 시기에 따라 강조하고자 하는 덕목으로 교과서를 편집한 것은 대외전쟁에서 전사한 병사의 죽음을 알리는 정보차원이아니라 ‘제국일본’에서 강조하는 천황제 국가 만들기에 집중하고 있음을 알 수 있다.

그러나 사실 전달이 아닐 경우에는 풍자니시키에[36]를 적극적으로 활용했다. 풍자니시키에는 막말의 강화된 검열을 피하기 위해 풍자기법을 이용하여 막말부터 유신기의 격동하는 시기의 다양한 아이디어를 기호화함으로써 폭발적으로 유행했다.[37] 이 기법은 ‘제국일본’의 식민지 획득을 정당화하는 방법으로 다시 이용되었다. 대표적으로 이 시기에 재해석된 진구황후(神功皇后)의 ‘삼한정벌’ 신화[38][자료 8]과 도요토미 히데요시(豊臣秀吉)의 ‘조선침략’이다[자료 9]. 진구황후 신화는 삼한을 지배하여 일본의 국제적인 지배 위치를 결정했다는 점 때문에 서구열강의

---

35) 鈴木健二, 『戰爭と新聞』, 每日新聞社, 1995年, p.27

36) 풍자니시키에는 덴포개혁(千保改革)으로 인한 출판물의 검열강화와 가부키의 시바이산자(芝居三座)의 아사쿠사 사루와카쵸(淺草猿若町)로의 강제 이전으로 생겨난 서민들의 분노를 배경으로 우타카와 구니요시(歌川國芳)가 막부의 통제를 역이용하여 억압을 가하는 막부의 개혁을 풍자하는 방향에서 활로를 찾아 새로운 니시키에 분야를 개척한 데서 시작했다. 그림 안에 부호를 넣고 부호를 읽어내어 무슨 뜻인지 풀어서 메시지를 전하는 방법이다. 부호가 어려울수록 인기가 높아지고 날개 돋친 듯 팔렸다. 그 첫 번째 작품이 ‘미나모토노라이코코야카타츠키구모요카이어나스노즈(源賴光公舘土蜘作妖怪圖)’이다.

37) 奈倉哲三, 『繪解き　幕末風刺と天皇』, 柏書房, 2007年, p.6

38) 몽고군의 습격 후에 만들어진 『하치만구도군(八幡愚童訓)』에 진구황후의 신라정벌이 기록되어 있다. 즈카모토 아키라 씨는 에도시대 민중 축제나 설화 속에서는 아즈미노이소라가 도깨비로 변하고 기온마츠리(祇園祭り)의 야마보코(山鉾)에서는 진구황후의 출정을 도깨비 퇴치와 관련지어 항복한 도깨비=조선인이 공물을 바치는 설화로 변했다고 지적한다.

식민지 위협을 회복하는데 적합한 표상으로서 재생산되었다.[39]

[자료 8] 大日本史略圖會　　[자료 9] 正淸三韓退治圖

아울러 [자료 9]는 「마사키요산칸타이지즈(正淸三韓退治圖)」로[40], 나마무기사건(生麥事件)으로 발생한 사츠마번(薩摩藩)과 영국 간의 전쟁(1863년)을 도요토미 히데요시의 조선침략으로 빗대어 그렸다. 역동적인 남성이 무력한 여성을 공격하는 것과 같이 식민지화의 위협에 내쳐진 국가형상이 여성화된 섹슈얼리티의 비유를 통해 이야기되는 것은 서양 오리엔탈리즘적 시선의 특징의 하나이다.[41] 이와 같은 이미지는 남성표상인 일본이 여성의 영국을 지배한다는 헤테로섹슈어리티를 메이지10년대의 정한론에서 출발하여 조선에 그대로 적용시키려는 식민지 논리로 차용한 것이다. 즉 역사적 모노가타리(物語)를 재해석하는 것은 텍스트 속의 '역사'가 시각적 기호가 되고 이 기호들이 시간 속에서 끊임없이 재 맥락화 되면서 국민들의 의식변화에 영향을 주기 때문이다.

한편 '메이지정부의 이데올로기에 상반되는 내용, 또는 여순(旅順)에

39) 와카쿠와 미도리 지음, 건국대학교 대학원 옮김, 『황후의 초상』, 소명출판사, 2007년, p.445

40) 에시(繪師) 가토 기요마사(加藤淸正)를 사토 기요마사(佐藤淸正) 또는 마사키요(正淸)로 대신 쓰기도 하였다.

41) 前揭書, 『〈朝鮮〉表象の文化誌』, p.45

서의 비문명적 학살은 풍자'로서도 표현할 수 없었다. 다시 말해 여순의 전투 신은 과장도 변용도 풍자할 수도 없는, 메이지정부가 부르짖는 '문명'과는 상반되는 내용이었기에 단 두 장 정도만 남아있다. 미국 뉴욕일간지 『뉴욕월드(New York World)』[42]의 제임스 크릴먼은 1894년 12월 11일, 여순 점령 기사를 작성한 기자로, 일본 측이 크릴먼을 매수하여 기사의 어조를 부드럽게 만들고자 했지만 거부당했다.[43] '일본군부대는 11월 20일 여순에 들어와 냉혈하게 거의 전 인구를 학살했다.(중략) 일본 문명의 최초 오점이다. 이 순간 일본인은 야만사회로 다시 돌아간 것이라고'[44] 했던 것처럼 타국의 기자가 작성한 기사는 여과 없이 노출될 수 밖에 없었다. 물론 국내 신문들은 반발하고 그 중에서도 후쿠자와 유키치(福澤諭吉)가 이끄는 『시지신보(時事新報)』는 가장 강경한 반론을 반복했다.

그렇지만 니시키에시 역시 자신의 그림이 어떤 층에 수용이 될 것이며 지배자 측의 의식과 모순되지 않으려는 의도가 제작의 출발점이라는 것을 인지하고 있었기에 보도제한을 받는 국내신문 기사를 재구성하는 이상은 그리지 않았다고 여겨진다. 따라서 니시키에시들은 메이지정부

---

42) 1860~1931년까지 미국에서 최대 발행부수를 자랑하는 일간신문. 1860년에 종교신문의 성격을 지닌 페니페이퍼(1부에 1페니 짜리 신문)로 창간되어 뛰어난 기자, 시사평론가, 편집인, 풍자 만화가들이 많이 있었다. 1931년 뉴욕 텔레그램과 통합하여 뉴욕월드 텔레그램이 되었다. '뉴욕 월드'지는 실로 1년 동안 2백일이나 청일전쟁 관련 전황을 게재했다.
〈http://timeline.britannica.co.kr/bol/topic.asp?mtt_id=14958〉 한국브리태니커온라인

43) 鈴木健二, 『戰爭と新聞』, 毎日新聞社, 1995年, p.27
이토내각의 언론탄압은 철저하여 1894년 1년 동안 140개의 신문사가 발행정지를 받았다. 발행정지 이유를 밝히지 않았기 때문에 심리적 압박은 더욱 컸으며, 전쟁이 시작되자 기사검열이 시작되어 국내보도는 엄격하게 규제하고 외국보도에는 적극적으로 정보를 흘렸다.

44) 芳地昌三, 『戰爭報道の内幕 隠された眞實』, 太平印刷社, 1987年, p.33

의 국가사상의 중심인 '충군애국'과 '문명'화 기호를 상징하는 내용만을 함축적으로 부각시켰다. 이것은 스스로가 '문명의 전쟁'이라고 일컬었지만 '문명'의 기준으로 삼은 '서구'의 제국주의적 '비 문명'적인 요소를 답습한 것에 다름없었다.

4. 이미지 속의 '제국일본'

일본은 메이지10년대가 되면서 스스로 어디에, 어떻게 있어야 하는가라는 '존재론적 자아인식'을 통해 아시아를 재인식하면서 아시아와는 구별된다는 '아시아주의'[45]를 내세웠다. 아시아주의는 메이지시기 서양제국 침탈을 아시아가 연대하여 막아내자는 아시아 연대론에서 출발하였다. 그러나 당시의 일본이 무사정권 시대의 '무위(武威)'에 의한 정복·복속관계 이념을 국제간에 적용하여 그대로 개편할 잠재성을 가지고 있었기에[46] 이 논의는 일본의 침략주의의 위장과 일본의 대동아 공영권론으로 발전되어 아시아 침략주의로 규정되게 되었다.[47] 아시아주의로 포장한 일본의 제국적 침탈에는 정비된 국가체제와 군대가 필요했고 그 피라미드 최상층부에는 구심점으로 천황이 존재했다.

이토 히로부미(伊藤博文) 수상이 청일전쟁을 천황의 리더십 하에서 싸우는 것으로 규정하고 6월에 히로시마성 혼마루(廣島城本丸)에 대본

45) 이 글에서는 아시아주의를 전전(戰前) 일본 제국주의가 아시아지배를 확대하는 과정에서아시아의 공동체성과 서양과의 이해대립을 강조하면서 이데올로기로 사용했던 사고체계로 규정한다. 함 동주, 「전후 일본지식인의 아시아주의론」, 『한일관계사연구』 第2輯, 1994年. 참조

46) 加藤祐三, 『近代日本と東アジアー國際交流再考』, 筑摩書房, 1995年, p.46

47) 박 종현, 「메이지유신 이후 일본의 동아시아 인식」, 7號, 『일본학보』, 2001年, p.83

영을 설치하자 메이지천황은 대원수(大元帥)로서 9월 15일에 도착하여 전쟁초반의 소극적인 모습에서 탈피하였다[자료 10].

[자료 10] 藝州廣島 大本營之圖

이것은 '황군(皇軍)' 의식 창출과 국민통합을 도모하여 천황제의 사회적 기반을 강력하게 확립하고자 하는 이토의 의도 하에 이루어진 것으로 결국 천황이 대본영에 있는 자체만으로 리더십의 상징이 되었다.[자료 10] 메이지천황이 히로시마로 간이유는 도쿄(東京)보다 조선에 가깝고또 히로시마항이 조선으로 출항하는주력부대의 출발점이었기 때문이다.[48]

즉 대원수이지만 군의 지휘에 간섭을 하거나 특별히 무엇인가를 하지 않아도 그곳에 있다는 사실이 다시 말해 병사와 한 치라도 가까운 곳에 있다는 심리적 지지대의 역할에 지나지 않는다.[49] 물론 후쿠자와는 사실과 달리 메이지천황이 군무(軍務)에 정진하는 모습(일청전쟁 지도(指導)를 위해 90회에 걸친 '어전회의'를 개최하고 천황은 그 '전국(全局)을 통재했다)을 연설로써 분출하면서 국민들에게 강력한 천황의 이미지를 강화시켰다.[50] 이와 같이 만들어진 천황의 이미지는 히로시마

48) ドナルド・キン, 『明治天皇を語る』, 新潮新書, 2003年, p.91~92

49) 대본영을 그린 니시키에에서도 메이지천황은 작전회의 테이블이 아닌 자신의 자리에 앉아있을 뿐이었다. 그러나 식민지 쟁탈을 위한 전쟁터와 같은 대본영에 있다는 사실이 국민들에게는 상징적인 힘이 되었다고 볼 수 있다. 이와 같은 현상은 바로 제국일본의 상징천황의 산물로 남아있다. 메이지천황은 만년에 해군대학과 동경제국대학 졸업식에는 꼭 참석했다. 힘들게 계단을 오르고 군도(軍刀)를 지팡이 삼아 올라가지만 오직 출석하여 그 자리에 있다는 것만으로 학생들은 천황을 볼 수 있는 대단한 하루라고 생각했다고 한다.

로 가는 마차안에 있던 천황이, 히로시마에서 돌아올 때는 도쿄의 신바시역(新橋驛)의 전신상(全身像)으로 대체됨으로써 식민지를 획득한 강력한 천황중심의 '제국일본'이 되었다는 적극적인 자신감의 표출로 볼 수 있다.

[자료11]은 한 장의 니시키에 안에 제국적인 요소를 가장 많이 담고 있다. 원경(遠景)에 후지산, 근경에는 정렬한 군인, 오른쪽에는 천황이라는 삼각형의 피라미드 구조를 이루고 있다. 조선출병을 앞두고 있는 황군의 정형화된 이미지는 정비된 군비(軍備)를 갖춘 서구체형이지만 실제는 이와 다르다. 즉 일본에 필요한 강병(强兵)은 강건한 육체와 근대적인 병기 조정법을 습득할 수 있는 학력이었지만 1891년(明治24) 아자부대대구관하(麻布大隊區管下)에서의 평균 신장은 154센티미터로 현역면제나 국민병역(병종합격) 편입이 되는 사람이 상당수였다.[51]는 사실에서 끊임없는 서구화주의의 동일시를 엿볼 수 있다.

[자료 11] 日本軍隊朝鮮國出陣之圖

또 [자료 11]은 제국의 영토확장을 의미하는 상징인 지도가 있다. 일본이 막말에 느꼈던 영토상실로 이어지는 식민의위기감을 이제는 자신들이 획득해 나가야 할 제국의 공간으로 대치한 것이다. 즉 지도에 표현

50) 安川壽之輔,『福澤諭吉のアジア認識』, 高文硏, 2000年, p.166. 福澤諭吉　全集, 14巻, p.634~(開戰以來天皇陛下には大本營を廣島に進められて親しく軍旅のことを視させ給ひ(中略)終日軍服のままに事を聞かせ給ひ、御椅子を離れさせらるるが如きは甚だ稀にして、朝は未明より御寢所を出でさせられ、入御は常に深夜に及ぶのみならず......)

51) 前揭書,『庶民のみた日淸·日露戰爭』, p.17

된 국가는 한 국가와 민족과 문화가 일치한다는 편견, 내셔널 아이덴티티의 신화, 그것을 잃을 수도 있다는 공포, 그것을 등지고 선 사람들과 '비국민'을 향한 반감 등도 함께 일깨워주기에[52] [자료11]의 '일본조선청국'이라는 부제가 붙어 있고 전체적으로 동아시아를 조망할 수 있는 이 지도가 바로 '일본의 땅' 즉, 식민지로서 획득되어야만 하는 제국의 영토를 의미한다.

그러나 메이지정부는 1877년(明治10년) 세이난전쟁이 발발하고 도움이 될 만한 지도가 없어서 작전 수행이나 군량과 마초 운송 기타 여러 가지 불편을 느꼈기 때문에 육군에서는 신속하게 측도반(測度班)을 편성하여 파견하고 군용지도 작성을 담당하게 했다.[53] 이후로 일본은 청일·러일전쟁, 태평양 전쟁을 거치는 57년 동안, 육군에서 통합하여 지도를 작성했으며 군사용뿐 만 아니라 일반 수요에 필요한 지도까지 만들었다. 처음에는 부국강병의 상징으로서 군사(軍事)를 우선하여 사용된 지도가 이후에는 점령한 식민지를 파악하기 위해 적극적으로 제작된 것 역시 제국의 틀 안에 있었다.

이와 더불어 제국의 영토 확장의 주체는 '일본국가'이고 국가의 또 다른 표상으로서 일본 국기는 육지와 바다에서 반복 재생산되었다. 국기는 [자료 12]처럼 날씨나 전황(戰況)과는 상관없이 오직 승리의 표상으로만 그려졌으며 [자료 13]에서는 대원군이 일장기를 들고 가는 것처럼 배치함으로써 조선과 일본의 국가 간의 위상을 의도적으로 노출하기도 했다.

---

52) 나카가와 나가오 지음, 한 중구·이목 옮김, 『국경을 넘는 방법』, 일조각, 2001年, p.19~20
53) 折田武雄, 『地圖의 歷史 -日本篇』, 講談社, 2007年, p.163~164

[자료 12] 朝鮮事件

[자료 13] 朝鮮京城大鳥公使大院君ヲ護衛ス

또한 화면에서 가독성이 높은 위치에 배치했다. 3매 연작 니시키에는 오른쪽 1컷에 제목이 있고 전달하려는 내용 이외의 여백에 내용을 설명하는 문구가 들어간다. 따라서 에마키(繪卷)를 보듯이 화면 오른쪽 1컷이 제일 먼저 시선이 가는 가독성이 높은 공간이다. 노다미술관(野田美術館) 소장의 니시키에 중에 일장기가 그려진 것은 23장이고 그중 1컷에 일장기가 그려진 것이 14장, 2컷에는 4장, 3컷에는 3장이다. 처음으로 시선이 가는 1컷에 의도적으로 국기를 배치함으로써 내셔널리즘을 강조하려고 했던 것으로 여겨진다.

반면 청의 황기는 화면 속에서 대부분 땅에 떨어져 있고 조선의 국기는 전쟁터에서조차 보기 힘들다. 즉 황기(黃旗)가 땅위에 떨어져 있거나 짓밟히거나 구석에 작게 배치됨으로써 무기력한 청군의 모습보다 더 국가적 위상을 떨어뜨리고 있다. 그러나 1882년(明治15)을 기점으로 사용된 조선을 상징하는 태극기는 거의 찾아볼 수 없다.[54] [자료 2]와 [자료5][55]처럼 일부 사용된 태극기는 단지 일본의 우월적 입장을 나타내기

54) 土屋喬雄 監修, 荒木昌保 編集, 『新聞が語る明治史』(第1分冊), 原書房, 1976년, p.346(조선의 국기에 대해 1882년 10월 2일 지지신보(時事新報)에 조선의 국기제정과 그 이상이라는 제목으로 기사화되었다.)

55) [자료 7] 속의 태극기는 지금 모양과 다르며 국가를 상징하는 국기에 당시 전투에 참가한 소속부대를 써 넣음으로써 조선을 식민지로 획득했다는 느낌을 주고

위해 간접적으로 사용되었을 뿐이다.

니시키에 속에 그려진 국기 배치는 니시키에시라는 관찰자가 일본국가와 국민의 시선을 대변하고 그 시선이 정치적인 견해로 기울어져 있음을 알 수 있다. 이와 같이 니시키에 속의 숨겨진 장치를 통해 '제국일본'의 모습이 수용되도록 지속적인 영향을 주었다고 볼 수 있다.

5. 제국의 힘 '문명'

메이지정부가 일으킨 청일전쟁은 실질적인 자국의 이익 때문이었다. 그렇지만 표면적으로는 조선의 독립을 위한 '문명의 전쟁'이라는 명분론을 합리화시키기 위한 '제국일본'의 이미지가 적극적으로 필요했다. 따라서 완성된 '문명'의 일본표상 이전에, 전쟁에서 발생되는 '구취' '오염' '불결' '빈곤' '무지'로 기록되는 문화적 척도의 차이를 무시하고 오직 청과 조선을 향하고 있는 '야만'에 대한 멸시감만을 촉구했다. 이민족(異民族)이 갖는 '체취'나 '생활감각'의 차이를 인정하지 않고 전쟁터의 '이상(異狀)'을 민도가 낮은 것에서 기인한다고 여기고 청과 조선의 '야만'에 대한 보복을 정당화 시키고 일전승(一戰勝)마다 '문명국' 일본이 징벌한다는 관념을 생성해 냈다.[56]

먼저 조선의 국가 부존재로 표상된 [자료 14][57]를 살펴보자. 니시키에 제목인 '일청한담판지도(日清韓談判之圖)에는 당시 국가 간 힘의 상징이 잘드러나 있다. 동학군 전투를 빌미로 조선에서 일어난 청일전쟁

있다. 이외에도 박 영효가 일본에서 돌아오는 것을 환영하는 니시키에에 태극기가 있다. 전투에 사용된 태극기를 그린 니시키에는 존재하지 않는다.

56) 大濱徹也, 『庶民のみた日清 · 日露戰爭』, 刀水書房, 2003年, p.29

57) 『讀賣新聞』, [illegible]년 [illegible]월 30일 기사. [illegible] 기사가 실렸다.

에서 오히려 자국의 이익 때문에 파병한 청과 일본이 주체적으로 그려져 있다. 일본과 청은 테이블 좌우의 근경에 인물의 크기가 크게, 조선은 실제 일본과 청 사이에 존재하는 지정학적 위치처럼 중앙의 원경이면서 뒤에 작게 그려졌다. 화면중앙의 테이블 사이로 오른쪽은 오토리 공사와 오시마(大島) 소좌, 중앙은 조선의 민 영준, 왼쪽은 청의 위안스카이(袁世凱)가 자리하고 있다. 다만 위안스카이는 그 자리에 없었지만 일본의 '개화'를 방해하는 악역 이미지로서 배석시킴으로[58] 이 구도가 가져야 할 극적인 효과를 최대화 했다.

그렇다면 이와 같은 국가 부존재적인 표현은 언제부터 반복되었는가. 야마토정권 시기 『니혼쇼키(日本書記)』의 진구황후의 삼한정벌 신화에서 시작되어 16세기의 도요토미 히데요시의 침략, 메이지시기 '일본의 속국'이라는 '멸시'의 정한론(征韓論)으로 이어졌다. 조선 멸시론에 대해 기도 다카요시(木戸孝允)가 1869년(明治2) 정한론을 거론하면서 '황국대흥기(皇國大興起)'를 위해 조선의 '무례함'을 정벌하는 것은 '만국공법(萬國公法)'에 의거한 것이라고 주장한 것은 유명한 사실이며[59] 즈카모토 아키라(塚下晃) 씨 역시"『니혼쇼키』에 의존하여 국체를 논하는 사상가와 조선을 국위확장의 대상으로 보는 정치가들과 함께 중세적 전설에서 유래하는 노골적인 멸시관에 근거하여 정한론을 옳다고 보는 '감각'이 국민에게까지 분명하게 인식되고 있었다."고 지적했다.[60] 이와 같은 국가의 부존재적 인식은 일본이 1894년 8월 1일 선전포고 할 당시 제출한 선전조칙에 관한 각의서에서 전쟁 상대국에 대해 '청국 및 조선국'이라는 초안을 수정하여 '청국' 일국(一國) 상태에서 안(案)을 마무리

58) 前掲書, 『錦絵の中の朝鮮と中国』, p.90
59) 前掲書, 『19세기 동아시아의 패러다임 변환과 제국 일본』, p.90
60) 前掲書, 『황후의 초상』, p.450

지었다.[61]라는 사실에서 알 수 있듯이 교전국에서 조선을 제외시켰다는 점이다.

따라서 니시키에에서도 단순한 '조선변보(朝鮮變報)' '조선폭동(朝鮮暴動)' '조선경성소전(朝鮮京城小戰)'과 같이 조선 내란으로 치부하면서 일본과 조선이 대등한 국가적 위치가 아니라는 사실을 공공연하게 의식화시킴으로써 식민지 획득 전쟁의 대상이었던 조선은 어떤 측면에서 타자성 조차 박탈당한 공간으로 파악되고 있다는 것이다.[62] 다시 말해 조선을 바라보는 시선은 열등한 '조선'의 존재를 통해 스스로의 우월한 위치를 확인하는 오리엔탈리즘적인 성격을 띠고 있었다.[63] 이와 같은 멸시로 일관된 조선인식은 정치가, 문사, 각종 신문사설에서 반복적으로 재생산되었다. 즉 청일전쟁이 조선과 세계의 '문명'을 위해서라는 전쟁의 대의명분에 비교하면 단순한 구실로서도 조선의 '자립'과 '독립'을 위한 전쟁이라는 후쿠자와의 발언은 적지 않다.[64]

반면 청에 대한 멸시는 전투에서 일본군의 완벽한 승리의 반복적인 묘사로 이어졌다. 조선에서는 풍도(風島)해전을 비롯하여 아산, 성환 전투를 거쳐 평양까지는 격렬한 전투가 주를 이루었지만 청의 중국 동북부 지역과 대만까지 확대된 이후에는 일본군의 점령 모습에 중심을 두었다. 니시키에 제목자체도 '정청(征淸)', '일본(대)승리(8)'등을 반복 사용하고, 치열한 전투는 '그 1' '그 2'와 같이 시계열(時系列) 연작으로 내보내면서 뉴스 성을 강조하였다.

일본군과 대비되는 무력하고 야만적인 청군의 이미지는 이미 메이지

---

61) 前掲書,『庶民のみた日清・日露戦争』, p.24
62) 前掲書,『〈朝鮮〉表象の文化誌』, p.46
63) 渡辺浩・朴忠錫,『韓国・日本・「西洋」-その交錯と思想変容』, 日韓共同研究叢書11, 慶応義塾大学出版会, 2008年, p.274
64) 前掲書,『福沢諭吉のアジア認識』, p.155.

10년대부터 유행하기 시작한 '찬찬보즈(ちゃんちゃん坊主)'[65]의 연장 선상에 있었다. 전통복장에 변발인 청군은 순수한 청국병(淸國兵)이 아니라 만주 각지의 밭이나 길거리에서 징집된 신체 건강한 자들로 봉천에서 1, 2주 훈련을 받고 바로 전선으로 보내진 만주족이 많았다.[66] 청일전쟁 시기 국내 미디어에는 '찬찬'들로 넘쳐났고 심지어는 청국인의 머리모양을 한 '찬찬비누(ちゃんちゃんせっけん)' 상품까지 나왔을 정도였다. 일상생활에서의 멸시가 니시키에에서는 만주족으로 구성된 야만의 청군으로 대치되었다.

또 다른 한편으로 조선과 청의 공통적인 야만 표상의 대상은 '전통'이었고 이는 니시키에 속의 각국 인물들의 복장으로 연계되었다. 청과 조선의 대표는 전통복장을 한 채, 복장 속으로 손을 가리고 있으며 군인들 역시 전통의상에 구식무기를 가지고 있다. 특히 국가회담에서 전통복장을 입고 옷 안에 손을 감추는 것은 정체된 수동적 모습이다. 청의 북양함대제독 띵루창(丁汝昌)의 90도 허리 굽혀 항복하는 모습 역시 빼놓을 수 없다[자료 15].

전통 속에 갇힌 손은 공손함의 대상이 되는 이에게 스스로 조아리면서 적극적인 의사표현을 할 수 없다. 청과 조선은 전통복장으로 손을

---

65) 그림이 들어간 풍자잡지인 '團團珍聞(마루마루친분, 1877년 3월 14일 창간)'의 1879년 2월 22일자 제 96호에서 그 해 3월에 강행된 오키나와(沖縄)의 폐번치현(류큐처분)을 선취한 기사에서 중국(인)을 '돼지' 라는 이미지로 그렸다. 칼로 잘라서 받으려고 하는 것이 '류큐감자'이고 그것을 먹으려고 기다리고 있는 '돼지'가 청국이다. 즉 마루마루 친분이 일본 국민 속에 멸시적인 중국 이미지를 확산하는데 기여했다. 중국을 돼지라는 이미지화 시킨 첫 째 이유는 변발을 '돼지꼬리' 즉 영어로도 Pig tail이라고 한데서 유래하고 둘째 체구는 크지만 약하다는 이미지, 셋째, 현재 부리들에게도 각인되어 있는 '돼지' = '불결'이라는 이미지이다. 그런데 '불결'이라는 이미지는 일청전쟁 이후 종군한 병사들의 이민족에 대한 '불결'을 체험한 뒤에 연결되는 이미지라고 볼 수 있다.

66) 前掲書, 『庶民のみた日清·日露戰爭』, p.3

[자료 15] 威海衛陥落北洋艦隊提督丁汝昌降伏ノ図

가린 채 앉아 있는, 변화의 물결을 수용하지 못하고야만에 머물러 있고, 일본은 서구 형 체격과 두 발로 버틴 자세, 항상 손을 내밀어지시하거나 요구하는 적극적이고 동적인자세로 일관되어 있다. 이미 서구의 문명을 체득한 일본이 전통에 갇혀 전근대에 머물러 있는 청과 조선을 '문명'화 시켜야할 대상으로 여기고 이를 일깨워서 '문명' 화시키는 것이 일본의 임무라고 느끼게 만드는 상징이고 기호이다.

1895년 3월 19일 청의 전권단인 리홍짱(李鴻章) 일행이 시모노세키 강화회담을 통해 협상을 시작하고 4월에 강화조약을 맺음으로써 청일전쟁은 막을 내렸다. 이 조약으로 청이 조선의 독립을 인정함으로써 일본은 조선에 대한 정치적 · 군사적 · 경제적 지배권을 확립할 가능성을 가지게 되었다. 막말 서구의 식민지화의 두려움은 일본 스스로 식민지를 획득함으로써 아시아주의를 내세운 '제국일본'이 서구와 등가개념의 '제국'임을 [자료 16]을 통해 보여주고 있다.

[자료 16] 日清韓貴顯御肖像

중앙의 메이지천황이 그려진 큰 메달리온을 중심으로, 작은 메달리온 속의 조선과청은 주변부로 배치하여 일본형 화이질서(華夷秩序)를 정점으로 동아시아의 맹주로서 '제국일본'이 되고자 하는 그 자체였다. 이익선(利益線)에 노출된 조선과 대국(大國)으로 군사력에서 경쟁상대도 되지 않던 청과의 전쟁에서 이김으로써 동아시아의 유일한 제국으로서의 입지를 서구제국에 내보이고 싶었던 것이다. 청일전쟁 승리는 동아시아 속에서 '제국'을 선취하여 '일본 근대의 완성'을 이루었고 이후 동아시아에서 유일하게 서구로 인식되던 러시아와 대등한 전쟁을 시작했다는 점에서 서구적 '제국'으로 동일가치를 인식하는 계기가 되었다고 할 수 있다.

6. 결론

메이지20년대 일본은 천황제 중심의 근대국가를 지향하는 과정에서 역사의 재정립과 함께 '일본국가' '일본국민'이라는 내셔널리즘이 대두되었다. 개항 이후 끊임없는 동일시의 대상이었던 '서구 제국주의'의 모방의 정점은 동아시아에서의 식민지 획득이었고 그것은 청일전쟁으로 연결되었다. 야만으로 이미지화된 청과 조선을 문명화시킨다고 하는 청일전쟁은 쇠락하던 니시키에에 새로운 화제(畵題)를 제시함으로써 내셔널리즘을 가장 적극적으로 표현하는 미디어로 변화시켰다. 기존의 상상과 풍자에서 변화된 니시키에의 저널리즘 화는 국민의 호기심, 출판사의 수요창출에 부합하여 상당한 이미지의 과장이 있었지만 그것은 '제국일본'의 이데올로기의 의식화 작업에 필요로 했던 대중적 이미지와 맞물렸다.

따라서 수많은 정치가와, 문사, 편향된 논설을 대표하는 정론신문에서 쏟아내는 청과 조선에 대한 멸시의 언사에 비해 지역과 신분의 경계가 없고 가독성이 높은 복제판화 니시키에의 대량소비는 국민들의 의식을 균일화 할 수 있었기에 비관제적인 방법으로 프로파간다 개념에 수반되는 효과를 창출했을 수 있다.

이 시기의 니시키에는 회화와 미디어라는 두 가지 기능에 충실했다. 즉 실제 식민지 획득을 위한 침략이 '일본국민'이 보고 싶은 니시키에 속의 '문명전쟁'으로 치환됨으로써 내셔널리즘을 용출하는 역사화의 한 축으로도 편입될 가능성을 제시한 반면, 회화의 순수성에서 저널리즘이 강화되면서 대중적인 요구에 응할 수 있는 미디어의 역할까지 훌륭하게 해냈다. 따라서 리터래시가 낮은 국민에게 가장 쉽게 동아시아 삼국의 '힘의 정치'에 대한 역사 읽어내기를 할 수 있도록, 동시에 '제국일본'의 새로운 의식 창출에 비관제적이지만, 능동적으로 참여하게 만든 이미지였다. 따라서 지식인이 아닌, 국민의 국가의식 형성에 대한 영향을 분석해낼 수 있는 새로운 방법이 될 수 있을 것이다.

참고문헌

김 경리(2008), 「막말 요코하마 속의 문명개화 -요코하마카이코겐분시(横浜開港見聞誌)의 이미지를 중심으로」, 『일본문화언어연구』(제3간)

함 동주(1994), 「전후 일본지식인의 아시아주의론」, 『한일관계사연구』. (제2간).

박 종현(2001), 「메이지유신 이후 일본의 동아시아 인식」, 『일본학보』. (7호)

홈페이지

http://www.tku.ac.jp/~library/korea/index02.HTML.

http://www.library-noda.jp/homepage/digilib/bunkazai/c.html.

http://timeline.britannica.co.kr/bol/topic.asp?mtt_id=14958.

요미우리신문 『讀賣新聞』 DB.

나카가와 나가오 지음, 한 중구·이목 옮김(2001), 『국경을 넘는 방법』, 일조각.

에드워드사이드지음, 박 홍규옮김(2004), 『문화와 제국주의』, 문예출판사.

요시미야 순야(2006), 『미디어문화론』, 커뮤니케이션북스.

와카쿠와 미도리 지음, 건국대학교 대학원 옮김(2007), 『황후의 초상』, 소명출판사.

존 워커 지음, 장 선영 옮김(1999), 『매스미디어와 미술』, 시각과 언어.

피터 버크 지음, 박 광식 옮김(2005), 『이미지의 문화사』, 심산.

小川寫眞製作所(1964), 『日淸戰爭寫眞帖』, 小川寫眞製作所,(上, 中, 下).

大久保純一(2008), 『浮世繪』, 岩波新書.

渡辺浩·朴忠錫(2005), 『韓國·日本·「西洋」-その交錯と思想變容』, 日韓共同研究叢書11, 慶應義塾大學出版會.

加藤祐三(1995),『代日本と東アジアー國際交流再考』, 筑摩書房.
姜德相 編(2007),『錦繪の中の朝鮮と中國』, 岩波書店.
佐藤道信(2006),『〈日本美術〉誕生』, 講談社.
鈴木健二(1995),『戰爭と新聞』, 每日新聞社.
丹尾安典・河田昭久編(1996),『イーメジのなかの戰爭』, 岩波書店.
短波恒夫(1996),『錦繪にみる明治天皇と明治時代』, 朝日新聞社.
土屋喬雄 監修, 荒木昌保 編集(1976),『新聞が語る明治史』, 原書房。
富澤達三(2005),『錦繪のちから』, 文生書院.
ドナルド・キン(2003),『明治天皇を語る』, 新潮新書.
中內敏夫(1988),『軍國美談と教科書』, 岩波書店.
奈倉哲三(2007),『繪解き 幕末風刺と天皇』, 柏書房.
永田生慈(1992),『資料による近代浮世繪事情』, 三彩社.
山梨俊夫(2005),『描かれた歷史 日本近代と「歷史畵」の磁場』, ブリュッケ.
百瀨 響(2008),『文明開化と失われた風俗』, 吉川弘文館.
佐谷眞木人(1986),『日淸戰爭「國民」の誕生』, 講談社現代新書.
中根隆行(2004),『〈朝鮮〉表象の文化誌』,新曜社.
芳地昌三(1987),『戰爭報道の內幕 隱された眞實』, 太平印刷社.
安川壽之輔(2000),『福澤諭吉のアジア認識』, 高文硏.
大濱徹也(2003),『庶民のみた日清・日露戰爭』, 刀水書房.
折田武雄(2007),『地圖의 歷史 -日本篇』, 講談社.

제9장 아시아태평양전쟁기 일본 역사화 속의 국가주의*

김용철**

1. 머리말

과거 역사 속의 장면을 회화로 형상화한 역사화는 화가의 역사인식을 반영하는 조형물로서 그 특별한 성격을 갖지만, '흑선(黑船)의 충격'으로 시작된 근대 일본의 역사화는 시기별로 그 전개양상과 성격이 뚜렷한 변화를 보였다. 소위 국체사관이 성립되고 국가적 정체성의 확립이 모색되던 국민국가건설기는 그 첫 번째 시기다. 당시 오카쿠라 텐신(岡倉天心)의 주도 아래 그려진 역사화는 미술의 가장 중요한 장르로 인식되었다.[1] 1898년의 역사화논쟁(歷史畵論爭)과 그 이듬해에 요미우리(讀賣)신문사가 주최한 동양역사화제모집(東洋歷史畵題募集)을 거치며 역사화에 대한 관심은 최고조에 달하였다. 하지만, 이후 역사화에 대한 관심은 약화되어 1907년에 설치된 문부성미술전람회(文部省美術展覽會)에서는 회를 거듭할수록 그 퇴조양상이 뚜렷해졌다.

* 이 글은 「아시아태평양전쟁기 일본 역사화 속의 국가주의」(『한림일본학』20집, 2012)를 수정한 것임

** 고려대학교 일본연구센터 부교수

1) 山梨俊夫, 「「描かれた歷史」-明治のなかの「歷史畵」の位置」, 『描かれた歷史』(1993), pp. 11-19 및 岡倉天心 「第3回內國勸業博覽會審査報告」, 『岡倉天心全集』3(平凡社, 1979), p.87 참조.

퇴조한 역사화가 1910년대와 1920년대에 그 명맥을 유지할 수 있었던 것은 주로 역사인물화의 존재 때문이었다. 역사 속 특정인물을 주인공으로 한 역사인물화에 의해 1910년대와 1920년대에 그 명맥을 유지한 역사화가 새로운 부흥을 맞이한 것은 1930년대 중반을 지나면서부터다. 특히 1930년대 중반 강화된 황국사관과 1937년 발발한 중일전쟁은 역사화 제작을 촉진하였다. 그것은 곧 중일전쟁의 발발에서 2차 세계대전 종전에 이르는 아시아태평양전쟁기가 근대 일본의 두 번째 역사화 부흥기인 것을 의미한다. 그 시기는 이하 본론에서 후술하는 바와 같이 역사화가 이전과는 달리 침략전쟁과 관련한 선전의 기능을 떠맡았다. 그 점은 아시아태평양기 역사화가 당시 일본사회의 상황을 알려주는 중요한 연구주제가 되는 이유이기도 하다.

하지만, 기존연구에서는 일본화와 서양화의 구별에 따른 장르론적 시각에 따른 연구와 은유적인 일본미를 구현한 전쟁화로서의 성격에 주목한 연구가 진행되었을 뿐, 이 시기 역사화를 총체적으로 파악하고 그 성격과 특징에 대한 규명을 시도한 예는 없었다.[2] 따라서 이 글에서는 아시아태평양전쟁기 역사화를 그 성격에 따라 두 가지 유형으로 구별하여 양정관(養正館)의 역사화, 그리고 당시 여타의 미술전시회에 출품된 역사화를 중심으로 그 시기에 그려진 역사화의 성격을 비판적으로 검토, 규명하고자 한다. 특히 두 가지 역사화 가운데 주목한 것은 두 번째

2) 이 문제와 관련해서는 昭和 전기 일본의 역사화를 국사화로 규정한 丹尾安典, 矢野憲一의 선행연구가 있다. 丹尾安典, 「국사화의 전개-소화기의 역사화」, 『조형』20(서울대학교 미술대학 조형연구소, 1997), pp. 79-89 및 矢野憲一, 「「國史畵」への招待--伊勢の神宮徵古館に展示されている歷史畵の知られざる流轉の記錄を追う」, 『歷史讀本』51권15호(2006. 12), pp.224-229, 일본화 장르의 전쟁화에 관해서는 長嶋圭哉, 「昭和前期日本畵の戰争表現と古典」, 『芸術學』7(2003), 「pp.171-174 참조

경우다. 그것은 관변 단체의 국가적 사업으로 계획된 양정관의 역사화가 정해진 주제를 회화화한 데 비해 후자의 경우 주제선정과 조형표현에서 화가의 자율성의 발휘가 상대적으로 용이하였던 사정을 고려한 결과임을 미리 밝혀둔다.

2. 메이지(明治)시대 이후 역사화의 경향과 1930년대의 변화

근대에 들어 역사화가 활발하게 그려진 첫 시기인 국민국가 건설기에 일본의 역사화가 수행한 기능은 국가의 정체성과 관련된 교육적 기능이다. 전투장면이나 역사풍속, 역사인물을 형상화한 당시 역사화 제작의 중심에는 천황제 국가 일본의 정체성을 부각시킴으로써 충군애국(忠君愛國)의 성정을 함양하려 한 오카쿠라 텐신의 이념이 자리잡고 있었다. 도쿄미술학교 교장으로서 미술이론가이기도 하였던 그의 지도 아래 천황제를 옹호하거나 무사도를 주제로 한 역사화가 그려졌고, 몽골의 침입이나 임진왜란 등의 사건이 형상화되었다. 그의 가르침을 받은 제자 시모무라 칸잔(下村觀山)이 그린 〈츠구노부(嗣信) 최후의 순간〉(1897년, 도판1)은 무사도를 주제로 한 그림이다. 주군인 미나모토노 요시츠네(源義経)를 보호하려다 목숨을 잃게 된 사토 츠구노부(佐藤嗣信)가 임종을 맞이한 장면을 형상화한 이 그림에는 텐신의 입장이 반영되어 있다. 그는 무사도의 형성기인 겐페이(源平)전쟁기를 강조하고, 『義經記』를 중심으로 전쟁영웅으로 묘사된 미나모토노 요시츠네와 그의 일대기에 대해 각별한 관심을 보인 바 있다.[3)]

---

3) 그는 1890년 이전 源義經의 일대기를 다룬 희곡〈ヨシツネ物語〉를 쓴 바 있다. 岡倉天心, 「ヨシツネ物語」, 『岡倉天心全集』1(講談社, 1981), pp. 379-426

〈그림 1〉 下村觀山, 〈嗣信 최후의 순간〉, 1897

무사도와 함께 많이 그려진 역사화는 소위 국체사관에 입각하여 천황제이데올로기를 찬양한 예들이다. 물론, 그 양자가 연관된 경우도 있었다. 그와 같은 배경에서 당시 역사화에 가장 빈번하게 등장한 역사 속의 인물이 쿠스노키 마사시게(楠木正成)와 그의 아들 쿠스노키 마사츠라(楠木正行)다. 『太平記』 등의 문헌에 등장하는 그들의 모습은 14세기 고다이고(後醍醐) 천황의 편에서 카마쿠라 막부 토벌운동에 참여한 장면이 강조되어 다루어졌다. 그 점은 두말 할 나위없이 남조를 정통으로 규정하는 역사관에 기반을 둔 결과다. 특히 카마쿠라(鎌倉) 막부 멸망후 반란을 일으킨 아시카가 타카우지(足利尊氏)군에 맞서 미나토가와(湊川)에서 최후를 맞이한 쿠스노키 마사시게는 오카쿠라 텐신의 주도 아래 메이지 30년에 완성하여 현재 궁성앞 광장에 서 있는 조각으로도 만들어졌고, 사쿠라이역(櫻井驛)에서 아들 마사츠라와 이별하는 광경 등이 역사화의 중요한 소재가 되었다. 마사츠라의 경우도 죽음을 각오하고 여의륜당의 벽면에 시가를 쓰는 장면이 메이지시대 화가 타카하시 유이치(高橋由一)의 작품에 형상화된 바 있다. 근황파 인물의 또 다른 예로는 9세기 후반 헤이안(平安)시대 스가와라노 미치자네(菅原道眞)가 있다. 다이고(醍醐)천황의 충신이었으나 후지와라(藤原) 씨 세력의 모함으로 큐슈(九州) 지역에 좌천되어 거기에서 생을 마쳤고, 키타노 천만궁(北野天滿宮)에 모셔져 학문의 신으로 떠받들어진 그의 모습은 메이지시대 화가 키쿠치 요사이(菊池容齋)나 고세다 호류(五瀨田芳柳) 등 여러 화가에 의해 그려졌다.

역사화에 대한 관심이 최고조에 달한 것은 메이지 30년을 전후한 시기다. 1898년에는 논쟁의 주제가 됨으로써 주목을 끌기도 하였다. 소위 역사화논쟁으로 불리는 이 논쟁은 문예평론가 츠보우치 쇼요(坪內逍遙)와 타카야마 쵸규(高山樗牛)를 중심으로 하여 전개되었다. 그 발단이 된 것은 시대고증에 문제를 드러낸 역사화들에 대한 비판이었다.[4] 하지만, 이 논쟁은 역사화가 역사인가, 혹은 예술인가 하는 이분법적인 시각에 집착한 한계를 가짐에도 불구하고, 당시 고조된 일본사회의 역사화에 대한 관심을 보여준다는 측면에서 중요한 의의를 지닌다. 그 이듬해인 1899년 1월 요미우리신문사가 주최한 동양역사화제모집(東洋歷史畵題募集)에는 일본을 비롯한 중국, 인도의 역사를 다룬 화제 407건이 응모되어 성황을 이루었다.[5] 하지만, 다음 시기 퇴조기를 맞이한 역사화는 1907년 설치된 문부성미술전람회에서 그 위상이 약화되어 화조화나 동시대 풍속화에 미치지 못하는 약소 장르로 전락하였다. 이후 타이쇼(大正)시대에 들어 역사화는 일본화 장르를 중심으로 하여 그 명맥이 유지되는 정도였으며 역사 속 인물들의 초상화 성격을 띠는 역사인물화가 주류를 이루었고, 일부 화가들에 의해 역사풍속화가 그려지는 정도

4) 中川義[illegible], 『續近代日本美術論爭史』(九龍堂, 1982), pp.[illegible]
5) 동양역사화제모집에 관해서는 『讀賣新聞』1898년 1월 1일자.

였다. 다만 이 시기 역사화에서 간과하지 말아야 할 사실은 무사들이나 존황파 인물들뿐만 아니라, 불교 승려 잇큐(一休)(도판 2)나 화가 겸 하이쿠(俳句) 작가인 요사부손(与謝蕪村) 등 종교나 예술과 관련한 인물들이 그려져 그 외연이 확대된 사실이다.[6)]

〈도판 2〉 平福百穗, 〈堅田의 一休〉, 1929

퇴조기를 맞았던 역사화가 새로운 활성화 시기를 맞이한 것은 1930년대에 들어선 후의 일이다. 그 중요한 배경이 된 것은 경기침체와 정치력 부재의 교착상황에서 만주사변을 비롯한 대륙침략으로 활로를 개척하려 한 일본 사회가 내부적으로는 국민통합을 위하여 황국사관에 입각한 역사교육을 강화한 사정이다. 특히 1935년 천황기관설을 둘러싼 논의와 그에 뒤이은 국체명징(國体明徵)운동 등으로 황국사관적 역사인식이 확산되어간 상황은 역사화의 활성화에도 중요한 촉진제가 되었다.[7)] 물론, 국체에 관한 논의나 인식은 1930년대에 들어 처음 시작된 것은 아니고, 일찍이 메이지시대에 헌법의 초안 작성에 참여한 이토 미요지(伊東巳代治)의 헌법 해설이나 1890년의 「교육칙어(敎育勅語)」 등

6) 김용철, 「근대 일본의 역사인물화」 『日本畵-국립중앙박물관소장 이왕가콜렉션』(국립중앙박물관, 2001), pp. 212-231

7) 池岡直孝, 『國体本義の明徵』(1935), pp. 212-231 및 昆野伸幸, 「「皇國史觀」考」, 『現代歷史學とナショナルイズム』年報·日本現代史12(現代史料出版, 2007), pp. 27-40

을 통해 등장하지만, 이미 지적된 바와 같이 1920년대까지 그 내용은 천황기관설과 일맥상통한 것으로, 1930년대 중반 이후의 국체논의와는 큰 차이가 있다.[8)]

황국사관에 바탕을 둔 역사인식과 국체론은 1937년 당시 문부성이 펴낸 『국체의 본의(國体の本義)』에 명확히 드러나 있다. 국민통합을 이루고자 국체의 규명을 시도한 이 책은 일본이 태양신 아마테라스 오미카미(天照大神)의 신칙(神勅)을 받아 강림한 천손의 후예 진무천황이 세운 나라임을 강조하고, 그의 조국정신(肇國精神) 즉, 건국정신이 실현된 곳임을 역설하였다.[9)] 메이지시대에 근대역사학을 성립시키려 한 역사학자들에 의해 신화와 역사의 분리가 이루어졌지만, 그 양자의 노골적인 일체화가 당시의 역사서술에서 추진되었던 것이다.

한편, 1930년대에 이루어진 역사화의 변화는 1935년 단행된 미술계의 재편을 배경으로 한 것이었다. 다시 말하면, 그해에 제국미술원(帝國美術院)의 개편을 계기로 하여 미술계는 소위 거국일치 체제로 재편되고, 일본미술원(日本美術院)이나 이과회(二科會)와 같은 유력 재야단체들이 제도권으로 편입됨으로써 그 단체에 속하여 활발한 활동을 전개하던 화가들이 관변 미술의 선전선동에 적극적으로 개입하게 되었던 것이다.[10)] 이 과정에서 많은 미술가들의 반발이 있었으나 1937년 제국미술원을 확대개편한 제국예술원의 출범과 중일전쟁의 발발로 이내 수습되었다. 또한 종군미술가협회(從軍畵家協會)를 비롯한 전쟁미술가 단체의

---

8) 三浦裕史編, 『大日本帝國憲法衍義 : 伊東巳代治遺稿』(信山社出版, 1994), p. 5; 鈴木正幸, 『國民國家と天皇制』(校倉書房, 2000), pp. 148-150; 박삼헌, 『근대 일본 형성기의 국가체제』(소명출판, 2012)pp. 266-272

9) 文部省編, 『國体の本義』(文部省, 1937), pp. 9-20

10) 細野正信, 「戰時体制下の院展」, 『日本美術院百年史』7(日本美術院, 1990), pp. 301-304

결성이나 1939년과 1941년 두 차례에 걸친 성전미술전람회(聖戰美術展覽會)의 개최, 1941년의 전시특별문부성미술전람회, 1944년 결전미술전람회 등으로 미술가의 활동이 전쟁과 밀접한 관련을 갖게 되었고, 회화, 조각 등 미술작품은 침략전쟁의 선전선동을 위한 매체가 되었다.[11)]

〈도판 3〉 戰爭美術展覽會 포스터, 1938

역사화와 관련된 이 시기 미술전람회에서 중요한 예는 먼저, 1938년에 열린 전쟁미술전람회를 들 수 있다. 또한 1939년에 열린 기원2600년 기념 봉찬전람회와 1940년에 열린 기원이천육백년기념 봉축미술전람회 등도 그 비중이 작지 않았다. 도쿄아사히(東京朝日)신문사가 주최한 전쟁미술전람회(도판 3)는 "비상시국하의 국민정신 총동원의 앙양과 미술계에 도움이 되고자" 기획된 것으로 전쟁과 관련한 조형물 약 200점이 전시되었다.[12)] 이 전람회에는 〈몽골침입에마키(蒙古襲來繪卷)〉, 〈헤이지모노가타리에마키(平治物語繪卷)〉의 모본 등 카마쿠라시대에 그려진 전쟁 관련 에마키를 비롯하여 갑옷과 투구 등의 무구, 메이지시대에 그려진 청일전쟁과 러일전쟁 당시의 전쟁화까지 포함되어 있었다. 이 전람회의 규모나 성격으로 보아 이후

---

11) 河田明久, 「「作戰記錄畵」小史 1937-1945」, 『戰爭と美術』(國書刊行會, 2006), pp.153-156

12) 『東京朝日新聞』1938. 5. 3

역사화 제작에 참고가 됨과 동시에 큰 자극제가 되었음은 의심의 여지가 없다.

이처럼 아시아태평양전쟁기 역사화는 새로운 성격을 띠게 되었다. 황국사관에 입각한 역사인식을 바탕으로 역사 속 장면이나 역사인물을 형상화함으로써 동일한 역사인식을 확산시키기 위한 역사교재로서의 기능을 수행하고, 나아가서는 침략전쟁의 선전선동 매체로서의 기능을 떠맡게 되었던 것이다. 따라서 역사화는 동시대 전쟁에서 벌어지는 치열한 전투장면을 형상화한 그림들, 부동명왕이나 야차명왕과 같이 공격적인 밀교존상을 형상화한 종교화 등과 함께 전쟁화의 일부가 되었다.[13]

3. 아시아태평양전쟁기 역사화의 두 가지 유형

(1) 양정관(養正館)의 역사화

1933년 황태자가 탄생하자 도쿄부가 그 일을 축하하기 위한 기념사업의 일환으로 건립계획을 세우면서 양정관 건립의 역사가 시작되었다. 그 이듬해에 조국정신(肇國精神)을 체득하고 일본정신을 수련하는 소국민 수양도량의 건설이 결정된 후, 건립에 관한 논의가 진전되는 과정에서 양정관 시설의 일부로서 일본역사의 주제를 다룬 역사화를 전시하는 국사회화관의 설립이 결정되었다.[14] 양정관의 정식 명칭은 도쿄부 양정관이지만, 그것이 결정된 것은 1937년의 일로서 『日本書紀』「神武紀」에 나오는 "몽매한 자들을 바른 길로 양육함으로써(以養正) 서쪽 휴

13) 田中日佐夫, 『日本の戦争画』(ぺりかん社, 1985), pp. 170-185.
14) 松村光磨, 「序」, 『東京府養正館國史壁畫集』(東京府養正館, 1942), 페이지 없음.

가(日向) 지역을 다스렸다", 그리고 "아래로 황손의 올바름을 기르는 마음(養正心)을 확산시켜" 라는 구절에서 따온 것이다.[15] 1934년3월 역사학자 쿠로이타 카츠미(黑板勝美), 건축가 이토 츄타(伊東忠太), 사상가이자 저널리스트인 토쿠토미 소호(德富蘇峰), 제국미술원장 마사키 나오히코(正木直彦), 도쿄미술학교 교장 와다 에이사쿠(和田英作) 등 13명의 시설조사위원이 위촉되었고, 이듬해에는 도쿄부 지사직을 사임한 코사카 마사야스(香坂昌康)가 합류하여 실제로는 14명의 조사위원이 활동하였다.[16]

청소년들에게 국체의 정화와 국민정신의 진수를 감득시키기 위하여 역사화를 전시할 공간으로 마련된 국사회화관은 양정관의 2층으로 그 위치가 정해져, 1934년 7월 구체적인 역사화의 제작과 전시를 위한 준비에 착수하였다. 별도의 위원이 국사회화관을 위해 위촉되어 역사화의 주제와 화가를 결정하였으며, 일본화가로는 유키 마사아키(結城正明), 서양화가로는 마츠오카 히사시(松岡壽)가 기획에 참여하였다.[17] 1935년 10월에 결정된 77점의 역사화가 완성되는 데는 수년의 기간이 필요하였다. 그 때문에 양정관이 준공된 1937년에는 이미 일부 역사화의 전시가 이루어졌지만, 77점 모두 완성된 것은 1942년의 일이다.[18]

---

15) 『日本書紀』卷第三, 「神武紀」에 나오는 "故蒙以養正, 治此西偏" 및 "上則答乾靈授國之德、下則弘皇孫養正之心" 구절(井上光貞監譯 『日本書紀I』中公クラシックスJ18(中央公論新社, 2003), p.121 및 144에서 재인용) 및 『東京府養正館創建概要』(東京府養正館, 1941) p. 2 참조

16) 『東京府養正館創建概要』(東京府養正館, 1941) p. 7

17) 1937년 12월 양정관 개관 당시의 사정을 보여주기 위해 발간한 『東京府養正館創建概要』(東京府養正館, 1941), p. 1 및 p. 21

18) 『東京府養正館創建概要』(東京府養正館, 1941)에 실린 國史繪畫館 전시광경 사진 참조. 역사화 전시는 성덕회화기념관의 경우와 마찬가지로 완성된 역사화를 순차적으로 전시하였으며, 원래 73번 주제인 당시 황태자 즉, 쇼와천황의 외유장면은 외유중 마차를 타고 영국 버킹검 궁을 향하는 장면을 다룬 것이었으나, 당대

이미 만주사변이 일어나고 중일전쟁의 발발을 앞둔 시기였던 만큼 양정관 국사회화관에 전시할 역사화의 주제는 〈표 1〉에 드러나 있듯이 황국사관에 토대를 둔 역사인식에 충실한 것들이었다.[19] 시대순으로 볼 때 아마테라스 오미카미(天照大神)와 관련한 장면에서부터 시작하여 천손강림과 같은 신화의 내용, 진무천황의 건국과정, 역대 천황들의 통치, 존황파 무사나 지사 등이 중심을 이루고 있었다. 무장들을 주인공으로 한 역사화에서는 때로 오다 노부나가(織田信長)나 토요토미 히데요시(豊臣秀吉)의 경우처럼 실제로는 근황파로 규정하기에 애매한 경우에도 그들이 천황을 알현하는 장면을 다루고 근황파로 규정하였다. 그 외에도, 몽골의 일본원정 격퇴, 토요토미 히데요시의 조선침략 등 외국과의 전쟁이나 침략의 사건이 강조되었다. 이는 메이지시대 이후 형성된 국체사관 혹은, 황국사관을 일본 역사에 적용하여 얻게 된 역사상(歷史像)의 총화가 이 역사화들에 의해 제시되어 있음을 말해주는 것이다. 뿐만 아니라, 만주침략이나 황태자의 탄생 등 당대 사건까지 다룸으로써 신화와 당대 상황이 연속성을 갖고 있음을 강조하였다. 특히 중일전쟁이 장기화되던 상황을 연관지어 볼 때, 간과하지 말아야 할 것은 전쟁이나 침략의 역사를 다룬 장면들이다. 그 장면들은 일본의 역사가 곧 진무천황의 조국정신이 구현되는 과정으로 파악하는 황국사관이 전쟁에 적용된 경우로, 동시대의 침략전쟁에도 마찬가지의 인식이 적용되어 그것을 합리화하였음을 말해준다.

천황의 모습을 직접 등장시키지 않는 터부 관념에 의해 교체되었다. 따라서, 실제로 제작된 역사화는 78점이었다. 박삼헌, 「근대 일본 '국체' 관념의 시각화」, 『근대 일본 형성기의 국가체제』(소명출판, 2012), pp. 293-297

19) 東京府養正館, 『國史繪畵館 畵題, 揮毫者及説明』(1939)

[표 1] 양정관 역사화의 주제 및 화가

번호	주제	화가	장르	번호	주제	화가	장르
1	天照大神	伊藤龍涯	일본화	21	平重盛	乾南陽	일본화
2	天孫降臨	狩野探道	일본화	22	那須与一	小堀安雄	일본화
3	神武天皇동정	野田九浦	일본화	23	源頼朝	五味淸吉	서양화
4	神武天皇即位	町田曲江	일본화	24	明惠上人과 北條泰時	飛田周山	일본화
5	鳥見山의 郊祀	小泉正治	일본화	25	松下禪尼와 北條時頼	益田玉城	일본화
6	皇大神宮奉祀	矢澤弦月	일본화	26	몽골침입	根上富治	일본화
7	日本武尊	渡部信也	서양화	27	카미가제	權藤種男	서양화
8	弟橘媛	伊藤深水	일본화	28	護良親王	織田觀潮	일본화
9	神功皇后	佐々木尙文	일본화	29	名和長年	伊藤紅雲	일본화
10	仁德天皇	松岡壽	서양화	30	新田義貞	鴨下晁湖	일본화
11	聖德太子	吉田秋光	일본화	31	後醍醐천황의 교토귀환	荻原達義	일본화
12	中大兄皇子 中臣鎌足	小泉正治	일본화	32	櫻井驛의 이별	服部有恒	일본화
13	平城京	佐藤純吉	서양화	33	楠木正行의 어머니	福田久也	일본화
14	舍人親王	矢澤弦月	일본화	34	北畠親房	臼井剛夫	일본화
15	和氣淸磨	等谷部路可	일본화	35	楠木正行의 純情	磯田長秋	일본화
16	平安京	都鳥英善	서양화	36	楠木正行의 決意	岡精一	서양화
17	菅原實眞	吉田秋光	일본화	37	菊池武光	小山榮達	일본화
18	醍醐天皇	荻生天泉	일본화	38	後奈良天皇	川崎子虎	일본화
19	紫式部	川崎小虎	일본화	39	上杉謙信	高村眞夫	서양화
20	源義家	吉村忠夫	일본화	40	織田信長의 勤皇	岩田正巳	일본화

번호	주제	화가	장르	번호	주제	화가	장르
41	山内一豊의 아내	山川秀峰	일본화	61	憲法公布	和田香苗	서양화
42	豊神秀吉의 勤皇	太田天洋	일본화	62	教育勅語	五味清吉	서양화
43	名古屋성의 秀吉	伊藤紅雲	일본화	63	清日戰爭	寺内万次郎	서양화
44	加藤清正	菊池華秋	일본화	64	廣島 大本營	寺崎武男	서양화
45	日本人의 海外發展	高村眞夫	서양화	65	昭憲皇太后의 부상병위문	永地秀太	서양화
46	德川家康	太田義一	일본화	66	러일전쟁	松岡壽	서양화
47	德川光圀	太田秋民	일본화	67	乃木장군과 스텟셀	渡部審也	서양화
48	大石良雄	渡部審也	서양화	68	奉天入城	北蓮藏	서양화
49	竹内式部	坂内青嵐	일본화	69	일본해해전	岡精一	서양화
50	本居宣長	望月春江	일본화	70	한국병탄	永地秀太	서양화
51	松平定信	榎本千花俊	일본화	71	明治天皇	北蓮藏	서양화
52	黑船來航	井上啓次	일본화	72	南洋출병	和田香苗	서양화
53	孝明天皇	畠山錦成	일본화	73	황태자의 외유(洋上)	松岡壽	서양화
54	橋本景岳와 三條實万	井上白楊	일본화	74	황태자의 외유(영국)	松岡壽	서양화
55	吉田松陰	永地秀太	일본화	75	황후의 인자	寺崎武男	서양화
56	大政奉還	松島白虹	일본화	76	昭和천황즉위	寺内万次郎	서양화
57	江戶城 양도	伊原宇三郎	서양화	77	만주사변	渡部審也	서양화
58	5個條 誓文	塩崎逸陵	일본화	78	황태자탄생	和田香苗	서양화
59	東京천도	岡精一	서양화				
60	철도개통	高村眞夫	서양화				

〈표 1〉에 드러나 있듯이 전근대의 역사화는 일본화가 절대 다수를 차지하고, 근대 이후 즉, 동시대의 역사화는 서양화가 다수를 차지하였다.

〈도판 4〉 菊池華秋, 〈加藤清正〉, 1942

그리고 그 역사화 전체는 다소 복잡한 과정을 거쳐 제작되었다. 화제고증을 위한 밑그림이 일본화와 양화로 나뉘어 1차로 그려지고, 각 화가들은 그 밑그림을 참고하여 2차 밑그림에 해당하는 밑그림을 각자 그려 완성화를 제작하였다.[20] 흥미로운 점은 양정관의 역사화 가운데 적지 않은 경우가 당시 일본의 역사교과서에 등장하는 삽화들과 밀접한 관련이 있다는 사실이다. 이는 청소년 교육 목적이라는 양자 사이의 유사성과도 관련이 있다.

〈도판 5〉 『小學國史』 삽화

〈진무천황의 즉위〉나 〈쇼토쿠 태자〉, 〈고다이고천황의 교토 귀환〉, 〈카토 키요마사(加藤淸正)〉(도판 4) 등은 『小學國史』나 『高等小學國史』의 삽화로 활용되었다. 예를 들어 키쿠치 카슈(菊池華秋)의 〈카토 키요마사(加藤淸正)〉는 정유재란 당시 울산성에 접근하는 장면으로 설정되어 있고, 『小學國史』의 삽화(도판 5)에 활용되었다.[21] 다만, 카토 키요마사가 갈퀴창을 세워

20) 澤田佳三, 「繪畵館と壁畵-東京府養正館と國史繪畵」, 『昭和期美術展覽會の研究-戰前篇』(中央公論美術出版, 2009), pp. 465-470

21) 丹尾安典, 앞의 글, pp. 79-89

서 바투 쥐고 울산성을 응시하고 있는 모습은 양정관의 역사화 쪽이 더욱 강한 긴장감을 느끼게 한다.

역사화가 보인 뚜렷한 특징은 극적인 효과를 의도한 예들도 적지 않은 점이다. 특히 청일전쟁의 전투에서 가슴에 총탄을 맞고 죽어가면서도 나팔을 입에서 떼지 않았던 나팔수의 모습이나 러일전쟁 당시 히로세(廣瀨) 대위가 부하들을 찾아 갑판을 황급히 달리고 있는 장면 등에는 화면의 연출역량이 두드러져 있다. 밝고 선명한 색채를 사용하여 인물들의 부각시킨 점도 청소년을 상대로 한 교육용 역사화로서의 성격을 살리기 위한 의도를 그대로 반영하고 있다.

(2) 전시회 출품 역사화

아시아태평양전쟁기 역사화 가운데 미술전람회에 출품된 역사화는 화가들의 자유로운 주제 결정에 따라 그려진 역사화들이다. 그들이 특히 비중을 둔 장르는 역사인물화였다. 용맹스러운 무장의 모습을 묘사함으로써 상무정신을 환기시키고 전의를 앙양하는 것이 이 시기 역사인물화에 반영된 화가들의 주된 의도였다. 하지만, 그 중심을 이룬 것은 천황을 받든 소위 존황파 무장들이다. 남북조시대 쿠스노키 마사시게와 그의 아들들은 그 대표적인 사례들이다. 쿠스노키 마사시게를 주인

〈도판 6〉 兒玉希望 〈湊川〉 1942

공으로 한 코타마 키보(兒玉希望)의 〈미나토가와(湊川)〉(1942년, 도판 6)에는 아시카가 타카우지(足利尊氏)가 반란을 일으키고 북조 계보의천황을 옹립함으로써 남북조시대가 시작된 직후 미나토가와 전투에서의 장면이 묘사되어 있다. 아시카가군에 맞서 싸우다 전사한 쿠스노키 마사시게와 그 부하의 모습을 다룬 화면에 드러난 마사시게의 결연한 모습은화가의 입장을 그대로 반영하고 있다. 남조 계보를 정통으로 보는 것이 화가의 입장이었고, 남조 계보의 천황을 받든 인물을 영웅으로 묘사하는 것이 화가의 의도였다. 유사한 의도가 반영된 키쿠치 케이게츠(菊池契月)의 〈소남공형제(小楠公兄弟)〉(1943년, 도판 7)는 쿠스노키 마사시게가 전사한 후 교토 시죠나와테(四條畷)에서 아시카가 타카우지 군에 맞서 싸운 그의 두 아들 마사츠라(正行)와 마사토키(正時)의 모습을 그린 것이다. 그들의 단정한 모습을 정제된 필선으로 묘사한 화면에는 전투에서 패색이 짙어지자 서로 찔러서 최후를 마침으로써 천황에 대한 충절을 지킨 그들의 자세를 높이 평가한 화가의 가치판단이 드러나 있다. 천황과는 직접 관련이 없지만, 이 시기 역사인물화에서 다루어진 일군의 무장들은 전투에 나선 용맹스럽고 긴장된 모습으로 묘사되었다. 예를 들어 12세기 후반 소위 겐페이전쟁기(源平合戰期) 전쟁영웅인 미나모토노 요시츠네가 이복형인

〈도판 7〉 菊池契月, 〈소남공형제(小楠公兄弟)〉, 1943

요리토모의 요코세가와 진에 도착하여 주력부대에 합류하는 장면을 그린 야스다 유키히코(安田靫彦)의 〈요코세가와진(橫瀨川陳)〉(1940-1941년, 도판 8)은 고도의 계산된 인물배치에 치밀한 필선으로 묘사한 인물들의 모습과 그 표정이 화면에 팽팽한 긴장감을 부여하고 있다. 또한 전체 사이즈나 높은 조형적 완성도에도 화가의 열정이 그대로 드러나 있다. 다만, 이 그림과 관련하여 한 가지 주목해야 할 점은 같은 시기 일본역사 교과서나 양정관 역사화에 요시츠네가 등장하지 않는다는 사실이다.

화가 야스다 유키히코는 일본미술원 출신으로 요시츠네만 등장하는 이 그림의 왼쪽 폭(도판 8-1)을 1940년 기원이천육백년기념 봉축미술전람회에 제국예술원 회원 자격으로 출품하였다. 이는 메이지시대에는 전쟁영웅으로서 여러 역사화에서 다루어진 요시츠네가 아시아태평양전쟁기 문부성의 역사인식과 역사인물에 대한 평가와는 달리 일본미술원을 기반으로 활동한 화가 야스다 유키히코 개인의 인식 속에 살아 있었다는 것을 말해준다.

〈도판 8-1〉 安田靫彦, 〈요코세가와진(橫瀨川陳)〉, 1940

〈도판 8-2〉 安田靫彦, 〈요코세가와진(橫瀨川陳)〉, 1941

즉, 그에게는 오카쿠라 텐신 이래 일본미술원에서 전쟁영웅 요시츠네를 용맹한 무사로 평가한 인식이 공유되어 있었던 것이다.[22] 유사한 인식은 같은 일본미술원 출신인 마에다 세이손(前田青邨)이 세키가하라(關が原)전투 당시의 토쿠가와 이에야스(德川家康)를 묘사한 〈세키가하라의 이에야스(關が原の家康)〉(1939년, 도판 9)에서도 볼 수 있다. 관복 차림의 초상화를 외에 토쿠가와 이에야스의 모습을 그린 역사화가 거의 없는 사실을 고려하면 화가 마에다 세이손은 예외적으로 세키가하라 전투에 참여하여 가

〈도판 9〉 前田青邨, 〈세키가하라(關が原)의 家康〉, 1939

22) 豊田豊, 「院展の戰爭畵」, 『大每美術』20卷10号(1941. 10), pp. 78-80

마에 탄 채 날카로운 눈빛을 번뜩이는 그의 모습을 묘사한 것이다. 뿐만 아니라, 선묘 중심의 간결한 화면에 담채를 통해 내용에 집중하고 전장의 긴장된 분위기를 강조하였다. 토쿠가와 이에야스의 모습을 전쟁 상황에 맞는 무장으로서의 이미지에 초점을 맞춰 형상화한 것이다.

〈도판 10〉 前田青邨, 〈키요마사(淸正)〉, 1942

역사 속의 무장이면서 외국침략과 관련된 인물의 예로는 카토 키요마사와 토요토미 히데요시가 있다. 마에다 세이손은 〈키요마사(淸正)〉(1942년, 도판 10)에서 투구를 쓰고 갈퀴창을 든 채 날카로운 시선으로 정면을 노려보는 카토 키요마사의 모습을 묘사하였다. 『소학국사(小學國史)』의 삽화나 양정관 역사화와 마찬가지로 정유재란 당시 울산성 공격에 나설 당시로 추측되는 그의 모습은 이색 투구를 쓰고 창을 수직 방향으로 세워 잡고 있어 이전의 두 경우보다는 용맹스럽고 긴장된 표정에 박진감 있는 모습으로 묘사되어 있다. 또한 야스다 유키히코의 〈豊太閤(토요토미 히데요시)〉는 검은색 부채를 든 노년의 히데요시를 묘사한 그림으로 전함헌납 제국예술원 회원전람회에 출품되었다.[23]

물론, 역사인물화의 주인공은 무장들뿐만 아니었다. 유학자로서 미토학(水戸學)의 시조이며 『大日本史』를 편찬한 미토번(水戸藩)의 2대 번주 토쿠가와 미츠쿠니(德川光圀)가 『大日本史』의 편찬에 힘쓰는 광경

23) 『朝日新聞』 1944.2.13

〈도판 11〉 中村岳陵, 〈토쿠가와미츠쿠니(徳川光圀)〉, 1941

을 그린 나카무라 가쿠료(中村岳陵)의 〈토쿠가와 미츠쿠니(徳川光圀)〉(1941년, 도판11)는 존황파였던 미토학의 입장을 강조한 경우다. 즉, 『大日本史』의 역대 천황계보에서 신공황후의 재위를 인정하지 않고 오토모(大友) 황자를 코분(弘文) 천황으로 기술한 점이나 남북조시대에는 남조를 정통으로 인정한 점 등에 드러나 있듯이 미토학의 성립에도 중요한 계기를 제공하였던 『大日本史』의 편찬은 존황파의 입장에서는 대단히 중요한 사업이었다. 그림에서는 토쿠가와 미츠쿠니가 쿠스노키 마사시게와 관련한 자료를 들고 있는 장면을 설정함으로써 미토학을 지지한 화가의 의도를 드러내었다.

아시아태평양전쟁기에 존황양이파의 견해를 지지한 화가 시마다 복센(島田墨仙)의 입장은 〈후지타 토코와 하시모토 사나이(藤田東湖と橋本佐内)〉(1943년, 도판12)에도 드러나 있다. 미토학파의 유학자 후지타 토코(藤田東湖)와 후쿠이(福井) 번사(藩士)로서 양학과 의학을 배운 에도(江戸)시대 말기의 지사 하시모토 사나이(橋本佐内)의 만남 장면을 다룬 이 그림은 천황제 이데올로기가 내면화된 화

〈도판 12〉 島田墨仙, 〈藤田東湖와 橋本佐内〉, 1943

〈도판 13〉 島田墨仙 〈山鹿素行〉 1942

가의 의도가 그들의 만남이 가지는 의미를 부각시키려 한 결과물이다. 또한 화가 시마다 복센은 유학자이자 병학자로서 근세유학의 일본화를 시도한 야마가 소코(山鹿素行)의 모습을 다룬 〈야마가 소코(山鹿素行)〉(1942년, 도판 13)에서 경상 앞에 앉아 자신의 저술을 손에 든 소코를 묘사하였다. 절제된 필선과 색채로 묘사된 소코의 모습은 당대의 관학이었던 주자학을 비판하고 고대의 성현으로 돌아갈 것을 주장한 『聖教要錄』의 저술 당시의 모습으로 추측된다. 그 저술로 인하여 귀양을 간 소코가 귀양 중에 일본주의를 제창한 사실에 비추어볼 때 화가의 의도는 『聖教要錄』에서 고대 일본의 성현에게 배울 것과 무사도를 강조한 소코의 결연한 자세와 표정을 충실히 묘사하려 한 것이었음을 알 수 있다.

흥미로운 점은 이들 역사인물화 속의 인물들이 당시의 역사 교과서에서 중요시된 예들과 밀접한 관련이 있다는 사실이다. 실제로 『尋常小學國史』(1938년)나 『小學國史』(1940년) 등 당시의 역사교과서는 황국사관에 입각하여 역대 천황의 업적과 그들을 위해 충성한 인물들에 관한 내용이 중심 줄거리를 이루고 있다. 당시의 주요 화가들이 제작에 참여한 양정관의 역사화도 역사교과서의 주요삽화를 그대로 회화로 옮긴 경우, 혹은 그 반대의 경우가 있는 것으로 보아 이들 역사화의 제작이 당시 역사 교과서의 역사인식과 공통된 역사인식을 토대로 한 것임을 알 수 있다. 즉, 당시의 화가들은 황국사관의 시각에서 일본역사를 시각화하였고, 그들의 회화작품은 역사교육의 보조교재가 되었던 것이다.

〈도판 14〉 礒田長秋 〈襲寇敵船〉 1943

한편, 과거에 있었던 외국과의 전쟁이나 침략의 사례를 다룬 회화도 아시아태평양전쟁 당시의 상황에 비추어 의미있는 역사화로서 주목할 만하다. 이소다 쵸슈(礒田長秋의 〈습구적선(襲寇敵船)〉(1942년, 도판 14)는 그 좋은 예다. 충실한 시대고증과 함께 카마쿠라시대 에마키의 인물묘사 등을 참고하여 그린 이 그림은 면밀한 필선과 선명한 색채를 구사하여 몽골침입 당시의 해상전투광경을 충실히 재현하고자 하였다. 간과하지 말아야 할 점은 이 그림이 그려진 시기가 이미 태평양전쟁이 발발한 시점이었던 만큼 몽골군이 미국군대와 오버랩되었던 당시의 사정이다.[24] 이처럼 현실의 알레고리로 사용된 몽골군의 일본원정 당시의 상황은 일찍이 청일전쟁기에 중국과의 전쟁 제 1막으로 인식되며 일본의 승리를 역사적으로 설명하는 역사화에서 다루어진 바 있다.[25] 이를 통하여 비록 시대는 다르고 상황은 달라졌지만, 태평양전쟁의 승리를 기원하던 당시 일본 화가들의 역사인식이 동시대 현실과 어떠한 접점을 형성하고 있었는지 알게 해준다.

하지만, 과거 역사에서 소재를 취하면서도 군부를 비롯한 정부 당국

---

24) 『近代日本畵に見る歷史畵』アサヒグラフ別冊美術特集　日本編52(朝日新聞社, 1988)p. 91 도판해설

25) 김용철, 「청일전쟁기 일본의 전쟁화」, 『日本硏究』15, pp. 340-345

이 금지한 혈투장면이나 전사한 병사의 시체를 그릴 수는 없었던 역사화가 전의고양이라는 목표를 달성하는 데는 명확한 한계가 있었다. 전투장면을 묘사한 경우도 스가 타테히코(菅楯彦)와 같이 거리를 둔 채 수백 명의 전투광경을 멀리서 바라보는 장면의 설정(1940년)은 전투규모가 컸다는 사실을 묘사한 점 이외에는 어떤 효과도 기대할 수 없다. 그 한계를 극복하는 방법으로 주목되는 시도는 과거 역사의 장면과 당대의 현실을 하나의 화면에서 결합시킴으로써, 말하자면 타임슬립기법을 구사한 유형이다. 초시간적인 장면의 설정을 시도한 〈아아, 만세일계〉(1940년, 도판 15)의 나카가와 키겐(中川紀元)은 신화시대 천황과 화가와 동시대 병사를 같은 화면에 등장시켜 병사들이 만세일계 천황의 후손이라는 인식을 강조하고자 하였다. 일견 만화적 상상력으로 시간적인 간격을 초월하려는 이같은 시도는

〈도판 15〉 中川紀元, 〈아아, 만세일계〉, 1940

후키야 코지(蕗谷虹児)의 〈천병신조(天兵神助)〉(1943년)에서도 볼 수 있다. 아동그림책을 그린 바 있는 화가가 그린 이 그림에서는 고분시대 병사와 당시의 항공병과 한명씩 짝을 이룸으로써 고대의 병사가 수호신의 역할을 맡는 장면을 설정하였다. 이들 예는 전쟁중이던 당시 현실 속에서 발휘된 역사화의 또 다른 효용성을 보여준다.

아시아태평양전쟁기 당시의 전투장면을 형상화한 일본화가 드물고, 대부분의 일본화가 치열한 전투 장면을 묘사하지 못한 것은 사실이다. 그럼에도 불구하고,일본화 자체가 전쟁에 관한 선전선동의 매체로서의

기능을 수행하는 전쟁화로는 적당하지 않았다는 판단은 재고할 필요가 있다. 특히 역사화의 경우 갑옷이나 투구를 정확히 그리기 위한 시대고증과 관련된 측면으로 인해 유식고실(有識故實)에 토대를 두고 그 정확한 묘사를 훈련한 일본화가 유리하였고, 처절한 전투광경의 리얼한 묘사에는 서양화에 뒤진 것은 분명하다. 하지만, 일본화 화가들 스스로 처절한 전투장면을 원하지 않았다. 미의식에 드러난 일본과 서양의 차이를 지적하며 직접적인 전투광경의 묘사를 피하려 한 경우까지 있었다.[26] 종군하였던 카와바타 류시(川端龍子)나 전투광경의 묘사를 시도한 에사키 타카히라(江崎孝平), 아라이 쇼리(新井勝利) 등 소수의 경우를 예외로 한다면, 대부분의 일본화가들이 서양화가 후지타 츠구하루(藤田嗣治)의 〈앗투섬 옥쇄〉(1944년, 도판16)와 같은 당대의 치열한 전투광경보다 역사의 장면을 형상화하고 특정 인물의 묘사에 비중을 둔 역사인물화를 그렸다.

〈도판 16〉 藤田嗣治, 〈앗투섬 옥쇄〉, 1944

26) 脇本樂之軒, 「戰爭美術展を見る」, 『東京朝日新聞』1938.5.21, 5.22

이 사실은 일본만의 특수한 배경을 고려해야만 그 성격이 이해될 수 있다. 즉, 그 화가들의 역사화에 등장하는 무사도나 천황제 이데올로기와 같은 이념, 상징적인 인물들은 수천 년 역사 속에서 형성되고 출현한 경우들이고, 그 요소들을 바탕으로 각 역사화에서는 당대의 현실을 은유적으로 표현한 것이다. 따라서, 그들의 의도는 소기의 목적을 달성하였다고 보아야 할 것이다. 무사도나 황국사관, 천황제 이데올로기를 전제로 한 역사인식과 역사인물들에 대한 평가를 반영한 역사화를 제작하였기 때문에 애국심을 고양하고 전시체제에 기여한 면에서 보자면, 그들이 그린 일본화 장르의 역사화가 서양화에 비해 열등하다는 평가는 실제와 거리가 있다는 것이다.[27]

4. 맺음말

이상에서 살펴본 바와 같이 養正館의 역사화나 여타 전람회에 출품된 역사화를 중심으로 한 아시아태평양전쟁기 일본의 역사화는 천황제 이데올로기에 바탕을 둔 황국사관이나 무사도 등의 주제를 다루었지만, 그 모두 국가주의를 지향한 그림이었다. 그리고 역사교재로서 혹은, 침략전쟁의 선전선동 매체로 활용되었다. 물론, 양정관의 역사화가 관변인사들의 주도로 계획되고 그 주제가 결정된 점을 고려하면, 그려진 그림들의 양상이 국가주의 색채를 강하게 띤 점은 당연한 결과라고 할 수 있다. 하지만, 그와 비교했을 때 주제 선정에서 상대적으로 화가들의 자율성이 우선되었던 전시회 출품 역사화에서도 마찬가지의 현상이 나타

27) 川崎克,「奉祝展に寄す」,『塔影』16巻12号(1940.12), p. 43 및 菊屋吉生,「昭和前期における院展とその派生団体との関係」,『日本美術院百年史』7(日本美術院, 1998), pp. 349-351

난 사실은 아시아태평양전쟁기 일본 화가들의 역사인식에서 국가주의적 경향이 널리 공유되었음을 말해준다. 비중있는 역사인물에는 카마쿠라 막부에 맞서 고다이고 천황의 친정을 도왔던 쿠스노키 마사시게를 비롯하여 미토학파의 학자들에서 볼 수 있는 에도시대 존황파 등이 있었고, 카토 키요마사와 같이 과거 침략전쟁에서 무공을 세웠던 장수도 포함되어 있었다. 카토 키요마사가 등장하는 장면이나 몽골이 침입하였을 당시의 광경, 역사교과서에서 가르쳤던 신공황후의 삼한 정벌 등은 그 역사화들이 그려진 아시아태평양전쟁기의 침략전쟁 상황과 오버랩되는 시기의 장면이라는 사실에 주목해야 한다. 다만, 야스다 유키히코의 예에서 볼 수 있는 바와 같이 미나모토노 요시츠네와 같은 무장들을 주인공으로 한 예들은 그들의 활동기반이 일본미술원이었던 점과 부합하는 사실로서 그 설립자인 오카쿠라 텐신 이래 무사도를 중시한 일본미술원의 역사인식에 드러난 전통이다. 같은 일본미술원 출신으로서 토쿠가와 이에야스를 주인공으로 한 마에다 세이손역시도 전쟁상황에 부합하는 상무정신의 발로로서 역사화를 그린 것이다.

이와 같은 아시아태평양전쟁기 역사화의 전개양상에서 한 가지 주목해야 할 점은 주로 전통회화인 일본화 장르에서 역사화가 그려진 사실이다. 그것은 서양화가서양의 전쟁화에서 영향을 받는 한편으로 청일전쟁 이후 형성된 전쟁화의 전통 위에 전투광경을 리얼하게 묘사한 것과는 대조를 이룬다. 물론, 양정관의 일부 역사화에서 전근대 역사 속 장면을 그린 서양화가 없는 것은 아니지만, 그 비중은 미미하였다. 이는 전통회화인 일본화 장르의 화가들이 유식고실에 비중을 두고 갑옷이나 투구에 대한 세밀묘사를 하거나 전근대의 에마키를 모사하는 등의 훈련을 거치고, 황국사관이나 무사도에 대해 깊은 이해를 갖고 있었던 점과도 무관하다고 할 수는 없다. 보다 근원적인 문제는 일본화와 서양화사이에 일종의 영역구별이 이루어졌다는 사실이다. 일본화의 경우 서양화와 같이 동시대의 전투장면을 소재로 하여 박진감있는 화면을 제시하는 데는 화면연출력이나 군상의 묘사력에서 뒤지는 명확한 한계가 있었던 만큼 그 한계를 보완하는 장르가 역사화였던 셈이다. 하지만, 일본화로 그려진 역사화에서는 무사도, 천황제 이데올로기와 관련한 상징이나 기호를 사용하여 동시대의 현실을 은유적으로 표현하려는 의도가 있었고, 서양화와는 다른 일본인의 미의식을 고려한 절제된 전쟁표현이라는 인식이 존재하였던 사실 또한 기억해야 한다. 중요한 점은 일본화와 서양화의 장르별 역할 분담 상황 속에서 그려진 역사화였음에도, 침략전쟁기 국가주의 이데올로기에 봉사하는 회화로서 그 역할을 수행하였다는 점이다.

참고문헌

김용철, 「청일전쟁기 일본의 전쟁화」, 『日本研究』15
----- , 「근대 일본의 역사인물화」 『日本畵-국립중앙박물관소장 이왕가 콜렉션』(국립중앙박물관, 2001)
박삼헌, 『근대 일본 형성기의 국가체제』(소명출판, 2012)
丹尾安典, 「국사화의 전개-소화기의 역사화」, 『조형』20(서울대학교 미술대학 조형연구소, 1997)

池岡直孝, 『國体本義の明徵』(1935)
井上光貞監譯 『日本書紀I』中公クラシックスJ18(中央公論新社, 2003)
岡倉天心, 「ヨシツネ物語」, 『岡倉天心全集』1(講談社, 1981)
-------, 第3回內國勸業博覽會審査報告」, 『岡倉天心全集』3(平凡社, 1979)
川崎克, 「奉祝展に寄す」, 『塔影』16卷12号(1940. 12)
河田明久, 「「作戰記錄畵」小史 1937-1945」, 『戰爭と美術』(國書刊行會, 2006)
菊屋吉生, 「昭和前期における院展とその派生団体との關係」, 『日本美術院百年史』7(日本美術院, 1998)
昆野伸幸, 「「皇國史觀」考」, 『現代歷史學とナショナルイズム』年報· 日本現代史12(現代史料出版, 2007)
澤田佳三, 「繪畵館と壁畵-東京府養正館と國史繪畵」, 『昭和期美術展覽會の研究-戰前篇』(中央公論美術出版, 2009)
鈴木正幸, 『國民國家と天皇制』(校倉書房, 2000)
田中日佐夫, 『日本の戰爭畵』(ぺりカン社, 1985)
東京府養正館, 『國史繪畵館 畵題, 揮毫者及說明』(1939)
----------, 『國史繪畵館 畵題, 揮毫者及說明』(1939)
----------, 『東京府養正館創建槪要』(1941)

豊田豊, 「院展の戰爭畵」, 『大每美術』20卷10号(1941.10)
中村義一, 『續近代日本美術論爭史』(九龍堂, 1982)
長嶋圭哉, 「昭和前期日本畵の戰爭表現と古典」, 『芸術學』7(2003)
細野正信, 「戰時体制下の院展」, 『日本美術院百年史』7(日本美術院, 1998)
三浦裕史編, 『大日本帝國憲法衍義 : 伊東巳代治遺稿』(信山社出版, 1994)
文部省編, 『國体の本義』(文部省, 1937)
山梨俊夫, 「「描かれた歷史」-明治のなかの「歷史畵」の位置」, 『描かれた歷史』(神奈川縣立近代美術館, 1993)
矢野憲一, 「「國史畵」への招待--伊勢の神宮徵古館に展示されている歷史畵の知られざる流轉の記錄を追う」, 『歷史讀本』51권15호(2006. 12)
脇本樂之軒, 「戰爭美術展を見る」, 『東京朝日新聞』1938.5.21, 5.22
『近代日本畵に見る歷史畵』アサヒグラフ別冊美術特集 日本編52(朝日新聞社, 1988)

제10장 1930~40년대 일본의 대외전쟁과 '원친평등공양(怨親平等供養)'

이세연*

1. 머리말

근대일본이 경험한 대외전쟁에 즈음해서는 종종 피아전사자공양과 적군전사자공양이 거행되었다.[1] 청일전쟁부터 아시아태평양전쟁에 이르기까지 적지 않은 사례가 확인되는데, 이들 공양의 상당수는 원친평등(怨親平等)이라는 불교용어를 근간으로 전개되었다. 즉, 현실세계에서 차별적으로 인지되는 원수(적군)와 근친(아군)은 불교적 원리에서 볼 때 평등한 존재라는 논리 하에 전사자일반 혹은 적군전사자에 대한 공양이 이루어졌던 것이다.

근대에 원친평등을 근간으로 전개된 피아전사자공양과 적군전사자공

* 한양대학교 비교역사문화연구소 HK연구교수, 일본종교문화사 전공.
이 글은 이세연, 「1930~40년대 일본의 대외전쟁과 '怨親平等供養'」『사총』78, 2013을 수정 · 보완한 것이다.

1) 근대 이후 일본학계에서 통용되고 있는 '敵味方供養'이라는 용어를 염두에 둔 표현이다. '敵味方供養'을 직역하자면 '피아전사자공양'이 되겠지만, 일본학계에서 이 용어는 피아전사자공양을 기본으로 하되, 일부 적군전사자공양도 포함하는 개념으로 통용되어왔다. 아군뿐만 아니라 적군도 공양한다는 것에 방점이 찍히면서, '敵味方供養'은 이처럼 느슨한 개념으로 통용된 것으로 판단된다. 한편 '敵味方', '敵御方'이라는 표현은 [illegible] 대해서는 다음 논문을 참조할 것. 重野安繹, 「敵味方」『史學雜誌』44, 1893.

양, 즉 근대의 '원친평등공양'에 대해서는 일본전통사회의 '미풍'의 연장선상에서 파악된다는 설이 유력하다.[2] 즉, 예로부터 불교적 자비가 뿌리내린 일본전통사회에는 전후에 전사자일반 혹은 적군전사자를 공양하는 습속이 있었으며, 이러한 습속에 비춰볼 때 근대의 '원친평등공양'도 전혀 이상할 것이 없다는 주장이다. 요컨대, '원친평등공양'은 근대까지 계승된 일본사회의 전통문화라고 인식되고 있는 것이다.

'원친평등공양'에 자비의 측면이 존재한다는 주장 자체는 수긍할 만하다. 그러나 상세한 사료비판을 거치지 않은 채 '원친평등공양'을 자비일변도로 설명하는 것은 논리적 비약이 아닐까 싶다. 일본사상에 보이는 각종 '원친평등공양'이 과연 초역사적으로 동일한 맥락에서 거행되었는지 의문을 품지 않을 수 없으며, 이러한 의문은 '원친평등공양'의 시대적 변용에 대한 구상으로 이어진다.

필자는 이러한 문제의식에서 최근 청일·러일전쟁기의 '원친평등공양'에 대해 검토한 바 있다.[3] 구체적으로는 원친평등이라는 용어가 전사자공양의 장에서 어떠한 문맥 하에 원용되었는지를 고찰했는데, 원친평등을 둘러싸고는 실로 다양한 맥락이 존재했다. 원친평등은 종교적 문맥에서 원용되는 경우도 있었지만, 종종 정치적 문맥에서 원용되었다. 예컨대, '문명' 행위로서의 '원친평등공양'은 국체의 중핵인 천황의 '인자(仁慈)'에 수렴되며 '문명' 전쟁 정당화의 역할을 수행하기도 했다. 일본

2) 鷲尾順敬, 「國史と仏教(七)」『正法輪』273, 1910, 5~7쪽; 辻善之助, 『日本人の博愛』, 金港堂, 1932, 結語; 同, 「怨親平等の史蹟」『史蹟名勝天然紀念物』18(2), 1943; 吉田久一, 「日清戰爭と仏教」『日本宗教史論集(下卷)』, 吉川弘文館, 1976; 山田雄司, 『跋扈する怨靈—祟りと鎮魂の日本史—』, 吉川弘文館, 2007, 174쪽 이하; 同, 「松井石根と興亞觀音」『三重大史學』9, 2009 등. 또한 藤田大誠, 「近代日本における「怨親平等」觀の系譜」『明治聖德記念學會紀要』44(復刊), 2007도 아울러 참조할 것.

3) 李世淵, 「日清·日露戰爭と怨親平等」『日本仏教綜合研究』10, 2012.

사회의 '미풍'으로서의 '원친평등공양'을 전면 부정하는 것은 아니지만, 종교적 자비의 측면만을 강조하는 담론에 재고의 여지가 있다는 점은 틀림없다고 생각한다.

한편, 1930~40년대의 '원친평등공양'에 대해서는 최근에 시라카와 데쓰오(白川哲夫)가 "일중(日中)의 우호관계를 연출하는 국책의 일환으로 이용되었"다고 지적한 바 있다.[4] 이는 경청할 만한 견해로 판단되지만, '원친평등공양'의 구체적인 전개양상이 충분히 제시되었다고는 보기 어렵다. 아마도 시라카와의 주안점이 불교계의 동향 전반을 조감하는 것이었던 탓에, '원친평등공양'에 대해서는 대략의 전망만이 제시된 것으로 추정된다. 그러나 만주사변 이후의 '원친평등공양'에 질적인 변화가 인정된다면, 그 상세한 내용은 추후에라도 주의 깊게 고찰되어야 했다고 생각한다.

따라서 본 논문에서는 통설 및 시라카와의 전망에 주의하며 1930~40년대에 전개된 '원친평등공양'에 대해 재고해 보고자 한다. 구체적으로는 청일·러일전쟁기의 '원친평등공양'을 검토한 전게 논문의 방법에 따라, 전사자공양의 장에서 원친평등이라는 용어가 어떤 문맥 하에 원용되었는지를 면밀하게 추적해 보고자 한다. 단, 1930~40년대의 '원친평등공양'을 구체적으로 검토하기에 앞서 제1차세계대전기의 '원친평등공양'에 대해 간략하게 살펴보고자 한다. 이는 1930~40년대의 '원친평등공양'의 특질을 보다 선명하게 드러내기 위한 준비 작업이며, 한편으로는 〈근대일본의 대외전쟁과 '원친평등공양'〉이라는 문제 틀을 염두에 둔 작업이기도 하다.

주요 분석대상은 불교 각 종파가 간행한 기관지 및 그에 상당하는 잡

4) 「大正・昭和期における戦死者追弔行事―「戦没者慰霊」と仏教界―」『ヒストリア』209, 2008, 71쪽.

지이다. 구체적으로는 『六大新報』(진언종), 『四明余霞』·『宗報』(천태종), 『日宗新報』·『日蓮主義』(일련종), 『淨土教報(週報)』(정토종), 『宗報』·『眞宗』(진종), 『正法輪』·『臨濟時報』(임제종), 『(曹洞)宗報』(조동종)를 검토하고, 그 밖에 종교계 굴지의 신문인 『中外日報』, 센소지(淺草寺) 관음세계운동본부에서 간행된 『觀音世界』·『觀世音』·『興亞之光』 등을 아울러 검토하도록 하겠다.

2. 제1차세계대전기의 '원친평등공양'

유럽에서의 세계대전 발발에 연동하여 일본도 1914년 독일과 교전상태에 들어간다. 이에 따라 일본불교계에서는 재삼 '원친평등공양'이 부상한다. 그 등장과정에는 청일·러일전쟁기와 마찬가지로 적십자사업의 영향도 상정되지만,[5] 제1차세계대전기의 '원친평등공양'에는 독특한 수사법이 존재했다.

제1차세계대전기에 일본과 동맹국의 교전은 대략 청도(靑島)전투에 한정되지만, 당시의 전사자공양은 종종 세계대전의 희생자 일반을 전제로 거행되었다.[6] '세계'야말로 당시 전사자공양의 키워드였다. '세계'를 전제로 하는 전사자공양은 종종 세계평화의 발상으로 이어져, 예컨대 임제종의 다카하시 쥰료(高橋醇領)는 "원친평등 전사자에 대해 다대한 동정을 금할 수 없다"라며 '대(對)세계평화극복일본불교도대회' 개최를 주창했다.[7] 참고로 1915년 8월 샌프란시스코에서 개최된 세계불교도대

---

5) 『淨土教報』1133, 1914.10.16, 1쪽을 참조.

6) 「葛飾の追弔大會」(『淨土教報』1140, 1914.12.4, 7쪽), 「來春の高野山」(『六大新報』587, 1914.12.20, 17쪽) 등.

7) 「高橋醇領師の壯擧」(『正法輪』332, 1915.3.12, 29~30쪽).

회에서는 세계평화회복을 촉구하는 결의문이 채택되고 있어서,[8] '세계'적 전사자공양이 거행되던 당시의 분위기를 미루어 짐작케 한다.

이처럼 일본과 동맹국의 실질적인 교전상황을 넘어서서 '세계', '평화'를 내세우는 불교계의 동향은 제1차세계대전이 종식되고 강화협상이 진행되던 1919년에 이르러 보다 명확하게 나타난다. 이 시기의 '세계'적 전사자공양은 1915년에 결성된 불교계의 연합조직인 불교연합회[9]를 축으로 전국의 각 종파 사원에서 체계적으로 시행되었다.[10]

그런데 이 시기에 거행된 '세계적 추도회'[11]에서 주목되는 것은 그 실시 목적이다. 반복적으로 '원친평등의 교의' 선양이 주창되고 추도회를 매개로 한 '전도'가 강조되었던 점을 고려할 때, 당시 불교계는 '세계적 추도회'를 불교진흥책의 일환으로 시행하고자 했던 것으로 여겨진다. '세계적 추도회'에 외국의 영사들을 끌어들이려는 움직임[12]도 이러

---

8) 상세한 내용에 대해서는 土屋詮教, 『大正仏教史』, 三省堂, 1940, 42~46쪽을 참조.

9) 불교연합회의 결성 경위에 대해서는 『中外日報』 1915.12.10~16의 관련기사 및 「仏教聯合會準備」(『宗報(眞宗)』171, 1915.12.25, 9~10쪽)를 참조.

10) 「宗達甲第一号」(『宗報(曹洞宗)』533, 1919.3.1, 1쪽), 「戰死追弔に關する一般達示」(『淨土教報』1362, 1919.4.4, 9쪽), 「普告第八八号」(『正法輪』427, 1919.3.1, 4쪽), 「大戰亂戰病死者追弔法要」(『宗報(眞宗)』210, 1919.3.31, 14~15쪽), 「世界大亂戰病死者大追弔會」(『六大新報』808, 1919.4.20, 15~16쪽), 「世界戰爭追悼會」(『中外日報』, 1919.4.25, 2면), 「埼玉通信」(『高野山時報』153, 1919.4.25, 11쪽) 등을 참조.

시라카와는 당시 사료에 보이는 '日獨戰病死者追弔' 등의 법요를 피아전사자공양으로 단정했는데(앞의 논문, 61쪽), 당시 '日獨戰病死者'는 '일본과 독일의 戰病死者'라는 의미뿐만 아니라 '日獨戰役(爭)에서 발생한 일본군 戰病死者'라는 의미로도 통용되고 있었던 것 같다. 예컨대, 『日宗新報』1319(1915.2.7)에는 '日獨戰役'에서 전사한 일본군의 '英靈'이 야스쿠니신사에 합사될 예정이라는 기사가 보이는데, 이 기사에서 일본군 전사자는 반복적으로 '日獨戰死者'로 표기되고 있다. 전사자공양에 관련된 사례는 발견하지 못했지만, '日獨戰病死者追弔'가 '日獨戰役(爭)에서 전병사한 일본군에 대한 추조'를 의미할 가능성도 염두에 두어야 할 것이다.

11) 이 표현은 『中外日報』[illegible], [illegible], [illegible]면 등에 따른 것임.

12) 「橫浜市と大學伝道」(『六大新報』799, 1919.2.16, 17쪽), 「領事団と華頂」(『中外

한 문맥에서 이해되는데, 불교연합회가 '세계적 추도회' 시행에 앞서 세계평화회복에 관한 선언서를 구미제국에 발신한 점[13]을 아울러 생각해 볼 때, 당시 불교계가 평화시대의 도래라는 국제정세를 배경으로 불교의 존재감을 국내외에 어필하고자 한 것은 틀림없다고 판단된다.

제1차세계대전기의 전사자공양이 우선 종교적 맥락에서 거행되었다는 사실은 부정할 수 없을 것이다. 그러나 그것이 생자와 사자의 관계로 완결되지 않고, 생자간의 관계설정문제로 확대되어 갔다는 점은 간과할 수 없다. 환언하자면, 제1차세계대전기의 '원친평등공양'이 "'적국병사'에 대한 일정한 '경의' 내지는 (그들을) 전쟁희생자로 보는 것"[14]으로 파악될 수 없으며, 그 배경으로는 불교계 나름의 '정치'도 상정된다는 것이다. 청일·러일전쟁기의 '원친평등공양'의 실태를 아울러 생각해 볼 때, 제1차세계대전기까지의 '원친평등공양'에 종교적 순수성이 유지되었다고 보기는 어렵다고 생각한다.

그런데 필자가 조사한 바에 따르면, 1920년 이후 원친평등의 용례가 '세계적 추도회'와 결합된 형태로 나타나는 패턴은 사라진다. 물론 기록되지 않은 용례도 배제할 수 없지만, 실은 이 시기에 이르면 '세계적 추도회' 자체가 거의 시행되지 않는다. 일본불교의 사자관을 감안하면 공양의 연속성이 상정되지만, '세계적 추도회'는 표면상 너무나도 갑작스레 중단되고 만다. 아마도 일본이 동맹국과의 실질적인 전투에 깊이 관여하지 않고, 그만큼 일본인 희생자가 대량으로 발생하지 않았던 탓에 공양의 연속성을 보장하는 사회적 공감대가 형성되지 않았던 듯하다.

日報』5897, 1919.4.16, 3면), 「英魂髣髴」(『中外日報』5900, 1919.4.19, 3면) 등을 참조.

13) 「列國講和會議ニ關スル件」(『宗報(曹洞宗)』530, 1919.1.15, 7~8쪽), 「仏教の國際運動と列國の注意」(『中外日報』5842, 1919.2.6, 3면) 등을 참조.

14) 白川哲夫, 앞의 논문, 71쪽.

그러나 쇼와(昭和)기로 접어들어 일본이 대규모 대외전쟁에 돌입하면, 불교계에서는 다시 한 번 원친평등이 부상한다.

3. 일본의 중국침략과 '원친평등공양'의 정형화

(1) 선무공작과 원친평등

1931년의 만주사변, 이듬해의 상해사변의 발발을 계기로 불교계에서는 재삼 '원친평등공양'이 실시되어갔다. 그러나 표면상 동일한 '원친평등공양'이라 하더라도 제1차세계대전기의 그것과 만주사변 이후의 그것 사이에는 질적인 변화가 보인다. 우선 다음 사료를 살펴보도록 하자.

> 지난 11월 15일 장춘 교외 남령(南嶺)의 격전지에서 관성자(寬城子)의 전사자와 남령의 전사자 도합 12명의 위패를 각각 새로 만들어 이를 구(舊) 지나(支那) 길림성 목(穆)여단장의 저택에서 제사지내고, 개당(開堂)공양을 삼가 거행했습니다. 일본육군당국도 기꺼이 참가했으며, 저택은 무료로 제공되어 피아전사자의 보리(菩提), 원친평등을 기원했습니다.[15)]
>
> 황벽종의 무카이데 데쓰도(向出哲堂)씨는 장기간 상해에서 포교활동을 펼쳤는데, 작년 사변 때에는 부상병의 간호와 전사자의 장제에 동분서주했으며, 그 와중에 아군과 적군의 구별 없이 탑파를 묘지에 세워 회향했다. 이 원친평등 탑파회향이 지난여름 지나인의 집회에서 크게 환영받은 바 있다. 작년 7월에 해군 전사자의 유해를 가지고 귀국했는데, 무카이데씨는 유해의 찢어진 살점을 붕대로 보철하여 사세보(佐世保)에서 화장했다고 한다. (중략) 이 위문을 마치고 육해군부와 상담한 결과, 이번에는 만주의 전적을 방문하여 원친평등하게 탑파를 회향하게

15) 「滿洲時局通信」(『六大新報』1449, 1931.12.13, 9~10쪽).

> 되었다. (중략) 묘신지(妙心寺) 본산으로부터도 기념 전별금을 받아 만주로 향하게 되었다.[16]

먼저 예시한 사료는 진언종 만주개교감독 스가노 교젠(菅野経禪)의 서한이다. 스가노의 '원친평등공양'은 현지 주민들을 회유할 목적으로 육군과의 교감 하에 취해진 전략으로도 여겨지지만, 상세한 내용은 알 수 없다. 이에 대해 다음에 든 사료는 불교계와 군부의 관계를 보다 명확하게 보여준다. 황벽종의 무카이데 데쓰도는 상해에서 '원친평등공양'을 시행하고 귀국했는데, 이번에는 군부와의 협의 하에 만주에서 '원친평등공양'을 시행하게 되어 임제종 묘신지파의 본산에서도 지원이 있었다고 보인다.

원친평등을 내세우는 불교계의 동향과 정부·군부의 연계는 이미 청일전쟁기에도 확인되지만, 다이쇼(大正)기에 이르기까지 정부나 군부의 태도는 적극적이었다고 할 수 없다. 물론 러일전쟁기에 이르러 종군승을 통제하고자 하는 경향이 보이지만, 종군승의 행동이 정책이라 할 만한 수위에서 논의된 형적은 없다. 그러한 의미에서 무카이데의 '원친평등공양'이 중국인에게 환영받았다고 인식되고, 그가 '육해군부와 상담' 하에 새로이 '원친평등공양'에 나선다는 문맥에는 충분히 주의할 필요가 있다. 왜냐하면, 이 문맥에서는 '원친평등공양'을 선무공작의 관점에서 적극적으로 활용하고자 하는 정부와 군부의 의도가 상정되기 때문이다.

불교를 통한 선무공작의 필요성은 만주국 불교총회의 창립과정에서 엿보이듯이 만주사변을 계기로 부상했는데,[17] 중일전쟁의 발발을 계기로 전선이 확대되자 한층 강조되게 된다. 이미 중일전쟁 초기단계에서

---

16) 「怨親平等の塔婆」(『中外日報』10127, 1933.5.26, 3면).
17) 木場明志, 「滿州國の仏教」 『思想』943, 2002, 196~199쪽.

부터 점령지에 진주한 특무기관에서 불교를 통한 선무공작이 모색되었으며,[18] 군 주최로 적군전사자공양이 거행되기도 했다.[19] 또한 1938년 7월 특무기관의 지도하에 신도·불교·기독교의 행동통일을 도모하고자 중지종교대동연맹(中支宗教大同聯盟)이라는 조직의 결성이 시도되었던 점[20]도 간과할 수 없다.

이러한 중국현지의 동향은 일본국내의 동향과 연동된 것이었다. 예컨대, 1938년 8월 1일에는 문부성 종교국에서 '지나포교에 관한 기본방침'이 각 교 종파의 관장 및 교단대표에게 통달되었다. 이 기본방침에서는 "포교사로 하여금 주민의 선무를 담당케 하여 대지나문화공작에 기여하게 하는 것"이 확인되었으며, 아울러 그 구체적인 방법과 절차가 제시되었다.[21]

이처럼 '종교의 국책화'를 제창하는 문부성의 방침에 따라 불교계에서는 중국에 파견될 예정이던 포교사를 재차 교육하기로 하고,[22] 문부성 후원, 불교연합회 주최로 지나개교강습회를 개최했다. 이 때 행해진 강연의 내용은 『新東亞の建設と仏教』(仏教聯合會, 1939)에서 확인할 수 있는데, 강사의 한 사람이었던 육군대장 마쓰이 이와네(松井石根)는

---

18) 『華中宣撫工作資料』, 不二出版, 1989, 82쪽을 참조.
19) 「陣歿支那兵慰靈祭」(『朝日新聞』 1938.2.9[朝刊]); 『六大新報』1759, 1938.2.27, 6~7쪽. 다음 논고도 아울러 참조할 것. 張石, 「日中戰爭における旧日本軍と中國軍隊の「敵の慰靈」について—日中の死生觀をめぐって—」 『東アジア共生モデルの構築と異文化研究—文化交流とナショナリズムの交錯—』, 法政大學國際日本學研究センター, 2006.
20) 中濃教篤, 「中國侵略戰爭と宗教」 『世界』316, 1972, 58~59쪽; 房建昌(胡斌·富澤芳亞譯), 「社會調査—日系宗教団体の上海布教—」 『興亞院と戰時中國調査 付刊行物所在目錄』, 岩波書店, 2002, 233~235쪽을 참조.
21) 상세한 내용에 대해서는 中濃教篤, 앞의 논문, 59~60쪽; 同, 「仏教のアジア伝道と植民地主義」 『戰時下の仏教』, 國書刊行會, 1977, 77~78쪽을 참조.
22) 「全仏教對支布教陣强化」(『六大新報』1783, 1938.8.14, 13쪽).

"다행히도 우리 황군 장병은 지금 말씀드린 것처럼 포교사분들의 깊은 사려로 인해 어쨌든 성불(成佛)의 길을 얻어왔는데, 우리 희생의 몇 배, 열 몇 배나 되는 무수한 지나 병대(兵隊)의 경우 누구 하나 성불의 길로 인도된 바가 없다", "부디 여러분은 일본의 장병뿐만 아니라 지나의 장병을 위해서도 힘을 기울여 주십시오"라고 당부했다. 즉, 마쓰이는 선무공작의 일환으로 '원친평등공양'을 거론했던 것이다. 마쓰이의 발언으로부터는 '원친평등공양'이 '국책'의 틀에서 재편되어 가는 모습이 예상되는데, 실제로 중일전쟁이 장기화되면 원친평등은 특정의 문맥에서 원용되어 간다. 이하 관련사례를 검토해 보도록 하자.

> 앞서 조죠지에서 환담을 나눈 북지(北支)경제사절단 일행은 16일 오후 2시 한창 봄을 맞이한 가쵸산(華頂山) 지온인(知恩院)을 방문하여, 때마침 대전에서 엄수되고 있던 일지(日支)양국전몰장병원친평등추도대법요에 참배[23]
>
> 화북불교도방일시찰단은 모두 불교동원회(仏教同願會)의 사람들로 (중략) 교토에 들어온 다음날 아침 우선 히가시혼간지(東本願寺)의 신조근행(晨朝勤行)에 참배하여 소향(燒香)하고, 동원회고문인 신쇼인렌시(信正院連枝) 등과 환담을 나누었다. 교토와 제도(帝都)에서는 감격스럽게도 원친평등의 추도법요에 참가하여[24]
>
> 중지항주일화불교회(中支抗州日華仏教會) 회장 유정(隆定)법사를 단장으로 하고 흥아원 화중연락부 문화국 후지모토 지토(藤本智董)씨, 수행원 구지 겟쇼(久慈月章)씨[본종]에 인솔된 중지청년승방일사절단 일행 9명은 (중략) 둘째 날인 8일(1940년 4월 8일=인용자) (중략) 시바(芝) 조죠지에 참배하고, 대전에서 지나사변일화진몰자 제 영령에 대해 원친평등의 추도회고를 행하고[25]

23) 「北支使節団, 祖山に登嶺 念仏提携の申入れ」(『浄土教報』2273, 1939.4.23, 9쪽).
24) 「中國仏教徒訪日視察の意義」(『眞宗』464, 1940.4, 14쪽).

지금까지 검토한 사례를 되짚어보면, 위에 예시한 사례는 특별히 이상할 것은 없는 듯하다. 그러나 여기서 주의하고자 하는 것은, 이들 사례에서 원친평등이 모두 '일지친선'의 틀에서 원용되고 있다는 사실이다. 만주사변 이후 원친평등을 둘러싼 담론이 변질되었다는 시라카와의 지적도 이 점에 따른 것이라 할 것이다.

각종 명목으로 편성된 방일사절단·시찰단은 마치 통과의례처럼 '원친평등공양'에 참가하고 있다. 첫 번째 인용사료에는 북지경제사절단이 '때마침' 거행되고 있던 '원친평등공양'에 참가했다고 보이지만, 방일사절단·시찰단이 경험한 '원친평등공양'의 대부분은 계획적으로 준비된 것이었다.

예컨대, 두 번째 인용사료에 보이는 화북불교도의 방일에 즈음해서는 흥아원, 문부성, 불교연합회 등의 관계자가 회합하여 '환영플랜'의 일환으로 '원친평등의 추도' 시행을 의결했다.[26] 화북불교도방일시찰단은 인용사료에 보이는 '원친평등의 추도법요' 외에도 3월 19일 고야산에서 거행된 '금차(今次)사변일지전몰자의 원친평등 이취삼매(理趣三昧) 추선법요'에 참가했다.[27] 이 법요 역시 사전에 계획된 것으로 판단된다.

또한 1941년 불교동원회[28]시찰단의 방일에 즈음해서도 "미리 준비, 정돈된 일화양국전사자의 영패(靈牌) 앞에서" '원친평등의 추도회고'가

25) 「華中仏教徒訪日視察団一行歡迎」(『支那事変と淨土宗(第2輯)』, 淨土宗務所臨時事変部, 1940, 151쪽).

26) 『中外日報』12153, 1940.2.24, 3면.

27) 『六大新報』1864, 1940.3.31, 25~26쪽.

28) 중일전쟁 발발을 계기로 1938년 12월에 북경 광제사(廣濟寺)에서 결성된 조직이다. '동문(同文)' '동종(同種)'인 중일의 화평과 불교를 통한 '동아신질서의 건설' 등을 주창했다. 하련거(夏蓮居) 외에 중화민국임시정부의 왕읍당(王揖唐)·강조종(江朝宗) 등이 간부로 취임했으며, 일본불교계에 다수의 고문을 두었다. 구체적인 활동내역에 대해서는 『同願學報』 제1집, 1940(『民國佛教期刊文獻集成』, 全國圖書館文獻縮微復制中心, 北京, 2006에 수록)을 참조.

거행되었다.[29] 마지막 인용사료에 보이는 '원친평등의 추도회고'는 사전에 계획된 것인지 분명치 않지만, 흥아원 화중연락부 문화국이 관련되어 있는 점을 감안하면 그 가능성은 크다고 여겨진다.

이처럼 방일사절단·시찰단이 참가한 '원친평등공양'은 시라카와의 지적대로 '일지친선'이라는 '국책'을 배경으로 연출된 것이라 판단된다. 그렇다면 방중사절단·시찰단의 경우는 어떠할까? 다음 사료를 살펴보도록 하자.

> 지나불교에 대해 일찍이 관심을 가진 일화불교연구회의 간사장 하야시(林) 대승정, 간사 간바야시(神林) 시처인(時處人) 승정, 와세다대학 강사 하야시 데루히코(林輝彦)씨 및 중외일보 특파기자 다카하시 료와(高橋良和)씨 일행은 제3차방화친선사절로 일전에 중국으로 건너갔다 (중략) (5월 16일=인용자) 오후 3시부터 (제남시[濟南市]=인용자) 공회당에서 일화불교연구회 주최로 일지진몰영령 및 순난자(殉難者)의 유혼을 달래고자 원친평등의 대위령제를 집행[30]
>
> 북지동원회에서는 문부성, 흥아원 등의 후원 하에 일본의 대표적 고승의 중국 방문을 요청했다. 중국 측 고승과 종교를 통한 일지양국의 친선강화를 도모하고자 불교연합회 당국에 그 인선을 알선해 왔던 것이다. (중략) 중국 현지에서는 일지사변희생자원친평등법요를 근수(勤修)하고 양국 고승의 간담회를 개최할 예정인데, 현지 민중에 대한 교화 등 많은 성과를 올릴 것으로 기대되고 있다.[31]

1939년 일화불교연구회가 구성한 제3차방화친선사절단이 중국으로 건너갔다. 일화불교연구회는 1934년 '동교(同教)', '동문(同文)'인 중일의

---

29) 『日華仏教研究會年報』第五年, 1942, 194~195쪽.
30) 「林大僧正一行を迎へて」(『浄土教報』2279, 1939.6.4, 6쪽).
31) 「日支の親善强化に北支へ」(『觀音世界』3(12), 1939, 41~42쪽).

친선제휴를 목적으로 교토에서 결성된 조직이다. 중일전쟁기를 통해 중일간의 인적 교류에 일조했으며, 그 활동 내역은 『日華仏教研究會年報』 휘보에 상세하다. '제3차방화친선사절'이라고 보이듯이, 일화불교연구회의 이번 방중은 1935년과 1936년에 이은 세 번째 방문이었다. 참고로 간사장인 하야시 겐묘(林彦明)[32]와 간사 간바야시는 제1차방화사절단에도 참가했다.

일화불교연구회가 개최한 '원친평등의 대위령제'가 사전에 계획된 것인지는 명확하지 않다. 그러나 당앙두(唐仰杜) 산동성장, 주계산(朱桂山) 제남시장, 아리노 마나부(有野學) 총영사, 고노 에쓰지로(河野悦次郎) 특무기관장 등 군관민의 요인들이 대거 참가하고 있는 점[33]을 감안하면, '원친평등의 대위령제'는 사전에 준비되었을 가능성이 높다고 판단된다. 어쨌든 방중사절단의 일정에서 '원친평등공양'이 당연하다는 듯 거행되고 있다는 사실 자체에 주목할 필요가 있을 것이다.

다음으로 북지동원회의 요청에 의해 편성되고 있던 사절단은 출발에 앞서 '일지사변희생자원친평등법요'의 '근수'를 예정하고 있다. 이 사절단에 의한 '원친평등공양'이 중국현지에서 실제로 거행되었는지는 확인할 수 없다. 그러나 '원친평등공양'이 응당 그렇게 해야 할 것으로 인식되고 있었다는 점은 인용사료에서 충분히 읽어낼 수 있을 것이다. 방중사절단·시찰단에 있어서도 '원친평등공양'은 일종의 통과의례로 자리매김 되고 있었다고 판단된다.

이처럼 '원친평등공양'은 '일지친선'의 표상으로 일본과 중국 양방향에서 연출되고 있었다. 이 무렵에는 원친평등을 내세운 '흥아동원염불

---

32) 하야시 겐묘에 대해서는 安居香山, 「林彦明の思想と行動」『高僧伝の研究』, 山喜房仏書林, 1975을 참고.
33) 塚本善隆編, 『己卯訪華錄』, 日華仏教研究會, 1939, 41~43쪽.

회(興亞同願念佛會)'라는 종교집회도 교토와 북경에서 동시에 펼쳐졌는데,[34] 이러한 움직임도 통과의례로서의 '원친평등공양'의 유행과 불가분의 관계에 있다고 할 것이다.

(2) 생자에 대한 회유

그런데 사자에 바쳐지기 마련인 '원친평등공양'이 선무공작일 수 있었던 것은, 그것이 점령지의 중국인을 회유하는 측면을 지니고 있었기 때문이다. 다음 사료를 살펴보자.

> 믿음을 가지고 있는 사람은 보살처럼 원친평등을 익히고, 자신의 부모를 죽인 자마저도 자신의 양친으로 간주하여 마음에 원한을 품어서는 안 될뿐더러 어떠한 번뇌도 지녀서는 안 된다. 원한을 품어서는 안 되며, 그것을 풀지 않으면 안 된다.[35]
>
> 이번 전쟁에서 저들 지나 민중 가운데에는 (중략) 황군과 싸워 전사하거나 부상당하여 불구가 된 자가 수백만을 밑돌지는 않을 것이다. (중략) 일본인에 대해 원한을 품은 자로부터 그 원한을 제거하는 것은 일지제휴, 동아안정을 위해 중요한 근본책의 하나이다 (중략) 만약 양국 민중이 누구라 할 것 없이 나무불(南無佛)의 동신동행(同信同行)을 철저히 한다면 자연스레 원친평등, 아니 원친을 넘어선 은수(恩讎)의 저편에서 영적 제휴를 하는 것도 가능할 것이다.[36]

처음에 든 사료는 만주국 불교총회 회장 여광(如光)이 중국민중에게 행한 것이라고 일컬어지는 연설의 일부이다. 여광은 하얼빈 극락사(極

34) 『淨土教報』2290, 1939.9.3, 10쪽.
35) 「僞滿州仏教總會會長如光」(『長春文史史料』第五輯, 1984에 수록).
36) 「天道樂土主義の提唱と仏教の支那民衆化」(『六大新報』1835, 1939.8.27, 3~5쪽).

樂寺)에 머물던 중국승려로, 1933년 이래 일본불교계 특히 천태종 측과 빈번하게 교류하던 인물이다. 선무공작을 추진하던 만주국 당국은 여광에게 상당히 기대를 걸고 있었던 것 같은데,[37] 위 연설에서 여광은 원친평등의 견지에서 자신의 부모를 죽인 자라도 원망해서는 안 된다고 역설하고 있다. 당시 중국민중에게 있어서 "자신의 부모를 죽인 자"가 일본인이라는 점은 두 말할 나위 없다. 여광은 당국자의 기대에 부응하고 있었던 셈이다.

원친평등의 견지에서 일본인에 대한 원한을 버리라는 논리는 다음에 든 사료에 보이듯이 만주국에 한정된 것이 아니라 중국본토를 시야에 둔 것이었다. 그런데 '양국 민중'이 "원친을 넘어선 은수(恩讎)의 저편에서 영적 제휴를 하"기 위해서는, 원한을 버리는 중국인의 행동에 상응하는 행동이 일본인에게 요구된다. 그 행동으로 당시 중시되었던 것이 바로 "적군, 아군 구별 없이 원친평등하게 불쌍히 여기는 마음, 즉 무연(無緣)의 자비심을 품"고,[38] "원친평등의 위령법회 의식 등을 왕성하게" 시행하는 것이었다.[39] 앞서 언급한 일화불교연구회의 '원친평등의 대위령제'가 "시국 상 피아의 우의를 구체적으로 표현하는 데 있어서 가장 의미 있는 수단"이라고 평가되고, 장점(張店)·청도에서 같은 방식의 공양이 시행된 것은[40] 이상의 문맥에서 이해된다. 또한 진언종의 1939년도 예산으로 '지나개교선무비 3만 여엔'과 함께 '현지에서의 원친평등 법요비의 준비금 3천엔'이 계상되었던 것도[41] 당시의 분위기를 엿보게

37) 이상 여광에 대한 기술은 木場明志, 앞의 논문, 198~199쪽을 참조.
38) 「大乘仏教の根本精神」(『淨土教報』2244, 1938.7.31, 2쪽).
39) 「新建設と教家の責務」(『六大新報』1802, 1939.1.1, 13~15쪽).
40) 『日華仏教研究會年報』第四年, 1940, 241~242쪽.
41) 「支那事変事務局を興亜事務局と改称 [illegible]年度は[illegible]万余円計上」(『六大新報』1807, 1939.2.12, 23~24쪽).

한다.

이처럼 선무공작으로서의 '원친평등공양'의 자장(磁場)은 사자뿐만 아니라 생자에게도 미치고 있었다. 이러한 중층적인 '원친평등공양'에 임하는 일본 측의 의도는 다음에 예시하는 고이소 구니아키(小磯國昭, 당시 만주이주협회이사장)의 담론에 집약되어 있다고 여겨진다.

> 아마도 최근 몇 년간 지나인들은 일본에 대해 원한을 품고 있을 것이다. 어떻게든 이 원한을 제거할 방법은 없는지 예전부터 궁리하던 차였습니다. 가능하다면 이 관음상을 본존으로 하는 관음당을 하나 세워, 여기에 일본에서 건너와 목숨을 잃은 사람들과 함께 장개석의 부하로 지나의 전장에서 목숨을 잃은 약 150만 지나 장병의 영혼을 합사하고, 가능하다면 일지친선의 매개체로 관음당을 건립하여[42]

고이소가 언급하고 있는 관음상은 남경함락 직후에 우연히 발견된 것으로, 처음에는 당대(唐代)의 것으로 일컬어졌으나 이후 명대(明代)의 것으로 판명되었다.[43] 그래도 이 관음상은 '일지친선의 매개체'로 자리매김 되어 이를 봉안하는 관음당의 조영계획이 추진되었던 것이다.

고이소의 논리는 간단명료하다. 즉, "우리 일본인은 원친평등의 견지에서 중국인 전사자도 공양하고 있다. 중국인 여러분도 원친평등의 입장에서 일본인에 대한 원한 같은 것은 버리라"는 것이 고이소의 속내라고 할 수 있을 것이다.

청일·러일전쟁기의 '원친평등론'(원친평등의 용어를 개재하여 전개된 전사자공양의 논리)을 되짚어 보아도 알 수 있듯이, 근대 전사자공양의 장에서 원친평등은 다양한 문맥 하에 원용되었으며, 경우에 따라서는

42) 「日本精神と觀音信仰」(『觀世音』6(5), 1942, 11쪽).
43) 「東亞共榮圈の確立と觀音信仰」(『觀世音』6(1), 1942, 22~23쪽)를 참조.

사자를 회유하는 담론을 형성하기도 했다. 그러나 여기서 주의해야 할 점은, 사자의 회유도 포함하여 모든 '원친평등론'은 전사자공양의 장에 모여드는 생자들에 대한 회유로서의 함의를 지니고 있다는 사실이다. 비명횡사를 기억하고 기념하는 것은 남겨진 생자들로, 사자의 것으로 일컬어지는 원한의 상당수는 실은 생자의 원한에 다름 아니다. 요컨대, 사자의 원념을 달랜다는 것은 생자의 불만을 가라앉히는 것도 의미하는 것이다. "우리 일본인은 원친평등의 견지에서 중국인 전사자도 공양하고 있다. 중국인 여러분도 원친평등의 입장에서 일본인에 대한 원한 같은 것은 버리라"는 선무공작으로서의 '원친평등론'의 경우, '원친평등론' 일반에 내재된 생자에 대한 회유의 문맥이 전면에 드러나 있다고 할 것이다.

중일전쟁을 전후하여 전개된 '원친평등론'의 경우, 원도 친도 없는 세계로 나아갈 것을 촉구한다는 문맥에 있어서는 중세의 '원친평등론'[44]에 상통하는 측면이 있다고 할 수 있다. 그러나 그 회유의 대상이 사자에서 생자로 전환되었다는 점에 근본적인 차이가 있다. 근대의 공양주체에게 위협이 되는 것은 어디까지나 생자였던 것이다. 청일·러일전쟁을 계기로 생자를 축으로 하는 논리로 정착되어가던 '원친평등론'은 1930년대에 이르러 이중의 의미에서 생자를 축으로 하는 논리로 변용되었다고 평가할 수 있을 것이다.

44) 중세의 '원친평등론'에 대해서는 李世淵, 「怨親平等再考」 『超域文化科學紀要』 17, 2012를 참조.

4. '대동아공영권'의 건설과 흥아관음(興亞觀音)

(1) 1930~40년대의 관음신앙운동

필자가 조사한 바에 따르면, 일본불교계는 아시아태평양전쟁기에 연합군 희생자를 공양한 적이 없다. 그 대신 '귀축미영(鬼畜米英)'을 위해 준비된 것은 그들의 항복을 기원하는 '열도(熱禱)'[45] 였다.

그럼 아시아태평양전쟁을 전후하여 앞서 살펴본 바와 같은 '원친평등론'이 단절되었는가 하면, 그렇지 않다. '귀축미영'에 대한 '대동아전쟁'의 수행, '대동아공영권'의 건설이 주창되는 가운데 '일지친선'은 그 수단으로 한층 강조되었으며, 이에 따라 프로파간다로서의 '원친평등론'도 여전히 중시되었다. 그리고 이러한 동향을 상징하는 것으로 새롭게 각광받은 것이 흥아관음이었다.

흥아관음이라고 하면 남경대학살의 책임자로 전후에 처형된 마쓰이 이와네의 그것이 저명한데, 마쓰이의 흥아관음은 갑작스레 등장한 것이 아니었다. 그 배경에는 관음보살을 '흥아'의 표상으로 자리매김한 사회 일반의 동향이 존재했다. 예컨대, 센소지 등 이른바 관음영장(靈場)을 축으로 한 일련의 관음신앙운동이 주목된다.

관음신앙의 대표적 성지인 센소지에서는 1927년부터 『淺草寺時報』라는 기관지가 간행되었는데, 이것이 1937년에 이르러 『觀音世界』로 재편되어 관음신앙운동의 '좋은 지도자' '연락기관'이 될 것이라는 점이 표명되었다.[46] 이에 연동하여 센소지에는 관음세계운동본부가 설치되

---

45) 「玉体安穩·敵國降伏大國禱會」(『日蓮主義』17(11·12), 1943.11·12, 4쪽), 「怨敵調伏の祕法を凝らし各山熱禱」(『六大新報』2090, 1944.9.24, 1쪽), 「敵國降伏祈願滿願會」(『臨濟時報』959, 1944.10.1, 13쪽) 등.

46) 「觀音世界生る辭」(『觀音世界』1(1), 1937).

었으며, 이 본부를 중심으로 이후 '관음세계운동'이 전개되었다.

'관음세계운동'은 "관음신앙의 진정한 의의를 선양"함과 동시에 "자타공경(自他共敬)의 정불국토(淨佛國土)를 건설하고, 황국의 진운에 기여"하는 것을 내세운 운동으로, 일본 국내외에 관음세계운동 지부가 설치되어 갔다.[47] 5인 이상의 관음신자로 구성되는 개개의 지부는 그 자체가 '관음세계'로 간주되었으며, 복수의 '관음세계'를 합하여 한층 더 거대한 '관음세계'를 구축해 가는 것이 지향되었다. 운동의 발족 초기에 이미 200명의 회원을 지닌 지부도 존재했는데,[48] 일본 국내외에 점재한 개개의 '관음세계'는 후술하는 '흥아'의 관음신앙운동을 지지하는 기반으로 기능했다고 판단된다.

'관음세계운동'이 전개되던 무렵, 센소지를 중심으로 표면화된 또 하나의 움직임이 판동찰소출개장(坂東札所出開帳)이었다.[49] 이것은 판동의 관음영장 33개소의 본존을 센소지·고코쿠지(護國寺)·가와사키다이시(川崎大師)·유텐지(祐天寺) 등 도쿄와 그 주변의 관음영장 가운데 철도연선에 위치한 사원에서 철도회사의 협력 하에 약 1개월에 걸쳐 일반 공개한다는 일대 이벤트였다. 이 출개장은 7월의 중일전쟁 발발로 인해 취소될 위기에 처하기도 했지만, 결국 10~11월에 걸쳐 예정대로 진행되었다.

이 대규모 이벤트를 실현시키기 위해 판동찰소연합회가 조직되었으며, 익찬단체로 판동관음찬앙회가 창립되었다. 판동관음찬앙회의 회장에는 센소지 관주(貫主) 오모리 료쥰(大森亮順)이 취임했으며, 총재에

47) 「觀音世界運動の計畵」(『觀音世界』1(2), 1937).
48) 日本婦人敬愛會支部(대표자는 하치스카 도시코[蜂須賀年子]). 「觀音世界運動支部名と代表者」(『觀音世界』1(4), 1937)를 참조.
49) 이하 판동찰소출개장에 대한 기술은 기본적으로 「坂東札所出開帳の大業を觀る」(『觀音世界』1(9), 1937)에 따름.

는 하야시 센쥬로(林銑十郎, 전 수상·육군대장), 부총재에는 오가사와라 나가나리(小笠原長生, 子爵·해군중장)가 추대되었다. 관음신앙을 둘러싼 군관민의 연계가 미루어 짐작되는데, 이러한 양상과 관련해서는 10월 1일의 개백(開白)대법요에서 스기야마 겐(杉山元, 육군대신), 요나이 미쓰마사(米內光政, 해군대신)가 기원문을 봉독했다는 사실도 주목된다.

판동관음찬앙회의 목표로는 '관음신앙의 진정한 정신'을 관철하여 '국민정신의 표식'을 명확히 하는 것, "황위선양무운장구의 대기도회를 봉수하는" 것과 함께 영령공양이 표방되어,[50] 출개장이 한창 진행 중이던 10월 18일에는 고코쿠지에서 '지나사변순국장병추도대법회'가 거행되었다. 이 법회는 만주사변 이래 중국에서 전사한 일본군을 대상으로 한 것이었지만, 판동관음찬앙회 총재 하야시 센쥬로는 "정진보국(正眞報國)을 염원하는 판동찰소찬앙회는 서로 도모하여 제사(諸士)의 영령에 대해 산화대양(散華對揚)의 추복엄의를 거행함으로써 그 위훈에 보답함과 동시에 나아가 (본 법회를) 원친평등의 추선으로도 자리매김 하고자 한다"는 취지의 조사를 낭독했다.[51] 원친평등이라는 용어가 불교계의 틀을 벗어나 통용되고 있었다는 점이 보여 흥미롭다. 또한 관음·전사자공양·원친평등의 연계는 마쓰이의 흥아관음을 예기하는 것으로 주목된다 하겠다.

앞서 살펴본 바와 같이, 중일전쟁이 장기화됨에 따라 원친평등은 특정의 문맥에서 원용되어 갔는데, 이러한 흐름에 호응하듯 같은 무렵 관음보살과 전사자공양의 연계도 한층 심화되어 간다. 예컨대, 1939년 초 관음세계운동 하코네(箱根)지부 하코네관음회에서는 '국위선양무운장

50) 「觀音讚仰會趣旨」(『觀音世界』1(7), 1937).
51) 『觀音世界』1(9), 1937, 58~59쪽.

구 대기도회'의 시행과 함께 하코네산 33개소에 관음보살을 조영하여 영령을 공양하기로 결의했다.[52] 또한 같은 해에 아이치현(愛知縣) 니시우라정(西浦町) 호국관음건립회에서는 '호국영령'을 공양할 목적으로 높이 약 3m의 도제관음상 조영에 착수했다.[53] 참고로 이 관음상의 작자는 마쓰이의 흥아관음을 만든 시바야마 세이후(柴山清風)이다. 한편, 시가현(滋賀縣) 나가하마정(長浜町) 안라쿠지(安樂寺)의 주지 겐쥬 소켄(現住宗顯)은 1940년 '흥아성전'에서 '산화'한 '영령'을 위무하기 위해 '호국충령 삼십삼체 관음상'을 조성하고 본당에 안치했다.[54] 또한 1941년 관음세계운동 대련(大連) 지부에서는 황군전사자를 위해 관음경의 게(偈), 십구관음경(十句觀音經) 등을 서사하여 공양탑에 시납하고 '원친평등불과보리'를 기원했다.[55]

이 가운데 대련지부의 사례는 앞서 검토한 하야시 센쥬로의 조사를 떠올리게 한다. 아군전사자공양이라 하더라고 관음이 얽혀있는 경우, 〈관음→자비→원친평등〉이라는 연상이 작용했던 것으로 판단된다. 또한 청일·러일전쟁기의 아군전사자공양의 장에서 원친평등이 종종 삽입구로 원용되었다는 점을 참조하면,[56] 위에서 든 하코네지부 등의 사례에도 원친평등이 내포되어 있을 가능성은 충분히 상정할 수 있을 것이다.

이처럼 중일전쟁이 발발하던 무렵부터 전개되어 온 관음신앙운동을 집대성한 것이 대동아관음찬앙회였다.[57] 대동아관음찬앙회는 1943년 6월 대동아관음찬앙대회에서의 발기와 같은 해 7월 대동아불교청년대회

---

52) 「箱根靈山に三拾三身觀世音菩薩建立之趣旨」(『觀音世界』3(1), 1939).
53) 『觀音世界』3(11), 1939, 40~42쪽.
54) 『觀世音』4(4), 1940, 38~39쪽.
55) 『觀世音』5(1), 1941, 29쪽.
56) 李世淵, 「日淸·日露戰爭と怨親平等」, 78~80쪽을 참조.
57) 이하 대동아관음찬앙회에 대한 기술은 「大東亞觀音讚仰會設立趣意書」(『興亞の光』1(5), 1944)에 따름.

에서의 의결을 거쳐 이듬 해 6월에 정식으로 출범했다. 이 회의 목적은 "대동아 제지역에서 관음신앙을 고취하고, 불교정신에 의거하여 동아 제민족의 동생공영의 이념을 앙양하고 흥아대업의 완수에 노력하는" 것이었으며, 이를 위해 '일본 관음영장의 현창', '대동아 제지역의 관음 33영장의 설정·권려 및 그 현창', '대동아전쟁 전몰자의 추조 및 이와 관련된 흥아관음당 혹은 공양탑 건설의 조성' 등의 사업이 제창되었다. 그 목적이나 시행사업으로 볼 때 대동아관음찬앙회는 판동관음찬앙회의 확대판이라 할 수 있는데, 이와 관련해서는 대동아관음찬앙회의 회장에 오가사와라 나가나리가 취임했다는 점도 덧붙여 두고자 한다.

대동아관음찬앙회에 참가한 인물을 일별해 보면, 이 회가 군관민이 일체화된 조직이었음을 알 수 있다. 예컨대, 고문에는 오카베 나가카게(岡部長景, 문부대신), 아오키 가즈오(靑木一男, 대동아대신), 고이소 구니아키(조선총독), 사카시타 소타로(坂下宗太郎, 중의원의원), 다카하시 산키치(高橋三吉, 해군대장), 스즈키 간타로(鈴木貫太郎, 남작·해군대장), 야마다 오토조(山田乙三, 육군대장), 마쓰이 이와네(육군대장), 사카이 닛신(酒井日愼, 대일본불교회장), 이노우에 데쓰지로(井上哲次郎, 국제불교협회장·문학박사) 등 쟁쟁한 멤버가 망라되어 있다. 대동아관음찬앙회가 구체적인 성과를 올리기에는 주어진 시간이 너무나 짧았던 듯하지만, 군관민이 일체화되어 '대동아'를 실현하고자 한 구상 자체는 총력전·총동원체제에 상응하는 것이었다고 평가할 수 있을 것이다.

(2) 흥아관음—두려움 없고 자비로운 '성전'

중일전쟁 이후 유독 관음신앙이 각광을 받은 것은, 관음보살이 아시아 제국, 특히 중국에서 폭넓게 추앙받고 있다고 인식되었기 때문이다.

이것은 사회일반의 인식이었던 듯,[58] 대동아관음찬앙회의 설립취지에도 "동아민족 공통의 신앙인 불교, 특히 가장 폭넓게 오랫동안 신앙되어 실제로 동아민족 본연의 모습이라고도 할 수 있는 관음신앙에 따른 동신공영 신념의 앙양을 도모하고 정신적 융합을 기하는 것이 가장 중요한 사안이라고 믿는다"라고 보인다. 이러한 인식은 관음신앙을 둘러싼 실태에 근거한 것으로, 선무공작으로서의 '원친평등론'을 전개해 가는 데 있어서 '동아민족' 누구나 인지할 수 있는 관음보살은 안성맞춤의 존재였다. 마쓰이 이와네가 '원친평등공양'을 구상하며 관음보살을 선택한 경위에도 이상과 같은 사회일반의 인식이 존재했다. 다음 사료를 살펴보자.

> 특히 관음을 선택한 목적은 말이죠, 전사한 일본과 지나 양국 군인의 영혼을 위무하는 데에는 양국에 모두 통용되는 것이 필요하다. 그건 불교죠. 그리고 불교 중에서도 관음은 종파에 상관없이 공통의 신앙대상이고, 게다가 지나인도 관음보살에 대해서는 깊은 신앙심을 가지고 있습니다. 그리고 관음의 시무외자(施無畏者), 자안시중생(慈眼視衆生)의 가르침은 시대상황상 아주 좋습니다. 대자대비, 원친평등이라 하여 관음경에도 관음을 염원하면 모든 간난과 고난을 극복할 수 있다, 두려워할 것 없다, 즉 무외입니다. 두려움 없는 정신이야말로 시국 상 필요하니까요. 이러한 가르침은 현재 상황에 어울리는 것이라 생각하여 관음을 선택한 것입니다.[59]

마쓰이의 발언에서는 관음신앙이 전략적으로 조망되고 있던 당시의

58) 「「對支文化工作と仏教」座談會」(『觀音世界』2(4), 1938, 54쪽), 「東亞共榮圈の確立と觀音信仰」(『觀世音』6(1), 1942, 25~26쪽), 「大東亞觀音讚仰運動の進展」(『觀世音』7(6), 1943) 등 참고.

59) 「松井石根將軍に興亞の意義と興亞觀音を訊く」(『昭德』5(4), 1940).

분위기를 엿볼 수 있는데, 한 가지 간과할 수 없는 점은 마쓰이가 관음보살의 시무외자로서의 측면을 강조하고 있다는 사실이다. 마쓰이가 말하는 '시국'이란 전쟁이 장기화하고 있는 상황에 다름 아니며, 흥아관음에는 애초에 일본의 전쟁수행을 종교적으로 지지하고자 하는 의도가 존재했다고 할 수 있을 것이다. 환언하자면, 흥아관음에는 일회성의 전사자공양에 수렴되지 않는 측면이 존재했던 것이며, 이 점은 마쓰이가 써내려간 아타미(熱海) 흥아관음의 건립연기에서도 확인할 수 있다.

> 지나사변에서는 이웃끼리 서로 공격하여 무수한 목숨을 앗아갔다. 실로 천세(千歲)의 비참한 불상사이다. 그렇지만 이것은 이른바 동아민족구제를 위한 성전(聖戰)이다. 생각건대, 이러한 희생은 몸을 바쳐 대비(大悲)를 펴고자 하는 무외(無畏)의 용(勇), 자비(慈悲)의 행(行)으로, 실로 흥아의 초석이 되고자 하는 마음에서 비롯된 것이다. 내가 대명을 받들어 강남의 들판에서 전전(轉戰)하며 죽인 자들은 셀 수 없이 많다. 참으로 통석(痛惜)을 금할 길 없다.
>
> 이에 이들 영혼을 달래기 위해 시무외자자안시중생(施無畏者慈眼視衆生)의 관음보살상을 세워 이 공덕을 영원히 원친평등하게 회향하고, 여러 사람과 함께 저 관음력을 염원하여 동아의 대광명을 받들기를 기원한다. (중략)
>
> 기원 2600년 2월
>
> 원주(願主)육군대장마쓰이이와네씀[60]

마쓰이는 중일전쟁에서 희생된 자들의 구제를 기원하고 있지만, 한편으로 그가 중일전쟁을 "동아민족구제를 위한 성전"이라 규정하고, '무외의 용' '자비의 행'을 실천한 전사자를 '흥아의 초석'으로 규정하고 있는

60) 인용은 下村德市, 『靜岡縣昭和風土記』, 靜岡谷島屋, 1941, 24쪽에 의함.

것에는 충분히 주의할 필요가 있다. 두려움 없고 자비로운 '성전'이 계속해서 수행되고 있던 당시 상황에서, 흥아관음은 장차 발생할 것으로 예상되는 '흥아의 초석'을 수용하는 '기억장치'[61]로 설정되었다고 할 수 있을 것이다.

그런데 아시아태평양전쟁을 전후해서는 마쓰이의 흥아관음에 자극을 받아 복수의 흥아관음이 일본국내에 세워지고 외국에 증정되었다. 이 점에 대해서는 이미 야마다 유지(山田雄司)의 지적이 있다.[62] 우선 야마다가 소개한 사례를 간략하게 확인해 두도록 하자.

첫 번째 사례는 1941년 7월 미에현(三重縣) 오와세시(尾鷲市) 곤고지(金剛寺)에 건립된 흥아관음이다. 그 건립연기에는 "지나사변 전몰자 추도공양을 위해 관음대사(大士)를 세운다. 이 공덕을 널리 원친평등하게 회향하고"라고 보이며, 중화민국 주일대사 저민의(褚民誼)가 '원친평등'의 휘호를 남겼다. 또한 이듬해에는 도야마현(富山縣) 뉴젠정(入善町) 요쇼지(養照寺)에 흥아관음이 세워져 역시 저민의가 '원친평등'의 휘호를 남겼다. 이어서 1943년에는 나라현(奈良縣) 사쿠라이시(櫻井市) 렌다이지(蓮台寺)에 흥아관음이 세워져 마쓰이 이와네가 "원친평등하게 회향하고 (중략) 아시아 고래의 관음정신을 널리 대동아 제민족이 깨닫게 하여 대동아성전의 완수에 공헌하게 한다"는 취지의 발원문을 남겼다.[63] 한편 외국으로 눈을 돌려보면, 중화민국의 왕조명(汪兆銘)과 타이의 비푼 수상에게 증정된 것, 그리고 상해 옥불사(玉仏寺)에 증정

---

61) 이 용어는 小松和彦, 「「たましい」という名の記憶装置」『記憶する民俗社會』, 人文書院, 2000에서 차용한 것임.

62) 山田雄司, 「松井石根と興亞觀音」.

63) 아마도 건물 내부에 안치된 탓에 야마다의 논문에서 예시되지 않은 것으로 판단되지만, 젠쓰지(善通寺) 충령당에도 흥아관음이 봉안되었다. 「興亞觀音の開眼供養」(194[illegible]) 『朝日新聞』(東京, [illegible]) 『[illegible]新報』[illegible], 194[illegible]. 16, [illegible], 『同』 2048, 1943.11.7, 7쪽을 참조.

된 것이 확인된다고 한다.

야마다는 지적하지 않았지만, 이러한 동향에서 한 가지 간과할 수 없는 것은 1941년 나고야시와 남경시 사이에 교환된 관음상이다.[64] 이들 관음상의 통칭은 각각 십일면관음(나고야→남경)과 천수관음(남경→나고야)이었지만, '흥아'를 위해 바다를 건넌 이들 관음상에는 종종 '흥아관음'의 이름이 부여되었다.[65]

나고야시에서 남경시에 증정된 십일면관음상은 이토 와시고로(伊藤和四五郎, 산와(三和그룹의 창립자)의 발원으로 1927~31년에 걸쳐 조성된 것으로, 당시 동양 최대의 목조관음상이라 일컬어졌다. 십일면관음상은 일본에서 마라톤 지도의 시조라 평가받는 히비노 유타카(日比野寛)와 저민의(당시 중화민국 외교부장)의 우연한 대화를 계기로 증정되게 되었다고 전해지지만, 일단 증정이 결정되자 나고야시장과 아이치현 지사는 물론 마쓰이 이와네, 아베 노부유키(阿部信行, 육군대장), 혼죠 시게루(本庄繁, 육군대장), 하시다 구니히코(橋田邦彦, 문부대신), 고야마 쇼쥬(小山松壽, 중의원의원), 반자이 리하치로(坂西利八郞, 중의원의원·육군중장) 등 군관민의 요인들이 찬조에 나섰다. 또한 중국현지에서는 특무기관이 동원되고 중화민국의 요인들이 관여하는 등, 십일면관음상의 증정은 단순한 민간교류의 틀을 넘어선 사업이었다.

십일면관음상 증정의 취지는 "특히 관세음보살의 신앙은 양국민이

---

64) 이하 이 두 가지 '흥아관음'에 대한 기술은 기본적으로 石田利作編, 『千手觀音光來記』, 日華親善千手觀音慶讚會, 1942에 의거함. 한편 만화이기는 하지만, 森哲郎·長岡進監修, 『戰亂の海を渡った二つの觀音樣』, 鳥影社, 2002도 대략적인 내용을 파악하는 데 유용하다.

65) 「南京から答禮僧來る」(『曹洞宗報』50, 1941.6.15, 16쪽), 「興亞山日華寺(仮称)名古屋に建立されむ」(『淨土週報』2385, 1941.11.16, 5쪽) 등. '흥아관음'의 레토릭과 같은 문맥이라고 생각하지만, 당시에는 '흥아지장'이라는 용어도 유행했다(『淨土教報』2317, 1940.3.31, 8쪽; 『淨土週報』2344, 1940.11.23, 9쪽 등을 참조).

동일하게 이를 존숭한다. 이에 전일본불교도의 이름으로 중화민국에 이 대관음존상을 증정하여, 하나는 이번 사변에서 전몰한 일화양국 용사의 영령을 공양하고, 하나는 일반 희생자의 정령을 회향하고자 한다"는 것이었다. 이에 호응하여 남경시에서는 십일면관음상의 봉안법요로 '수륙승회'와 '일화전몰원친평등추선대공양'이 일주일에 걸쳐 거행되었다. 법요의 상세한 내용은 알 수 없지만, '일화친선'이 내세워진 이들 법요에서는 중국민중에 대한 회유로서의 '원친평등론'도 크게 선전되었으리라 추정된다.

이러한 십일면관음상의 증정에 대해, 남경 비로사(毘盧寺)의 천수관음상이 '흥아관음'이라는 미명하에 나고야시로 보내졌다. 남경시장의 청원을 나고야시장이 받아들이는 형식이 취해졌지만, 천수관음봉영의 배후에는 '흥아관음'의 교환이 "일화친선과 문화교류에 도움되는 바 적지 않다"고 본 흥아원의 '지시'와 '지도'가 있었다.

천수관음의 봉영을 위해 나고야시와 아이치현을 중심으로 환영위원회가 조직되었으며, 불교계에서는 대일본불교회 산하의 나고야시불교회가 동원되었다. 환영위원회의 준비작업과 문부성·외무성·육군성·해군성·흥아원 등의 후원을 바탕으로, 6월 8일에 환영법요, 동 9일에 '사변양국전몰정령대공양', 동 10일에 '일화양국문화공로자 추조법요'가 각각 거행되었다.

이들 법요에는 중화민국에서 파견된 중국승려와 나고야 재주의 화교들이 참석했는데, 이들은 '일화친선' '원친평등'을 표상하는 존재로 자리매김 되었으리라 판단된다. 참고로 중국승려 가운데 한 사람은 "이번 사변에서는 일화양국 모두 많은 희생을 치렀습니다. 그 처리에는 양국이 서로 협력하여 자비심에 근거한 노력을 하지 않으면 안 됩니다", "이 관음(십일면관음과 천수관음=인용자)의 대자비로 중국의 민심이 정갈

해지고 생활도 행복해 질 것으로 생각합니다"라고 발언했다고 한다.

이렇게 환영법요를 거쳐 각왕산(覺王山) 닛센지(日暹寺)에 임시로 안치된 천수관음에는 '일화양군 전사병몰영령 원친평등의 명복'을 기원하는 참배객들이 몰려들었다고 한다.[66] 그런데 천수관음봉안을 위해서는 본래 종파에 구애받지 않는 '흥아산(興亞山) 닛카지(日華寺)'라는 것이 구상되고 있었다. 특정종파를 지정하지 않으면 안 된다는 문부성의 방침에 따라 이 구상은 좌절되었지만, '흥아산 닛카지'라는 명칭은 일본과 중국에 산재한 흥아관음에 무엇이 요구되었는지를 상징한다고 할 수 있을 것이다.

여기까지의 검토에서 밝혀졌듯이, 마쓰이의 아타미 흥아관음 조성, 그리고 그에 촉발된 복수의 흥아관음의 등장은 중일전쟁 이후 부상한 사회일반의 관음신앙운동과 밀접하게 관련되어 있었다. 야마다는 마쓰이 등의 흥아관음 조성에 대해 개개인의 순수한 종교심을 강조하지만,[67] 개개인의 종교활동도 결국 사회일반의 동향과 접속하기 마련이다. 그러한 의미에서 앞서 검토한 '원친평등론'과 전시 관음신앙의 흐름을 간과할 수는 없다. 흥아관음을 둘러싼 일련의 동향은 '국책'에 연계되는 전사자공양, 프로파간다로서의 '원친평등론'의 틀에서 파악하는 것이 타당하다고 생각한다.

흥아관음의 성격과 관련해서는 마쓰이가 각종 흥아관음 발원문에서 반드시 '육군대장'이라 표기하고 있는 점도 주목되지만, 한 가지 더 지적하고자 하는 것은 흥아관음조성의 계획성이다. 각각의 흥아관음은 표면상 개개인에 의해 자연스레 조성된 듯이 보이지만, 애초에 장기적인 플랜도 존재했던 것 같다. 예컨대, 곤고지에 흥아관음이 건립되었을 때

---

66) 「興亞山日華寺(仮称) 名古屋に建立されむ」(『浄土週報』2385, 1941.11.16, 5쪽).
67) 山田雄司, 앞의 논문.

에는 "앞서 마쓰이 대장이 아타미 이즈산(伊豆山)에 건립한 "흥아관음"을 주체로 내지 및 지나대륙의 각지에 33체의 "흥아관음"을 건립하는 것이다", "이 첫 번째 상에 뒤이어 내지에 16체, 대륙에 16체를 합하여 32체의 동일한 관음상이 순차적으로 건립되어 영원히 일화양국 전몰용사의 영혼을 위무하는 것이다"라는 기사가 보인다.[68] 여기에 보이는 계획은 대동아관음찬앙회의 구상과 합치되는 것으로, 흥아관음이 당시의 '국책'과 불가분의 관계에 있었음이 재삼 확인된다. 참고로 상해의 옥불사에 흥아관음이 증정되었을 때 거행된 공송(恭送)법요에서도 "이 위대한 관음력으로 점차 일화친선의 실적을 올려 동아흥륭의 목적이 달성되기를 기원하고, 동시에 이 흥아관음의 천좌가 중국 한 곳에 그칠 것이 아니라 널리 미얀마, 타이, 그 밖에 동남 제지역에도 이루어지길 기원한다"는 아마야 나오지로(天谷直次郞) 육군중장의 발언이 있었다.[69]

이상으로 프로파간다로서의 '원친평등론'을 체현하고 있던 흥아관음에 대해 검토해 보았는데, 끝으로 재차 강조해 두고자 하는 것은 흥아관음이 궁극적으로는 '대동아공영권' 건설을 위한 '기억장치'였다는 사실이다. 마쓰이의 흥아관음 건립연기에도 엿보이듯이, 흥아관음에서 전쟁부정의 사상이 도출될 여지는 없었다. 오히려 두려움 없고 자비로운 '성전'은 '대동아공영권'의 건설을 위해 불가피한 것으로 자리매김 되었다. 전사자공양을 표방하는 흥아관음의 면전에서 전승기원의 법회가 펼쳐져도 어색하지 않은 이유는 바로 이러한 문맥 속에 존재한다고 할 것이다.[70]

---

68) 「觀音新聞」(『觀世音』5(7), 1941, 36쪽). 「中國にも頒つ卅三体の"興亞觀音"」(1941.6.25자[朝刊] 『讀賣新聞』)도 아울러 참조.
69) 「上海に恭迎した興亞觀音樣」(『觀世音』7(10), 194[illegible], 17쪽).
70) 「熱海興亞觀音で祈願會」(『六大新報』2108, 1945.3.4, 3쪽)를 참조.

5. 맺음말

본 논문에서는 전사자공양의 장에 보이는 원친평등의 용례를 면밀하게 검토함으로써 1930~40년대의 '원친평등공양'에 대해 재고를 시도했다. 또한 그 준비 작업으로 제1차세계대전기의 '원친평등공양'도 아울러 검토해 보았다. 그 결과 다음과 같은 사실이 밝혀졌다.

제1차세계대전기의 '원친평등공양'에서는 '세계' '평화'가 키워드로 부상했다. 그 배경으로는 "'적군병사'에 대해 일정한 '경의'를 표"한다는 종교적 맥락과 함께 불교계 나름의 '정치'가 추정되었다. 불교계는 세계적인 평화무드를 활용하여 국내외에 자신의 존재감을 어필하고자 했던 것이며, 제1차세계대전기의 '원친평등론'은 생자와 사자의 관계로 완결되지 않고 생자간의 관계로 확대되는 양상을 보였다.

만주사변 이후의 '원친평등공양'은 시라카와의 지적처럼 '국책'을 배경으로 정형화되어 갔다. 만주사변을 계기로 불교를 통한 선무공작의 필요성이 부상했으며, 중일전쟁기에 돌입하면 그 연장선상에서 '원친평등공양'이 각종 방중·방일 사절단 및 시찰단을 매개로 '일지친선'의 표상으로 연출되었다.

사자에게 바쳐지기 마련인 '원친평등공양'이 선무공작일 수 있었던 것은, 그것이 생자에 대한 회유로서의 함의를 내포하고 있었기 때문이다. 선무공작으로서의 '원친평등론'은 구체적으로는 "우리 일본인은 원친평등의 견지에서 중국인 전사자도 공양하고 있다. 중국인 여러분도 원친평등의 입장에서 일본인에 대한 원한 같은 것은 버리라"는 내용의 프로파간다였다.

프로파간다로서의 '원친평등론'이 유행하던 무렵, 군관민이 일체화된 관음신앙운동이 활발해진다. 이 운동은 대략 '동아민족' 누구나 인지할 수 있는 관음보살을 매개로 '흥아'를 실현시켜 간다는 내용의 것이었다. 이러한 사회일반의 동향과 프로파간다로서의 '원친평등론'이 결합된 지점에서 탄생한 것이 흥아관음이었다. 중국과 일본 각지에 산재한 흥아관음은 '일화친선' '대동아공영권'을 현현시키고자 두려움 없고 자비로운 '성전'에서 희생되고, 향후 희생될 '흥아의 초석'을 위해 준비된 '기억장치'였다.

이처럼 1930~40년대의 '원친평등공양'은 통설의 주장과는 달리, 공양주체의 자비만으로는 파악되기 어려운 측면을 지니고 있었다. 한편 '국책'과 '원친평등공양'의 연계를 강조하는 시라카와의 입장은 타당하지만, 근대일본의 '원친평등공양'의 추이를 〈종교→정치〉라는 이분법적 도식으로 설명하는 것은 불가능하다. 근대일본에서 '원친평등공양'의 '정치성'은 어느 순간 갑자기 분출된 것이 아니라, 각 시대상황을 반영하며 끊임없이 표출되었다고 할 수 있다. '문명', '세계' '평화', '일지(화)친선'이라고 하는 각 시대에 추구된 가치기준에 연동하며 '정치'의 장으로서의 '원친평등공양'은 부단히 탈바꿈해 갔던 것이다.

참고문헌

吉田久一, 「日清戰争と仏教」『日本宗教史論集(下巻)』, 吉川弘文館, 1976
藤田大誠, 「近代日本における「怨親平等」観の系譜」『明治聖徳記念學會紀要』44(復刊), 2007
木場明志, 「滿州國の仏教」『思想』943, 2002
房建昌(胡斌·富澤芳亞譯), 「社會調査―日系宗教団体の上海布教―」『興亞院と戰時中國調査 付 刊行物所在目錄』, 岩波書店, 2002
白川哲夫, 「大正·昭和期における戰死者追弔行事―「戰没者慰靈」と仏教界―」『ヒストリア』209, 2008
山田雄司, 『跋扈する怨靈―祟りと鎮魂の日本史―』, 吉川弘文館, 2007
山田雄司, 「松井石根と興亞觀音」『三重大史學』9, 2009
森哲郎·長岡進監修, 『戰亂の海を渡った二つの觀音様』, 鳥影社, 2002
小松和彦, 「「たましい」という名の記憶装置」『記憶する民俗社會』, 人文書院, 2000
辻善之助, 『日本人の博愛』, 金港堂, 1932
辻善之助, 「怨親平等の史蹟」『史蹟名勝天然紀念物』18(2), 1943
安居香山, 「林彦明の思想と行動」『高僧伝の研究』, 山喜房仏書林, 1973
李世淵, 「日清·日露戰争と怨親平等」『日本仏教綜合研究』10, 2012
李世淵, 「怨親平等再考」『超域文化科學紀要』17, 2012
張石, 「日中戰争における旧日本軍と中國軍隊の「敵の慰靈」について―日中の死生観をめぐって―」『東アジア共生モデルの構築と異文化研究―文化交流とナショナリズムの交錯―』, 法政大學國際日本學研究センター, 2006
中濃教篤, 「中國侵略戰争と宗教」『世界』316, 1972
中濃教篤, 「仏教のアジア伝道と植民地主義」『戰時下の仏教』, 國書刊行

會, 1977
重野安繹,「敵味方」『史學雜誌』44, 1893
鷲尾順敬,「國史と仏教(七)」『正法輪』273, 1910
土屋詮教,『大正仏教史』, 三省堂, 1940

제3부

일본, 그리고 동아시아의 대립과 평화 담론

제11장 나카에 쵸민(中江兆民)의 평화이념

- 민주제·연방제·군비철폐론 -

박홍규*

1. 머리말

나카에 쵸민(中江兆民, 1847-1901)은 메이지전기에 활동한 사상가, 저널리스트, 정치가이다. 이름은 도쿠스케(篤助, 篤介)이고, 쵸민(兆民)은 호이다. 도사항고치(土佐藩高知)에서 하급무사의 아들로 태어난 그는 분큐(文久) 2(1862)년에 도사항 학교인 문무관(文武官)에 입학하여 한학(漢學)·영학(英學)·난학(蘭學)을 배웠다. 게이오(慶應) 원(1865)년에 도사항의 유학생으로 나가사키(長崎)에서 프랑스학을 접한 그는 메이지(明治) 4(1871)년에 정부 후원으로 프랑스에 유학하였다. 귀국 후, 1874년에 불란서학사(佛蘭西學舍, 후일 佛學塾)를 개설하여 일본에 프랑스학을 소개하였다. 1881년에는 『동양자유신문(東洋自由新聞)』의 주필이 되어 저널리스트로서 활동을 개시하였다. 다음해 불학숙에서 잡지 『정리총담(政理叢談)』을 간행하고, 루소의 『사회계약론』을 한문으로 번역하면서 곳곳에 자신의 해설을 달은 『민약역해(民約譯解)』를 그곳에 게재하였다. 그로 인해 그는 '동양의 루소'라는 명성을 얻게 된다. 이어 자유당의 기관지인 『자유신문』의 사설집필 등의 언론활동을 통해 자유의 원리·인민주권·사회계약설 등을 주창하여 자유민권운동에 이론적 기초를 제공하였다. 1890년 제1회 총선거에서 국회의원으로 당선되었으나 첫 번째 예산안심의과정에 분개하여 의원직을 사직하였고, 이후 실업가(實業家)로 변신하였지만 성공하지는 못했다. 1897년에 정치개혁을 목적으로 국민당을 결성했지만 실패했고, 1900년 고노에 토쿠마로(近衛篤麿)가 조직한 국민동맹회(國民同盟會)에 관심을 가졌으나 1901년 후두암을 진단받고는 그해 12월 13일에 55살로 생을 마감하였다.[1)]

이상의 간략한 전기에서 알 수 있듯이 쵸민의 생애 최대의 관심은 루소의 사회계약설을 중심으로 한 자유·민권이론을 이제 막 태어난 메이지일본에 소개하고 자유민주주의 체제를 실현하는 것이었다. 그러나 쵸민은 자유·민권과 더불어 또 다른 관심영역을 갖고 있었다. 서구열강의 위협아래 약소국 일본의 독립과 동아시아지역의 안전을 확보하고 나아가 세계평화를 달성하고자 하는, 바로 평화·외교의 영역이다. 일국 내의 자유·민권 문제와 국가간의 평화·외교 문제를 쵸민은 '문명'이라는 총체적 시각에서 비판적으로 바라보고 있었다.

> 아아, 유럽의 수억 자유 인민이여! 그대들의 나라안에서는 민법과 형법 그리고 그밖의 법률이 그대들의 신체와 그대들의 재산과 그대들의 가옥을 지켜주어 함부로 해칠 수 없게 되어 있습니다. 그런데도 만약 광포한 인간이 있어 그대들의 신체에 해를 입히게 된다면, 법률은 바로 징벌을 내려 그대들의 원한이 풀어지게 해 줄 것입니다. 만약 그대들이

---

* 고려대학교 정치외교학과 교수, 동양정치사상 전공.
이 글은 『한국정치학회보』(39-5, 2005)에 게재한 것이다.

1) 쵸민의 전기에 관해서는 米原謙(1989), 松永昌三(1993), 飛鳥井雅道(1999) 등을 참조 바람. 한국학계에서 쵸민에 대한 연구로는 최상용(1984)이 최초이고, 근년에 이혜경(2003)과 연구공간 '수유+너머' 일본근대사상팀이 번역한 『삼취인경륜문답』(2005) 정도가 있을 뿐이다. 쵸민에 관한 참고문헌은 飛鳥井雅道(1999)와 연구공간 '수유+너머' 일본근대사상팀 역(2005)의 부록을 참조 바람.

재산상의 손해를 입는 경우가 있더라도 맞붙어 싸울 필요 없이 단지 한 장의 서류를 가지고 소송을 제기하면 됩니다. 그러면 공평한 재판관은 명확한 법문으로 판결하여 그대들이 배상을 받도록 합니다. 당신들의 생활이 야만적인 투쟁이라는 위난(蠻野交鬪の危難)에서 벗어나 평안한 문명제도(文明制度の安靖)로 들어갔다고 할 수 있지요. 그런데 다시 눈을 돌려 그대들의 국경 밖을 살펴보십시오. 그대들의 이웃이 주조하고 있는 대포와 소총은 언젠가 그 한 발로 그대들을 폭살하기 위한 것입니다. 그대들의 가옥을 태워버리기 위한 것입니다. 저들이 건조하는 강철함정이나 수뢰(水雷)는 해안가에 있는 그대들의 가옥과 수목을 뒤흔들기 위한 것이란 말입니다. 그대들이 오늘 베개를 높이 벼고 편안히 잠자고 있으나, 내일은 시체가 되어 들판에 나뒹굴지도 모릅니다. 인간과 인간 사이에서는 문명의 생활을 영위하고, 가족과 가족 사이에서는 문명의 평안을 즐깁니다. 하지만 인간의 집합(집단, 모임)인 인민과 인민 사이에서는 야만의 생활을 영위하고, 가족의 집합인 국가와 국가 사이에서는 야만스런 불안정한 상태에 놓여 있습니다.(⑧220-221)[2]

일국 내에서는 '문명'을 이룬 나라들이 오히려 그들 사이에서는 '야만'의 상태에 빠져있게 되는 모순된 상황(문명의 패러독스)에서 벗어나 어떻게 '진정한 문명'('眞の開化', 「論外交」, ⑭135)을 이룰 수 있는가를 쵸민은 자신의 사상적 과제로 설정하고 있었다. 그러나 반개(半開)한 상태의 일본에서 그 과제는 자유·민권의 문제와 동시에 풀어야 하는 난제였다.

일본이 입헌군주제를 거쳐 민주제로 가느냐, 아니면 제국주의로 가느

2) 물론 자연상태와 사회상태 또는 전쟁상태와 평화상태의 대비를 바탕에 깔고 있는 이러한 시각이 쵸민만이 가진 특성은 아니다. 오히려 쵸민은 루소나 칸트로부터 영향을 받았을 것이라고 생각된다. 이 인용부분은 주루 바르니(Jules Barni)의 [illegible]에서 취한 것이라고 한다. 이에 대해서는 주6을 볼 것. 인용표기에 관해서는 주3에서 설명함.

냐의 기로에 서있던 시기에 쵸민은 『삼취인경륜문답(三醉人經綸問答)』(1887)[3]을 간행한다. 거기에서 그는 아마도 가장 일찍이 서구의 평화'사상'을 일본에 소개하면서, 자신의 평화'이념'을 제시하고, 나아가 당시 일본이 취해야 할(취할 수 있는) 외교의 방향을 개진하였다.

본고는 양학신사의 입을 통해 개진되는 '적극적' 평화론을 중심으로 쵸민의 평화 '이념'을 고찰하는 것을 목적으로 한다.[4] 양학신사의 평화론은 민주제·연방제·군비철폐론의 세 가지 요소로 구성되어 있다. 기존의 연구는 어느 것도 이 삼자간의 관계를 분석하고 있지 않다. 본고는 『삼취인』에서 제시되는 연방제와 군비철폐론의 관계에 주목하여, 쵸

3) 양학신사(洋學紳士), 동양호걸군(東洋豪傑君), 남해선생(南海先生)이라는 세 명의 등장인물이 술을 마시면서 문답식으로 세계정세와 일본의 진로에 대해 각자의 견해를 피력한다. 먼저 철저한 민주화와 군비철폐를 주장하는 평화론자인 양학신사가, 이어서 타국 침략을 통한 부국강병을 주장하는 팽창론자인 호걸군이 각각 자신의 견해를 개진하고, 마지막으로 남해선생이 양자를 평가한 후, 대외적인 평화외교와 대내적인 점진적 입헌제를 중심으로 자신의 견해를 밝히는 순서로 구성되어 있다. 당시 대내적으로는 자유민권운동이 쇠퇴하는 가운데 번벌(藩閥) 정부가 주도하는 국회개설이 3년 뒤에 예정되어 있었고, 대외적으로는 조선의 지배를 둘러싸고 청조중국과 대립이 격화되고 있었다. 그 와중에 자유민권운동의 원칙을 고수하고 세계평화의 이념을 주창했던 저작이다. 3인의 등장인물 중 남해선생이 쵸민의 견해라고 보는 입장이 있으며, 등장인물 각각이 쵸민사상의 이상가적인 측면·전략가적인 측면·현실주의적인 측면을 대변하는 분신이라고 보는 입장도 있다. 이상의 내용과 관련해서는 연구공간 '수유+너머' 일본근대사상팀 역(2005)에 수록된 2편의 부록을 참조 바람. 이하 『삼취인』으로 약칭하고, 인용은 『中江兆民全集』(1983-1986)을 사용한다. 예를 들어 본고에서 빈번히 인용되는 『中江兆民全集』 제8권에 들어 있는 『삼취인』은 221쪽인 경우 단지 ⑧221로 표기하고, 또한 제14권에 수록된 「論外交」 129쪽의 경우는 「論外交」, ⑭129로 표기한다.

4) 주3에서도 언급했듯이 쵸민의 평화논의는 양학신사에 한정되지 않는다. 특히 소국주의(小國主義)·전수방위(專守防衛)·평화우호(平和友好)를 그 내용으로 하는 남해선생의 견해('소극적' 평화론)는 「論外交」(1882)에서 개진된 주장을 계승한 것인데, 이 부분은 별도의 논문으로 미루기로 한다. 쵸민의 평화사상에 대한 연구로서는 松永昌三(1980), 井田進也(1987, 248-261), 出原政雄(1995, 223-258) 등이 있다.

민이 연방제를 통해서가 아니라, 민주·도덕국가에 근거한 군비철폐론을 통해 평화이념을 구상했다는 것을 논증하고자 한다.[5)]

2. 평화의 원형(原型)

『삼취인』에는 다음과 같은 구절이 있다.

> 양학신사가 이어서 말하기를, 민주제는 전쟁을 멈추고 평화를 증대시켜, 지구상의 모든 나라를 합하여 한 가족(一家族)을 이루기 위한 불가결한 조건입니다. 만국이 전쟁을 멈추고 평화를 증대하고자 하는 설은 18세기에 프랑스인 아베 드 생 피에르가 처음으로 주창했는데……오직 한 사람 장 자크 루소는 생 피에르의 설에 적극 찬성하여……그 후 독일인 칸트도 또한 생 피에르의 주장을 계승하여 『영구평화론』이라는 제목의 책을 저술하여 전쟁을 멈추고 우호를 돈독히 할 필요를 논했습니다.(⑧215-16)
>
> 그러므로 최근 유럽의 학자들 중에서 전쟁을 멈추고 평화를 증대하

---

5) 필자는 원래 「나카에 쵸민의 평화이념과 맹자」라는 제목으로 한 편의 논문을 작성하여 정치사상학회에서 발표하였다. 그 논문은 두 개의 주제로 구성되어 전반부는 '나카에 쵸민의 평화이념'을 해명하는 것이고, 후반부는 그렇게 해명된 평화이념이 서구의 근대적 사유가 아닌 맹자적 사유에 기반하고 있다는 것을 논증하는 것이었다. 후반부에 해당하는 부분은 「나카에 쵸민의 평화이념과 맹자」라는 제목으로 『정치사상연구』 제11집2호(2005년가을)에 게재되었고, 본고는 그 전반부에 해당한다. 쵸민의 사상형성에 동양의 지적전통이 심대한 영향을 미치고 있음은 잘 알려져 있는 사실이지만, 평화와 외교의 문제영역에서 쵸민의 평화사상을 동양적 사유와 관련시켜 논한 연구는 아직 없다. 필자는 쵸민이 서구로부터 수용한 근대적 사유를 근간으로 자신의 평화이념을 구상한 것이 아니라고 보고, 그의 평화이념이 맹자적 사유구도를 기반으로 하여 구축되었음을 밝히고자 하였다. 이러한 필자의 연구결과는 쵸민의 사상형성에 동양의 지적전통이 영향을 끼쳤다는 [illegible] 있는 문명의 패러독스를 해결하는 사상적 실마리를 제공하게 될 것으로 기대한다.

자는 설을 주창하는 자 모두는 민주제를 주장하고, 그런 연후에 세계의 모든 나라를 합하여 하나의 커다란 연방(一大聯邦)을 결성하자는 희망을 품고 있습니다.(⑧220)[6]

얼핏 보면 마치 칸트가 『영구평화를 위하여』에서 제시한 '공화국연맹론'을 자신의 설로 수용하고 있는 듯이 보인다. 이는 쵸민이 루소에서 칸트로 이어지는 자유와 평화의 문제에 대한 근대 서구의 논의[7]를 수용하고 있다고 보게도 한다. 그러나 평화의 조건으로서 공화제[8]를 수용했다고 할 수는 있으나, 적극적으로 연방제를 채택했다고는 판단되지 않는다.[9] 『삼취인』에서 연방제는 핵심적인 위상을 점하고 있지 않을

6) 井田進也(1987)의 연구에 의하면 본문의 두 번째 인용부분은 주루 바르니(Jules Barni)의 다음 글(『민주정에서의 도덕*La Morale dans la démocratie*』)을 기반으로 하여 쓰여 진 것이라고 한다. "이것이 하나의 **유토피아**라고 사람들이 반대한다면, 나는 칸트와 함께 그것은 이성이 우리에게 추구해야 할 의무로서 부과한 '**이상(idéal)**'이라고 답하고자 한다. 따라서 인류의 평화를 구축하기 위해 해야 할 첫 번째 일은 각 국가에게 공화제 헌법, 즉 하나의 자유로운 정부를 구축케 하는 것이다. 두 번째 조건은 이들 모든 자유로운 국가로 구성되는 하나의 연맹**(fédération)**을 형성하는 것이다. 여기서 나는 다시 한 번 나의 분석을 제시하고자 한다. '이것은 모든 국가들을 하나의 같은 국가로 녹여내는 것을 의미하는 것이 아니라—그것은 자가당착일 것이다—, 그들을 시민사회의 유대를 파괴하지 않고 오히려 보조하는데 기여하는 자유로운 동맹(**libre alliance**)에 의해 결합하는 것이다.'"(井田進也 1987, 259-260에서 재인용, 한국어 번역은 고려대학교 박상수 연구교수). 칸트가 사용하는 fédération, 즉 Föderalismus의 번역어로는 연방, 연합, 동맹, 연맹 등이 있을 수 있다. 본고에서는 '연맹'을 사용하기로 하고, 쵸민은 '연방'으로 표기하기에 쵸민과 관련될 경우에 한하여 '연방'으로 표기한다.
7) 잘 알려져 있듯이 자유에 대한 루소의 논의는 『사회계약론』에, 평화에 대한 칸트의 논의는 『영구평화를 위하여』에 제시되어 있다. 본고에서는 이를 '근대적 사유구도(frame of modern thinking)'라 칭하기로 한다. 이는 '맹자적 사유구도(frame of Mencius' thinking)'와 대비를 이룬다.
8) 칸트는 공화제와 민주제를 구별하고 있으나, 쵸민은 같은 의미로 사용하고 있다. 자세한 것은 出原政雄(1995, 244-245)를 참조 바람.
9) 주4에서 제시한 선행연구를 포함하여 그 어느 연구도 이 점을 지적하고 있지 않다.

뿐만 아니라, '연방'이라고 표기해도 좋은 경우에도 연방을 사용하지 않고 그 의미가 모호한 다른 개념들을 사용하고 있다. 앞의 인용문에서의 '일가족'은 그 후 이어지는 논의의 전개로 보아 연방을 의미한다고 볼 수도 있다. 그럼에도 불구하고 쵸민은 계약이나 법적 관계와는 달리, 정서적 유대에 기반하고 있는 유학적 뉘앙스를 함의한 '일가족'이라는 모호한 표현을 사용하고 있다. 이제부터 『삼취인』에서의 논의의 전개과정을 따라가면서 연방제의 위상과 평화의 원형이 무엇이었는지 구체적으로 검토해보자.

대화의 첫 번째 주자로 나선 양학신사는 "아아, 민주제! 민주제! 군주재상전제정치(君相專擅の制)는 우매한 것으로 자신의 결점마저 자각하지 못하고 있습니다. 입헌제는 그 결점을 알아차리기는 했지만 겨우 반 정도 개선했을 뿐입니다. 민주제란 활짝 개어 산뜻한 모습으로 가슴속에 한 점의 더러움도 없는 것입니다"(⑧181)라고 세 가지 정체와 그 후 진술하게 되는 이들 세 정체의 진화·발전단계에 대해 간결하게 언급하고 평화에 대한 자기 주장의 요체를 다음과 같이 설명하고 있다.

> 서구 모든 국가는 이미 자유, 평등, 박애라는 3대 원리[三大理]를 알고 있으면서도 민주제를 따르지 않는 나라가 많은 것은 왜일까요? 도덕의 원리[義]에 크게 반하고 경제의 이법[理]에 크게 반하면서까지 국가의 재정을 갉아 먹는 수백 만의 상비군을 갖추고, 헛된 공명(功名)을 다투기 위해 죄 없는 인민을 서로 살상케 하는 것은 왜일까요? 문명의 진보에 뒤떨어진 한 소국(小國)이 머리를 높이 들고 아시아의 한 끝자락에서 일어나 일거에 자유와 박애의 경지에 뛰어 들어가(①민주제), 요새를 파괴하고 대포를 녹이며, 군함을 상선으로 하고, 병졸을 인민으로 바꾸어(②군비철폐), 오로지 도덕의 학문을 강구하고, 공업의 기술을 연구하여, 순수한 철학의 아들로 되는 그 날, 문명이라며 우쭐대는 모든 서구

국가의 사람들이 마음속에 부끄러움을 느끼지 않을 수 있겠습니까. 만약 저들이 완미(頑迷)하고 흉악하게도 부끄러워하기는커녕 우리가 군비를 철폐한 틈을 타 뻔뻔하게도 침략해 온다 해도, 우리가 몸에 쇠붙이 하나 지니지 않고 한 발의 탄환도 갖지 않고 예의(禮儀)바르게 맞이한다면, 저들이 대체 어떻게 하겠습니까? 검을 휘둘러 바람을 베려한들 제아무리 예리한 칼날이라 해도 망막하게 살랑대는 바람을 어찌할 수 없겠지요. 우리들은 바람이 되어야 하지 않겠습니까.(⑧181-182)

핵심은 두 가지이다. 하나는 ①민주제를 이루는 것이고, 다른 하나는 ②군비를 철폐하는 것이다.[10] 특히 문명의 진보에 뒤떨어진 아시아의 한 끝에 위치한 약소국 일본에게 이 두 가지를 제시하는 이유를 양학신사는 다음과 같이 말하고 있다.

약소국이 강대국과 교제할 때, 상대의 만분의 일도 안 되는 유형(有形)의 완력을 휘두르고자 하는 것은 계란을 가지고 바위를 치는 격입니다.……만약 우리가 오로지 요새를 믿고 검과 대포에 의지하며 군세(軍勢)에 의존한다면, 상대도 또한 그 요새를 믿고 자신의 검과 대포에 의지하며 군세에 의존하기에, 요새가 견고한 쪽이, 검과 대포가 예리한 쪽이, 군세가 많은 쪽이 반드시 이기게 될 뿐입니다. 이것은 그야말로 계산상의 이치로 명백하기 이를 데 없는 것입니다. 무엇 때문에 이 명백한 이치를 거스르려고 합니까.(⑧182-183)

평화의 조건으로서 민주제와 군폐를 주장한 양학신사는 민주제와 군폐를 시도하려는 약소국에 강대국이 쳐들어 왔을 때, 약소국이 어떻게 대응할 것인가를 말하는 다음 부분에서 평화상태의 이미지를 암시하고 있다.

---

10) 이하에서 '군폐(軍廢)'라고 약칭하고, 민주제와 군폐론을 합하여 '민주군폐론'이라고 부르기로 한다.

가령 만에 하나 상대가 군대를 이끌고 쳐들어와 우리나라(약소국, 필자)를 점령했다고 해봅시다. 토지는 공유물(共有物)입니다. (같은 토지에) 그들도 있고 우리도 있습니다. 그들도 머물고 우리들도 머뭅니다. 거기에 무슨 모순이 있을까요. 그들이 만에 하나 우리들의 밭을 빼앗아 경작하고 우리들의 집을 빼앗아 차지하고, 또는 무거운 세금으로 우리들을 괴롭힌다고 해봅시다. 인내력이 강한 사람은 인내하면 그만이고, 인내력이 약한 사람은 각각 스스로 대책을 강구하면 되는 것입니다. 오늘 갑이라는 나라에 살기에 갑국인이지만 내일 을이라는 나라에 살면 이번엔 을국인이 될 뿐입니다. 최후의 대파멸의 날이 아직 오지 않았고, 우리 인류의 고향인 지구가 존재하는 한 세계만국이 모두 우리의 택지(宅地)가 아니겠습니까.(⑧183)

"세계만국이 모두 우리의 택지"라는 표현에 암시된 평화상태에 대한 쵸민의 이미지는 개별국가가 존재하기는 하나 그 경계가 무의미하여 세계전체가 개인들의 삶의 장이 될 수 있는 상태를 의미한다.[11]

지금까지의 내용은 양학신사의 첫 번째 발언부분으로 평화론의 요체, 즉 민주군폐론이 개진되어 있다. 그런데 여기서 주목하고자 하는 것은

---

11) 코스모폴리탄적이라고 볼 수도 있다. 특히 칸트가 영구평화를 위한 제3의 확정조항에서 제시한 세계시민주의를 수용·채택하고 있는 것이 아닌가 하는 의구심을 가질 수도 있다. 물론 이러한 쵸민의 코스모폴리탄적 언설은 칸트로부터 영향을 받았을지도 모른다. 원래 칸트의 경우에는, "세계시민법의 이념은 이제 공상적이거나 과장된 법의 표상방식이 아니라, 공적인 인류법 일반을 위해 따라서 또한 영구평화를 위해 국법(시민법, 필자)과 국제법에 쓰여져 있지 않은 법전을 보충하는데 필요한 것이다"(宇都宮芳明 譯 1985, 53) 라는 부분에서 알 수 있듯이, 시민법에 기반한 공화제, 국제법에 기반한 연맹제, 세계시민법에 기반한 세계시민적 체제의 세 가지의 구성요소가 한 동아리를 이루어 영구평화를 위한 조건으로 제시되고 있다. 그러나 인용문을 통해서도 알 수 있듯이 쵸민의 경우에'법적체제'로서의 세계시민주의에 동조하는 것이 아니다. 오히려 평화의 이념을 구상하는데 연방제를 [illegible] 배제한 쵸민에게는 [illegible] 더 중요한 의미를 갖는다.

이곳에 연방제의 모습이 나타나지 않고 있다는 사실이다. 그것은 연방제가 평화를 구상하는 쵸민에게 핵심적 요소가 아니었기 때문이라고 생각된다.

그리고는 이어서 잘 알려진 '정치상의 진화의 신(神)'(⑧184), '정치적 진화의 이법(理法)'(⑧196)의 주장이 전개된다. 즉 인류의 역사는 정치적 진화의 이법에 따라 제도가 없던 세상에서 제1보인 '군주재상전제정치'로, 이어 제2보인 '입헌제'로, 그리고 마지막 제3보의 경지인 '민주제'로 진보한다는 것이다. 마지막 최고의 경지에 이른 민주제의 모습을 쵸민은 다음과 같이 묘사한다.

> 민주제! 민주제! 머리위에는 오직 푸른 하늘이, 발밑에는 오직 대지가 있을 뿐, 마음은 상쾌하고 의기(意氣)는 드높다. 처음이라든가 끝이라든가 라는 구별이 없기에 단지 길다고 말할 수 있을 뿐, 전후 몇 억 년인지도 알 수 없는 영원, 실로 그러한 것입니다. 안이라든가 밖이라든가 하는 구별이 없기에 단지 넓다고 말할 수 있을 뿐, 좌우 몇 억 리나 되는지 알 수 없는 우주, 실로 그러한 것입니다.(⑧207)

매우 추상적이어서 언뜻 뜻이 통하지는 않지만 뒤이어 사람들이 국가라는 경계를 만들어 서로 원수가 되어 싸우는 것은 국가를 자신의 소유로 하는 군주제의 잔재임을 설명하고, 평화가 구현된 상태가 다음과 같이 제시된다.

> 민주제! 민주제! 갑국 혹은 을국이라고 말하는 것은 단지 편하게 부르기 위해서 지구를 구분지은 것일 뿐, 거주민의 마음에 차별의식을 갖게 하려는 것은 아닙니다. 세계 인류의 지혜와 애정을 하나로 합하여 일대원상(一大圓相)으로 이루어 내는 것이 민주제입니다.(⑧208)

앞에서 인용한 인류공동의 '우리의 택지'가 '일대원상'으로 표현되었다. 만약 쵸민이 연방제를 중시하여 그것을 자신의 평화구상에 적극적으로 채택했다면 '일대원상' 대신에 '연방'이라고 표현했어도 좋은 곳이다. 그러나 쵸민은 명백한 의미를 갖고 있는 연방이라는 개념을 사용하지 않는다. '일대원상'이라는 표현이 불교적 뉘앙스를 포함하고 있어 그 뜻을 확정하기는 어렵지만, 민주제를 이룬 각 국가의 존재(국명, 주권)가 유지되면서도 전체적으로 평화가 실현된 하나의 커다란 혼융체(완전체)를 의미할 것이다. 이것이 바로 쵸민이 구상하고 있는 평화상태의 원형(prototype)이다. 분명 여기에서도 국가와 세계가 '일즉다, 다즉일(一卽多, 多卽一)'의 관계로 설정되어 평화의 모습이 그려지고 있을 뿐 연방제가 들어설 위치는 존재하지 않는다. 연방제는 평화를 구상하는 쵸민에게 핵심적 요소가 아니었다.

3. 연방제의 위상

민주·군폐론에 입각한 평화에 대한 양학신사의 주장이 일단락된 다음에 비로소 전 절의 맨 앞에서 인용한, 생 피에르에서 시작하여 루소를 거쳐 칸트에 이르는 서구 근대평화론의 계보가 등장한다. 그 계보는 다음의 말로 정식화된다.

> 생 피에르가 한번 세계평화의 설을 주창한 이래, 장 자크 루소가 그것을 상찬(賞讚)하고, 칸트에 이르러 한층 그 설을 전개하여, 순수한 철학이론의 체제를 갖추게 되었다.(⑧218)

그 다음에 이읏고 "그러므로 최근 유럽의 학자들 중에서 전쟁을 멈추고 평화를 증대하자는 설을 주창하는 자는 모두 민주제를 주장하고, 그런 연후에 세계의 모든 나라를 합하여 하나의 커다란 연방(一大聯邦)을 결성하자는 희망을 품고 있습니다.(⑧220)"라는 부분에서 '연방'이 구체적으로 명시되기 이른다.[12] 그러나 그 이후 연방에 대한 부연설명은 없으며, 뒤이어 머리말에서 인용한 문명의 패러독스가 언급되고 나서 다음과 같이 군비철폐를 권유하며 서구근대의 평화논의를 끝맺는다.

> 그대들은 옆에 있는 적국이 언젠가 그대들을 살해하고 부상시키며, 그대들의 토지와 건물을 불태워 버리고, 항만을 폭파하는 것이 진정 무서운가요. 그렇다면 그대들은 왜 그대들의 대포를 깨부수지 않는 것입니까? 그대들의 강철 군함을 불살라 버리지 않느냐는 말입니다.(⑧221)

이상과 같이 『삼취인』에서의 평화론은 민주군폐론과 민주연방론이 착종되어 있다. 그러나 그것은 무분별한 착종이 아니며, 양자간에는 경중을 재어볼 수 있다.

먼저 주목하고자 하는 것은 앞에서도 지적했듯이 민주군폐론에 이어서 등장한 서구 근대평화론에 해당하는 민주연방론이 쵸민 자신의 말이 아니라, 쵸민이 바르니의 저작을 자유롭게 나누거나 잇기도 하고 거기에 아콜라스(Emile Acollas)의 저작 일부를 삽입하여 구성했다는 사실이다(井田進也 1987, 249). 따라서 논의전개의 구성은 먼저 양학신사의 입을 빌어 쵸민 자신의 민주군폐론이 전개되고, 이어서 바르니와 아콜라스의 저작을 기반으로 한 민주연방론이 연결되어 있으며, 마지막이 군비철폐로 장식되어 있는 것이다. 즉 전체적으로 보아 민주군폐론의 전개 속에 민주연방론이 삽입되어 있다고 판단된다.

---

12) '민주·군폐론'과 대비하여 '민주·연방론'이라고 부르기로 한다.

이렇듯 『삼취인』에서 연방제는 핵심적인 위상을 점하고 있지 못하다. 그것은 이상과 같은 양학신사의 주장에 호걸군이 "신사군의 취지는 잘 알았습니다. 단지 하나 거듭 묻고 싶은 것이 있습니다. 신사군이 모든 약소국에게 즉각 민주제를 채택하고, 신속히 군비를 철폐하도록 권하는 것은……"(⑧224)이라고 하면서 민주군폐론에 입각하여 양학신사의 평화론의 취지를 말하고, 이어서 양학신사에게 자신이 품은 의문점을 제기하는 것에서도 확인할 수 있다. 좀 더 나아가서 호걸군의 주장까지 다 개진된 후 남해선생이 양학신사의 주장을 요약하고 있는 부분을 보자.

> 민주평등의 제도는 모든 제도 중에서 가장 완전하고 순수한 것이어서 세계의 모든 나라가 선후의 차이는 있으나 반드시 이 제도를 채택할 것이 틀림없다. 그런데 약소국의 경우 부국강병의 정책은 원래 기대할 수 없으므로, 신속하게 이 완전하고도 순수한 제도를 채택한다. 그런 다음 육·해군의 군비를 철폐하여 여러 강국의 만분의 일에도 미치지 못하는 완력을 버리고, 무형의 도의에 입각해서 학술을 크게 진흥시켜서 자신의 나라를 말하자면 더없이 정밀하게 조각된 예술작품처럼 만들어 여러 강국들이 경애하여 차마 침략하지 못하는 나라로 합시다.(⑧255-256)

물론 여기에서도 연방제는 언급되지 않으며, 민주제와 군비철폐를 중심으로 정리되어 있다.

이상의 『삼취인』의 논의의 전개과정에서 비록 연방제가 언급되고는 있지만, 군폐론에 비해 중시되지 않았다는 것을 확인할 수 있었다.[13]

---

13) 쵸민의 평화론과 칸트와의 관련성을 밝히고자 한 松永昌三(1980, 145-146)은 양학신사가 군비철폐에 중점을 두어 연방제의 구상을 전개하지는 않았지만, 각국의 군비철폐가 바로 세계평화의 출현을 의미하기 때문에 군비가 철폐된 상태를 [illegible] 볼 수 있으므로 [illegible] 칸트의 [illegible] 않다고 설명한다. 이러한 松永昌三의 논의는 민주군폐론과 민주연방론이 착종된 것에서

그렇다면 쵸민은 왜 연방을 자신이 구상하는 평화이념의 한 축으로서 적극적으로 채택하지 않았던 것인가?

우선 맹자와 관련시켜 논의를 시작해 보자. 쵸민은 맹자의 영향을 받고 있음에도 불구하고 맹자식 평화, 즉 '평천하(平天下)'를 계승하고 있지 않다. 맹자는 '인정(仁政)'을 구현하는 '왕자(王者)'가 '의전(義戰)'을 수행하여 천하를 통일하고 '평천하'를 이룩할 것이라고 했다. 하(夏)나라의 걸(桀)왕을 멸망시키고 은(殷)나라를 세운 탕(湯)왕과 같은, 그리고 은나라의 주(紂)왕을 멸망시키고 주(周)나라를 세운 무(武)왕과 같은, 그러한 성인 왕자가 등장하여 전국시대를 수습하고 새로운 통일왕조를 탄생시킬 것이라고 맹자는 주장했다. 그러나 이 주장에는 그렇게 세워진 새로운 왕조 또한 일정한 시간이 지나면 붕괴하고 전란은 다시 시작된다는 순환적 역사관의 전제가 깔려있다. 이러한 평화는 '일치일란(一治一亂)'에 불과할 뿐이다. 진화론의 입장에서 영구평화의 이념을 구상하고 있는 쵸민이 순환적 역사관을 전제로 한 맹자식 '평천하'의 논리를 받아들일 수는 없었을 것이다.

한편 칸트식 평화, 즉 '공화국연맹제'는 어떠한가? 칸트는 영구평화를 위한 예비조항에서 점진적인 상비군의 전폐(全廢)를 주장하고는 있지만, "국민이 자발적으로 일정기간에 걸쳐 무기사용을 연습하여 자신이나 조국을 외부로부터의 공격에 대해 방비하는 것"(宇都宮芳明 譯 1985, 17)은 인정하고 있다. 연맹수준에서 군비가 갖추어져 있는 것은 물론, 각국 또한 스스로 군비를 유지하게 된다. 그러한 연맹의 위험성을 칸트는 다음과 같이 지적하고 있다.

연유하는 오해라고 생각된다.

전쟁을 방지하고, 지속적이며 그리고 부단히 확대되는 연맹이라는 소극적 대체물만이 법을 혐오하는 (국가의, 필자) 호전적 경향성을 억제할 수 있다. 그러나 이러한 경향성은 언제고 발발할 위험성을 갖고 있기는 하다.(宇都宮芳明 譯 1985, 45)

칸트식 연맹이 연맹수준의 군비는 물론, 구성국가의 군비조차 제한적이기는 하지만 인정하는 상황에서는 연맹이 확대·지속하는 도중에라도 붕괴하여 전쟁이 야기될 수도 있다는 것이다. 쵸민이 칸트의 『영구평화를 위하여』를 읽었는지는 알 수 없지만, 만약 읽었다고 한다면, 맹자적 '평천하'를 계승하지 않았듯이, 전쟁의 가능성이 존재하고 있는 '공화국 연맹제'를 평화의 이념으로 수용할 수는 없었을 것이다.[14] 이것이 쵸민이 연방제를 적극적으로 수용하지 않은 하나의 이유로 생각된다. 좀더 본질적인 이유를 생각해 보자.

쵸민은 정치의 본지(本旨)란 무엇인가를 논하고 있는 「원정(原政)」에서 정치의 궁극적인 이상에 대해 다음과 같이 말하고 있다.

정치[政]의 궁극적 목적은 무엇인가? 사람들로 하여금 정치[政]가 필요하지 않도록 하는 데 있다. 무슨 까닭에 그렇게 말하는가? 시경(詩經)에 '사람들이 이(夷, 떳떳한 常道)를 취하는 지라, 이 아름다운 덕을 좋아한다[民之秉夷, 好是懿德]'라고 한다.[15] 사람에게는 이(夷)를 취할 수 있는 마음(내재적 능력)이 구비되어 있으므로 선해질 수 있다. 선해지면 덕에 따라 행하여 편안해질 것이다. 그렇게 된다면 (일국 내에서는, 필자) 법령을 만들지 않아도 되고, 형옥[囹圄]을 설치하지 않아도 되고,

---

14) 그 연장선에서 영구평화란 원리적으로 군비철폐 이외에는 달리 방법이 없다고 쵸민은 판단했던 것으로 생각된다.

15) 『詩經』「大雅 蒸民篇」에서는 '夷'가 '彝'로 되어 있다. 『孟子』「告子上篇」에서의 인용일 것이다.

(국가간에는, 필자) 병과(兵戈)를 사용하지 않아도 되고, 서맹(誓盟)을 맺지 않아도 된다.[16] 어찌 정치[政] 따위를 쓸 필요가 있겠는가. 이것이 원래 성인(聖人)이 기약한 바이다. 어떻게 하면 사람들이 선해 지게 할 수 있나? 도의(道義)로서 가르치[敎]는 것이다. 도의로서 가르치는 것은 삼대(三代)의 법이다.……(삼대의 법은) 국도(國都)에서부터 여염(閭閻)에 이르기까지 학교를 설치하여 가르치기를 군신지의, 부자지친, 부부지별, 장유지서, 붕우지신으로 한다. 이 모두는 몸을 수양하고 사람을 다스리는[修身治人] 바이다. 그러므로 사람들은 덕의(德義)로 향하고 이욕(利慾)에 침해당하지 않는다. 인민이 덕의로 향한다면 점차 그 효과가 퍼져 지선(至善)의 경지에 이르게 되고, 자치(自治)의 영역에 이르게 될 것이다.(⑪16-17)

이상적인 정치란 교화를 통해 인간의 마음에 구비된 내적 도덕능력을 실현시켜 인간의 이욕을 규제하기 위한 법령이나 형옥과 같은 외적 장치가 불필요해진 상태를 말한다. 쵸민이 생각하는 일국 내 정치의 극치란 인간 개개인이 도덕적 인격을 이루어 외적 강제력이 필요하지 않은 상태이다.[17]

이와 같은 동양의 이상정치인 '삼대의 법'과는 달리, 인간의 욕망을 충족시키기 위해 투쟁하고 결국에는 환란에 이르게 하고 마는 '서토의 술(西土の術)'을 대비시키고 「원정」의 마지막을 다음과 같이 끝맺고 있다.

프랑스인 루소가 책을 지어 서양의 정술(政術)을 비난했다고 들은 적이 있는데, 그의 의도는 교화를 성대히 하고 예술(욕망을 채우기 위한

16) '兵戈'는 싸움에 쓰는 창, 병기, 무기로 전쟁을 의미하며, '誓盟'은 국가 간의 동맹의 의미로 쓰여 지고 있다고 판단됨.

17) 「原政」이 『孟子』(盡心上, 14)의 "善政不如善教之得民也"과, 그에 대한 주자의 주 "政, 謂法度禁令, 所以制其外也. 教, 謂道德齊禮, 所以格其心也"(『孟子集注』)에 기반하고 있음은 지적할 필요도 없을 것이다.

학문이나 기예)을 억제하려고 한데 있다. 이 또한 정치에 대한 식견이 있는 자일 것이다.(⑪17)

여기서 루소가 지은 책이란 『학문예술론』을 가리킨다고 보아도 좋다. 그러나 이미 『사회계약론』의 일부를 「민약론」(1874년)이란 제목으로 번역한 적이 있는 쵸민이 정치에 대한 식견을 가진 자라고 루소를 평할 때 『사회계약론』을 염두에 두고 있었음은 말할 필요도 없을 것이다. 그렇다면 루소에게서 맹자의 '내적 도덕능력'에 상응하는 것은 무엇인가? 그것은 바로 '도덕적 자유(liberté morale)'이다.

『동양자유신문』창간호 사설에서 쵸민은 자유를 '도덕적 자유'와 '행위의 자유'로 구분하고, 일체의 '행위의 자유'('일신의 자유', '사상의 자유', '언론의 자유', '집회의 자유' 등)가 '도덕적 자유'로부터 연유한다고 주장한다. 그리고 그러한 "도덕적 자유라고 하는 것은 나의 정신과 마음이 조금도 외부로부터 속박을 받지 않고, 완전히 발달한 상태"로서 "나에게 본유(本有)하는 근기(根基)"라고 규정한다. 그러한 내적 도덕능력으로서의 도덕적 자유를 쵸민은 『맹자』의 '호연지기(浩然之氣)'를 원용하여 설명하고 있다(⑭1-3).

쵸민이 『동양자유신문』에서 논한 도덕적 자유는 원래 루소가 『사회계약론』제 1편 제 8장에서 언급한 개념이다. 루소에 따르면 인간은 자연상태에서 사회상태로 이행함에 따라 자연적 자유를 상실하고 사회적 자유를 획득한다. 이 때 비로소 인간은 "자기 자신을 자기의 유일한 주인이 되게 하는 도덕적 자유"도 획득하게 된다. 다시 말하면, 욕망의 충동에 따라 살아온 자연상태에서 자기입법을 원칙으로 하는 사회상태로 이행하게 되면서 인간은 스스로 만든 법에 따르는 자유를 획득하게 되는 것이다(木原謙 1989, 95).[18] 이미 법은 강제력을 가진 외적 강제라기

보다 '자유에로의 강제'라는 역설이 의미하듯이 '도덕적 자유'를 실현한 자유인에게는 장식에 불과하다고 볼 수 있다. 맹자의 호연지기를 품고 있는 대장부에게 정치라고 하는 외적 장치가 불필요하듯이 도덕적 자유를 획득한 사회상태의 자유인에게 법은 도덕적 자기완성의 표현에 불과한 것이다. 이러한 일국내의 이상정치에 관한 생각은 쵸민이 국가간의 궁극적인 평화상태를 구상하는 데에도 관련되어 있다.

연방이란 어디까지나 주권국가를 강제하는 외적 장치이다. 쵸민이 구상하는 평화 이념은 이러한 외적 장치가 불필요해 진 상태이다. 그것은 다름 아닌 개별국가가 민주제를 실현하여 외적 장치로서의 연방이 장식화된 상태이다. 개별국가에서 외적장치인 법령과 형옥의 존재의 의의가 엷어졌듯이 평화의 상태에서는 국가간의 관계를 규정하는 연방 또한 마찬가지로 그 의의가 희박해진다. 이것이 『삼취인』에서 연방제의 위상이 약해져 있는 두 번째 이유이다. 앞에서 언급했듯이 민주·군폐론에 기반하여 평화의 논의를 전개하는 과정에서 '우리의 택지', '일대원상', '일가족'과 같은 표현으로 연방의 의미를 나타내었던 것은 바로 이 때문이었다.

지금까지 쵸민의 평화이념이 민주·군폐론에 입각하고 있음을 확인하였다. 다음은 절을 바꿔서 군폐론이 성립하는 근거를 국가의 성격이란 측면에서 살펴보겠다.

4. 민주·도덕국가

『삼취인』은 등장인물 중의 한 사람인 남해선생에 대한 인물소개로

18) 쵸민의 '도덕적 자유'에 관해서는 米原謙(2003, 224)도 참조.

시작된다. 그는 술과 정치논쟁을 대단히 좋아한다. 특히 술을 마시고 세계정세와 진로를 논할 때면, 신선이 사는 산이나 절대자유의 선경(仙境)을 넘나들기에 그가 말하는 지리나 역사는 실제와 다른 경우가 있다. 물론 현실세계의 지리역사에 부합하는 경우도 때에 따라 없지는 않다고 한다. 그가 거론하는 국가의 성격과 상태에 대해서는 다음과 같이 말하고 있다.

> (남해)선생의 지리에도 추운 나라(寒冷の邦)도 있고, 따뜻한 나라(溫煖の邦)도 있다. 강대한 나라(强大の國)도 있다면, 약소한 나라(弱小の國)도 있다. 문명의 사회(文明の俗)가 있는가 하면, 야만의 사회(野蠻の俗)도 있다. 그 역사에도 다스려진 시대가 있고 혼란스러운 시대가 있으며, 융성한 시대가 있고 쇠퇴한 시대가 있다. 이런 식으로 현실세계의 지리 역사에 부합하는 경우도 때에 따라 없지는 않다.(⑧180)

이 중에서 이후 전개되는 『삼취인』의 내용과 밀접하게 관계되는 것은 '강대한 나라(强大の國)', '약소한 나라(弱小の國)', '문명의 사회(文明の俗)', '야만의 사회(野蠻の俗)'이다. '文明の俗'과 '野蠻の俗'을 여기에서는 '문명의 사회'와 '야만의 사회'라고 번역하였지만, '속(俗)'은 앞의 '방(邦)', '국(國)'과 같은 차원에서 쓰여 지고 있기 때문에, '문명의 풍속을 이룬 나라'와 '야만의 풍속을 유지하는 나라'라고 하는 것이 원래의 뜻에 가깝다. 그렇다면 원래 쵸민이 '문명의 나라(文明の國)'와 '야만의 나라(野蠻の國)'라고 했어도 크게 문제될 것은 없었을 것이다.[19] 물론 같은 의미를 갖고 있음에도 '방', '국', '속'으로 달리 표현한 것이 문장의 맛을 내기 위해서이기도 하겠지만, '속'과 '국'[20]의 경우는 사용되는 문

---

19) 실제로 '宇内第一の文明國'(「論外交」, ⑪120)라고 표현하고 있다.
20) '弱小の邦', '强大の邦'(⑧182)에서 알 수 있듯이 '邦'은 '國'과 같은 의미이다.

맥이 다르다.

일반적으로 국가라고 하는 개념은 두 측면을 갖고 있다. 하나는 국가의 구성원 개인들의 집합상태를 지칭하는 경우(상태로서의 국가, 국가상태)이며, 다른 하나는 타국과의 관계 속에 있는 행위자로서 지칭하는 경우(행위자로서의 국가, 국가행위자)이다. 그러므로 개인과 국가와 국제체제를 연구·분석할 때 두 가지 분석틀(문제틀)에 입각하여 진행할 수 있다. 하나는 개인행위자와 국가상태를 분석틀로 하여 접근하는 것이고, 다른 하나는 국가행위자와 국제상태를 분석틀로 하여 접근하는 것이다. 전자가 자유와 정의의 문제틀이라면, 후자는 주권과 평화의 문제틀이다.

위 인용문에서 '속'이 일국 내에서의 상태를 의미한다면, '국'은 타국과의 관계성을 함의한다. 따라서 '문명의 사회(文明の俗)'와 '야만의 사회(野蠻の俗)'가 자유와 정의의 문제틀에 입각한 표현이라면, '강대한 나라(强大の國)'와 '약소한 나라(弱小の國)'는 주권과 평화의 문제틀에 입각한 표현이다. 이제 이 두 분석틀에 입각하여 쵸민이 말하는 민주제 국가의 특성을 살펴보자.

앞에서 인용한 "서구 모든 국가는 이미 자유, 평등, 박애라는 3대 원리[三大理]를 알고 있으면서도 민주제를 따르지 않는 나라가 많은 것은 왜일까요? 도덕의 원리[義]에 크게 반하고 경제의 이법[理]에 크게 반하면서까지 국가의 재정을 갉아 먹는 수백만의 상비군을 갖추고, 헛된 공명을 다투기 위해 죄 없는 인민을 서로 살상케 하는 것은 왜일까요?"(⑧ 181-182)라는 문장에서 전반부는 개인행위자와 국가상태의 분석틀에 입각한 서술이고, 후반부는 국가행위자와 국제상태의 분석틀에 입각한 서술이다. 여기서 주목하고 싶은 것은 쵸민이 두 문제틀을 동일한 원리에 의거해서 논하고 있다는 사실이다. 다름 아닌 '리의(理義)'라는 원리를 양 문제틀에 연계시키고 있다.

'리의'는 『맹자』에 등장하는 말이다.

> 그러므로 말하기를, '입이 맛에서 즐기는 것이 다 같은 것이 있으며, 귀가 소리에서 듣는 것이 다 같이 것이 있으며, 눈이 빛깔에서 아름답게 여기는 것이 다 같은 것이 있다'고 하는 것이니, 마음에 이르러서만 유독 서로 다같이 그렇게 여기는 것이 없겠는가? 마음이 다같이 그렇게 여기는 것[心之所同然者]은 무엇인가? 리(理)라 하고, 의(義)라 하는 것이다. 성인은 먼저 자기의 마음이 남과 다같이 그렇게 여기는 것을 알았을 뿐이다. 그러므로 리의(理義)가 나의 마음을 기쁘게 하는 것이 소와 양, 개와 돼지의 고기[芻豢]가 내 입을 즐겁게 하는 것과 같다.(「告子上」, 7)

쵸민이 사용하는 '리의(理義)'가 여기에 근거하고 있음은 말을 필요치 않는다. 쵸민은 또한 '평등의 리(理)'(⑧184)나 '자유의 의(義)'(⑧185)라는 표현을 사용하기도 하며, "영국인 중에서도 고량(高亮, 새의 소리가 높고 낭랑한 것)하고 리의를 선호하는 사람들은 한 걸음 더 나아가 자유의 의(義) 외에 평등이라는 또 하나의 의(義)를 포함시킴으로써 민주제를 실현하기를 열망하는 자들이 상당히 많습니다"(⑧207)라고도 하여, '리', '의', '리의'를 동일한 의미로 사용하고 있다.[21] 따라서 일국내 국가상태(그 속의 개인행위자)에 관한 "자유, 평등, 박애의 삼대리(三大理)"와, 국가행위자 간의 '도덕의 의(義)'에서의 '리'나 '의'는 동일한 '리의'의 다른 표현으로, 쵸민은 두 분석틀 모두에 '리의'라는 동일한 원리를 연계시켜 적용하고 있는 것이다. 다음의 인용문에서도 '리의'는 두 문제틀에 연계되고 있는데, 특히 개인행위자의 원리가 국가행위자의 원리에

21) '道理'(「論外交」, ⑭126), '道義'(「論外交」, ⑭129)라는 표현도 동일한 의미.

연계되고 있음을 확인할 수 있다.

> 약소국이 강대국과 교제할 때, 상대의 만분의 일도 안 되는 유형(有形)의 완력을 휘두르고자 하는 것은 계란을 가지고 바위를 치는 격입니다. 상대는 문명을 자랑스럽게 여기고 있습니다. 그렇다면 저들에게 문명의 본질[原質]인 리의(理義)의 마음이 없을 리가 없습니다. 그렇다면 우리와 같은 소국은 저들이 마음으로 동경하면서도 아직 실천하지 못하고 있는 무형(無形)의 리의(理義)라는 것을 왜 우리의 군비로 삼지 않습니까? 자유를 군대와 함대로 삼고, 평등을 요새로 삼으며, 박애를 검과 대포로 삼는다면, 천하에 그 누가 적대하겠습니까.(⑧182)

여기서의 '약소국'과 '강대국'은 국가행위자의 측면이다. 쵸민은 국가행위자의 행동을 두 유형으로 분류한다. 하나는 '유형의 완력'을 휘두르는 경우이고[22], 다른 하나는 '무형의 리의'에 따르는 경우이다. '무형의 리의'란 다름 아닌 '리의의 마음'이다. 원래 『맹자』에서 '리의의 마음'이란 인간(개인행위자)이 본유하는 내적 능력, 즉 심성(心性)이다. 그런데 여기서 쵸민은 그러한 개인행위자의 내적 능력을 국가행위자가 본유하는 내적 능력—국가본성(國家本性), 국성(國性)이라고 할 수 있지 않을까—에 연계시키고 있다. 개인행위자와 국가행위자가 동일한 원리에 의해 연계되어야 한다는 것을 쵸민은 분명히 말하고 있다.

> 국가란 무엇인가? 사람들[庶人]이 서로 모여서 하나의 집단을 이룬 것이 아니겠는가. 그렇다면 사람에게서 불의(不義)로 여겨지는 것이 국가에 있어서도 또한 불의로 여겨져야 한다는 것은 명백하다.……아아, 동일한 흉악한 행위를 사람이 범한 경우에는 도적(盜賊)이라고 불림을

---

22) '癲狂國'(⑧221)이나 '兇暴國'(⑧225)이라고 표현하기도 한다.

면하지 못하면서, 국가가 행한 경우에는 강국이라고 부른다. 어찌 이리 도 심하게 논리가 상반될 수 있는가?(「論外交」, ⑭129-130)

그러므로 쵸민이 생각하는 민주국가(국가상태)는 도덕국가(국가행위자)이며, 도덕국가이기에 세계평화를 실현할 수 있는 것이다.

프랑스는 이미 프랑스 인민의 프랑스(민주적인 국가상태)가 되어 있습니다. 프로이센도 언젠가 프로이센 인민의 프로이센이 된 때에는 프랑스와 서로 인연을 맺어 형제(평화로운 국제상태)가 될 것이 틀림없습니다. 프랑스의 기민함과 프로이센의 침착성이 서로 맺어져 벗이 될 것이 틀림없습니다.(⑧223)

진정한 문명이란 개인행위자의 '리의의 마음', 구체적으로는 자유, 평등, 박애의 원리를 일국 내에 실현하는데 그치지 않고, 국가 간에 '유형의 완력'을 구사하는 전쟁상태를 종결하기 위해 '무형의 리의'를 실현하여 군비를 철폐하고, 평화상태를 실현하는 것이다. 민주화와 군비철폐야말로 문명의 패러독스를 해결하는 다시 말해 평화를 통해 진정한 문명을 이루는 길임을 양학신사는 제시했던 것이다.

5. 맺음말

쵸민이 일국 내에서의 정치의 극치를 개인의 내적 도덕능력을 실현시켜 외적 장치가 불필요해진 상태에서 찾고 있었다면, 국제정치의 극치는 외적 강제력에 의존하지 않는 도덕국가의 자발적 무기포기에서 찾았다. 즉 국가행위자의 내적 자발성에 의한 평화를 쵸민은 제시한 것으로 개인을 도덕적 완전체로 간주하여 정치의 이상을 구상하고, 동시에 국가를 도덕적 완전체로 간주하여 평화의 이념을 구상하였다. 문명의 패러독스를 해결하고 진정한 문명을 실현하는 길을 쵸민은 도덕국가의 자발성에서 구했던 것이다. 그것이 바로 '진화의 신(神)'의 진로임을 확신하고 있었던 그는 이상 사회의 모습을 다음과 같이 제시하였다.

> ①민주와 평등의 제도를 확립하여 각 사람들의 신체를 그들 자신에게 돌려주고, ②요새를 부수고 군비를 철폐하여 타국에 살인할 의지가 없음을 표명하거나, 타국도 또한 그러한 의지가 없으리라고 (우리가) 믿고 있음을 보여주어, ③국가 전체를 도덕의 화원(花園)으로 만들고 학문의 터전으로 만드는 것입니다.(⑧211)

개인행위자는 자유와 평등의 민주제를 향유하고, 국가행위자는 군비를 철폐한 상태, 즉 개인도 국가도 모두 내적 도덕능력을 실현한 상태를 쵸민은 '도덕의 화원'이라고 표현했다. 앞에서도 인용했듯이 이렇게도 표현하고 있다.

> 오로지 도덕의 학문을 강구하고, 공업의 기술을 연구하여, 순수한 철학의 아들로 되는 그 날(⑧182)
>
> 무형의 도의에 입각해서 학술을 크게 진흥시켜서 자신의 나라를 말하자면 더없이 정밀하게 조각된 예술작품처럼 만들어(⑧255-256)

그것이 바로 쵸민이 생각하는 평화상태이다. 그것이야말로 문명의 패러독스를 해결할 수 있다고 생각했기 때문에 쵸민은 그 길을 약소국 일본에 권하고 있었던 것이다.

> 정말이지 상대는 예의가 없고 우리는 예의를 지킵니다. 상대는 도리에 위배되나 우리는 도리에 부합합니다. 소위 그들의 문명이란 야만에

다름 아니고, 우리의 야만이야말로 문명인 것입니다. 그들이 화를 내어 멋대로 폭력을 구사해도 우리는 웃으며 인(仁)의 도(道)를 지킨다면, 그들이 과연 우리를 어떻게 할 수 있겠습니까.(⑧183)

쵸민은 세계 만국이 도덕국가가 된 상태, 그리고 그러한 도덕국가간의 예(禮)적 관계의 완성에서 평화상태의 원형을 구하였다. '우리의 택지', '일대원상', '일가족' 등은 그러한 원형과 부합하는 표현이었던 것이다. 따라서 쵸민의 평화상태에서는 강제적 외적장치가 필요치 않다. 군비가 필요할 리는 더더욱 없다. 그것이 바로 쵸민의 군비철폐론이다. 그것도 철저한 군비철폐론이다. 그렇기 때문에, "만약 광포한 나라가 있어 우리가 군비를 철폐한 틈을 타서 출병하여 습격해 온다면 어떻게 합니까?" 라는 호걸군의 질문에 대한 쵸민의 답변은 사뭇 비장하다.

> 나는 그러한 광포한 나라 [凶暴國] 는 절대 없다고 믿고 있습니다. 만에 하나 그러한 광포한 나라가 있다면, 우리들은 각각 스스로 대책을 강구할 수밖에 없지요. 다만 나의 희망은 우리들이 무기 하나, 탄약 한 발 지니지 않은 채 조용히 이렇게 말하는 것입니다. '우리들은 당신들에게 무례를 범한 적이 없습니다. 비난받을 이유도 다행히 없습니다. 우리들은 아무런 내홍 없이, 공화(共和)적으로 정치를 해왔습니다. 그런 마당에 당신들이 와서 우리나라를 소란스럽게 하고 싶지 않습니다. 자 빨리 당신의 나라로 돌아가 주십시오'라고 말입니다. 그들이 그래도 들으려 하지 않고 소총이나 대포에 탄약을 재워 우리들을 겨냥한다면, 우리들은 큰 소리로 외칠 뿐입니다. '너희들은 어찌 이리도 무례(無禮)하고 비도(非道)한[無禮無義] 놈들인가'. 그리고는 총탄에 맞아 죽을 뿐, 달리 묘책이 있는 것이 아닙니다.(⑧225)

'유형의 완력'을 휘두르며 쳐들어온 흉포국(凶暴國)에 '무형의 리의

(理義)'로 대응할 뿐이다. 그래도 안 될 때에는 흉포국에 자신을 내맡겨 버릴 수밖에 없다고 쵸민은 답한다.[23)]

서구의 근대적 사유구도를 넘어선 이러한 쵸민의 도덕국가관은 어디에서 유래하는가? 루소에서 칸트로 이어지는 자유와 평화에 대한 서구 근대적 사유구도에서 개인과 국가는 분절되어 있다. 루소는 근대국가가 도덕국가일 수 있는 가능성을 탐구했으나 단념하였고, 칸트는 도덕국가가 될 수 없다는 전제하에 외적인 법적장치에 의한 평화안을 제시하였다. 그러나 쵸민의 국가는 이러한 서구 근대적 구도에서 바라본 국가와는 달랐다. 쵸민은 서구로부터 수용한 근대적 사유를 근간으로 하여 자신의 평화이념을 구상한 것이 아니다. 쵸민의 평화이념이 동양적 사유, 특히 맹자적 사유에 기반하고 있음을 밝히는 것이 다음의 과제이다.

23) 井田進也(1987, 253)는 "양학신사의 현실모델은 유럽의 무정부주의자, 사회주의자 정도가 되겠는가"라고 추측하고 있다. 그랬을지도 모르지만 원리적 측면에서 본다면, 유럽의 무정부주의나 사회주의는 쵸민의 도덕국가론과 모순된다.

참고문헌

연구공간 '수유+너머' 일본근대사상팀 역. 2005. 『삼취인경륜문답』. 서울: 소명출판.

이기동 역해. 1998. 『孟子講說』. 서울: 성균관대학교출판부.

이혜경. 2003. "나카에 조민의 이상사회: 동양과 루소의 만남." 『철학사상』17.

최상용. 1984. "『民約譯解』에 나타난 中江兆民의 Rousseau 이해." 『亞細亞研究』27권2호.

飛鳥井雅道. 1999. 『人物叢書 中江兆民』. 東京: 吉川弘文舘.

井田進也. 1987. 『中江兆民のフランス』. 東京: 岩波書店.

出原政雄. 1995. 『自由民權期の政治思想』. 京都: 法律文化社.

宇都宮芳明 譯. 1985. 『永遠平和のために』. 東京: 岩波文庫.

朱熹. 1983. 『四書集注』. 北京: 中華書局.

中江兆民. 1983-6. 『中江兆民全集』. 東京: 岩波書店.

松永昌三. 1980. "中江兆民 ― 平和國家の構想." 小松茂夫 外. 『日本の國家思想(上)』. 東京: 青木書店.

松永昌三. 1993. 『中江兆民評伝』. 東京: 岩波書店.

米原謙. 1986. 『日本近代思想と中江兆民』. 東京: 新評論.

米原謙. 1989. 『兆民とその時代』. 京都: 昭和堂.

米原謙. 2003. "일본에서의 문명개화론." 『동양정치사상사』2권2호.

ルソー. 1979. 『ルソー全集』. 東京: 白水社.

제12장 일본 내부에서의 '트랜스 동아시아' 담론

전성곤*

1. 서론: 우익의 사상적 전회

다케우치 요시미(竹内好)는 오카와 슈메이(大川周明)가 우익사상가로 한데 묶어지지만 '특이한 위치를 차지'한다고 제시한다. 다시말해서 오카와 슈메이가 일본형 파시스트의 전형이라는 것을 인정하지만, 동시에 오카와 슈메이가 독립적인 사상가[1]라는 점을 인정하지 않으면 안 된다고 말했다.[2] 이러한 다케우치 요시미의 지적처럼 오카와 슈메이가 차지하는 '독립적인 사상성'은 바로 오카쿠라 덴신(岡倉天心)의 사상과 연동되는 측면이 있었다.

그러한 의미에서 본 논고에서는 오카와 슈메이(大川周明)의 사상적

---

* 고려대학교 일본연구센터 HK연구교수, 일본학/일본사상 전공
이 글은 「서구의 외부 '태동(泰東)'과 '아시아'의 내부 '일본제국' 사이에서」『일본사상』26호에 게재된 원고를 수정 · 보완한 글이다.

1) 다케우치 요시미저, 서광덕·백지운옮김 (2004)『일본과 아시아』소명, p.331. p.357. 竹内好(1975)「大川周明のアジア研究」『大川周明集(近代日本思想大系21)』筑摩書房, p.391. p.405. p.406. 오카와 슈메이와 관련된 우익사상에 대한 차이성을 설명하기 위해서는 동시기에 함께 활동했던 대표적 사상가인 기타 잇키(北一輝)나 미치가와 가메타로(満川龜太郎), 야스오카 마사히로(安岡正篤), 니시다 미쓰기(西田税) 등과의 공통점과 차이점을 제시할 필요가 있다. 이는 [illegible].

2) 松本健一(1986)『大川周明-百年の日本とアジア』作品社, p.8

편력이 갖고 있는 '내적 특징'을 오카쿠라 덴신의 '아시아는 하나다'라는 테제와 연계하여 밝히려 한다. 오카와 슈메이가 주장하는 '일본정신'과 아시아 부흥은, 오카쿠라 덴신의 '아시아 부흥론'에 기원을 두고 있었다는 점에서, 오카쿠라 덴신과의 연관성을 간과해서는 안 되기 때문이다. 오카쿠라 덴신이 주장한 '아시아 부흥'이라는 표제어에 기원을 두고, 오카와 슈메이가 내건 '아시아 사상' 부흥론은 아시아인의 새로운 주체를 등록해가는 진입로였다. 오카와 슈메이는 '억압받는 아시아의 나라들'이라는 의미에서 오카쿠라 덴신이 제시한 '아시아는 하나다'라는 논리를 원용하여, '쇠퇴한 아시아를 다시 회복하는 것'이 아시아의 부흥이라고 주장하고, 아시아를 다시 성찰하게 된다.

그런데 문제는 다양한 아시아를 어떻게 하나로 묶어내는가에 있었다. 메이지기 현실적 테제로 등장한 '아시아'론은 '아시아 문화는 다양하지만, 서구로부터 억압받는 하나의 아시아'를 '아시아 문화의 공통성'으로 통합하는 '다양한 문화로서의 아시아'를 정당화하지 않으면 안 되었다. 그렇지만 이러한 표현 즉 '다양한 문화로서의 아시아'라는 표현은 모순적이면서 새로운 개념어였다. 그렇기 때문에 오카와는 그러한 모순을 타개하고, 아시아의 본성을 논증하기 위해 '오카쿠라 덴신의 아시아론'을 바탕에 깔면서도 아시아 개념을 '침략과 연대'라는 역설적 논리로 합성시키고 '진정한 아시아'로 회귀할 수 있는 방법을 고안해내려 했다. 그 해결방법으로서 오카와 슈메이는, 서구를 상대화하면서 만들어내는 '다양한 문화의 아시아 제국'을 합성하고 '침략주의' 서구와 맞서기 위해서는 '아시아의 원래 상태인 고대의 문화'로 재화(再化)하거나 되살아나야(再生) 한다고 주장했고, 이를 위해서는 아시아인의 내면적 '회복'과 함께 넓게는 지역적 차이성을 봉합하는 '공간공동체'로서의 아시아 특성을 포함하면서 '하나의 아시아'로 부흥하는 매듭을 발견해낸 것이다. 다시말해서 〈아시아라는 공간〉의 새로운 공동체의 결합과 부흥이기도 했던 것이다. 이는 서구로부터 해방된 '아시아의 부흥을 강조'한다는 의미에서 '아시아 사상'의 부흥이기도 했다.

그런데 이렇게 오카쿠라 덴신을 참조하여 아시아의 부흥을 주장하는 논리에는 '일본정신'이 '아시아의 실질적 정신'이라고 주장하기에는 근거가 필요했다. 그러한 근거로서 찾아낸 것이 '일본정신'이었고, 그 일본정신의 부흥은 역으로 〈아시아부흥을 위해 부흥되어야 하는 것이 '일본정신'〉이라는 결과를 가져왔다. 그러니까 '아시아정신'이 존재하고 이것이 부흥되어야 한다는 논리로서의 '일본정신'의 부흥이었던 것이다. 이러한 '일본정신'이 〈자각〉적으로 '설정되고', 아시아정신이 무엇인가를 '창출'되면서, '몇 가지 원리'들이 지칭되고 동원된 것이다. 바로 오카쿠라 덴신과 오카와 슈메이가 부흥되어야 할 '아시아 정신'과 '일본정신'을 '의식적으로' 발견하고 그 에토스를 제시하기에 이른다. 여기서 바로 '아시아 정신'과 '일본의 부흥'이라는 혁신적인 테제가 '일본 개조=아시아 개조'로 전복되는 것이었다.

그러한 의미에서 오카쿠라 덴신이 제시한 '아시아는 하나다'라는 논리는, 오카와 슈메이가 주장한 '초국가주의적' 의미로서 '아시아는 하나다'로 변형되고, 다문화 제국주의와 천황제 국가의 정당성을 형성해가면서 '아시아관'을 '주체적, 객관적'인 것으로 탈취한 것이다. 바로 〈일본정신=혁신에토스〉가 부각되면서, '아시아 국민국가'의 지배 담론을 정당화 하는 '아시아 사상'을 구축하게 되는 지점이었다. 일본정신이 결국 아시아 민족의 정신적 유전자의 모습이고, 일본의 다마시이(魂, 정신) 그 자체이며, 그것은 곧 일본의 국체, 일본의 문화를 창조하고 발전시키는 힘이었던 것으로 귀결되며 〈일본정신의 부흥〉이 〈다문화 제국 아시아의 부흥〉으로 동일시되고 '서구를 상대화' 한 전지구적 '아시아 이론'

의 핵심으로 등장하는 것이었다. 이러한 사유방식이 바로 오카쿠라 텐신의 텍스트를 오카와 슈메이가 재구성한 '아시아' 텍스트에서 발현되고 있었던 것이다. 이를 통해 '다문화 아시아 제국'이라는 개념이 '일본정신'이라는 '작위 된 개념'과 만나게 되고 '본질적 개념'으로 정착되어 가는지 그 과정이 밝혀질 것이다. 그것은 '아시아적인 것'이 존재하는 것이 아니라, 아시아는 그 자체로 '주체적일 수 있다'고 주장한 오카쿠라 텐신(岡倉天心)과 오카와 슈메이(大川周明)의 아시아는 '구조적 양식'에서 만들어진 것임이 드러날 것이다. 그것은, '아시아적 주체를' 사유한다는 것이 '아시아적 에토스를 발견해 내는 것'이 아니라 '아시아와 탈아시아' 사이에서 생성되는 〈인식적 관계〉인 것을 인식할 수 있게 할 것이다.

2. 만들어진 우익 오카와 슈메이

오카와 슈메이의 '전체적 사상성'을 최초로 제시한 것은 사야마 사다오(左山貞雄[3])였다. 사야마는 오카와가 일본정신을 자각하는 과정에서 서구사상을 섭렵하는 과정과, 그 서구 사상의 수용은 결과적으로 일본정신을 의식하게 되는 경로임을 설명한다. '회상'형식으로 전개되는 사야마의 저서는 오카와의 사상적 흐름으로서, 유존사(猶存社), 행지사(行地社)의 활동을 소개하고, 나아가서는 오카와의 사상이 가진 특징을, '역사=국민적 생명의 발현', '일본적=하늘(天)의 마스히토(益人) 자각', 국체, 정치, 정치가, 군인, 국민운동, 국가, 혁신, 이상, 인간, 인격, 도덕, 사회, 경제, 종교, 전쟁, 세계정책, 아시아정신, 대동아공영권으로 세분화하여 분석했다. 그리고 중국론(원문에서는 지나론〈支那論〉인데, 이

3) 左山貞雄(1944)『大川周名博士その思想』大同書院, pp.1-140

하 저서 제목 이외에는 지나를 중국으로 표기), 인도론, 아시아론으로 새롭게 장을 구성하여, 오카와의 중국 인식과 인도인식, 그리고 그것의 흐름과 연동된 아시아론을 제시했다. 오카와 슈메이의 전제적 특징을 구체적으로 제시하면서, 특히 중점으로 다룬 것은 오카와의 '사상'이 갖는 특징이다.

물론 최초의 선행연구라는 점에서 오카와의 '사상적 특징'은 국사의 진수 논리라든가, 아시아관, 동양사 관련이라는 점에서 주목할 만하지만, '1억 국민=일본'이 중심이 되는 '10억아시아 국민의 정진(精進)'을 주장한다는 점에서, 실질적인 오카와의 〈사상 내용〉속에 발현된 '아시아'를 설정하고 있었다. 물론 이데올로기적인 측면에서 대동아공영권 선동이 갖는 이데올로그로서 오카와 슈메이의 사상성이라는 문제점을 갖지만, 그것을 비판하기 보다는 전후 오카와 슈메이의 〈사상 평가〉에 대한 관점을 형성했다는 점에서는 특이할 만하다. 사야마가 제시한 일본 속의 〈오카와 슈메이의 사상관〉의 출현과 연동하여 일본정신을 논하고, 일본 중심주의를 제시하면서 대동아공영권을 만들어내는 논리가, 결국 패전이라는 시대적 배경과 관련되면서, 오카와는 '우익사상가'로 주변화되었다고 본다. 특히 동경재판에 회부된 오카와는 패전국가 일본의 현실이라는 시대적 배경과 함께 그러한 과정을 겪고, 오카와와 연관되어졌다. 물론 사야마의 『오카와 슈메이 박사 그 사상(大川周名博士その思想)』은 〈오카와 슈메이 사상의 형상화〉 발생의 열쇠를 쥔 중요한 저서임에도 불구하고, 오카와가 일본중심주의를 창출한 '이데올로기스트'라고 제시한 이론에 대해 지금까지 별로 주목되지 못했다. 이에 비해 오카와 슈메이의 새로운 '연구의 방향'을 결정한 것은 바로 다케우치 요시미(竹內好)였다. 그러니까 오히려 다케우치 요시미는 오카와가 대동아공영권 이데올로기를 선동한 사상가로서 평가를 받는 오카와의 업적

에 대해 '당연한 논리'로 평가되는 기존 편견을 넘으려는 새로운 시도로서 전개된 것이다.

전후 『오카와 슈메이집(大川周明集)』에 다케우치 요시미는 오카와 슈메이와의 만남을 회상하면서 오카와 슈메이의 이슬람연구를 소개하고, 오카와의 종교관, 아시아관 인도와 중국에 대한 환상, 미일문제 등을 통한 동서대립의 문제를 제기한다. 이는 오카와가 도덕론을 중시하게 되는 이유와 연결시켜가면서 일본형 파시스트를 인정하면서도, 독립된 사상가임을 설파한 것이다. 정신 다시말해서 내적 가치의 최고 표현형태로서의 종교, 그것을 사회적으로 실현시키는 수단이 정치라 여기고 정치와 결합하는 원리를 이슬람을 연결시킨 논리를 해독한 것이다.[4]

이러한 선행연구를 통해 오카와의 전체적 흐름을 살펴볼 수 있었지만, 일본에서 '전통 창출론'을 주장하는 고야스 노부쿠니(子安宣邦)가 지적한 것처럼 1920년대에 처음으로 사용된 일본정신은 '간토대지진'을 계기로 위기에 처한 국가를 재건해야 한다는 사명감에서 나온 담론이다.[5] 간토대지진이라는 위기상황과 오카와 슈메의 '일본정신'이 어떻게 연동되어 '일본정신'의 부흥이 주창되는지를 구체적으로 살펴 보기 이전에 오카와 슈메이에게 영향을 준 오카쿠라 덴신의 사상적 특성부터 구체적으로 검토하기로 하자.

---

4) 竹內好(1975)「大川周明とアジア研究」『大川周明集』筑摩書房, pp.391-406
5) 子安宣邦(2011)「一九二三年と二〇一一年　二つの震災の間　小田實『被災の思想難死の思想 / 大川周明『日本精神硏究』」『現代思想』(7 月臨時增刊号)第39卷第9号, p.12

3. 아시아개념과 오카쿠라 덴신

먼저 오카쿠라 덴신이 중국의 역사와 일본의 역사를 비교하면서 그려낸 조감도인 『태동교예사(泰東攷芸史)』는 커다란 의의가 있었다. 역사에 대한 시대구분에 나타난 '일본문화의 형성 프로세스가 가진 특징'과 '아세아(亞細亞)의 정체성'을 정리하고 있기 때문이다. 물론 『태동교예사(泰東攷芸史)』라는 제목에서 알 수 있듯이 '태동'을 전면에 드러내고 있는 것처럼, 오카쿠라는 '동양'이나 '동아시아'라는 개념을 사용하지 않고, 〈태동〉이라는 용어를 사용한 것에는 커다란 이유가 있었다.

오카쿠라는 "교예사(攷芸史), 미술사는 고래의 명품(名品)을 이해하여 우리들의 비판력을 기르는 것을 목적으로 한다. 단 본 강의에 쓰인 미술이라는 말은 좀 타당하지 않은 듯하며, 예술 혹은 교예라는 말을 사용하는 것을 통해 적당한 범위가 포함된다. 또한 동양이라는 글자는 'Orient'의 번역인데, 'Orient'는 'Europe'에서 보는 시점이다. 그리스는 오리엔트 속에 포함되었지만, 지금은 생략하여 동아 혹은 태동이라고 한다. 본 강의는 태동교예사라고 이름 짓는다"[6]고 한 것처럼, 오카쿠라에게 있어서 '태동(泰東)'은 주체적 '아시아' 구축 논리였다. 물론 아시아라는 개념이 '지리적인 명칭'과 함께 서구인들의 인식에서 형성된 '정치성'이나 '인위성'을 동반하고 있다는 것은 자주 지적된다. 특히 서구와 대립된 개념의 쌍으로서 아시아가 탄생하는 논리인데, 오카쿠라는 태동(泰東)이라는 용어를 사용하면서 아시아를 재구성했던 것이다.

바로 '아시아의 예술론'을 통해 오카쿠라는 동양미술의 독립자존을 주장하면서 '아시아는 하나이다'(Asia is one)라는 유명한 문구를 통해

6) 岡倉天心(2014)『日本美術史』平凡社, p.264

시작된다. 잘 알려진 것처럼, 오카쿠라는 동양미술의 서구화 풍조에 반대하여, 동양미술의 독립자존을 주장했고, 일본이 아세아(亞細亞) 대륙의 문화가 전부 집합된 장소라고 주장했다. '아시아는 하나'라는 표현은 『동양의 이상(東洋の理想)』에서 사용하고 있는데, 그것은 아시아의 여러 민족의 다양성을 인정하지 않는다는 것이 아니라, 다양하면서도 서양 문명에 대한 아시아의 영광을 주장하고, 아시아의 양식을 지키며 이것을 회복하려는 점에서 하나라는 의미로 사용했다. 이 유명한 『동양의 이상』보다 빠른 1902년에 발표한 『동양의 자각(東洋の目覺め)』은 아시아의 민족들이 자신들의 재생을 위해 노력하는 모습을 조망하면서, 일본의 신생(新生)을 아시아 부흥과 연결시키고 있었다.

오카쿠라는 서구와 일본을 대립된 개념으로 설명했다. 오카쿠라는 일본이 서구문물을 배워 발달하게 된 것은, 인정하지만, 그것은 '모방력보다도 그 모방의 능숙함을 보여준 내부의 힘'에 의의를 두었다. 특히 서구 문화가 일본에게 가르쳐준 것에 대해서는 크게 감사를 표하지만, 실제로 일본인을 〈각성〉하고, 새로운 생활을 촉진시켜준 것은 역시 '아세아'라고 논한다. 다시말해서, 오카쿠라는 '태서인은 우리들 태동인이 태서에 대해 배우지 않으면 안 되는 것처럼, 태동에 대해 다시 배우지 않으면 안 된다'[7]고 주장했다. 오카쿠라는 도식적으로 서구 대 일본이라는 점을 강조했고, 서구를 배우는 일본이 존재하는 것처럼 일본이 서구를 배웠듯이 서구도 일본으로부터 배워야 하고, 그 배움의 자세를 가져야 한다고 주장하는 것이었다. 이러한 주장 속에는 '보편성이 결여된 일본'이라는 보는 서구중심주의의 태도를 비판하는 것이며, 오히려 서구를 통해 '배움'을 갖고 그것을 모방하는 내부의 힘이 존재하는 일본을

7) 岡倉天心(1922)「日本の覺醒」『天心先生歐文著書抄譯』日本美術院, p.51

다시 서구가 배워야 한다는 점에서, 서구가 오히려 '아시아'의 내용을 알지 못한다는 한계점을 비판하는 것이었다. 이것은 이미 오카쿠라가 '서구로부터 배움을 통해 새로운 일본문화'를 창출해 낸 '일본문화'와 '그것을 배우지 않는 서구의 문화'를 동렬에 놓으면서 문화상대주의적 논리를 끌어오면서 제시한 '서구중심주의'의 비판이었다.

오카쿠라는 서구의 물질문명이 발전해 온 역사에 대해, '미술의 보편성'이 존재했지만, 일본미술이나 예술이 가진 종합성에 대해 '이해하지 못하는 서구'가 '보편성'으로 해석되는 것이 갖는 문제점에 착안한 것이다. 그래서 서구인이 보는 아시아는 서구적인 논리로만 가득한 '일방적인 예술'로서, 그러한 예술은 일방적이라는 측면에 대한 '상대적 해석'을 일구어 낸 것이다. 오카쿠라의 입장에서 보면, '배우지 않는 서구의 예술'이 갖는 보편성이라는 개념 해석은, '아시아 특히 일본에게서 배우지 않는 서구중심주의적 반성과 함께 새로운 예술적 특성을 창출'하지 못한다는 의미에서 '유럽식' 일방론으로 비춰졌다. 다시말해서 서구식 예술론이 갖는 '서구적 가치관'을 '보편'이라고 보는 '서구의 일방적인 도식'이 갖는 문제점을 하나의 이론으로 만들어 낸 것이다. 오카쿠라 텐신에게 이것은 '서구라는 개별적 존재'가 만들어낸 아시아였고, 이는 하나의 개별성에 지나지 않았다. 이를 상대화하는 작업의 시초가 '태동'이라는 새로운 개념이었고, 일본의 '내용'이었다.

물론 서구의 문화를 하나의 개별성이라는 것을 읽어냈지만, 상대주의적인 입장에서 일본이 서구적 개별 보편성을 넘기 위해서는 딜레마가 수반되고 있었다. 〈순수〉한 일본적 특징과 동양과 서구를 아우르는 '보편성'이 갖추어진 것이 아니면 안 되었다. 그렇지만, 그 보편성은 일본의 순수한 개별적인 요소가 아니면 안 되는 것이었다. 여기서 바로 답을 찾는 것이 '아시아가 하나'라는 논리였다. 오카와는 아시아는 하나라는 것에 대해 다음과 같이 논한다.

> 아세아는 하나(一体)이다. 아세아는 결국 하나이다. 아라비아의 무도(武道)도 페르시아의 시(詩)도, 중국의 윤리도 인도의 사상도 각각의 지역을 달리하면서 피어난 것이기 때문에 구별은 가능하지만, 결국 동일한 아시아정신이다. 일본의 특징은 복잡성속의 통리(統理)를 특별한 명석함을 가지고 이해할 수 있는 것 속에 존재한다. 일본인이 인도 달단족(韃靼族)이라는 것도 아시아 사상의 두 원천을 함께 알 수 있는 편리함이 있다. 그 국체의 다름이 그 위치의 특별함을 통해, 이 특권을 도와주고 있는 것이다.[8)]

오카쿠라 덴신은, 물론 아시아가 중국이나 인도뿐만 아니라 아라비아나 페르시아까지도 상정했고, 아시아가 각각의 '국가적 체계'를 달리한다는 것도 인지하고 있었다. 그럼에도 불구하고 아시아가 하나인 것은 '아시아정신'에 있었다. 오카쿠라는 '국가 체계의 상이(相異)'를 봉합하고 '아시아가 하나가 아니라'는 모순을 극복하기 위해 제시한 것은, '아시아의 정신'이었다. 즉 아시아의 의미를 재고하고 과거 문화의 공유와 문화 이동의 논리를 통해 일본을 비롯한 아시아를 '하나의 아시아'로 보았다.

그 중에서도 일본이 중국과 인도 문화의 수합장소이며, 일본은 아시아문명의 박물관인데, 그 융합지역인 일본은 '아시아적'이며 '아시아적일 수 있는 것'이라고 주장했다. 그래서 바로 여기서 실제 일본인을 〈각성〉하게하고, 새로운 생활을 촉진시켜준 것은 역시 '아세아'이며 또한 서구가 사고하지 못하는 즉 상대방을 모방하는 능숙함을 가진 내부의

---

8) 岡倉天心(1922)「東洋の理想」『天心先生歐文著書抄譯』日本美術院, pp.4-5

힘을 결합하는 곳이 일본이고 아시아였던 것이다.

전자의 주장으로서 ‘동서양의 상대화 작업’ 논리 속에는 과거 역사 속에 존재하는 아시아의 전성기 즉 동양의 전성기기가 있었음을 상기시켰다. 다시말해서 “아세아가 퇴폐하기 시작한 것은 15세기로 몽고가 중국을 통일했을 때이다. 그러나 동양은 그것 이외에도 위대한 문화를 소유하고 있었다. 아세아는 불교로 통일했었다. 중국에서는 공자(孔子)적 사상과 합쳐져서 훌륭한 문화를 꽃피웠다”[9]고 주장하며, 몽골이 물론 서양 문화를 파괴한 부분도 있지만, 오히려 사라센(Saracen)제국을 건설하게 했고, 기독교 국가가 확립되는데 영향을 주었다고 본 것이다. 특히 이탈리아에 문예부흥의 도화선이 되었다는 것 등을 통해, 동양의 전성기가 서양 문화에 이바지한 영향을 제시한 것이다. 이러한 동양의 전성기기 역전되어 현재는 서구가 아시아 문화 발전에 영향을 주고 있는데, 그렇지만 아시아 전성기시대와 서구 전성기 시대의 공통점을 찾아낸다. 오카쿠라는 “‘정신적 측면’에서 ‘사랑’의 가르침은 아시아에도 시리아 사막에도 있고, 크리스트교, 그리고 형태를 바꾼 유럽에서 조차도 퍼져있는 것”[10]이라고 주장한다. 바로 여기 즉 ‘정신적 측면=사랑’에서 서구적이면서도 일본적인 것이 발견되는 순간이었다.

그런데 그러한 아시아의 정신적인 것들이 서구에서도 파괴되고, 아시아의 인도나 중국도 그 맥이 끊어졌다고 비판한다. 오카쿠라는 “현대 문명은 태서인의 문명이며 태서인의 승리이다. 과학의 보급, 상공업의 개화가 그것이다. 그것도 모두 인간성 고양, 포애(包愛), 신실(信實)의 도(道)를 발휘하면서 생겨난 것이다. 그 정신은 결국 신문명으로 세계적 성질을 갖게 했고, 세계적 공통 관념을 길렀다. 태서인은 그것이 만

---

9) 岡倉天心(1922)「日本の覺醒」『天心先生欧文著書抄譯』日本美術院, pp.51-52
10) 岡倉天心(1922)「東洋の理想」, 前揭書, p.16

족스럽고 환희를 느끼는지는 모르겠지만, 동양인에게는 동일한 감정을 경험할 수 없다. 물질문화는 무엇을 위한 것인가. 그 포애(胞愛) 정신의 목표는 어떠한가. 태서인에게 이 물질문명은 전혀 행복하지 않았다. 그들은 자신들이 만든 문명에 속았다. 자유를 오히려 잃어버렸다. 진정한 개성은 점점 파괴되었다"[11]고 논했다. 태서인 즉 서구인들은 자신들이 만든 물질문명은 진정한 개성이 소멸된 것이라고 보았다. 그리고 그러한 진정한 개성이 아시아에 존재하는데, 그 아시아에서도 중국이나 인도문화에서도 그림자만 남아있다며, "지금은 중국문화와 그 문학과 유적이외에 이를 전달하는 것이 없다. 또한 지금의 인도문화도 안카(アンカ)왕 시대도 마스르콘(マスロコン)시대도 전하는 것이 없고, 그 그림자만 전해진다"[12]고 보았다.

결과적으로 오카쿠라는 앞서 언급한 '사랑'의 가르침이라는 '정신'적인 것에서 서구적인 것과 동시에 아시아적인 것의 교집합을 찾아냈고, 이어서 서구가 파탄에 이르고, 아시아의 인도나 중국도 파괴되었음을 주장하게 된 것이다. 그렇지만, 일본이야말로 서구를 포함해 중국과 인도 문화를 찾는 유일한 장소라고 주장하게 된다. 이러한 것이 가능한 것은, 바로 일본이 가진 '모방력보다도 그 모방의 능숙함을 보여준 내부의 힘'에 '일본적 특성'을 찾았다. 그것은 메이지기 현재의 모습이기도 했다. 그래서 오카쿠라는 서구의 기독교가 들여온 사상에 대해 다음과 같이 논했다.

> 기독교가 들어오면서, 서양의 사상지식은 국내에 흘러들어왔다. 이

11) 岡倉天心(1922)「日本の覺醒」, 前掲書, p.68
12) 岡倉天心(1922)「東洋の理想」, 前掲書, p.5. 岡倉天心(1922)「日本の覺醒」, 前掲書, p.68

> 와쿠라(岩倉)나 오쿠보(大久保)도 국가를 위한 것이라 하여 침묵하며 흐름을 관망했다. 이러한 혼돈 상태는 이태리의 국가 초기와 비슷하다. 서양종교는 개인주의와 함께 들어왔다. 그리고 이때 국민들은 자각했다. 국체의 존엄이 되살아났다. 우리들이 국민적 수양의 핵심인 된 것은 항상 자신에 해당한다는 것을 잊지말아야한다는 점에 있다. 일본은 역시 그러했다. 자신에 대해 잠자는 아세아 정신의 체현에 노력했다.[13]

물론 서구의 개인주의나 종교 등이 수입되면서, 역시 아시아정신의 체현에 촉매역할을 한 것으로 해석되고, 그것은 역시 일본이 모방의 능숙함을 발휘하는 '정신'을 갖고 있었던 것을 증명하는 것이었다. 그것은, "우리 일본문화는 인도와 중국의 영향을 받아 그 나라에서 일어난 문물지식을 끊임없이 수입하여 그 본국에 있어서는 존속하지 않게 된 후에도 이를 계승하여 완미저작(玩味咀嚼)하여 아세아문명의 융합 합치하는 문화의 꽃을 피우고 있는 것이다. 지금은 서양문명을 수입하여 이에 동화하고 있는 것은, 실로 오랫동안의 국민적 문화 훈련의 결과라고 말하지 않을 수 없다. 게다가 서양문명이 우리들에게 가르쳐준 것은 대부분 물질적 기계적 방면으로 정신적 방면에 있어서는 자극을 준 것에 불과하다고 할 정도이다. 일본문화의 특질이 고대(高大)함을 가지고 깨달을 일이다. 또한 우리들은 여기에 동양문명 서양문명이라는 것을 구별하여 다른 이름으로 부르고 있지만, 실은 상류(相類) 비슷한 점이 결코 작지 않은데, 서양문명이 그 특징으로 하여 자랑스럽게 생각하는 것처럼 우리 동양문명 속에 예부터 생겨난 것을 발견한 것이다. 예를 들면 우리들이 지금 신제도로서 인정하고 있고 서양에서 배운 것이라고 허락하고 있는 것도 옛날을 찾아보면 우리 고래의 법이었던 것조차 있다.

13) 岡倉天心(1922)「東洋の理想」, 前揭書, pp.40-41

그러므로 우리들의 유신이 지금 용이하게 태서 문물을 동화할 수 있는 것도 결코 까닭이 없는 것도 아니라고 생각하지 않을 수 없다. 지금 태어난 신일본은 결코 신일본이아니라 구일본의 재화생(再化生)이라는 것이 판명된다. 구(舊)일본은 아직 망하지 않았다. 아직도 우리들 속에 모습을 갖추고 있다. 우리나라 작금의 제도 모두 구일본의 재화생이 아닌 것이 없다. 정치도 제도도 문예도 미술도 모든 방면에서 구일본은 성대하게 재생해 온 것이다"[14]라고 하듯이, 전자의 인용문과 후자의 인용문을 합체하여 해석해 보면, 일본이나 동양이 서양과 만나 더 새로운 문명을 낳는다는 장대한 일본적 르네상스의 도래를 실현시킬 수 있게 되었다. 서구와 동양에 이중적 입장을 다시 일본이 상대화하려는 대규모의 아젠다 제창을 시도한 것이다.

그를 위해 필요한 조건을 '조건'들을 찾아내려했다. 오카쿠라는 예술사나 미술사가 가진 특징을 그 예술성 자체에 두는 것이 아니라, 주변 '환경'에 두었다. 오카쿠라는 "오늘날 미술사라고 하는 것도 결국 우리들의 국민문화 반영에 지나지 않는 이상 공자의 가르침, 불교의 도(道), 각 시대의 정치 세상까지도 함께 연구해야만 겨우 그 체계가 얻어지는 것은 아닐까. 일본의 미술사는 이것을 낳게 된 주변을 이해하지 않으면 이해 할 수가 없을 것이라고 여겨진다. 지리상으로 보아 중국이나 인도의 속국으로 여겨지게 되는 일본은 양쪽 문화의 중추적 영향을 상황에 맞게 향유할 수 있어 결코 모방에 구애받지 않고 생활, 사상, 예술상의 자유국이었던 것은 말할 수 없는 영광"[15]이라며, 일본의 미술사는 이것을 낳게 된 조건들이 중요하고, 그 조건들 중에 중요한 것이 '모방에 구애받지 않는 자유'에 있었다고 본 것이다.

---

14) 岡倉天心(1922)「日本の覺醒」, 前揭書, pp.66-77
15) 岡倉天心(1922)「東洋の理想」, 前揭書, pp.6-7

그것은 일본역사 속에 나타나는데, 그것을 정리한 『동양의 이상』에서는, 일본의 원시미술에서 시작하여, 아스카시대(550-700), 나라시대(700-800), 헤이안시대(800-900), 후지와라(藤原)시대(900-1200), 가마쿠라(鎌倉)시대(1200-1400), 아시카가시대(1400-1600), 도요토미(豊臣) 및 도쿠가와(德川)시대초기(1600-1700), 도쿠가와시대후기(1700-1850), 메이지(明治)시대(1850-현재)로 구분했는데, 이는 『태동교예사(泰東巧藝史)』로 이어졌다. 오카쿠라가 동경제국대학 문과대학에서 실시한 강의 내용이라고 전해지는데, 그 「태동교예사개략(泰東巧藝史概略)」을 참조하면, 강의의 골자라고도 할 수 있는 분류표를 정리하여, 오카쿠라 덴신의 태동예술에 대한 견해 일반(一斑)을 알 수 있는데 충분하다.16)

이처럼 오카쿠라는 역사에 대한 먼저 시대를 구분하면서, 중국역사와 일본역사를 전체적 조감도처럼 그려냈다. 오카쿠라 덴신은 역사적 시대 구분을 고대, 중세, 근세, 태서로 나누었다. 고대는 중국의 진한(秦漢) 일본의 상대(上代), 육조(六朝) 일본의 스이코(推古), 중세는 중국의 초기 당나라 일본의 하쿠호(白鳳)시대, 중기 당나라 일본의 덴표(천평, 天平), 만년 당나라 데이칸(정관, 貞觀), 근세는 중국의 오대(五代), 북송이 일본의 후지와라(藤原)초기, 남송이 후지와라(藤原) 후기, 원나라 가마쿠라(鎌倉), 명나라 아시카가(足利) 도요토미(豊臣), 청나라가 도쿠가와(德川) 초기, 도쿠가와 후기, 태서(泰西)가 메이지기(明治期)로 나누었다. 그리고 자세하게 불교적 공예를 사적과 유품이라고 대별하고, 각국 즉 일본과 중국을 중심으로 도표화 해 놓았다. 시대구분과 동양 역사의 대조를 통해, 일본이 '일본의 독특함'을 가진 것이 아니라, 동양의 역사와 연결되고, 일본이 중국이나 일본의 문화를 접하고 수용하는 '모

16) 岡倉天心(1922)「泰東巧藝史概略」, 前揭書, p.184

방의 능숙함을 발휘하는 '정신'을 찾아낸 것이다.

> 아스카(飛鳥)시대 초기 야마토 천재에 의해 인도의 이상과 중국의 윤리 수용자 집중자로서의 국가의 운명을 정한이후 그것에 이어지는 나라(奈良), 헤이안(平安) 준비단계를 거쳐 마침내 후지와라(藤原)시대의 끝없는 헌신, 가마쿠라 시대의 영웅적인 반동 속에 그 방대한 역량을 보여주고, 나아가 엄숙한 정열을 갖고 죽음을 동경한 아시카가(足利)의 기사도의 준엄한 정열과 숭고한 금욕에 이르러서는 정점에 도달한 정도이며, 이들 모든 단계를 통해 일본의 진화는 마치 한 개의 인격 그것처럼 명확하게 조금도 흐트러짐이 없다. 히데요시(秀吉) 시대나 도쿠가와(德川)시대에 있어서도 동양의 유의(流儀)에 따라 커다란 이상적 민주화라는 진정(鎮靜)에 의해 그 활동 리듬을 닫으려했다. (중략) 메이지혁명과 함께 일본은 스스로 과거로 돌아가고 필요한 활력을 과거 속에서 찾고 있다. 모든 본물(本物)의 복고(復古)와 마찬가지로 말하자면 〈다른 것에서는 볼 수 없는 독특한 맛이 있어 그것을 두드러지게 하다. 어딘가 다르다〉의 반동인 것이다. 즉 아시카가(足利)시대이래 시작된 예술의 자연에 대한 헌신이 지금은 민족에 대한 인간 자신에 대한 전적인 헌신으로 변했다. 우리들의 미래를 풀어주는 비결은 자신의 역사 속에 있다는 본능적인 자각으로 그 열쇠를 찾으려고 열심히 모색하고 있다.[17)]

결국 일본은 스스로 과거로 돌아가 보기도 하지만, 필요한 것은 바로 '활력'에서 찾았다. 일본이 중국이나 인도의 영향 관계 속에서 준비한 아시아적 특징이 결국 메이지기의 서구와 접촉하면서 다시 '일본적이면서 아시아적이고, 서구적인 것'을 일본 역사의 과거 속에 감춰진 '모방능력의 힘'인 활력에서 발견해 낸 것이다.

---

17) 伊藤昭雄(1990)『アジアと近代日本』社會評論社, p.64

그 활력은 '진정한 자아'의 발견이며, 그러한 '의식' 없이는 '생명'이라는 것도 없다는 논리로 연결하여, 근대에 직면한 일본이 '아시아'를 자각하고, 일본을 자각하여, 생명력을 통해 '독립 국가'로서 세계적 문화를 창조해야 한다고 자각했던 것이다. 오카쿠라는 결국, 서구, 인도, 중국의 정신적인 융합에서 '새로운 정신적 사유로서 동양의 자각' 논리를 발견해 낸 것이다. 즉 "대체적으로 사조를 두 개로 나눌 수가 있다. 하나는 동양사상, 다른 하나는 서양사상이다. 두 풍조는 1세기 반 이전에 일어난 것으로, 동양사상은 일본고유의 미술을 통합해 버리고 중국과 인도의 영향에서 벗어나려는 자각적 노력으로 시작"[18] 되었다. 그리고 "역사적 경험을 통해 길러 함양해 온 것이 동양인의 개성적 사고이며, 그 성숙함과 산 지식으로서 또한 건강하고 더 나아가 온화한 인간미를 포함한 사상과 감정의 조화로서의 개성이었다. 이러한 상호간의 교환을 통해 교양을 단순하게 인쇄물 지침이아니라 진정한 수담으로서의 인산교류라는 동양적 관념이 유지"[19] 되고 있다고 본 것이다. 결국 그리하여 "아세아의 심리는 (중략) 인도에도 중국에도 일본에도 순례나 건국자에 대한 존경심이 남아있다. 동양인의 개인적 자아는 그러한 온화한 심정 속에서 자란 수양된 것에 있다. 모든 것이 평화적이며 조화적이고 합동귀일(合同歸一)이다. 동양인 도(道)의 미는 그곳에 있다. 사상에도 시가에도 예술에도 과학에도 그 미점(美點)이 있다"[20] 는 것으로, 이것이야말로 실은 아시아의 사상과 과학, 시와 예술 속에 감춰진 에너지였던[21] 것이다.

그래서 그러한 자각 즉 "일본에는 자각이 있다. 동양전체에 그것이

---

18) 岡倉天心(1922)「東洋の理想」, 前掲書, p.39
19) 伊藤昭雄(1990), 前掲書, p.61
20) 岡倉天心(1922)「東洋の理想」, 前掲書, p.43
21) 伊藤昭雄(1990), 前掲書, p.62

없으면 안 된다. 동양의 대부분 국가들은 이 자각을 잃고 쓰러졌다. 일본에는 중대한 임무(重任)가 있다고 말하지 않을 수 없다. (중략) 우리들은 여기서 이 어둠을 걷어줄 것을 바란다. 새로운 생명을 가져다 줄 것을 기원한다. 게다가 그것은 아세아 자신 속에서 일어나지 않으면 안 된다"[22]라며, 일본이 가진 자각을 독자화 시키는 것에 성공한다. 이러한 논리는 결국 "아세아는 정신적이지 아니면 무가치이다. 그러나 정신적 인물은 대가람(大伽藍, 큰절)에서는 나오지 않는다. 학문에서도 나오지 않는다. 낭인의 쓸쓸한 가슴 속에 깃들어있는 것이 진정한 정신"[23]이라며, 독자적인 '쓸쓸한 가슴 속'에서만이 진정한 정신이 나타난다는 것이다. 그것은, 서구와, 인도와 중국과 또 다른 '낭국(浪國)'이라는 '유동(流動) 국가'로 치환되는 것이었다.

오카쿠라는, 일본이 하나의 아시아 국가이지만, 그 아시아 내부 국가인 인도와 중국과는 또 다른 길을 찾기 위해 노력을 기울였는데, 그것은 바로 '각성'에 의한 시도라고 보았다. 즉 동양인의 개성적 사고인 인간미를 포함한 사상과 감정의 조화라는 미점(美點)이 가진, 아시아의 사상과 과학, 시와 예술 속에 감춰진 에너지를 발견하고, 그러한 에너지를 통해 새로운 '생명'의 힘을 발휘하는 일본 내부에서 이루어져야 한다고 주장한 것이다. 오카쿠라는 일본이 '사상과 과학, 시와 예술' 속에 포함된 '생명력'이라는 일본=자기동일성으로서 〈일본정신〉을 과거의 계보에서 뿐만 아니라 현재에도 발견되는 독자성이라는 새로운 시간적 원리를 만들어 낸 것이다. 그 전환 속에서 '일본정신'이 밑바닥부터 일본인의 마음에 흐르며, 그 생명력을 통한 새로운 근대적 논리가 세계적 원리로 다시 생성된다는 논리로서 성립되는 것이었다. 그것이 바로 것처

22) 岡倉天心(1922)「東洋の理想」, 前掲書, p.44
23) 岡倉天心(1922)「日本の覺醒」, 前掲書, p.62

럼, '일본정신'이 세계적인 것으로 여기게 된 것이다. 물론 '일본정신'이라는 '일본을 배경으로 한' 새로운 세계 문화 창조는 한편으로 일본적 자기동일성으로 회귀되는 것이며, 반대로 서구와 대결하는 자세로 보이는 것이었다. 그렇지만 분명히 오카쿠라 덴신이 주장한 '아시아는 하나'라는 슬로건은 결과적으로 일본적 독특함과 아시아의 통일성을 통해 서구를 융합하는 논리로서, 메이지기 일본의 아이덴티티를 창출해 내고 있었다.

4. 오카와 슈메이의 아시아부흥론

오카와 슈메이는 오카쿠라 덴신의 『동양의 이상(東洋の理想)』을 중시했다. 달리표현하자면 오카와 슈메이가 기획한 것은 오카쿠라 덴신이 주장한 '아시아주의'의 재검토였다. 물론 그러한 의미에서 아시아주의의 특징을 설명할 필요가 있는데, 선행연구에서 이미 아시아주의 논리가 '일본을 맹주로 한 아시아 여러 민족의 단결과 구미열강의 아시아침략에 대한 대항 사상'으로 귀결되어 '우익과 아시아아주의'에 대한 분석[24]은 특이할 만하다. 그렇지만, 아시아의 맹주가 될 수 있는 사상을 갖게 되는 프로세스에 대한 분석도 중요하다고 본다. 사상적 경향으로서 국수주의적 시점을 하나 설명한다하더라도, 배외주의적인 국수주의라기

---

24) 노하라 시로(野原四郎)와 하시카와 분조(橋川文三)의 연구를 제시하며, 아시아주의에 대해 정리했다. 첫째 아시아연대에 의한 구미지배로부터의 해방을 목표로 한 사상으로 파악되거나, 둘째 아시아주의란 명목 하에 아시아침략을 위장한 사상으로 파악되는 것을 제시한다. 이러한 논리를 근거로 메이지기의 '아시아주의' 주창자들을, 아시아주의의 사상 창출에 있어서 그들이 주체라기보다는 그러한 아시아주의 사상의 실천적 주체로 파악하는 입장을 취한다. 행동이 동반된 사상이 있기 때문에 시대적 측면도 부정할 수는 없다고 본다. 김태숙(2006)「일본의 우익과 아시아주의」『일본문화연구』제20집, 동아시아일본학회, p.327

보다는 '서구도 하나의 국수주의'를 기초로 한 국제주의라는 시점을 창출하고, 일본도 스스로의 국수(國粹)를 중시하고, 보편적인 '개화'가 가능하다고 보았다는 '사고'가 존재했다는 점이다.[25] 즉 아시아의 맹주가 되기 위해 일본은, 일본의 입장에서 어떠한 '일본'을 내세워야 하는가에 직면했고, 그 문제에 대한 대답을 구축해 가면서 일본문명론을 제창해 갔다.

오카와 슈메이는 "오카쿠라 가쿠조(岡倉覺三, 오카쿠라 텐신)의 저서 『태동이상론(泰東理想論)』『태동고예사(泰東攷芸史)』강의에, 가장 깊고 선명하게 아시아 정신의 본질을 제시하고 있다. (중략) 오카쿠라 씨의 저서 및 강의에 영향을 받은 것"[26]이라며 오카쿠라 텐신의 영향을 고백했다.

먼저 오카와 슈메이는 오카쿠라 텐신이 제시한 '아시아는 하나다'라는 담론을 중시했다. 오카쿠라는 "히말라야 산맥은 두 개의 문화를 분수령으로 중국에 공자(孔子)의 공산주의, 인도에 개인주의라는 구별을 낳았지만, 아시아민족이 공통의 습산(襲産)인 궁극과 보편에 대해 사랑을 구분하는 것을 불가능했다. 이리하여 아시아는 세계의 모든 대종교의 발생지가 되고, 특수와 수단에 다다르는 지중해민과 북쪽 인민과는 전혀 규(規)를 달리하기에 이르렀다"[27]고 규정했는데, 오카와 슈메이 역시 "히말라야 산맥은 공자의 공동주의를 근거로 하는 중국문명과, 개인주의를 철저히 하는 인도문명을 나누었지만, 이것은 단지 하나의 면목으로 점점 선명해진 것에 지나지 않는다"[28]고 보며 하나의 아시아라

25) 潮出浩之(2011)『岡倉天心と大川周明』出川出版社, p.23
26) 大川周明(1921)『日本文明史』大鐙閣, p.7. 오카쿠라 텐신 이외에도 야마지 아이잔(山路愛山), 기타 잇키(北一輝)를 거론하고 있는데, 이에 대해서는 다음 원고를 기대한다.
27) 岡倉天心(1922)「東洋の理想」, 前掲書, p.4

는 논리에 대해 착안한다. 앞서 제시한 것처럼 오카쿠라 텐신이 제창한 '아시아는 하나'(Asia is one)라는 표어는 아시아 여러 민족의 다양성을 인정하지 않는다는 것이 아니라, 다양하기도 하지만, 아시아에 대해 '서구'문명 수용을 강요하는 '서양 문명에 대한 아시아의 영광을 주장하고, 아시아의 양식을 지키며 이것을 회복하려는 점에서 하나'라는 점이었는데, 오카와 슈메이는 오카쿠라 텐신이 주장한 '아시아'의 논리에 대한 재검토에서 '아시아'를 논하고 있었다. 이때 오카쿠라가 미술품의 발전 역사를 통해 '아시아'를 재구성했지만, 오카와 슈메이는 미술사를 근거로 한 '수입과 진보'의 시대구분 재구성에 보이는 예술성과 일본이 가진 문명의 특성을 통해 아시아 개념을 재구성해 냈다.[29]

구체적으로 오카쿠라와 오카와는 아시아의 '자각' 논리와 아시아적 가치가 가진 '정신'의 특성을 설명하는 '공통분모' 속에서 발견해 내는 아시아적 관념이었다. 문화적 형식은 어떻게 변화하든지 상관없지만, 문화 속에 감춰진 정신이 사멸(死滅)하게 내버려두면 아시아는 존재할 수 없다고 보았다. 오카쿠라가 부각시킨 "우리 일본문화는 인도와 중국의 영향을 받아 그 나라에서 일어난 문물 지식을 끊임없이 수입하여 (중략) 아세아문명의 융합 합치하는 문화의 꽃을 피우고 있는 것"[30]에 깊이 영향을 받은 오카와 슈메이는, "아세아 대륙의 정화라고 말할 수 있는 중국문명과 접했다. 우리들은 엄정한 노력으로 이 신래의 문명을 연구하여 잘 이를 동화시켜 국민적 섬유의 일부를 이루게 하고, 찬란한

---

28) 大川周明(1998)「日本文明の意義及び価値」『大川周明關係文書』芙蓉書房出版, p.84

29) 潮出浩之(2011), 前掲書, p.49. 오카와 슈메이는 이 이외에도 '지역 구분'과 '종교'에 대한 개념을 보태는 것으로 새롭게 아시아를 재해석하고 있었다. 본 논고에서는 '지역적 구분 개념'과 종교적 부분을 구체적으로 다루지 못했다. 아시아의 지역적 구분이 가진 의미의 한계 및 종교의 관련된 부분은 다음 연구를 기대한다.

30) 岡倉天心(1922)「日本の覺醒」, 前掲書, p.76

꽃인 문예 도덕의 소지를 만들어냈다. 우리들의 예술적 천분은 이 새로운 문명에 생기를 얻어 매우 급속하게 진보를 이루었다. (중략) 흠명(欽命)천황기에 인도문명의 정화라고 불리는 불교가 전래되었다. 우리들의 문명은 곧바로 아세아문명의 통일이었다. 우리들은 과거에 있어 접촉한 모든 문명을 섭취하고 부단하게 고도의 문화를 전개해왔다. 이것이 구일본문명의 의의 및 가치"[31]라고 인식하게 된 것이다.

그런데 현재의 아시아는 서구에 의한 식민지지배에 의해 '아시아적 가치'가 분할되고 있다고 보았다. 그것을 회복하기 위해서 오카쿠라는 아시아적 과제를 제시했다. 아시아의 회복 접근 방법은 "아시아의 과제는 아시아적 양식을 지키고, 이것을 회복하는데 있다. 그러나 이것을 이루기 위해서는 아시아 자신이 우선 이러한 양식의 의미를 인정하고, 그 의식을 발전시켜가지 않으면 안 된다. 그것은 과거의 그림자야말로 미래의 약속이다. 생명이란 끊임없는 자신에 대한 복귀 속에 있다. 이러한 자기인식이 조금이라도 움직임을 가졌기 때문에 일본은 자신의 개조를 이루고, 동양세계의 대부분을 몰락에 이르게 한 저 폭풍을 잘 견딘 것"[32]으로 보았다. 오카와 역시 일본이 아시아적 양식을 유지하고 일본이 그러한 생명력을 가진 영광의 3천년의 역사라는 것을 주장한다. 오카와 슈메이는 "우리들의 역사는 시작부터 모든 아시아의 문명은 노도(怒濤)의 모습으로 부단히 우리들에게 밀려왔다. 그렇지만 거암과 같이 우리들의 국민적 자존과 유기적 통일은 그들의 팽창적인 사조의 한가운데에 서서 의연하게 자기의 독립을 지켜냈다. 국민적 정신은 어떠한 경우에 있어서도 결코 신래(新來) 문명의 노예가 되는 일은 없었다. 중국인과는 전혀 달리 우리들은(일본: 필자) 아세아대륙에 향기를 내는 인문

31) 大川周明(1998)「日本文明の意義及び価値」, 前掲書, pp.89-93
32) 伊藤昭雄(1990), 前掲書, pp.62-63

의 꽃을 보게 되고, 항상 새로운 감격에 가슴이 뛰었다. 최초에 삼한 문명과 접했을 때에도 다음에 중국의 유교문명과 접했을 때도 나중에 인도의 불교문명에 접했을 때에도 우리들은 타국민의 추종을 불허하는 민감함과 경탄할만한 자유스러운 비판적 정신을 통해 자세하게 이를 관찰하고 열심히 이를 연구했다. 그리고 이 엄숙한 노력은 그들의 문명을 유감없이 이해하고 이를 국민적 생산 내용으로서 다 섭취할 때까지 계속했다. 맹목적인 숭배는 우리들이 일부러 행하지 않았다. 그것과 동시에 우리들은 편협한 배척도 하지 않았다"[33]고 주장했다. 그것은 곧 일본인 혹은 문화의 일본문화의 특질로서, 하나의 훈련을 통해 습득한 일본문화의 고대(高大)함이었다. 오카쿠라가 주장한 "우리들은 여기에 동양문명 서양문명이라는 것을 구별하여 다른 이름으로 부르고 있지만, 실은 상류(相類) 비슷한 점이 결코 작지 않은데, 서양문명이 그 특장으로 하여 자랑스럽게 생각하는 것처럼 우리 동양문명 속에 예부터 생겨난 것을 발견한 것이다. 예를 들면 우리들이 지금 신제도로서 인정하고 있고 서양에서 배운 것이라고 허락하고 있는 것도 옛날을 찾아보면 우리 고래의 법이었던 것조차 있다. 그러므로 우리들의 유신이 지금 용이하게 태서 문물을 동화할 수 있는 것도 결코 까닭이 없는 것도 아니라고 생각하지 않을 수 없다. 지금 태어난 신일본은 결코 신일본이아니라 구일본의 화생이라는 것이 판명된다. 옛 일본은 아직 망하지 않았다. 아직도 우리들 속에 모습을 갖추고 있다. 우리나라 작금의 제도 모두 구일본의 화생이 아닌 것이 없다. 정치도 제도도 문예도 미술도 모든 방면에서 옛 일본은 성대하게 재생해 온 것"[34]으로 이어졌다. 다시말해서 일본인 혹은 문화의 일본문화의 특질로서, 하나의 훈련된 양식인 '모

33) 大川周明(1998)「日本文明の意義及び価値」, 前掲書, p.[illegible]
34) 岡倉天心(1922)「日本の覺醒」, 前掲書, p.77

방 능력의 힘'의 부활이었다.

오카와 슈메이는 역사의 원동력은 실로 국민의 창조력 그것 자체라고 보고, 그러한 역사적 '원동력'에 의해 일본이 창조력을 통해 구축해온 것으로 "옛것을 잃는 것이 없이 새로움을 포용하는 생동감(潑剌)에 귀일한 정신은 아세아문명의 모든 것을 섭취하고 이를 우리들이 국민적 생활위에 부활시켰다. 그것이 아세아는 혼연일체이다. 히말라야 산맥은 공자의 공동주의를 근거로 하는 중국문명과, 개인주의를 철저히 하는 인도문명을 나누었지만, 이것은 단지 하나의 면목으로 점점 선명해진 것에 지나지 않는다"[35]며, "중국의 윤리도, 인도의 종교도, 모든 단일한 아세아를 이야기한다. 그렇기 때문에 이 '잡종 속에 존재하는 통일'을 특히 선명하게 실현하여, 아시아의 하나를 가장 충분하게 발휘하는 것이 항상 우리들의 위대한 특권이다. 그리고 세계에 비할 데 없는 황통(皇統)의 연면과 이방(異邦)의 정복을 받지 않는 높은 자존과 조상의 사상 감정을 유지한 절호의 섬나라인 것이 일본으로 하여금 아세아의 사상이나 문명의 진정한 호지자(護持者)이게 했다. 그러면 우리들의 의식은 아세아 의식의 종합이다. 우리들의 문명은 전(全)아시아사상의 표현이다. 일본문명은 비할 데 없는 의의 및 가치는 실로 이러한 것에 존재"[36]한다고 본 것이다. 일본이 가진 모방의 힘과, 아세아의 사상이나 문명의 진정한 유지자로서, 오카쿠라가 주장하듯이, "황화(黄禍)라는 말을 우리들은 듣고 있다. (중략) 오히려 백화(白禍)라고 부르는 것이 우리들에게는 절실하게 울려 퍼지는 것이라고 생각될 정도이다. 황화라는 말도 백화 때문에 생긴 허구에 지나지 않는다"[37]는 것처럼, 황화개념의

35) 大川周明(1998)「日本文明の意義及び価値」, 前掲書, p.84
36) 大川周明(1998)「日本文明の意義及び価値」, 前掲書, p.85
37) 岡倉天心(1922)「日本の覺醒」, 前掲書, p.80

허구성을 지적하고, 백화를 상대화하고 있었다. 그것이 오카쿠라가 지적한 것처럼 '일본의 각성이' 메이지유신과 함께 부활(復活)이 필요한 것으로, 그것은 '국체의 자각'이었고 또 "국민자각의 두 번째 원인은 의심할 것도 없이 외국이 빈번하게 일본 근해에 들어와 국민국가의 개방을 강요한 것에 있다. 인도도 서양 손으로 넘어갔다. 중국은 아편전쟁을 치렀다. 일본도 준비하지 않으면 안 된다"[38]는 의미의 각성이었다.

그것은 서구인의 아시아 지배를 비판하는 논리 속에서 인지되는데, 오카와는 "오늘날의 세계는 구라파인의 세계이다. 근세초기부터 구라파인은 모든 방면에 그 활동범위를 확대하여, 서쪽으로는 남북아메리카를 약취(略取)하고, 동남에서는 인도 호주를 점령하고, 동아에서는 시베리아를 정복하여, 지금은 지구의 대부분이 토지 인민 모두가 서구민족의 지배에 들어갔다. 아프리카 대륙도 19세기에 들어서 내지의 탐험이 진행되면서 유럽열국은 서로 경쟁하며 영토 획득에 부심했고, 독일은 이를 동서로 횡단했고, 영국은 이를 남북으로 횡단했고, 프랑스는 북부에서 중앙에 점거하려 하고 있다. 오늘날 세계에서 그들의 지배를 피한 것은 유일하게 일본제국과 중국뿐이다. 아시아대륙의 백여 나라들은 가령 그 이름은 독립국일지라도 실은 모두 구라파인에 의해 실권을 빼앗겼다. 독립은 자력의 힘에 의한 독립이 아니며, 유럽열강이 그들의 편의상 독립시켜두는 것에 지나지 않는다"[39]며, 서구의 아시아 식민지배가 가진 구조를 비판한다.

비판적 '서구 식민지 비판'의 효시로 등장한 오카쿠라의 영향 속에서 오카와 슈메이가 전개한 거대 담론은, 서구와의 투쟁을 인정하게 되고, 아시아인이 백인을 제압했던 시대를 다시 상기해야 한다고 보았다. 그

---

38) 岡倉天心(19[illegible])「東洋の理想」, 前掲書, p.[illegible]
39) 大川周明(1998)「君國の使命」, 前掲書, p.106

것은 "러시아가 남하하는 날은 반드시 올 것이며, 중국의 분할은 거의 정해졌고, 미국의 거만함은 날로 심해진다. 그리고 국내를 돌아보면, 조정에 있는 자들은 공심(公心)도 없고, 재야에 있는 자들은 일신의 이해를 따지기에 분주하다. 이러한 상황을 보면 국가의 운명은 어찌될 것인가. 지금은 거국적으로 경각심이 필요"[40]하다고 주장한다.

그래서 아시아인이 아시아에서 서구를 몰아내려면 아시아의 주체 부흥이 필요하고, 아시아의 연대와 서구와의 투쟁이고 서구를 능가하는 '아시아'가 만들어져야한다고 설명해 내고 있는 것이다. 오카와 슈메이는 이를 위해서 아시아는 하나가 되어야 한다는 것이었다.

> 우리들이 '아세아인의 아시아'라고 외치는 것은 아시아가 구라파인의 지배에 있는 한 본래의 아시아를 발휘할 수는 없기 때문이다. 만약 서구민족이 진정으로 아세아 여러 나라의 행복을 꾀하는 정신을 갖고 동시에 그쪽이 아시아 여러 나라를 위하는 진정한 행복이라고 한다면, 아시아인의 아시아라는 표어는 무의미하다. 단, 오늘날의 실정에서 서구민족의 태도나 정신은 결코 아시아에 있어 그렇게 좋은 것은 아니다. 우리들은 그들의 태도와 정신을 고치고 아시아를 구제함과 동시에 그들 그자를 모두 구제하려는 마음자세를 가져야 한다. '대의(大義)를 사해에 펼치는 것' 이것이 유신개국의 선각자가 제국의 사명으로 높게 부르짖던 것이다. 국민은 실로 이것의 위대한 사명을 각오하지 않으면 안 된다. 각오하고 군국(君國)의 대업에 고되더라도 참고 부단히 노력하지 않으면 안 된다.[41]

오카와 슈메이가 주장하는 아시아의 투쟁 논리도 결국은 외부의 서

---

40) 大川周明(1998)「擧國警覺すべきの秋」, 前揭書, p.95
41) 大川周明(1998)「君國の使命」, 前揭書, p.112

구 식민지에 저항하고, 반론을 제시함으로써 과거 아시아에 있었던 '옛 아시아 문명'을 통해 서구를 능가는 새로운 문명을 아시아에서 생성할 수 있다고 본 것이다. 오카쿠라가 제시한 것처럼 서구의 아시아 식민지배는 오히려 일본의 각성을 불러일으켰고, "우리들을 각성하게 하고, 우리들에게 새로운 생활을 촉진시켜준 것은 역시 아세아라는 것을 믿는다"[42]고 주장하고, 그러한 각성은, "안으로부터의 승리인가 그렇지 않으면 외부로부터의 강대한 힘에 의한 죽음이 있을 뿐"[43]이었다. 그러한 아시아의 정수를 부흥시키기 위해서는, 아시아문명의 '저장고'인 일본에서 찾아야 하는 것이었다. 중국의 핵심인 유교를 받아들여, 도덕적 생활을 찾아냈고, 인도 문명의 정수인 불교를 전수 받으면서, 일본에 『고사기』와 『일본서기』에서 주장하는 성신의 길(性神の道)에 존재했던 것이다.

> 일본국의 천황을 아마테라스 오미카미(天照大御神)의 자손이라고 하고, 그들 자신은 이 나라를 경영하는 칙선을 받아, 천손에 공봉(供奉)하는 신들의 자손이라고 믿어 의심치 않았다.[44]

바로 여기서 오카와 슈메이가 아마테라스 오미카미(天照大神)를 '부흥'시키는 논리이며, 이는 옛 과거의 사상 신앙을 연구하고 철저한 이해가 필요한 이유이기도 했던 것이다. 그것은, 아시아의 정수를 설명해 내기도 하는 것이며, 그것이 서구의 구약성서를 상대화하는 논리이기도 했던 것이다. 오카와 슈메이는 "『고사기』의 서술은 세계관의 서술을 통해 시작된다. 우리들은 이미 어느 학자가 구약의 세계관과 고사기의 그것과의 유사를 주장하는 것을 들었다. 그리고 세상 속에 몇 가지 오해

---

42) 岡倉天心(1922)「日本の覺醒」, 前掲書, p.51
43) 伊藤昭雄(1990), 前掲書, p.64
44) 大川周明(1998)「日本文明の意義及び価値」, 前掲書, p.87

는 그다지 많지 않다. 구약의 사상은 천지를 초월적 일신의 창조에 귀일하게 하는 것이었다. 그렇기 때문에 고사기는 결코 천지 창조를 설파하지 않는다. 그것은 단지 천지의 계발(啓發) 천지의 전개만을 설파"45) 한다며 다시 오카쿠라가 주장했던, 자기규정의 '곡예'를 보여준 것이다.

5. 일본의식의 에토스와 아시아

서구와의 대면을 통해 메이지기의 오카쿠라 덴신과 오카와 슈메이는 '아시아와 일본을 둘러싼 담론' 즉 오카쿠라 덴신이나 오카와 슈메이는 일본을 서구와는 다른 독자적 원리나 가치를 가진 존재로 만들어내기 위한 일본의 자기 규정과 서구에 대한 아시아 아이덴티티 주장의 이중 구속 논리 속에 갇혀 있었다. 문제는 오카쿠라 덴신이 영어로 논문을 발표하며 아시아와 일본의 가치를 제시한 것처럼, 근대 서구인들이 '보는 아시아'에 대한 물음에서 출발하고, 그러한 구도 속에서 찾은 '답변' 형식으로 이루어졌다는 점이다. 물론 그것은 영어라는 언어 방법론을 가져왔지만, 서구인이 보는 '아시아적 가치'나 '아시아의 원리' 내부에서 그 답을 찾고 발견하려는 양상에서 이루어졌다. 그것은 배타주의적 시선으로서의 국수주의 출발이 아니라, 서구인이 이해할 수 있는 아니 서구 언어공간에서 유통할 수 있는 '답변'이지 않으면 안 되었던 것으로, 그것은 '이미 서구화'된 인식 속에서 '상정'된 것이었다. 그것을 오카쿠라 덴신이나 오카와 슈메이는 '서구 상대화'로 이해했고, 그 반대로 상대화를 이루지못한 서구에 대해 '배움과 모방의 능력 힘'을 통해 일구어낸 '아시아와 일본'의 근대라는 '내부' 담론 속에서 구축되어 가는 아시

---

45) 大川周明(1998)「日本文明の意義及び価値」, 前掲書, p.86

아적 주체의 구축이었다. 물론 그러한 물음과 상정 자체가 이미, 일본 내부에서 해석한 서구 해석 논리 속에 들어간 것이고, 일본이 만들어 놓은 '아시아 개념' 이론 시스템 속에 빠져 스스로를 봉인하는 '사상 힘' 자장에 놓여있었던 것이다. 이 패러독스는 오카쿠라 덴신이나 오카와 슈메이의 '아시아 부흥론'으로 대표되는 일본정신의 가치를 역으로 서구 상대화라는 탈이중구조적 사고에 연결되면서 '자각'이라는 정신적 논리를 인지하고 있었다. 그것은 결국 서구의 본질을 물질에 두고, 식민지 지배를 주장하는 서구 근대와 그를 정신적으로 극복하는 '아시아'를 본질로 해석한 것에 이미, 오카쿠라와 오카와의 오독(誤讀)이 존재했던 것이다.

오카쿠라가 서구를 해석하는 논리 속에 '미술'을 키워드로 다시 세상을 보고 아시아를 보게 되는 인식을 가졌는데, 물론 그러한 발견은 대단한 자각이었지만, 그 발견은 역으로 다시 '아시아'를 은폐해 버렸다. 즉 서구와 대립되는 아시아라는 '객관성의 발견'은 오카쿠라가 가진 '담론적 감각'이었고, 그은 아시아를 상실시켜 버렸다. 그것은 오카와 슈메이가 '아시아는 다양하지만 하나이다'라는 논리를 보편적 이념으로 간주하게 되고, 아시아의 다양성이나 아시아적 차이에 대한 '본질'에 대해 눈을 돌리지 못했다. 아시아인 스스로가 아시아를 논하고 서구와의 상대화를 구축한다는 모습 속에서는 '아시아인'이라는 '본질'에 이미 '해답'을 갖고 있다고 설정한 '선험적' 사고 때문에 아시아와 서구의 대립 이념 그 자체를 결코 넘을 수 없는 것이었다. 서구가 제시한 아시아, 아시아로서의 일본 개념을 역설적으로 일본개념으로 보는 아시아, 일본과 아시아를 통해서 보는 서구로 리메이크 한 것이다.

특히 오카쿠라 덴신과 오카와 슈메이는 '인도'에 관한 관심에서 출발한 것은 동일했고, 아시아 블록을 구상하는 출발점이기도 했다. 그렇지만, 오카쿠라는 아시아의 자신감 회복과 연대를 주창하면서 일본의 아시아 침략에 대해서는 서로 달랐다. 오카쿠라는 '약간의 변명'은 있었지만, 오카와 슈메이는 '일본의 아시아 식민지'를 긍정했다.[46] 아시아의 민족들이 서구 식민지지배에서 벗어나 자민족의 재생을 찾아 국가를 재건하려고 노력하는 모습에 대해서는 '긍정적인 인식'으로 전망했다. 결국은 일본의 신생(新生)을 통해 아시아 부흥을 거론하게 되었고, 그것이 이미 서구열강의 아시아 침략과 동일선상에 일본이 가담하고 있는 것에 대해서는 의식하지 못하고 있었다.[47]

오카와 슈메이는 서구를 넘기 위해서는, "물질계에서는 물론이고 정신계에서도 항상 용감하게 나아가고 선한 전쟁을 하지 않으면 안 된다"[48]고 주장하게 되고 그것이 일본중심주의나 천황이라고 논하는 논리가 선험적 인식에 근거했다는 것을 떨쳐버리지 못하게 하는 '목적론' 존재했다. 오카와는 간토대지진을 경험하면서 간토대지진은 일종의 비상시(非常時)인데, 이 비상시에는 나라의 대의를 위한 각오가 존재했다고 밝혔다. 그것은 오카와 슈메이가 천재(天災)보다도 더 무서운 것은 바로 인간이 만드는 화(禍)라고 제시하며, 즉 천재 지변 뒤에 오는 인간의 '반응'들이 바로 제2의 비상시라고 걱정하며, 이를 극복하게 위해서는 "지진 이전과는 달리 일본의 재정이 매해 궁박(窮迫)해 질 것이며, 지진 이후 사태가 변하여 위험사상이 구체화될 가능성이 생긴 것이다. (중략) 이 비상시는 실로 인간의 다마시이(魂)에 의해 생겨나는 것이기 때문에 국민의 다마시이의 자세에 의해서는 이를 훌륭하게 처리할 수 있을 뿐만 아니라, 그 출현을 저지할 가능성도 있는 것이다. (중략) 지

46) 潮出浩之(2011), 前掲書, p.91
47) 伊藤昭雄(1990), 前掲書, pp.61-62
48) 大川周明(1998)「日本文明の意義及び価値」, 前掲書, p.94

진의 재액에 살아남은 사람들은 천운의 존중함을 생각하여 군국의 대의에 봉공하지 않으면 안된다고 생각한다. 이 지진을 복을 가져오기 위한 화(禍)였다고 하는 것은 오로지 우리들의 노력에 달린 것이다. 냉정철저하게 시계의 추이를 보고 적확하게 이에 책응(策應)하여 용감하게 국가를 위해 선의(善意)의 전쟁을 치른다는 각오야말로 일본부흥의 근본힘이 되는 것을 절실하게 느끼는 바이다"[49]라며, '다마시이(정신)'의 중요성을 강조하는 것에서 읽어낼 수 있을 것이다. 오카와가 주창한 '아시아'나 '일본 중심의 아시아주의' 담론 속에 감춰진 오카쿠라의 담론 재편성은, 바로 정신의 '새로운' 가능성이라는 명목으로 위기상황에서 재현된 '정신=사상'화는 재해나 전쟁의 부흥과정에서 국민들에게 '의도적'으로 주입하는 '이데올로기'였던 것이다.

6. 결론

오카쿠라 덴신이 주장한 '아시아는 하나다'라는 논리 속에는, 인도 불교, 중국 유교와 도교를 중심으로 '아시아와 일본'의 관계성 속에서 구축한 '아시아론'이었다. 아시아의 정수를 수입하고 여러 주변국의 문물을 받아들여 서구에게 박해를 받지 않으며 근대까지 그러한 아시아적인 것을 보존한 일본은 '아시아의 박물관'이며, 그 미술이나 사상은 아시아적 양식의 총합이라고 오카쿠라는 상정했던 것이다. '아시아는 하나다'라는 사상 논리를 지탱시킨 것은 결절점(結節点)으로서의 일본이었다. 그리고 오카쿠라는 서구의 식민지정책아래 허덕이고 있는 조건에 의해 아시아를 하나의 전체로 제시하고, 서구의 문명에 의해 수탈되는 객체

49) 大川周明(1998)「日本復興の眞個の力」, 前揭書, pp.192-193

로서 아시아를 서구와는 별개로 그러나 포괄적인 원리를 내걸면서 하나의 통일체로 '구축'한 것이다.

이를 적극적으로 수용한 오카와 슈메이는 아시아의 정수와 일본정신을 연결시켰다. 아시아문화의 집합체로서의 일본을 설정할 수 있는 논리를 오카쿠라를 통해 학습하면서, 그것이 '일본정신'으로 재편성되는 논리를 '시대적 구분'과 '인도와 중국'의 식민지화를 중첩시키는 담론 속에 끼워 넣으면서, 아시아의 가능성을 일본에서 찾는 담론을 발견해 낸 것이다. 특히 서구의 식민지지배에 허덕이는 '아시아는 하나'인데, 그러한 아시아의 다문화를 새로운 '제국'으로 통합하고 융합하는 테제를 찾아간다. 그것은 바로 다양한 아시아 문화의 정수를 총합한 일본이 그 가능성을 갖고 있으며, 그 정수는 역시 일본정신 속에 존재한다고 보았다. 그리고 일본의 부흥을 위해 필요한 사상성을 '일본의 전통'에 투영시키고 아시아의 혁신 에토스를 '일본정신' 속에서 체현해 낸 것이다. 다시말해서 아시아 문화의 '정신적 유전자'인 국체(國體)가 일본에서 배양되었는데, 바로 그것이 일본정신의 본질이며, 이러한 일본정신을 부흥시켜야 한다고 주장한 것이다. 그리고 그 원천을 아마테라스 오미카미(天照大神)에서 찾았고, 일본민족=일본문화를 통합해가며 일본정신의 세계성을 해석해냈다.

시대적 상황을 등에 업고 일본정신의 에토스는 성립해 왔던 것이다. 그러한 '다문화 제국'의 '새로운' 가능성이라는 명목은, 간토대지진이라는 위기상황에서 오카와 슈메이의 '인위적인 의도'로 재현된 '정신=사상' 논리였던 것이다. 오카와 슈메이는, 오카쿠라 덴신이 주장한 '아시아' 개념을 '일본정신의 구조' 속에서 찾았고, 그 아시아적 정수의 존립형태인 '국체'를 합성시키면서 일본정신이 곧 아시아정신이라는 논리를 재구성해냈던 것이다. 결국 '일본정신=아시아정신'으로 재구성되고, 동양을 상대화하지 못하는 '서구정신=개별정신'을 '일본정신=아시아정신=세계정신'으로 전복시켜 일본중심주의적 '권위'를 제시하는 '아시아정체성'을 만들어 냈다. 아시아의 부흥에 아시아전통=일본전통을 강조하는, '일본인의 국민화' 그리고 '일본인의 아시아화'로 시그널을 확대하면서, 오카와 슈메이는 아시아 본질론을 부각시킨 '다문화 제국주의=아시아 국민' 논리를 생산했던 것이다.

참고문헌

다케우치 요시미저, 서광덕·백지운옮김(2004)『일본과 아시아』소명.
이치카와 히로시(市川浩), 강미리역(1995)『정신으로서의 신체』시절인연.
채수도(2013)「大川周明の思想と行動に關する一考察」『日本語文學』第62輯 일본어문학회.
岡倉天心(1922)「東洋の理想」『天心先生歐文著書抄譯』日本美術院.
岡倉天心(1922)「日本の覺醒」『天心先生歐文著書抄譯』日本美術院.
岡倉天心(1922)「泰東巧藝史概略」『天心先生歐文著書抄譯』日本美術院.
岡倉天心(2014)『日本美術史』平凡社.
關岡英之(2007)『大川周明の大アジア主義』講談社.
橋川文三編集(1975)『大川周明集』筑摩書房.
臼杵陽(2010)『大川周明-イスラ-ムと天皇のはざまで』青土社.
大森美紀彦(2010)『日本政治思想研究: 權藤成卿と大川周明』世織書房.
大川周明(1998)「擧國警覺すべきの秋」『大川周明關係文書』芙蓉書房出版.
大川周明(1998)「君國の使命」『大川周明關係文書』芙蓉書房出版.
大川周明(1998)「日本文明の意義及び価値」『大川周明關係文書』芙蓉書房出版.
大川周明(1998)「日本復興の眞個の力」『大川周明關係文書』芙蓉書房出版.
大川周明(1921)『日本文明史』大鐙閣.
大塚健洋(1990)『大川周明と近代日本』木鐸社.
松本健一(1986)『大川周明: 百年の日本とアジア』作品社.
野島嘉晌(1972)『大川周明』新人物往來社.
伊藤昭雄(1990)『アジアと近代日本』社會評論社.
潮出浩之(2011)『岡倉天心と大川周明』出川出版社.
左山貞雄(1994)『大川周名博士その思想』大同書院.
竹內好(1975)「大川周明とアジア研究」『大川周明集』筑摩書房.

제13장 전후(戰後)부흥에 관한 일본과 한국의 재해 거버넌스

김영근*

1. 서론

(1) 문제의식

본 논문의 목적은 전후(戰後) 한일 양국의 재해 거버넌스를 비교분석하는 데 있다[1]. 특히 일본과 한국의 경제구조나 경제정책이 대내외적인 환경변화에 대응하여 어떻게 변화했는지에 관해 분석하고자 하는 것이다. 이 글에서는 전쟁으로 인한 전쟁재해(戰災)가 대지진으로 인한 지진재해(震災)와 여러 공통점을 갖고 있다는 점에서, 재해의 한 종류로 규정하여 전재와 진재를 구별하지 않고 있다. 주지하다시피 제2차 세계대전으로 말미암아 약 2만 명의 고귀한 생명이 죽거나 실종되었다.

---

* 고려대학교 일본연구센터 부교수, 일본정치경제/외교통상 전공.

** 이 글은 2007년도 정부 재원 (교육과학기술부)에서 한국연구재단의 지원을 받아 수행(과제 번호: KRF-2007-362-A00019)되어 『한일군사문화』제17집(2014)에 게재된 논문, "전후(戰後)의 재해 거버넌스에 관한 한일 비교 분석"을 책의 구성에 맞추어 수정하고 보완한 것이다.

1) 재해 거버넌스에 관한 대표적인 연구로는, 김영근(2013) "재해후 일본경제정책의 변용: 간토 · 전후 · 한신 · 동일본대지진의 비교분석" 『일어일문학연구』제84집 2권, pp.375-406.; 마쓰오카 슌지 저(2012)/김영근 옮김(2013) 『일본 원자력 정책의 실패: 후쿠시마 원전 사고 [illegible] 원전규제에 관한 제언』고려대학교출판부, 등을 들 수 있다.

또한 인명피해에 그치지 않고 세계의 경제적 피해도 막대하여, 전후 유럽은 파괴된 산업 인프라로 인해 경제침체로 이어졌으며, 소련과 일본도 상정외의 피해를 입었다[2].

전후 심각한 피해상황(재해)을 극복하는 과정에서 일본과 한국에는 어떠한 재해 관련 시스템이 작동되고 있었으며, 어떠한 글로벌 경제의 구조변화가 발생하였고, 또한 대재해 이후 일본과 한국의 경제 구조 및 경제 정책의 변용, 재원 조달을 위한 수단(재정)은 어떻게 실행되었는지 등에 관해 비교분석한다. 더불어 대재해 발생 후 주요 정책행위자의 역할이나 담론과 어떻게 연관되어 있는지를 검토한다.

논문의 분석대상은 전후(1945년)[3]의 일본과 한국에서의 부흥(재생) 과정에서 표출된 재해 거버넌스의 변용에 관한 고찰이다. 특히 전후 위기상황으로부터 탈피하는 과정에서 경제질서의 변화와 재해부흥(災害復興)을 위한 정책대응은 어떠한 차이점이 있는가라는 문제의식에서 출발하였다. 이를 바탕으로 한국과 일본의 전후 복구를 둘러싼 재해 거버넌스의 현황(프로세스 및 메커니즘)에 관해 분석하고자 한다.

먼저 거버넌스란 무엇인가? 본 논문에서는 재해 거버넌스의 변용에

---

2) [동원된 총병력]은 100백만명, [군인사망]은 15,000,000명, [군인부상] 추정불가, [민간인 사망] 최소 26,000,000명에서 34,000,000명으로 집계되고 있다. 건물의 파괴와 산업(경제) 인프라 붕괴 등 피해액은 추정이 불가능하다. 노병천(2001) 『도해세계전사(圖解世界戰史)』연경문화사, p.514. 예를 들어, 영국경제는 국가 전체 재산규모의 4분의 1이 소진되었으며, 소련의 재산 피해는 1,710개의 도시, 70,000개의 마을, 31,850개의 산업 시설이 완파 또는 반파되었다. 일본의 피해 상황에 관해서는 제3장 1절을 참조할 것. 위키피디아 한국판(http://ko.wikipedia.org/) 검색어: 제2차세계대전의 여파

3) 이 글에서 말하는 전후(戰後)란 1939년부터 1945년의 6년에 걸쳐 일본, 독일, 이탈리아의 삼국 동맹을 중심으로 한 추축국(樞軸國, Axis Powers) 진영과 미국, 영국, 프랑스, 소련 등의 연합국 진영간에 벌어진 전 세계적 규모의 전쟁(제2차 세계대전 혹은 태평양 전쟁) 이후를 가리킨다.

관해 분석하기 위해 국제레짐의 개념을 원용하여, "주어진 재해부흥 이슈영역에서 행위자의 기대가 수렴되는 원칙, 규범, 규칙, 정책결정의 절차"로 정의한다[4]. 국제레짐이란 '주어진 이슈영역에서 행위자의 기대가 수렴되는 원칙, 규범, 규칙, 정책결정절차'로 정의된다. 이러한 상위(정부/국가 레벨)의 거버넌스(혹은 레짐)에 비해, 본 논문에서 원용하여 분석틀로 제시하고 있는 '재해 거버넌스'란 지역 레벨, 민간(시민) 레벨 등 하위의 개념을 포함하는 것이다. 재해 복구를 위한 제반 정책수행과정을 포괄하는 개념으로 일본의 국내적 레벨의 경제정책(대응)을 다룬다라는 점에서 단순히 국제관계에서 변화하는 일본의 정책대응을 분석하는 통상적 '국제레짐(거버넌스)'의 개념과는 차별화된다.

한편, 재해 관련 시스템 혹은 거버넌스에 관해 명명하고 있는 '○○체제'는 대해재를 둘러싼 일본과 한국의 정치경제적 패러다임의 전환을 의미한다. 예를 들어, 주지하다시피 일본이 제1차 세계 대전 종결(1919년)에서 제2차 세계 대전 발발(1939년) 혹은 종결(1945년)까지 전간(戰間)체제를 확립했던 것처럼, 제2차 세계대전의 패배 이후 전쟁피해를 복구하고 일본재생 혹은 일본재건(부흥)을 지향하는 '전후체제'는 중요한 전환기적 의미를 내포하고 있다.

또한 3.11 동일본대진재 이후 일본은 재해 이후의 체제(災後體制)로 전환되고 있다는 주장(분석)도 있어, 재후체제 이전에 일본이 처한 위기에 대응해 온 재해 거버넌스를 재점검하는 것은 지금까지 전후 일본과

4) 일본과 한국의 정부가 국내적 차원의 재해부흥 과정 및 경제 정책대응에 대해 분석하는 데 있어서 레짐의 하위 개념을 도입하는 것은 매우 유익하다. 국내정책에 있어서의 제도 변화 유형과 경제정책(구조)의 분석에 적용했을 경우, 재해 관련 의제의 설정(agenda setting)이나 정책형성(policy formulation), 나아가 정책의 실시(implementation) 프로세스 및 메커니즘을 명확하게 이해할 수 있다. John Gerard Ruggie(1982), "International Regimes, Transactions, and Change: Embedded Liberalism in the Postwar Economic Order," International Organization, p.380.

한국의 국내 피해상황과 복구상황(검증)이나 부흥정책의 소개에 그쳤던 전후(戰後)에 관한 선행연구를 극복하는 데 유익한 논의라 할 수 있다. 아울러 재해 거버넌스의 방향성 및 '부흥의 청사진'을 재점검하고, 구체적인 대응(경제) 정책을 제시할수 있다는 점에서도 유용하다.

(2) 재해 거버넌스 연구 현황과 분석 방법

본 논문의 목적은 앞에서 설명한 바와 같이 경제적 관점에서 피해(액)를 파악하고 대재해(전쟁)로부터의 복구 및 부흥을 목표로 하는 '일본과 한국의 재생(復興)전략' 구상을 비교하여, 이를 통해 한국과 일본의 경제 구조 및 경제정책의 변화를 고찰하는 것이다[5]. 어느 사례든 국내외 변화에 대한 대응을 목표로 하는 '재생전략'을 실행(=경제정책의 실시)할 때는 한국과 일본의 경제구조 및 경제정책이 주는 상호적인 영향을 바탕으로 다음과 같은 점(분석방법)에 유의할 필요가 있다. 먼저 피해 실태를 파악하여 그 상황에 입각한 경제구조와 경제정책의 변용을 모색해야 한다. 그러나 본 논문은 지진의 복구, 부흥 프로세스의 구조 분석을 목적으로 한다. 전쟁재해(戰災)가 일본과 한국 사회에 미치는 영향을 관찰하고, 그 속에서 구조 변화에 관련한 것을 중심으로 대재해 발생 이후에 나타난 일본과 한국의 경제정책 변화를 고찰한다. 또한 복구 및 부흥 재생 과정에서의 제 변화(요인)을 분석하며, 특히 재해 관련 제도 혹은 정책방안에 초점을 맞춘다. 본 논문의 분석대상 및 고찰방법

5) 제2차세계대전 및 한국전쟁 이후 한일 양국의 재해(戰災) 거버넌스 비교에 한정하고 있는 본 논문을 발전시켜, 자연재해(태풍, 홍수, 지진 등)로 인해 특정지역이 큰 피해를 당한 경우 양국의 재해 거버넌스에 관해서 사례를 통해 구체적으로 비교하는 것은 별도의 논문에서 다루기로 한다. 예를 들어 다음 논문을 참고할 것. 김영근(2013) 「災害後日本経済政策の変容:關東·戰後·阪神淡路·東日本大震災の比較分析」 『일어일문학연구』제84집 2권, pp.375-406.

에 대해 살펴보기로 하자([표 1] 참조).

[표 1] 분석의 조감도: 재해 복구 과정에서의 한일의 재해 거버넌스 비교

	전후(1945) 일본 vs. 한국
시스템(거버넌스)	전간(戰間)체제→전후(戰後)체제
국제 정세의 변동	–
일본/한국 정치·경제구조	–
일본/한국 정책의 변용	–
재정(재원조달수단)	–
주요 정책수행자	–

출처: 필자 작성

선 한일 양국의 전쟁재해에 관한 실태(현황)를 점검하고, 대재해 후 경제구조 및 경제정책의 변용을 분석하고자 한다. 특히 전쟁재해가 일본사회에 미치는 영향을 점검하고, 그 중 글로벌 경제(구조)의 변화와 연관된 일본과 한국의 경제정책의 변용을 분석하고자 한다. 다음 4가지 요인별로 분류하여 전후 재해 거버넌스 및 일본과 한국의 부흥정책의 변용에 관해 고찰하고자 한다.

첫째, 사례별 재해부흥 프로세스에서의 일본 시스템(거버넌스)의 변용에 관한 것이다. 둘째, 글로벌 경제의 변동에 따른 일본 경제정책의 대응관계에 관한 것이다. 셋째, 재원조달을 위한 수단인 재정정책에 관한 비교분석이다. 넷째, 재해 후 일본의 부흥정책을 추진한 주요 정책결정자의 역할 변화에 관한 것이다.

이상의 문제의식과 분석방법을 바탕으로 다음과 같은 구성으로 논하고자 한다. 제2장에서는 '전쟁재해(戰災)'와 '재해 거버넌스'에 관해 선행연구를 바탕으로 고찰한다. 제3장에서는 전후 일본의 재해 거버넌스 및 경제정책의 전개와 변용을 분석한다. 본 논문의 분석대상 및 고찰 방법

에 입각하여 작성한 분석틀([표 1]: 조감도)을 바탕으로 일본 경제정책의 변화를 사례 별로 고찰한다. 제4장에서는 전후(1945) 한국의 재해 거버넌스에 관해 분석한다. 제5장에서는 결론적으로 제3장과 제4장에서 분석한 전후 재해 복구 과정에서 일본과 한국의 재해 거버넌스를 비교분석한다.

2. 전쟁재해(戰災) 및 재해 거버넌스란 무엇인가?

한국으로서 전후(1945)란 두 시기를 의미한다. 하나는 일본과 마찬가지로 제2차세계대전 직후를 말하며, 다른 하나는 한국전쟁(1950-53년) 휴전 이후를 가리킨다[6]. 전쟁재해에 관한 학문적 연구의 탄생배경으로는 전후처리 문제 및 전후 부흥 정책과 밀접한 연관이 있다. 특히 1945년 이후에 해당하는 전후(戰後)와 같이 엄청난 피해상황 하에서 정치 · 외교적으로 국제무대에 복귀하고 경제재생을 위한 다양한 정책들에 초점을 맞춰왔다. 전쟁 발생 이후의 도시경관이나 경제부흥 등과 밀접하게 관련되어 발전되어 왔다. 물론 전재(戰災)에 관한 분석대상은 재해로부터의 부흥 역사를 통해서 본 지역경관은 물론이거니와 정치 · 경제 · 사회 · 문화 · 역사 · 사회 · 문화 · 교육 · 의료 · 복지 등의 변용까지도 포함한다.

본 논문에서 분석대상으로 하고 있는 1945년 이후에 해당하는 전후(戰後)의 재해 거버넌스에 관한 선행연구를 요약정리하면 다음과 같다.

1945년 이후를 칭하는 '전후(戰後)'에 관한 연구는 예로부터 지진이나 태풍 등과 같은 자연 재해에 익숙한 일본인은 특유의 결단력과 활기로 천재지변보다 한층 더 심각한 전쟁의 참화로부터 국가를 재건하는데 전념했다는 점을 감안하면, '전후'의 일본 경제정책 및 재해 거버넌스의

6) 엄밀하게 분류하자면 1945년부터 1950년까지는 일본의 전간기(戰間期)에 해당한다. 그러나 본 논문에서는 일본과 동일하게 1945년 이후를 전후체제로 분류하기로 한다.

변화를 분석대상으로 삼는 것도 이례적인 일은 아니다. 다만 선행연구는 전후에 전개된 도시계획 시스템 등 전후 재건 프로세스에서 전쟁재해(戰災) 도시의 역사적, 사회학적 연구로 한정되어 있다.7) 본 논문에서는 정치경제학적인 관점에서 전후 부흥계획부터 정책의 실행에 이르기까지의 과정을 분석하고자 한다.

한편, 한국에서의 전후 재해부흥에 관한 연구는 전후처리 문제와 전후 부흥의 프로세스 분석에 집중되어 있다. 특히 저서로는 정치적 관점에서의 『한일 과거사 처리의 원점 : 일본의 전후처리 외교와 한일회담』8), 경제학적 관점의 『전후 경제구조의 변모』(일본자본주의강좌시리즈)9) 등이 있다.

그러나 기존연구에서 전후 일본과 한국의 재해 거버넌스 변용에 관한 이론적 분석은 거의 부재하다고 해도 과언이 아니다. 국내 제도(레짐)의 변용이라는 관점하에서 '정책에 있어서의 현상유지 지향의 강약'과 '제도 자체의 개혁(변화)에 대한 저항의 강약'이라는 두 가지 요소를 조합한 4가지 제도변화(①제도 표류-②제도 재정의-③제도의 중층화-④제도치환) 분석10)([표 2] 참조) 등 다양한 이론(분석틀)이 사례연구과 연계될 수 있는 시각제시가 절실하다.

본 논문에서는 전후 한국과 일본이 처한국내외 환경적 '취약성(vulnerability)'이라는 관점을 도입하여 '제도에 대한 '취약성'의 정도'와 '정책

7) 老川慶喜 · 渡辺惠一 · 仁木良和(2002) 『日本経濟史—太閤檢地から戰後復興まで』光文社.

8) 이원덕(1996) 『한일 과거사 처리의 원점 : 일본의 전후처리 외교와 한일회담』서울대학교출판부

9) 井上晴丸編(1953) 『戰後經濟構造の變貌 2』日本資本主義講座: 戰後日本の政治と經濟/第5卷, 岩波書店; 이 외에도 勝又壽良(1995) 『戰後50年の日本經濟 : 金融·財政·産業·獨禁政策と財界·官僚の功罪』東洋經濟新報社등을 참조할 것.

10) 본 논문에서 제시하는 '제도(재해 거버넌스) 변화'에 관한 시론으로는 다음 논문을 참조할 것. 김영근(2013), "일본 민주당의 대외경제정책: 정권교체하의 변용과 지속" 『일본연구논총』현대일본학회, 제38호, pp.165-203.

수용의 지향(단절과 연속성)'이라는 두 가지 요소를 조합한 위에서 언급한 4가지 제도변화 분석틀을 바탕으로 재해 거버넌스의 변용을 고찰한다. 이는 무엇보다도 새로운 분석틀([표 3] 참조)을 통해 실제 재해 거버넌스의 변용과 지속이라는 부분을 조명해 본다는 점에서 매우 독창적이며 유용하다 하겠다.

[표 2] 제도변화의 유형과 재해 거버넌스의 변화

정책에서의 현상유지 지향	제도 자체의 개혁에 대한 저항: 강	제도 자체의 개혁에 대한 저항: 약
강	A 제도 표류(drift) 환경변화에 대한 미대응으로 기존(既定) 정책 비효율적 대응 예): 경제정책의 한계와 '잃어버린 20년'의 지속	B 제도 전용(conversion) 기존 정책의 전략적 재정의 혹은 전용 예): 원자력 이용의 재논의 및 보완대체 방안 강구
약	C 제도 중층화(layering) 기존 정책을 유지하며 새로운 정책의 수립 예): 해외 원전사업의 수주, 다각적 지역주의 정책 전개	D 제도 치환(displacement) 새로운 제도의 도입 예): 탈원전/원전제로 정책의 도입, 아베노믹스의 재정완화 정책

출처: 기타야마(2011) 도표(p.54)를 수정·보완한 마쓰오카 슌지(2011: 54)의 제도변화 유형도를 재인용

여기서 '취약성'이란 이전 체제와 단절(혹은 제한)했을 때 입는 손해(damage)를 의미하는데, 어떤 주체의 취약성이란 "해당 주체가 외생적 변화에 의해 받는 영향이나 비용(즉, 민감성에 기초한 영향이나 비용)을 기존의 정책이나 제도적 틀(체제)의 전제(前提)를 바꾸는 행동을 취함으로써 비교적 단기에 또는 저비용으로 경감하거나 해결할 수 있는가, 어떠한가의 정도를 가리킨다."[11] 만일 전후의 재해 부흥 과정에서 해당 주체(한국과

---

11) 야마모토 저/김영근 옮김(2014) 『국제적 상호의존』논형, p.22, pp.121-123.; 『21세기 정치학대사전』〈취약성(vulnerability, 脆弱性)〉, 한편 '민감성(sensitivity, 敏感性)이란, 어떤 행위자의 민감성이란 "해당 주체(행위가)가 외부(외생)적 변화,

일본)가 재해 거버넌스 혹은 경제정책 등의 다양한 행동을 취해더라도 그 영향을 벗어날 수 없다면 그 주체는 그 변화에 대해 취약하다. 만일 기존 체제에서 벗어나 제도 치환이 가능하다면 그 주체는 취약성이 낮다(혹은 '비취약'하다)고 할 수 있다[12]. 전후 재해 거버넌스의 변화 및 제도(체제)의 선택에 관해서는 다음 [표 3]을 바탕으로 분석하고자 한다.

[표 3] 전후 재해 거버넌스의 변화와 제도(체제)의 선택

정책수용의 지향		제도에 대한 '취약성'의 정도: 강	제도에 대한 '취약성'의 정도: 약
정책수용의 지향	연속	A 제도 표류(drift) 기존(既定) 정책의 비효율적 대응이 지속되어 체제변화 및 거버넌스 미흡	B 제도 전용(conversion) 기존 정책의 전략적 재정의 혹은 전용
정책수용의 지향	단절	C 제도 중층화(layering) 기존 정책을 보완하며 새로운 정책의 도입	D 제도 치환(displacement) 체제전환이 용이하여 새로운 체제 도입 및 대응 원활

출처: 필자작성

3. 전후 일본의 재해 거버넌스

(1) 전후의 일본

전후(1945) 피해의 전체상을 요약하면 다음과 같다[13]. 전후(1945)의 피해는 다른 사례에 비해 데이터 기준이 약간 다르다. '경제안정본부(経

즉 상정외의 사건이나 다른 주체의 행동에 의해 기존의 정책이나 제도의 틀 자체를 바꿀 수 없는 단기간 내에 받게 되는 영향이나 자극의 정도"를 의미한다.

12) "주체의 취약성·비취약성은 해당 주체의 구조적 파워(파워 능력이나 파워 자원의 유무)에 의해 결정된다. 왜냐하면 파워 능력이나 파워 자원을 풍부하게 가지고 있는 주체는 다양한 상황에서 보다 많은 선택 폭을 가지고 있으며 기존의 정책이나 제도적 틀 등을 재평가할 수 있기 때문이다." 『21세기 정치학대사전』〈취약성(vulnerability, 脆弱性)〉

13) 김영근(2013), 앞의 논문, p. 381에서 재인용.

濟安定本部)'[14]의 통계에 따르면 "제2차 세계대전(태평양전쟁)으로 인해 일본의 공업설비 능력은 44% 정도 감소되었으며 평화적 · 물적(平和的 · 物的) 피해만으로 한정한 피해 총액은 총 642.7억 엔에 달했다. 우선 국부 피해율은 전체의 25% 이상이나 된다[15]. 제2차세계대전이 진행중이었던 1943 년의 GNP가 638억 엔으로 전쟁피해액은 1943년 1년분의 GNP에 해당하는 거액이었다"라고 기술한다([표 4] 참조).

[표 4] 제2차세계대전(1939–1945)의 피해 총액[16]

금액 단위: 백만엔, 비율(%)

	금액	비율		금액	비율
피해 총액	64,278	100	자산별 피해		
직접 피해	48,649	76	가구, 가재(家財)	9,558	15
간접 피해	15,629	24	생산품	7,864	12
자산별 피해			기타	9,283	14
건조물	22,220	35	무(無)피해상정시의 국부	253,130	100
공업용 기계기구	7,994	12	패전시의 잔존국부	188,852	75
전기가스공급설비	7,359	11			

주 : 1) 피해 총액은 자산적인 일반 국부의 피해를 말하며 산림, 수목, 도로 등의 피해는 포함하지 않는다. 2) 피해 총액은 일본 영토 내에서 입은 평화적 재화피해를 포함하며, 함정, 항공기 등의 피해는 포함하지 않는다. 3) 무피해 상정시의 국부(国富)는 패전 시 잔존 국부와 피해액의 합계를 나타낸다. 여기서 국부(national wealth)란 일정시점에서 한 나라가 가지고 있는 유형자산의 총가치(재산적 가치의 총합)를 말하며, 주택이나 가구, 의류 등도 국부에 포함된다.

출처 : 日本銀行統計局編『明治以降本邦主要経済統計』; 앞의 책 岩田規久男『経済復興——大震災から立ち上がる』p.73에서 재인용.

---

14) '경제안정본부(経済安定本部)'란 일본이 제2차 세계대전 후 경제 위기를 극복하기 위해 각 성청 업무를 강력하고 일원적으로 지도할 기관이 필요하다는 점에서 1946년 8월에 임시로 설치된 '주요 경제행정을 종합기획하고 통제하는 관청'(重要経済行政の總合企畫 · 統制官廳)을 가리킨다. 줄여서 안본(安本)이라고도 불렸다. 岩田規久男(2011), p.72에서 재인용.

15) 즉 [표 3]의 패전시의 잔존국부가 75%라는 것은 전쟁에 의한 경제적 피해 비율은 25%를 의미한다. 다카하시 조센 편저/곽해선 옮김(2002)『일본경제 50년사: 사라진 일본경제의 기적』다락원, p.13

(2) 전후 일본 재해 거버넌스의 변용

본 논문의 문제의식은 대재해(전쟁) 발생 후, 일본의 경제구조나 경제정책이 대내외적인 환경변화에 대응하여 어떻게 거버넌스가 변화했는지에 관해 한국과 비교하여 분석하고자 하는 것이었다. 전후(1945) 일본의 경제정책을 분석한 결과, 경제정책 및 부흥정책의 변화 및 한국과의 차이점(제4장에서 분석)이 뚜렷이 드러난다. 전후 세계 경제의 구조 변화 속에서 일본이 계획하고 실행한 복구 및 부흥정책을 정리하면 다음과 같다([표 5] 참조).

[표 5] 전후 일본의 재해 부흥 프로세스와 정책 비교

	전후(1945)
일본의 시스템	전후(戰後)체제
글로벌 환경변화	- GATT(관세 및 무역에 관한 일반협정) 체제 · 무역자유화 · 조선 특수
일본의 경제구조	- 전후개혁과 경제부흥 -전후 인플레이션
일본 경제정책의 변화	경제 '비군사화' 및 '민주화' 도지라인 경제자립 · 재벌해체 · 농지개혁 · 노동개혁
재정(재원조달수단)	- 전후 특수 -국제적인 군수 경기
주요 정책 수행자	- GHQ/SCAP · '전후 부흥원'

출처: 필자 작성

전후(1945) 일본의 경제정책에 관련된 분석을 정리하면 당시의 시스

---

16) '태평양전쟁으로 인한 일본의 피해 종합 보고서'(「太平洋戰爭による我國の被害總合報告書」) 경제안정본부 총재 관방 기획부 조사과(經濟安定本部總裁官房企畫部調査課) Overall Report of Damage Sustained by the Nation During the Pacific War, Economic Stabilization Agency, Planning Department, Office of the Secretary General, 1949. (재단법인)국토기술연구센터의 기록 참조
http://www.jice.or.jp/oshirase/201110111/koumura_05.html

템은 말 그대로 '전간(戰間) 체제'에서 벗어난 '戰後 체제'라 할 수 있으며, 대재해(전쟁) 발생 후의 글로벌 환경변화로는 'GATT(관세 및 무역에 관한 일반 협정) 체제 하'에서의 무역 자유화의 추진을 들 수 있다. 한편 일본의 경제구조의 특징으로는 '전후 개혁과 경제 부흥' 및 '전후 인플레이션' 현상을 들 수 있다. 또한 일본 경제정책의 변화를 나타내는 요소로는 경제의 '비군사화'[17]와 '민주화', '도지라인(Dodge line)'과 '경제 자립을 향한 노력(재벌해체/농지개혁/노동개혁)' 등을 들 수 있다. 이러한 정책을 실행하는데 필요한 재원을 조달하기 위한 수단(재정)은 '국제적 군수 경기에 따른 전후 특수 재정' 등이었다고 할 수 있다. 또한 재해 후 일본의 부흥정책을 추진한 주요 정책수행자는 '연합군 최고사령관 총사령부(GHQ/SCAP)'였으며, '일본 경제의 재생'과 '세계(무역)체제로의 복귀'를 목표 설정하고 노력했다.

(1) 전후개혁과 경제부흥: '전재부흥원'과 '전재지역부흥계획기본방침'

'전재부흥원(戰災復興院)'은 일본이 태평양 전쟁에서 패전후인 1945년 11월 5일에 내각이 고바야시 이치조(小林一三) 국무대신을 총재로 선출하며 설치한 기관이다. 전후의 혼란이 계속되는 상황에서 내무성이 해체되고 토목부문이 독립되었으며, 별도로 전재부흥원(戰災復興院)이 설립되었다. 제2차 세계대전 당시 미군이 실시한 일본 본토 공습에 의해 피해를 입은 전국 각 도시의 전쟁재해(戰災) 부흥 사업을 목적으로 설립되었다. '전재부흥원'의 계획에 입각하여 1945년 12월 30일에 '전재

17) "비군사화를 일본 경제 분야에서 실시하기 위해서, 일본의 물적 전쟁능력 및 침략주의적 행동·군국주의적 행동의 진원지를 제거하는 정책을 의미한다." 미와 료이치 지음/권혁기 옮김(2005) 『근대와 현대 일본경제사』보고사, p.240

지역 부흥계획 기본방침(戰災復興計畫基本方針)'이 각의(閣議)결정되었다.

(2) '경제의 '민주화': 도지라인(Dogde Line)에서 특수 붐으로

일본 경제의 부흥(재생)을 위해 '경사생산방식(傾斜生産方式)'이 도입되었다. 이는 일본 국민경제 전체의 생산회복을 꾀한 정책으로, 일본 경제자립기반의 확립을 위해 필요한 철강과 석탄의 생산을 우선적으로 증가시키기 위하여 '(일본)부흥금융금고'의 자금을 우선적으로 (경사)투입하고 노동력도 대량으로 투입하는 방법이다. 결과적으로 1948년부터 전력, 해운 등 일본의 주요산업에 대한 석탄 및 철강 배급이 원활하게 됨으로써 일본의 전후 경제부흥이 시작된 것으로 평가된다.

패전 당시 GHQ의 점령 정책의 우선적인 목표는 '일본 경제의 민주화'였다. 방법 중 하나는 '경제안정 9원칙' 제시 및 '도지라인 (Dodge Line)'의 실시였다[18]. '도지라인'이란 전후의 '일본 경제 재건정책'으로, GHQ의 경제자문위원 자격으로 방일한 디트로이트은행의 조세프 도지(Joseph Morrell Dodge) 은행장이 입안 및 권고한 일본의 경제 민주화 즉, 산업 조직 및 노동의 민주화 플랜을 말한다.1949년 3월 7일 일본 경제의 자립과 안정(인플레이션 문제해결과 흑자 재정의 실현)을 위해 실시된 재정 금융 긴축정책이며 인플레이션, 국내 소비억제와 수출진흥을 중심으로 진행되었다. 1948년 12월 GHQ는 경제안정 9원칙의 실시 방

18) '도지라인'을 '경제민주화'의 일환으로 보는 관점에 대해서 비판적인 견해도 존재한다. 예를 들어, 전후 동서냉전의 심화로 GHQ의 점령정책이 '역코스(reverse course)'로 전환되면서 민주화와 비군사화 정책이 후퇴(레드퍼지, 공직추방 해제, 재군비준비 등)했다. 따라서 도지라인이 일본의 자립과 안정을 위한 정책의 일환으로서 등장한 점을 감안한다면, 경제민주화와는 성격이 다른 정책으로 이해되어야 한다는 주장이다.

책을 제시하였다. 다만, 도지라인이 실시(1949년)된 이후인플레이션을 수렴시키기 위해 금융을 긴축시켜 화폐가치를 안정시키는 정책으로 인해 '도지불황(혹은 안정공황)'[19]이라고 불리우는 공황 상태가 발생하였다. 그러나 일본의 정책 대응은 안정 궤도에서 일본의 경제부흥 기반을 마련했다는 점에서 '안정공황'이라는 명칭으로 높이 평가된다. 이점이야말로 전후 일본의 재해거버넌스가 효율적으로 작동한 요인이라 할 수 있다.

한편, 1950년 한국전쟁의 발발로 인한 '전쟁특수 붐'은 군수물자산업의 수출로 이어져 일본 경제의 구조변화에 크게 기여하였다. "한국전쟁 특수로 인해 초긴축정책 하에서 발생한 유효수요의 부족이 일거에 해소되었고, 생산은 급격히 회복되었다. 이는 기업합리화의 진전과 맞물려 일본기업의 대폭적인 수익개선에 기여하였다."[20]

4. 전후 한국의 재해 거버넌스

이번 장에서는 전후(1945) 한국의 재해 거버넌스 및 경제정책의 변용을 중심으로 살펴보고, 즉 한국형 전쟁재해의 대응 과정을 분석하고자 한다.

---

19) '도지 불황'이란 '도지라인' 정책실시에 따라 일본 국내의 인플레이션은 진정되었지만, 정책실시 이전과는 반대로 디플레이션이 진행되어, 실업과 도산이 잇달아 발생하였다. 다만 안정 궤도에서 일본의 경제부흥 기반을 마련했다는 점에서 '안정 공황'이라 명칭으로 높이 평가한다. 다카하시 조센 편저/곽해선 옮김(2002) 『일본경제 50년사: 사라진 일본경제의 기적』다락원, p.30

20) 송지영(2013) 『일본경제론』청록출판사, pp.46-52. "한국전쟁이 끝났음에도 불구하고, 일본은 국내 수요증가에 따른 투자 및 수출증가에 힘입어 투자승수효과가 국민경제 전반에 파급되면서 성장이 가속화될 수 있었으며, 이후에도 일본은 지속적인 호황국면을 맞이할 수 있게 되었다." 김연석(1992) 『일본경제 · 무역의 분석: 한국경제를 위한 교훈의 모색』문음사, p.34

(1) 일제강점기 일본의 식민지 경제정책에서 탈피 모색

한국의 경우 전후가 가리키는 시기는 경제혼란기로 주로 1945년 해방 후부터 한국전쟁 발발(1950년) 혹은 휴전(1953년)까지의 시기를 의미한다. 한국 전쟁으로 인해 500만 명(당시 남북한 인구 총계: 3000만 명)이 사망하였다고 한다. 한반도 전체가 폐허가 되었으며 특히 대규모 공업지역은 전쟁 중의 폭격으로 인해 거의 소실되었다[21). 이렇듯 한국의 전후 시기는 한국전쟁의 피해까지 포함하자면 제2차세계대전 이후 세계적인 경기침체와 맞물려, 한국 경제는 극심한 경제적인 혼란과 침체 상황에 직면해 있었다[22).

그 배경으로는 일제강점기와 해방 후 인위적으로 분단된 남북경제구조의 불균형에 기인하는 것이었다. 주지하다시피 일제강점기의 주요 경제정책은 일제의 필요에 의한 농업정책이나 산업입지정책, 노동정책 등이 실시되었다. 당시 한국 경제는 일본의 공업화를 위한 부분적 시스템 역할을 수행함으로써 선택이 여지가 없이 일본의 자본 및 기술면에서의 종속성을 심화시킨 식민지형 공업구조였다[23). 전후(해방후) 한국 정부는 일제강점기 일본주도의 비자발적인 형태에서 벗어나 자주적인 한국형 경제정책을 모색해 왔으나, 새로운 전후체제를 제대로 운영하지 못했다[24).

---

21) 전후의 한국의 피해상황에 관한 통계자료가 거의 정확하지 않다. 위키피디아 한국판(http://ko.wikipedia.org/) 검색어: 한국전쟁; 전쟁기념관 홈페이지 자료(https://www.warmemo.or.kr/)

22) 해방 직후 1945년부터 대한민국정부가 수립된 1948년 8월 15일까지의 시기로 한정하는 시각도 존재한다.

23) 송규진(2011)「일제말(1937-1945) 통제경제정책과 실행과정:『매일신보』를 중심으로」『역사학연구』제42권, pp.141-175.

24) 李海珠(1999)『韓國工業化の歴史的展開 工業化政策の展開における韓日比較の視点(한국공업화의 역사적 전개-공업화정책의 전개에 있어서 한일비교의

(2) 자주적인 한국형 경제운영의 한계

전후(1945) 한국의 경제정책 관련 시스템은 '전후 신탁통치 체제'라 할 수 있다. 당시의 글로벌 환경변화로는 해방 후 남북국토분단하의 미국 국무성 주도의 신탁통치 체제로 자유시장경제 체제의 도입을 들 수 있다. 한편 전후 한국의 경제구조의 특징으로는 '식민지 환경하의 파행적 공업구조로부터의 탈피 모색' 및 '경제성장과 공업화 기반 마련'을 들 수 있다. 특히 일제식민지하의 공업구조의 파행성을 벗어나려는 노력도 경주할 틈이 없이 해방 후 남북국토분단 신탁통치 상황 및 한국전쟁(1950-53)으로 이어지는 동안 그야말로 경제혼란기의 지속상황이었다[25]. 한국경제 공업부문 총자본액의 94%를 소유하고 있던 일본의 기행적 경제지배 구조의 붕괴, 나아가 남농북공(南農北工)이라는 환경 하에서 한국의 생산성 위축과 물가상승 요인은 걷잡을 수 없었다.

또한 한국 경제정책의 변화를 나타내는 요소로서 자유시장경제 체제의 도입을 위한 '일본인 소유지 농지개혁의 단행[26] 및 농산물가격 개선', 물가안정과 통화가치의 안정 도모(1948), '통화개혁(1953)' 등 다양한 정책을 전개하였다. 다만 정상적인 경제정책을 수립할 환경이 미흡했던 전후 한국경제는 한국전쟁으로 인한 금융질서의 혼란탈피 정책(1950) 및 통화개혁(1953) 등 임시방편적 제도적 기반마련에 주력했다고 할 수 있다.

시점)』(日本)稅務経理協會;이해주(1982)「援助經濟下의 消費財工業發展과 資本蓄積: 1945-60年의 韓國의 工業化」『경제학연구』제30집, pp.293-318. 예를 들어, 1937년 일제의 만주침략이 중일전쟁으로 확대되면서 일본은 군수품을 조달하기 위해 중화학 분야(금속 · 화학 · 전기기구 등) 확장에 역점을 두기 시작하였다.

25) 정창영(1985)「해방후 40년간의 산업정책의 전개」『한국국제경제학회 하계정책세미나 발표논문집』제1985권, p.38. 한국의 전재 복구와 경제 부흥이 본격화한 된 것은 1955년경부터라는 견해가 지배적이라 할 수 있다.

26) 한국 정부는 1949년에 새로운 <농지개혁법>을 제정하고, 1950년에 <농지개혁법>시행령을 공포하였다.

이러한 정책을 실행하는데 필요한 재원을 조달하기 위한 수단(재정)은 주로 소비재를 중심으로 한 원조(434백만 달러) 및 원조물자의 대충자금 확보 등 주로 '미국의 경제원조'에 의존했다고 할 수 있다. 관련하여 앞에서도 살펴보았듯이 전후 한국의 경제정책이나 '재해 거버넌스'에 관한 기본적 경향은 수출 증대나 국민경제의 자립적 발전을 마련하기보다는 미국으로부터의 원조수입을 극대화하는 것이었다[27]. 이는 한국의 환율정책과도 연계되어 있었다. 외화 획득의 원천인 미국으로부터의 원조, 주한미군으로부터의 달러 수입을 높이기 위해서는 '원화 고평가(원고)' 정책을 실행하였다.

또한 재해 후 한국의 부흥정책을 추진한 주요 정책수행자는 한국정부 수립 이전까지는 '미군정'이였으며, '한국 경제의 안정'을 목표로 설정하고 노력했다. 이후 미군정하의 한국정부는 〈한미경제원조협정〉를 체결(1948. 12)하고, 미국경제협조처(ECA)의 원조 정책을 한국에 도입·실시하였다[28].

이상의 전후 한국의 경제정책을 요약하면 당면한 목표는 전후 경제적 혼란으로부터 안정을 도모하고 현안 문제를 해결하는 과정에서 경제성장과 공업화를 달성하려 하였다. 1948년 8월 15일 한국 정부 수립 후 한국경제 재건(재생/복구)을 위한 다양한 노력(목표의 설정)이 있었다는 점을 무시할 수 없으나 일본의 전후 경제정책 및 재해 거버넌스와

27) 1945~1961년 동안에 미국의 경제원조는 31억 달러에 달하고 이 중 약 25억 달러는 '비계획사업' 원조로서 구호사업을 위한 소비재 구매용이었다.

28) "한미경제안정위원회(1950.1)는 1950년 1월 'ECA 원조'의 현지 운영기관인 주한 ECA와 한국정부가 공동으로 설립한 기구로서 한국경제에 대한 ECA의 판단과 그에 대한 ECA의 대책 등을 검토하는 역할을 수행하며, 산하의 13개 분과위원회가 [illegible]성한 권고안은 한국정부에 강제성있고 실행될 수 있었다." [illegible](2012) 「1950년 한미경제안정위원회의 설립과 안정화정책의 성격」『한국사론』제58권, p.284.

비교해 본다면 한국의 경제(산업)정책은 뚜렷한 기조가 없으며 비자주적·미국의존형으로 제도를 적용(B) 하거나 중층화(C) 혹은 치환(D)하지 못하고 표류(A)하고 있었다[29]. 미군정은 전후 일본경제에 관한 정책 전개와는 달리 한국경제에 대해서는 구체적인 실행계획을 수립하지 않고 단지 사회안정 및 정치적 현상유지를 위한 미봉책으로 일관하였다[30]. 물론 자유(시장)경제 체제의 도입을 목표로 경제성장과 공업화 기반 마련을 위한 미군정의 경제재건 정책과 한국정부의 자주적 경제정책의 시도는 평가할 만하다[31]. 다만 글로벌 환경변화에 대응하지 못하고 '전간(戰間) 체제'의 취약성이 크게 영향을 미쳤다고 할 수 있다.

5. 결론: 전후 한일 재해 거버넌스의 교훈

(1) 전후 한일 재해 거버넌스의 비교

본 논문의 문제의식은 대재해(전쟁) 발생 후, 한국과 일본의 경제구조 및 경제정책이 대내외적인 환경변화에 대응하여 어떻게 변화했는지에 관해 사례별로 비교분석하고자 하는 것이었다. 일본과 한국의 전후(1945년 이후) 재해 거버넌스 및 경제정책, 부흥정책을 비교해 본 결과,

---

29) "무역, 외환정책의 측면에서 볼 때에는 주고 양적인 제한이 국제수지의 통제수단으로 활용되었으며 또한 이 기간 중 여섯 차례에 걸친 대폭적 평가절하에도 불구하고 환율은 늘 과대평가되어 있었다." 김광석 · 래리 E. 웨스트팔(1976) 『한국의 외환 · 무역정책』 한국개발연구원(KDI), pp.21-23. 정창영(1985), 앞의 논문, p.38에서 재인용.

30) 마치 미국은 한국의 전후 상황을 주어진 환경으로 즉 전간(戰間)체제로 간주한 것으로 해석된다. 위키피디아 한국판(http://ko.wikipedia.org/) 검색어: 경제정책

31) 미국의 원조로 전후 복구를 시작하여, 1962년 본격적인 공업화가 개시되기 전까지 한국 경제정책에 관한 본격적인 분석 또한 많지 않다. 이는 전후 한국의 경제정책이 "미국으로부터의 원조 수입의 극대화와 인플레이션의 억제를 통한 민생의 안정"으로 귀결된다는 점과 일맥상통한다.

정책의 변화 및 한일간 차이가 뚜렷이 드러난다. 본 논문의 문제의식이자 분석목적이었던 재해 이후, 전후(戰後) 세계 경제의 구조 변화 속에서 한국과 일본이 계획하고 실행한 복구 및 부흥정책 및 경제정책을 비교 분석한 결과를 정리하면 다음과 같다([표 6], [표 7] 참조).

[표 6] 전후(戰後) 재해 부흥 프로세스에서의 일본과 한국의 정책 비교

	전후(1945): 일본	전후(1945): 한국
시스템	전간체제→전후(戰後)체제	전후(戰後)체제←전간체제: 신탁통치
글로벌 환경변화	GATT(관세 및 무역에 관한 일반협정) 체제 • 무역자유화 • 한국전쟁 특수	해방 후 남북국토분단(신탁통치) • 미국무성의 한국신탁통치계획
일본과 한국의 경제구조	- 전후 개혁과 경제부흥 - 전후 인플레이션	식민지 환경하의 파행적 공업구조 • 남농북공(南農北工) • 일본의 기행적 경제지배 구조(한국경제 공업부문 총자본액의 94% 소유)의 붕괴: 생산성 위축 및 물가상승 - 경제성장과 공업화 기반 마련
일본과 한국의 경제정책의 변화	경제 '비군사화'/'민주화' • 도지라인 • 경제자립의 길(방안) • 재벌해체 • 농지개혁 • 노동개혁	자유(시장)경제 체제의 도입: • 일본인 소유지 농지개혁의 단행(농지개혁법 1949년 제정 후 1950년 시행령공포) 및 농산물가격 개선 • 물가안정과 통화가치의 안정 도모(한국정부, 1948) • 한국전쟁으로 인한 금융질서의 혼란 탈피책(1950) 및 통화개혁(1953)
재정 (재원조달 수단)	- 전후 특수 • 국제적인 군수 경기	미국의 경제원조 • 소비재를 중심으로 한 원조(434백만달러) - 한국의 환율정책과 연계 • 원조물자의 대충자금
주요 정책 수행자	연합국군최고사령관총사령부(GHQ/SCAP) '전후부흥원'	미군정 vs. 한국정부 • <한미경제원조협정>체결(1948.12) • 한미경제안정위원회(1950.1) • 한국정부-미국경제협조처(ECA)

출처: 필자 작성

첫째, 사례별 재해부흥 프로세스에서의 일본 시스템(거버넌스)의 변용에 관한 것이다. 일본 시스템의 변용을 요약하면, 전쟁과 전쟁 사이를 의미하는 '전간(戰間)체제'에서 벗어나 전후(1945)는 말 그대로 '전후(戰後)체제'로 변화하고 있다. 한편 한국은 기존(既定) 정책의 비효율적 대응이 지속되어 체제 변화 및 거버넌스가 제대로 작동되지 못하고 전간(戰間)체제가 지속되었다고 할 수 있다.

둘째, 글로벌 경제의 변동에 따른 일본 경제정책의 대응관계에 관한 것이다. 전전(戰前)에는 경제대공황(1929-33)의 발생과 맞물린 쇼와(昭和)공황이 발생하여 '전시(戰時)경제'라 할 수 있다. 전후(1945)는 GATT(관세 및 무역에 관한 일반협정) 체제하의 무역자유화 추진 및 '재벌해체, 농지개혁, 노동개혁 등을 통한 경제자립'으로 변동되었다. 이에 비해 전후(1945) 한국의 시스템은 '전후 신탁통치 체제'로 작동의 주체가 일본에서 미국으로 변화되었을 뿐이었다고 할 수 있다. 특히 해방 후 남북으로 국토가 분단된 상태로 미국무성 주도의 신탁통치 하에 자유시장경제 체제를 도입하는 과정에 있었다. 일본과 마찬가지로 국제체제로의 복귀를 위해 노력했다고 평가하기 보다는, 당시 한국은 식민지 환경하의 파행적 공업구조로부터의 어떻게든 탈피하려는 모색기에 해당하며, '경제성장과 공업화 기반 마련'을 위해 노력하였다고 할 수 있다.

셋째, 재원조달을 위한 수단인 재정정책에 관한 비교분석이다. 관동대지진(1923) 후 '국채 외채의 발행' 및 '긴축재정정책의 실시', 전후(1945)는 '세계 시스템으로의 복귀'를 통한 경제대국으로 진입 등의 정책변화가 이루어졌다. 한편, 한국은 자유시장경제 체제의 도입을 위한 '일본인 소유지 농지개혁의 단행 및 농산물가격 개선', '통화개혁(1953)' 등 다양한 경제정책의 시도과정에서 정책실행에 필요한 재원을 조달하기 위한 수단(재정)으로 주로 '미국의 경제원조'에 의존했다.

넷째, 재해 후 일본의 부흥정책을 추진한 주요 정책결정자의 역할 변화에 관한 것이다. 관동대지진(1923) 후 일본정부의 '부흥원' 운영, 전후(1945)는 연합국군최고사령부(GHQ)와 일본정부가 주도하는 구도로 변화하였다. 특히 한국과 일본을 비교하자면, 전후 부흥(현장) 과정에서 주된 정책 수행자가 바뀌고 있는 것을 의미한다. 한국에 비해 일본은 취약성이 훨씬 적어, 전후 경제부흥에 안정적인 프로세스로 운영된 경향을 보이고 있는 것이다. 이에 비해 전후 한국의 부흥정책을 추진한 주요 정책수행자는 한국정부 수립(1948년 8월 15일) 이전까지는 '미군정'이였으며, '한국 경제의 안정'을 목표로 설정하고 노력했다.

(2) 전후 재해 거버넌스의 변화와 한일의 제도 선택

본 논문에서는 전후 일본과 한국의 경제정책 및 재해 거버넌스의 변용 및 제도(체제) 선택에 관한 분석결과를 본 논문의 분석틀을 바탕으로 요약하면 다음과 같다([표 7] 참조).

[표 7] 전후 재해 거버넌스의 변화와 제도(체제)의 선택

		제도에 대한 '취약성'의 정도	
		강	약
정책 수용의 지향	연속	A 제도 표류(drift) 기존(旣定) 정책의 비효율적 대응이 지속되어 체제변화 및 거버넌스 미흡 예): 전후 한국의 재해 거버넌스 전간(戰間)체제→전간체제	B 제도 전용(conversion) 기존 정책의 전략적 재정의 혹은 전용 예): 유치산업에 관한 정부역할의 재편 전간(戰間)체제→포스트 · 전간)체제
	단절	C 제도 중층화(layering) 기존 정책을 보완하며 새로운 정책의 도입 예): 전후 미국 주도의 자유무역체제 구축 전간(戰間)체제→전간 · 후(戰間後)체제	D 제도 치환(displacement) 체제전환이 용이하여 새로운 체제 도입 및 대응 원활 예): 전후 일본의 재해 거버넌스 전간(戰間)체제→전후(戰後)체제

출처: 필자작성, [표 3]의 재사용

첫째, 일본은 전간체제로부터의 정책 변용(단절)에 성공(D)했으나, 한국은 실패(A)했다고 할 수 있다. 체제변화에 따른 한국과 일본의 재해 거버넌스 및 경제정책 추진(변용)에 있어서 가장 중요한 상관변수라 할 수 있는 취약성의 정도가 그 원인이다. 즉 취약성이 한국에 비해 낮은 일본으로서는 새로운 정책(제도)의 제시(displacement), 즉 '제도치환(D)'이 용이한 환경이었음에 비해서, 한국은 식민지 경제환경의 연장선이라는 상황하에서 '제도 치환'(D)이 어려워 효율적인 거버넌스의 제시가 제대로 이루어지지 못했다(A)는 점이 그 배경이다. 또한 한국은 전후체제하에서 1950년 한국전쟁 발발이라는 새로운 재해와 맞물려 경제회생(부활 · 재생) 정책이 제대로 제시되거나 시행되지 못했다는 점도 동시에 작용하였다[32].

둘째, 특히 한국은 재해 거버넌스와 경제정책에 있어서, 전전(戰前)의 식민지 환경하의 파행적 경제 구조가 전후에도 지속적으로 영향을 미치는 '정책(환경)의 연속성'이 저해요인으로 작용하였으며, 게다가 단절('전간체제의 극복'이라는) 정책이 존재했다하더라도 신탁 통치하에서 실행 메커니즘이 효율적이지 못했다는 점이다. 결과적으로 한국은 정책 추진의 메커니즘의 부재 혹은 비효율적인 작동으로 인해 기존 정책을 전략적으로 새롭게 정의하고 혹은 변화(conversion)시키려는 '제도 전용(B)' 혹은 효율적인 '제도 중층화(C) 정책 제시나 실행에 실패한 것으로 분석된다.

---

32) 한편, 일본으로서는 동일한 요소(전제조건)인 '한국전쟁'이 발발하면서 이른바 전쟁특수(特需)로 인해 유효수요 부족상황에서 해소되고 생산이 회복되고 기업의 합리화가 진행되는 등 일본경제에 획기적인 환경변화 요인으로 작용하였다. 남기정(2012) 「한국전쟁 시기 특별수요의 발생과 "생산기지" 일본의 탄생: 특별수요의 군사적 성격에 주목하여」『한일군사문화연구』한일군사문화학회, 제13권, pp. 253-278.

셋째, 일본의 재해 거버넌스 및 경제정책을 한마디로 요약하면, 제도에 대한 '취약성'이 약하고, '정책수용의 지향'에 관해서는 단절이 우선되는 상황에서, 즉 전간체제의 극복 및 새로운 제도의 도입이라는 유형 D(제도 치환)의 수요(요구)가 강한 상황이었다. 특히 일본 정부(현재 경제산업성/옛 통상산업성이 주도)의 '경사생산방식' 등 적극적인 산업정책의 추진으로 한국의 '제도 표류(A)'형 재해 거버넌스에 비해 효율적인 정책실행으로 경제대국의 발판을 마련하게 되었다고 평가할 수 있다.

참고문헌

김영근(2012)「동일본대지진 이후의 일본경제와 통상정책: TPP정책을 중심으로(東日本大震災後の日本経済と通商政策：TPP政策を中心に)"『일본연구논총』Vol.35, 현대일본학회, pp.33-66.

김영근(2013)「대재해 이후 일본 경제정책의 변용: 간토 · 한신아와지 · 동일본 대지진, 전후의 비교 분석」김기석 엮음/김영근 외『동일본대지진과 일본의 진로: 일본 사회의 패러다임 변화』한울, pp.90-126 [김영근(2013)「災害後日本経済政策の変容-關東·戰後·阪神淡路·東日本大震災の比較分析-」『일어일문학연구』제84집 2권, pp.375-406(일본어)]

권혁은(2012)「1950년 한미경제안정위원회의 설립과 안정화정책의 성격」『한국사론』제58권, pp.283-352.

김광석 · 래리 E. 웨스트팔(1976)『한국의 외환 · 무역정책』한국개발연구원(KDI).

김연석(1992)『일본경제 · 무역의 분석: 한국경제를 위한 교훈의 모색』문음사.

다카하시 조센 편저/곽해선 옮김(2002)『일본경제 50년사: 사라진 일본경제의 기적』다락원.

마쓰오카 슌지(松岡俊二)(2012)『フクシマ原發の失敗—事故對応過程の檢証とこれからの安全規制(일본 원자력 정책의 실패)』早稲田大學出版部/김영근 옮김(2013), 고려대학교출판부.

미와 료이치 저/권혁기 옮김(2005)『근대와 현대 일본경제사』보고사.

송규진(2011)「일제말(1937-1945) 통제경제정책과 실행과정:『매일신보』를 중심으로」『역사학연구』제42권, pp.141-175.

송지영(2013)『일본경제론』청록출판사.

李海珠(1980) 『韓國工業化の歷史的展開—工業化政策の展開における韓日比較の視点(한국공업화의 역사적 전개-공업화정책의 전개에 있어서 한일비교의 시점)』(日本)稅務経理協會(일본어).
이해주(1982) 「援助經濟下의 消費財工業發展과 資本蓄積: 1945-60年의 韓國의 工業化」 『경제학연구』제30집, pp.293-318.
정창영(1985) 「해방후 40년간의 산업정책의 전개」 『한국국제경제학회 하계정책세미나 발표논문집』
稲田義久(1999)「震災からの復興に影さす不況——震災4年目の兵庫縣経濟」藤本建夫編 『阪神大震災と経濟再建』勁草書房、pp.1-43。
井村喜代子(1993) 『現代日本経濟論—敗戰から「経濟大國」を経て』有斐閣。
岩田規久男(2011) 『経濟复興—大震災から立ち上がる』筑摩書房。
『ウィキペディア(Wikipedia)』(日本語版) http://ja.wikipedia.org/wiki/
老川慶喜・渡辺惠一・仁木良和(2002) 『日本経濟史—太閤檢地から戰後復興まで』光文社。
太田康夫・有馬良行(2012) 『戰後復興秘錄—世銀融資に學ぶ日本再生』日本経濟新聞出版社
關西學院大學COE災害復興制度研究會編(2005) 『災害復興—阪神・淡路大震災から10年』關西學院大學出版會。
기타야마(北山俊哉)(2011) 『福祉國家の制度發展と地方政府』有斐閣.
小林慶一郎(2011)「大震災に立ち向かうー大震災後の経濟政策のあり方ー」キャノングローバル戰略研究所、2011年3月18日。
(財)國土技術研究センター(http://www.jice.or.jp/)資料
ティラッソー(Nick Tiratsoo)・松村高夫・メイソン(Tony Mason)・長谷川淳一 『戰災復興の日英比較』知泉書館、2006年。
中谷巖(2011) 『日本経濟の歷史的轉換』東洋経濟新報社、1996年。
二神壯吉・横山禎德編(2011) 『大震災夏興ビジョン—先驅的地域社會の實現—』オーム社。
橋本壽朗(1995) 『戰後の日本経濟』岩波新書。

福田徳三著、山中茂樹・井上琢智編(2012)『復興経済の原理及若干問題』(復刻版)關西學院大學出版會。

Ruggie, John Gerard(1983) "International Regimes, Transactions, and Change: Embedded Liberalism in the Postwar Economic Order," *International Organization*, pp.379-415.

일본 외무성경제국(外務省経済局) http://www.mofa.go.jp/mofaj/gaiko

일본경제재생본부 http://www.kantei.go.jp/jp/singi/keizaisaisei/

위키피디아 한국판(http://ko.wikipedia.org/)

고려대학교 일본연구센터 일본학총서 27

일본의 전쟁과 평화

초판 인쇄 2014년 6월 15일
초판 발행 2014년 6월 25일

엮 은 이 | 김영근 · 조명철
발 행 인 | 김미화
발 행 처 | InterBooks

주 소 | 서울시 은평구 대조동 221-4 우편번호 122-844
전 화 | (02)356-9903 편집부(02)353-9908
팩 스 | (02)386-8308
홈페이지 | http://hakgobang.co.kr/
전자우편 | interbooks@naver.com, interbooks@chol.com
등록번호 | 제311-1994-000001호

ISBN 978-89-94138-41-1 94300
978-89-94138-39-8 (세트)

값 : 23,000원

이 저서는 2007년도 정부(교육과학기술부)의 재원으로 한국연구재단의 지원을 받아 연구되었음
(NRF-2007-362-A00019)